全国高等职业教育计算机类规划教材·工作过程系统化教程系列

网络安全与防护

迟恩宇　刘天飞　杨建毅　王　东　主编

李明革　王东育　主审

電子工業出版社

Publishing House of Electronics Industry

北京·BEIJING

内 容 简 介

本书共设计了6个学习情境，分别对应当前企业网络安全管理与防护的6个方面的技术：网络故障；保护数据在公网上的传输；对网络访问行为进行控制；对入侵进行检测、审计与防护；对主机部署与实施安全防护；保护网络安全可靠运行的综合技术。6个学习情境共设计了22个工作任务，并在每一个学习情境的工作任务后面安排了拓展训练。

本书可作为高职高专的计算机网络和信息安全专业教学用书，也可作为网络工程技术人员、网络管理人员和信息安全管理人员的参考书和自学用书。

图书在版编目（CIP）数据

网络安全与防护 / 迟恩宇等主编.—北京：电子工业出版社，2009.8
全国高等职业教育计算机类规划教材·工作过程系统化教程系列
ISBN 978-7-121-08965-7

Ⅰ. 网… Ⅱ. 迟… Ⅲ. 计算机网络－安全技术－高等学校：技术学校－教材
Ⅳ. TP393.08

中国版本图书馆CIP数据核字（2009）第086182号

策划编辑：程超群
责任编辑：宋兆武　李施诺
印　　刷：三河市鑫金马印装有限公司
装　　订：三河市鑫金马印装有限公司
出版发行：电子工业出版社
　　　　　北京市海淀区万寿路173信箱　邮编 100036
开　　本：787×1092　1/16　印张：19.5　字数：497.6千字
版　　次：2009年8月第1版
印　　次：2017年1月第5次印刷
定　　价：31.00元

前　言

互联网资源的日益丰富，为新知识、新技术的学习带来了方便，仅掌握书本上的理论已经无法跟上时代的步伐，也不符合科学发展的思想，更无法满足学习者持续增多知识和技能的需求。因此本书强调的是方法和能力的传授。本书充分借鉴了国内外基于行动导向的职业教育成功经验进行开发设计。

本书共设计了 6 个学习情境，每一个学习情境对应企业网络中不同的安全防护需求。学习情境 1——通过流量分析定位网络故障；学习情境 2——保护数据在公网上的传输；学习情境 3——对网络访问行为进行控制；学习情境 4——对入侵进行检测、审计与防护；学习情境 5——对主机部署与实施安全防护；学习情境 6——保护网络安全可靠运行的综合技术。这 6 个方面所涉及的技术是目前企业网络安全管理与防护的主要技术。

除第一个学习情境只设置了一个工作任务外，其他每个学习情境中都设计了若干个工作任务，每一个工作任务为具体的安全防护需求的知识介绍内容并提出解决措施。同一学习情境中的多个工作任务之间采用由简单到复杂的过程进行设计，第一个工作任务侧重于对本学习情境所涉及基础知识的介绍，并进行简单地实现；后续工作任务知识介绍减少，但操作与实施逐渐复杂，同时也是对前面工作任务的强化与提升，并在任务设计上使其更能符合企业网络安全防护的实际需求，对全部内容进行合理的排序，使其更符合人的认知规律。

每个任务按如下过程进行：工作任务需求分析→任务相关知识收集整理→工具和方法的选择→规划与实施→结果检查。每一个工作任务在设计上，首先，通过引导文本对工作任务所需的知识进行介绍；其次，对任务所需使用的工具软件的选择与介绍；接下来是对企业网络安全防护的环境进行转化设计，便于在一台计算机或简单的网络环境下实现，即对任务场景的最小化设计，有利于实施；然后，对任务的具体实施的介绍；最后，对结果测试方法的介绍。

本书在设计上的特点是注重通过任务引领知识的学习，重点介绍一种学习和解决问题的方法。不同于一般网络安全教材过多地强调知识的特点，本书将知识引入到具体工作需求中来，通过对工作任务的理解与实施加强对知识的学习，同时具备自学的方法与能力。另外，本书中所设计的全部工作任务都可以借助虚拟机、模拟路由器等软件在一台配置较高的计算机上完成。使学习者可以在单机环境下随时完成本书所涉及的知识与任务的学习。

本书结合国际主流网络设备厂商思科网络公司的网络产品进行具体实施。书中借用了思科公司的网络设备图标，使每个任务中的图更易于理解，并在此对提供图标库和经验指导的思科公司韩江经理和刘亢经理表示感谢。同时，也对来自互联网上为本书的编写提供参考资料及工具软件的朋友们表示感谢。

为了便于高职网络安全课程教师进行网络安全教材和课程建设与改革的经验交流，我们建立了“高职网络安全课程交流”QQ 群，群号为：26236380，本教材编者邮箱为：cey1976@gmail.com，通过这些方式可以实现广泛交流与本教材中所涉及的课件、文档和视频文件等资源的共享。我们正在建设本教材对应的课程网站，教材所涉及资源将逐步上网以方便互相学习与交流使用。

本书具有较强的针对性和适用性，可供职业院校教学和企业网络安全管理人员培训学习使用。也适用于已经具备一定网络设备与服务配置经验的网络工程师自学使用。由于本教材的编写是职业教育教学改革的初步尝试和探索，不足之处在所难免，恳请广大读者提出宝贵意见，以便我们对本书进行修改和完善。

本书由迟恩宇、刘天飞、杨建毅、王东主编，姜惠民、苏东梅、刘宝庆、钟玉珍、施丽男、杨亚洲、叶郁文、陈永昌、金照春参加编写。全书由李明革教授与企业专家王东育主审。

编　者

2009 年 4 月

目　　录

学习情境 1　通过流量分析定位网络故障

1.0　总体介绍

网络协议是网络中所有设备（网络服务器、计算机、交换机、路由器及防火墙等）之间通信规则的集合与约定，它定义了通信时信息必须采用的格式和这些格式的意义。协议的安全直接影响着整个网络的安全。

目前，使用最为广泛的网络协议是 TCP/IP 协议簇，在 TCP/IP 协议设计之初，重点考虑的是网络的互联特性，并没有过多考虑其安全性。所以网络中经常发生针对 TCP/IP 协议的攻击，如针对 ARP、IP、ICMP、TCP、UDP、FTP、TELNET、SNMP 等一系列协议的安全攻击。计算机病毒也借助网络协议的漏洞进行传播或发起针对网络的攻击。

因此，作为网络安全管理与防护人员，要掌握网络协议的分析技术，发现、定位并防护针对网络协议发起的攻击。

1.0.1　情境描述

在一个企业局域网中经常会发生一些攻击，其中多数是来自内部，导致网络性能下降，表现为访问互联网速度明显变慢，打开网页或下载速度都很慢，甚至无法访问。究其原因，多数是由于 TCP/IP 协议自身设计问题导致的。

本学习情境的设计，以最典型的 ARP 协议攻击为主，通过展开学习，学会对网络协议进行分析的方法，掌握一个对协议分析的工具软件，具备项目应用的拓展能力，能够解决 ARP 以外的 TCP/IP 中的协议的安全分析及协议流量引发的网络安全故障，并能提供有效的防护措施。

1.0.2　总体目标

- ◆ 在不影响网络安全可靠运行的前提下，对网络中各协议数据进行捕获；
- ◆ 能对捕获到的不同类型协议数据进行准确的分析判断，发现异常（这需要有一定的经验积累）；
- ◆ 快速有效地定位网络中的故障，在不投入新的设备情况下解决问题；
- ◆ 熟悉协议封装格式及原理，明确网络协议本身是不安全的；
- ◆ 至少学会使用一种协议分析工具软件，通过拓展训练和后期学习中的经验积累能解决由于协议安全引发的网络安全故障。

1.0.3　内容描述

在本学习情境中只设计了 1 个工作任务。建议多人在可以访问互联网的环境下完成本工作任务，具体过程为：阅读引导文本；安装协议分析软件、进行协议捕获、模拟攻击，并对攻击进行检查，最后进行拓展训练，完成对其他协议的分析任务，例如，可以选择在宿舍、实训室、办公室或在网络中心的安排下完成同类工作任务。

1.0.4 情境教学条件

整体教学环境要求

- ◆ 保证所有实训计算机可以访问互联网。
- ◆ 建议实训计算机使用 Windows XP 操作系统。
- ◆ 建议实训计算机硬件配置足够，内存至少 512MB。

工具及软件要求

- ◆ 协议分析软件 Sniffer Pro。
- ◆ ARP 攻击器。

特定的硬件设备要求

- ◆ 在实际工作中建议使用笔记本电脑，并配置一条直通双绞线和一条交换机配置线，以便于对网络流量进行分析与定位。
- ◆ 一台支持端口镜像功能的交换机及相关配置线缆。

参考资料及视频建议

- ◆ Sniffer Pro 中文手册。
- ◆ TCP/IP 协议详解（卷 1、卷 2）或同类书籍。
- ◆ 关于本部分的视频教程。

1.0.5 学习情境 1 整体网络场景

学习情境 1 整体网络场景如图 1.0 所示。

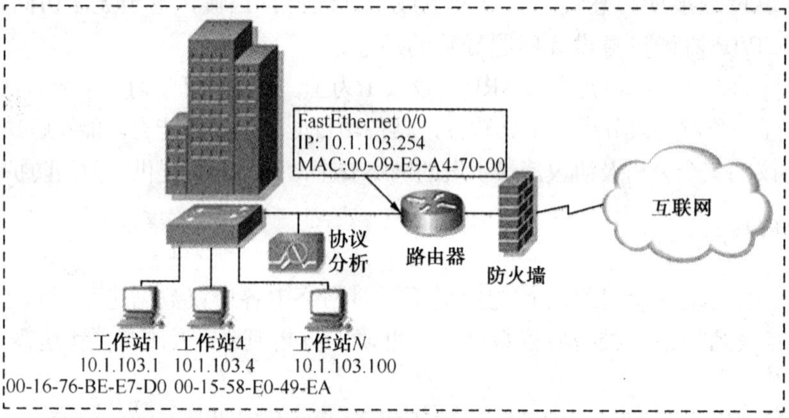

图 1.0 典型企业局域网络的协议分析整体场景

1.1 工作任务 1——基于 Sniffer Pro 进行协议、模拟攻击分析

1.1.1 工作任务总体描述与实施流程表

本工作任务是对 ARP 协议的攻击进行协议分析、模拟攻击、测试与流量分析。通过本工作任务的学习，将学会协议分析技术的要点，通过经验的积累能够定位网络故障所在。具体

工作任务描述与实施流程如表 1.1 所示。

表 1.1 工作任务描述与实施流程表

学习情境 1——通过流量分析定位网络故障
任务名称：基于 Sniffer Pro 进行协议、模拟攻击分析
企业工作情境描述
在一个企业局域网中经常会发生一些攻击，其中多数是来自内部，导致网络性能下降，表现为访问互联网速度明显变慢，打开网页或下载速度都很慢，甚至无法访问
工作任务分析
通过对此类现象的资料搜索、查阅及分析，发现网络性能下降或无法访问外部网络的多数情况是由于计算机蠕虫病毒、木马、ARP 攻击、带宽滥用（P2P 下载软件）等造成的。其原因是利用网络协议的特点发起的攻击
任务目标
1. 在不影响网络安全可靠运行的前提下，对网络中不同类型的协议数据进行捕获 2. 能对捕获到的不同类型协议数据进行准确的分析判断，发现异常（需要有一定的经验积累） 3. 快速有效地定位网络中的故障原因，在不投入新的设备情况下解决问题 4. 熟悉协议封装格式及原理，明确网络协议本身是不安全的
学习场景简化
对典型企业局域网进行简化，使其足以满足完成本次实验，简化后如图 1.1 所示，搭建出这样的网络结构。此工作任务可在这样的实训室完成：实训计算机通过交换机连接在一起构成局域网，同时一台路由器将这个局域网连接到外部网络去，这样的实验很容易搭建。本任务主要针对 ARP 的协议数据进行捕获、分析、模拟攻击测试，并最后提出防范 ARP 方案
工具及软件选用
1. 协议分析软件 Sniffer pro 2. ARP 攻击器 3. 在实际工作中建议使用笔记本电脑并配置一条直通双绞线和一条交换机配置线
任务实施流程
1. 知识准备：阅读引导文本或利用网络查找 ARP 协议封装相关资料 2. 工具及软件选用：安装 Sniffer Pro 软件、进行捕获过滤设置 3. 捕获 ARP 协议数据，并进行分析 4. 明确 ARP 协议的缺陷，制定模拟 ARP 攻击方法 5. 构造 ARP 攻击协议数据帧，实施 ARP 协议模拟攻击与攻击结果检查 6. 利用 ARP 攻击器发起攻击，确定 ARP 攻击流量并加以分析 7. 针对此类攻击的防范措施
参考资料手册
1. 利用互联网搜索相关知识 2. Sniffer Pro 中文手册 3. TCP/IP 协议详解（卷 1、卷 2）或同类书籍 4. 教材中的引导文本 5. 相关视频教程

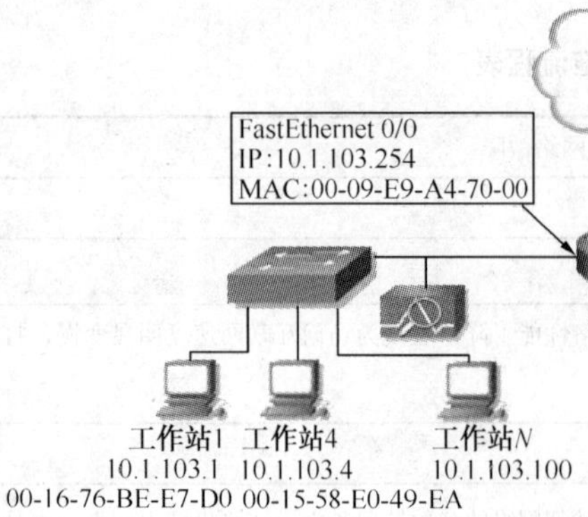

图 1.1 局域网协议分析场景

本工作任务是对 ARP 协议的攻击进行协议分析、模拟攻击、测试与流量分析。具体工作任务实施图如图 1.1 所示。

1.1.2 引导文本

在这个学习情境中，主要安排了一个学习任务，即针对 ARP 协议进行捕获分析、模拟攻击与流量分析，下面是对 ARP 协议相关知识的介绍。

1. 网络层次结构与数据封装、解封装

首先要清楚网络层次结构与协议封装过程基本概念，如图 1.2 所示，是网络层次结构的图示；如图 1.3 所示是数据封装、解封装的图示。理解网络层次结构和数据封装、解封装是进行协议分析的基础，为正确进行协议分析提供指导。

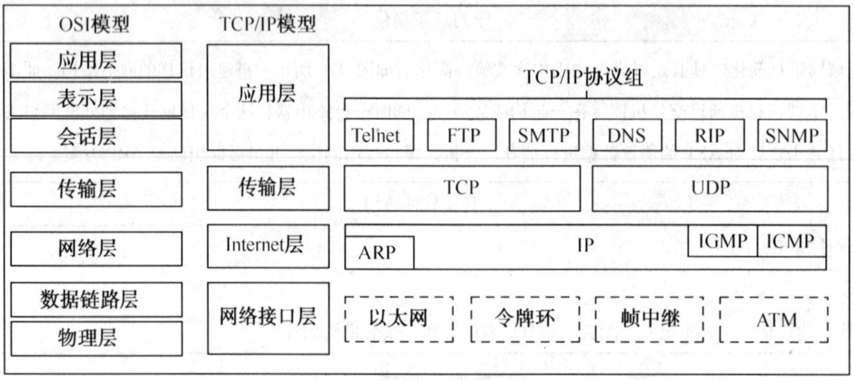

图 1.2 网络层次结构

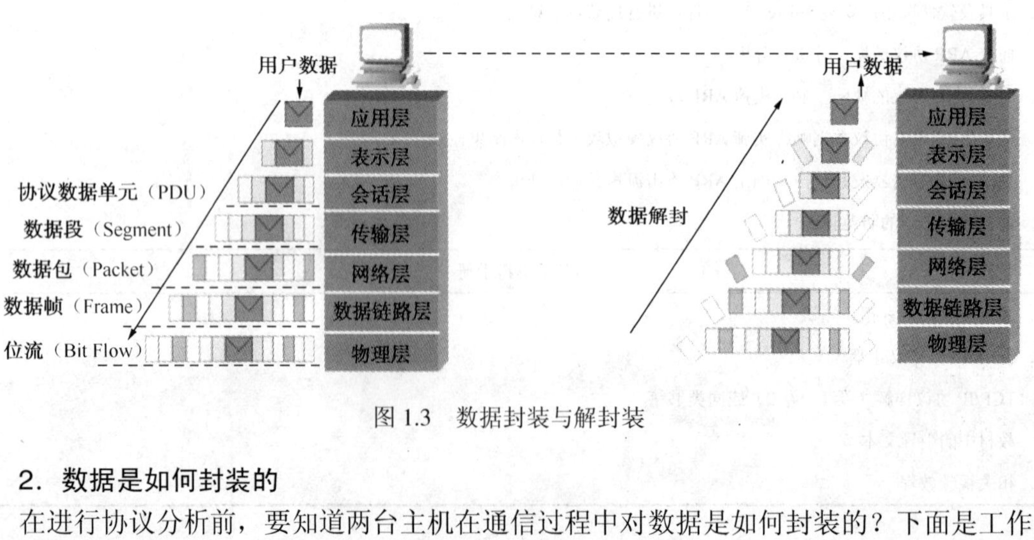

图 1.3 数据封装与解封装

2. 数据是如何封装的

在进行协议分析前，要知道两台主机在通信过程中对数据是如何封装的？下面是工作站

1 发送给工作站 4 的一个 ICMP 数据包的协议封装，网络及地址信息参见图 1.1。

（1）以工作站 1 和工作站 4 通信（ping）为例进行分析。

① 工作站 1 会把 ICMP 的请求数据进行如图 1.4 所示的封装，其中要包含的主要内容是：目的主机 MAC 地址（00-15-58-E0-49-EA）、源主机 MAC 地址（00-16-76-BE-E7-D0）、源主机 IP 地址（10.1.103.1）、目的主机 IP 地址（10.1.103.4）。这样数据才能正确送达工作站 4。

② 工作站 4 会把 ICMP 的回应数据进行如图 1.4 所示的封装（可自行画出），其中也要包含：目的主机 MAC 地址（00-16-76-BE-E7-D0）、源主机 MAC 地址（00-15-58-E0-49-EA）、源主机 IP 地址（10.1.103.1）、目的主机 IP 地址（10.1.103.4）。这样数据才能正确回送到工作站 1。

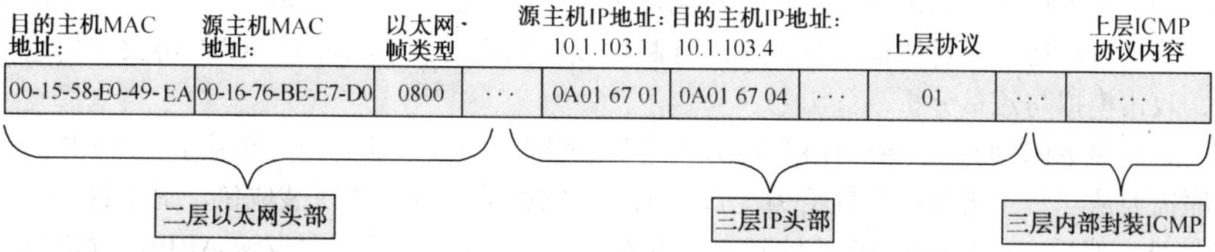

图 1.4　ICMP 协议数据封装

（2）工作站 1 和 WWW 服务器通信（ping）为例进行分析。

① 工作站 1 会把 ICMP 的请求数据进行类似图 1.4 类示的封装，其中要包含的主要内容是：目的主机 MAC 地址（目标主机与本机不在同一网络所以此处为网关的 MAC 地址（00-09-E9-A4-70-00）、源主机 MAC 地址（00-16-76-BE-E7-D0）、源主机 IP 地址（10.1.103.1）、目的主机 IP 地址（218.62.14.86）。这样数据才能正确送达 WWW 服务器，如图 1.5 所示。

② 具体细节可以通过后面的学习进行协议分析。

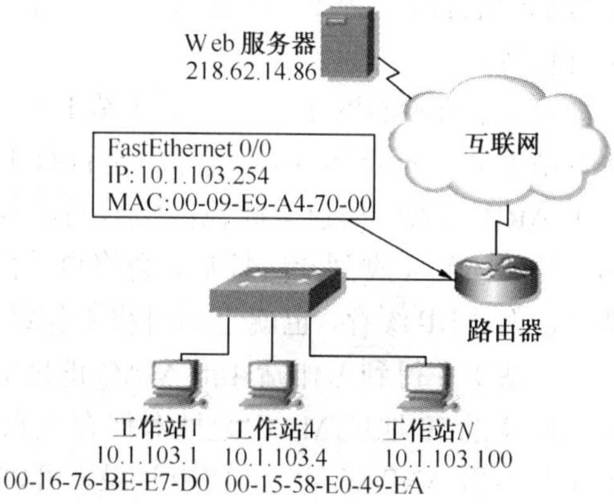

图 1.5 工作站 1 和 WWW 服务器网络结构

3. 针对 ARP 协议的攻击介绍

前不久，很多企业的内部网络遭受了 ARP 攻击，此类攻击可能使整个局域网无法进行互联网连接，或使某些关键服务器无法访问。究其主要原因，是由于 ARP 协议自身的特点及工作方式产生的。

这种攻击的特点是：当同一局域网内的一台或多台计算机感染了 ARP 攻击程序后，会不断发送伪造的 ARP 攻击包，如果这个攻击包的源 MAC 地址伪造为一个假的 MAC 地址（M1），源 IP 伪造成网关的 IP 地址，目的 MAC 为广播地址、这样所有同一网段内的主机都会收到，并误以为网关的 MAC 地址已经变为 M1，于是进行 ARP 缓存更新，把网关的真实 IP 与这个假的 MAC 地址进行关联。当这些被攻击的主机想进行外部网络访问时会把数据送到网关，即封装网关的 IP 与 MAC，主机会先查询本机内的 ARP 缓存记录，查找网关 IP 对应的 MAC 地址，由于这个 MAC 是假的，所以外发的数据无法送达网关。因此，造成的现象就是被攻击的主机无法访问外部网络。

按照 ARP 协议的设计，为了减少网络上过多的 ARP 数据通信，一个主机，即使收到的 ARP 应答并非自己请求得到的，也会将其插入到自己的 ARP 缓存表中，这就造成了“ARP 欺骗”的可能。

4. ARP 协议的原理分析

目前大多数企业园区网络采用的是二层的以太网结合 TCP/IP 协议进行网络设计与使用，但是由于以太网的特点和 TCP/IP 协议存在的不安全性，产生很多网络安全隐患和攻击，如针对 ARP 的攻击就是一个典型的例子。对于一名网络安全管理人员应该对每个常用的协议有深入的理解，才能有的放矢。那么如何做呢？这时可以利用 Sniffer Pro 进行协议分析加深对协议结构及其工作过程的理解，同时要对流量进行分析来定位网络故障。对协议的工作原理有了深入理解后还可以对协议的安全性进行测试或模拟攻击。下面针对 ARP 协议结构进行分析、攻击模拟与流量分析。

首先对 ARP 的基本原理作以介绍，在以太网同一网段内部，当一个基于 TCP/IP 的应用程序需要从一台主机发送数据给另一台主机时，它把信息分割并封装成包，附上目的主机的 IP 地址。然后，寻找目的 IP 地址到实际 MAC 地址的映射，这需要发送 ARP 广播消息。当 ARP 获取到目的主机 MAC 地址后，就可以形成待发送帧的完整以太网帧头（在以太网中，同一局域网内的通信是通过 MAC 寻址来完成的，所以在 IP 数据包前要封装以太网数据帧，当然要有明确的目的主机的 MAC 地址方可正常通信）。最后，协议栈将 IP 包封装到以太网帧中进行传送。

在如图 1.1 所示的网络中，当工作站 1 要和工作站 4 通信（如工作站 1 ping 工作站 4 ）时。工作站 1 会先检查其 ARP 缓存内是否有工作站 4 的 MAC 地址。如果没有，工作站 1 会发送一个 ARP 请求广播包，此包内包含着欲与之通信的主机的 IP 地址，也就是工作站 4 的 IP 地址。当工作站 4 收到此广播后，会将自己的 MAC 地址利用 ARP 响应包传回给工作站 1，并更新自己的 ARP 缓存，也就是同时将工作站 1 的 IP 地址/MAC 地址对保存起来，以供后面使用。工作站 1 在得到工作站 4 的 MAC 地址后，就可以与工作站 4 通信了。同时，工作站 1 也将工作站 4 的 IP 地址/MAC 地址对保存在自己的 ARP 缓存内。

如果想查看 ARP 缓存中的所有记录，可以在用命令“arp–a”；如果想清除 ARP 缓存中的动态记录，可以在用命令“arp–d”。

注意：

- 当然这其中隐含了一些操作，如同一网段其他的工作站也会收到工作站 1 发出的 ARP 广播帧请求帧，并根据此数据帧中工作站 1 的 IP 与 MAC 地址对应关系存入自己的 ARP 缓存中。
- 这里的网关即为：路由器内网接口的 IP 与 MAC（10.1.103.254——00-09-E9-A4-70-00）。

1.1.3 协议分析工具及软件的选用

对网络协议进行深入分析，需要借助于协议分析软件或专业协议分析设备对协议进行捕获并分析，进而排除网络故障，为网络状态把脉。

对于企业而言当然希望选择性价比高的产品。为此在这里介绍由 NAI 公司推出的 Sniffer Pro 这款软件。可以用 Sniffer Pro 网络分析器进行故障解决。利用 Sniffer Pro 网络分析器的强大功能和特征，解决网络中存在的问题。

与 Netxray 比较，Sniffer 支持的协议更丰富，例如 PPPoE 协议等在 Netxray 并不支持，在 Sniffer 上能够进行快速解码分析。Netxray 不能在 Windows 2000 和 Windows XP 上正常运行，Sniffer Pro 4.6 可以运行在各种 Windows 平台上。Sniffer 软件比较大，运行时需要的计算机内存比较大，运行速度相对较慢，这也是它与 Netxray 相比的一个缺点。

1. 网络协议分析软件 Sniffer Pro 的安装

第 1 步：安装过程很简单，双击安装程序，进入安装界面，单击“下一步”后出现许可协议，这些是软件安装的通用的步骤，单击“Yes”同意即可。

第 2 步：单击“下一步”后，选择并设置安装的目的路径，再下一步就开始安装了。

第 3 步：接下来要求填写个人信息，包括姓名、商业、电子邮件等，填写完成后单击“下一步”。接下来还是要求填写个人联系方式，包括地址、城市、国家、邮编、电话等，填写完成后单击“下一步”。需要注意的是各项目在填写时注意格式，字母与数字要区分开。如图 1.6 和图 1.7 所示。

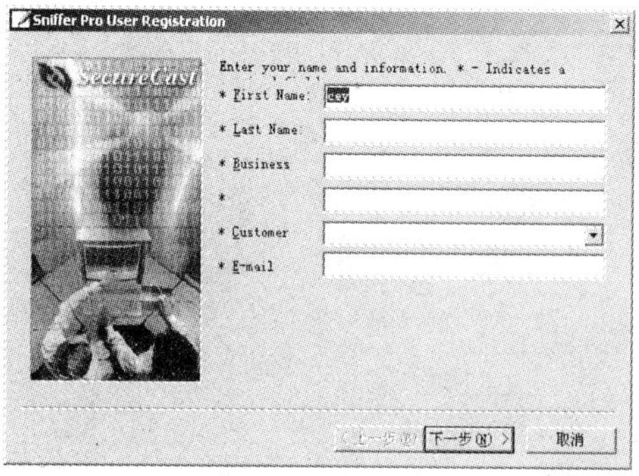

图 1.6　软件安装中个人信息

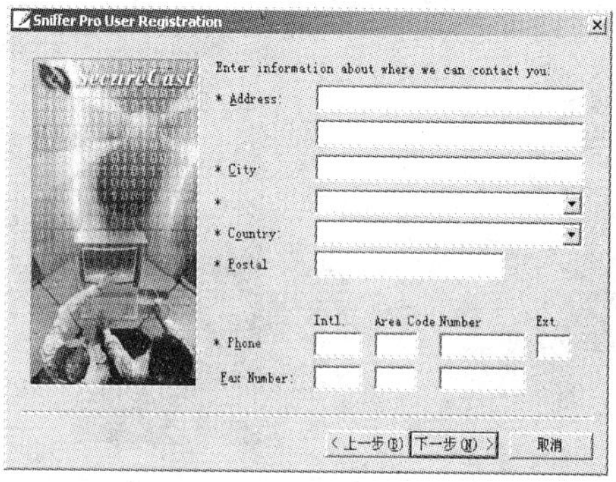

图 1.7　软件安装中联系信息

第 4 步：接下来会询问安装者是如何了解本软件的？正确选择后，最后的序列号要正确填写。如图 1.8 所示。

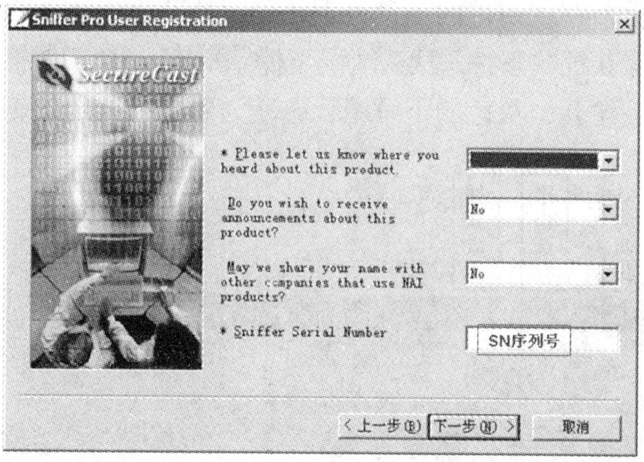

图 1.8　软件安装中的注册信息

第 5 步：接下来是通过网络注册的提示，如图 1.9 所示。如果由于没有连网所以出现下面的界面，即无法连接，如图 1.10 所示，暂时不注册并不妨碍软件的使用。

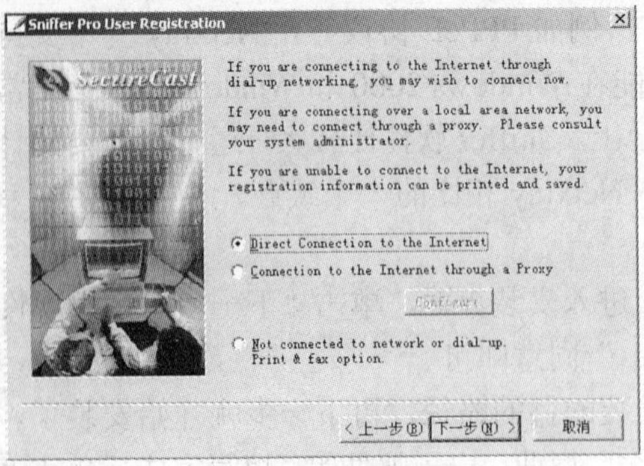

图 1.9　软件安装中的联网注册选择

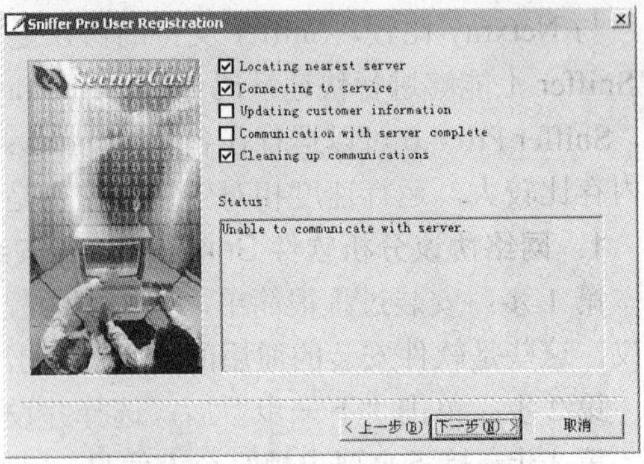

图 1.10　软件安装中的联网注册结果

第 6 步：单击“下一步”后，出现注册结果，单击“完成”就可以结束 Sniffer Pro 的安装了，如图 1.11 所示。出现提示要求 IE 5 支持，接收即可，重启后软件就可以使用了。

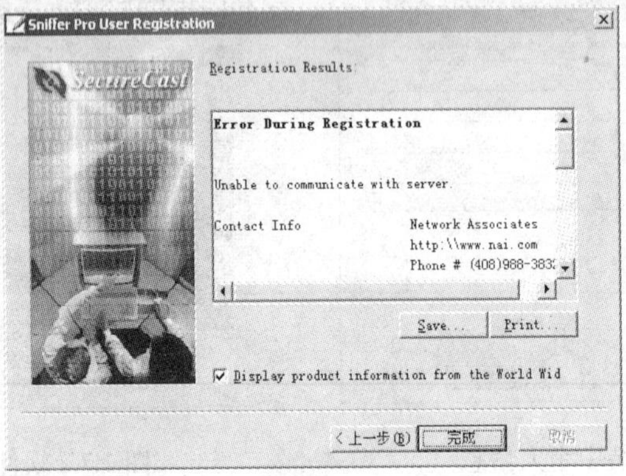

图 1.11　软件安装中的注册结果及完成

2. 网络协议分析软件 Sniffer Pro 的配置

启动 Sniffer Pro 软件，在主窗口的工具栏上单击“捕获设置（Define Filter）”按钮，可以对要捕获的协议数据设置捕获过滤条件。默认情况下捕获所有从指定网卡接收的全部协议数据。捕获到数据后，停止查看按钮会由灰色的不可用状态变为彩色的可用状态，如图 1.12 所示。

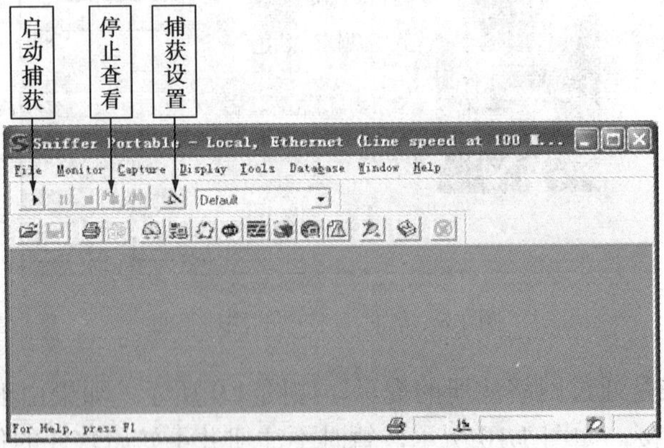

图 1.12　Sniffer Pro 软件的设置

选择停止查看按钮会出现如图 1.13 所示的窗口，选择最下面的“Decode”选项卡。即可以查看捕获后的数据的解码，如图 1.14 所示。

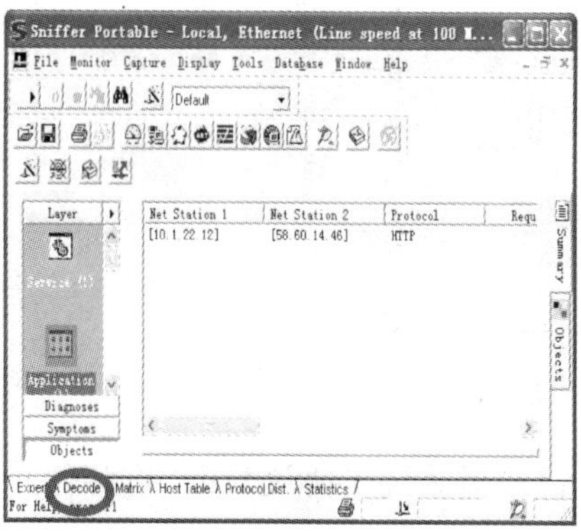

图 1.13　停止捕获后的窗口

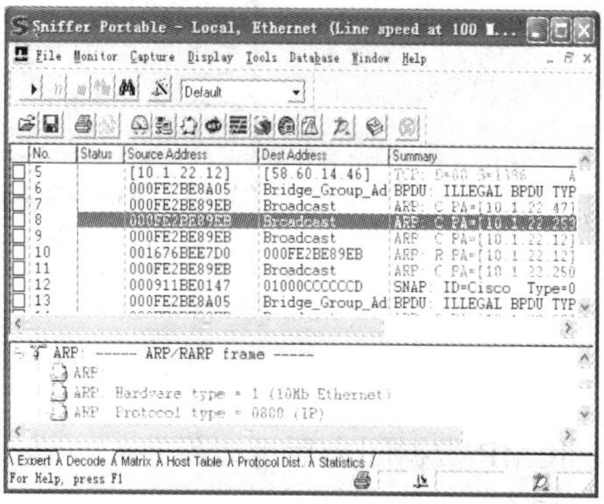

图 1.14　查看协议数据的解码信息

1.1.4　对 ARP 协议数据进行捕获与分析

下面利用 Sniffer Pro 软件对 ARP 协议进行分析。在工作站 1 上进行，分析步骤如下。

（1）设置 Sniffer Pro 捕获 ARP 通信的数据包（工作站 1 与工作站 4 之间）在工作站 1 上安装并启动 Sniffer Pro 软件，并设置捕获过滤条件（Define　Filter），选择捕获 ARP 协议。如图 1.15 所示。

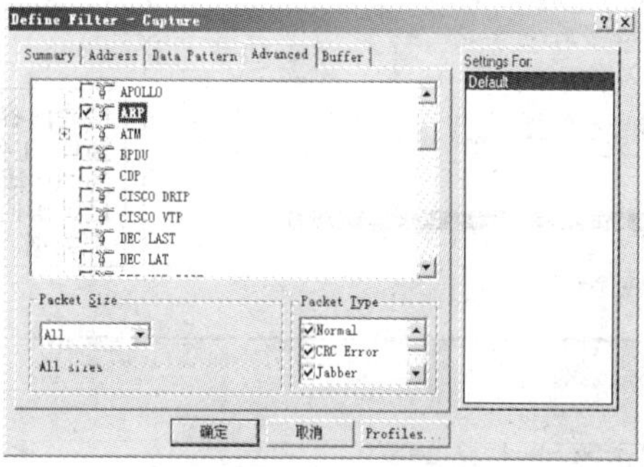

图 1.15　设置捕获过滤条件（Define Filter）

（2）若使工作站 1 发送 ARP 请求给工作站 4，并得到 ARP 回应，首先要确保工作站 1 的 ARP 缓存中没有工作站 4 的记录，所以先在工作站 1 上利用“arp　–a”查看一下是否有此记录，如果有，则利用“arp –d”清除；为了看到效果在执行完清除命令后可以再执行一下“arp –a”检查是否已经清除。

（3)确认已经清除工作站 1 的 ARP 缓存中关于工作站 4 的 IP 与 MAC 地址对应关系记录后，就可以启动 Sniffer Pro 进行协议数据捕获了。

（4）在没有互相通信需求下，工作站 1 是不会主动发送 ARP 请求给工作站 4，所以也就捕获不到 ARP 的协议数据，此时要在工作站 1 与工作站 4 之间进行一次通信，如可以在工作站 1 上 ping 工作站 4，即 ping 10.1.103.4。

（5）命令执行过程结果如图 1.16 所示。

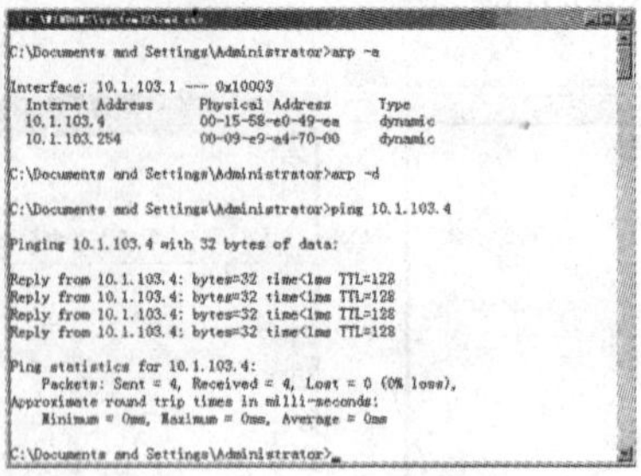

图 1.16　ARP 命令及通信测试

（6）有 ICMP 数据回应后可以发现，Sniffer Pro 已经捕获到了协议数据。选择停止并查看，结果如图 1.17 所示。

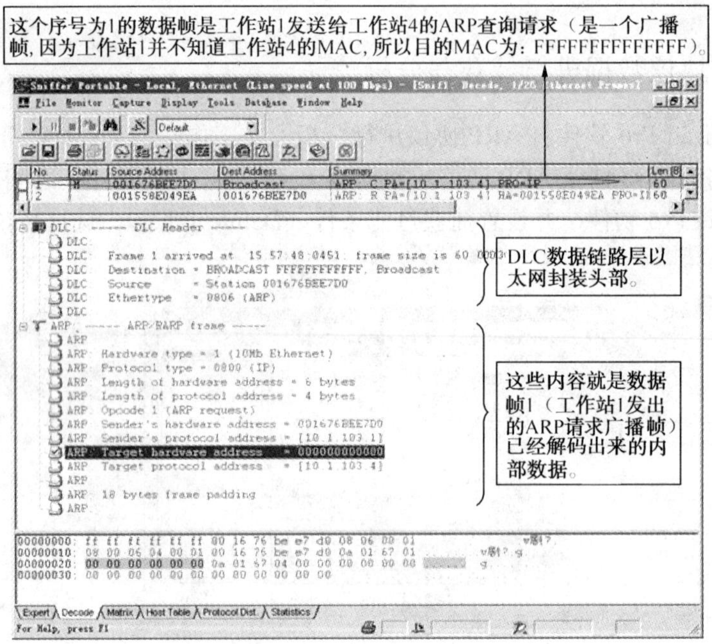

图 1.17　ARP 查询请求数据帧

工作站 1 发送给工作站 4 的 ARP 查询请求数据帧的具体协议数据格式及分析如表 1.2 所示。

表 1.2　ARP 查询请求数据帧的具体协议数据格式解析

ARP 协议数据帧的数据结构说明		工作站 1 发送给工作站 4 的 ARP 查询请求
DLC 以太网数据帧头部	目的 MAC 地址	目的 MAC 地址未知，为广播 MAC 地址：FFFFFFFFFFFF
	源 MAC 地址	源 MAC 为工作站 1 的 MAC：
		001676BEE7D0
	以太网内部封装帧的类型	以太网帧内封装类型：0806
		说明以太网帧内封装的是 ARP 帧

续表

ARP协议数据帧的数据结构说明		工作站1发送给工作站4的ARP查询请求
ARP协议数据结构部分	硬件类型	以太网硬件类型为10兆位以太网
	协议类型	说明网络层协议为IP协议
	硬件长度	硬件地址（MAC）长度为：6字节
	协议长度	协议地址（IP）长度为：4字节
	操作（ARP请求，ARP应答）	操作类型代码（Opcode）为1表示这是一个ARP请求帧
	发送站硬件地址 （以太网为6个字节）	发送本次ARP请求的设备的硬件（MAC）地址为：001676BEE7D0
	发送站协议地址 （以太网为4个字节）	发送本次ARP请求的设备的协议（IP）地址为：10.1.103.1
	目标硬件地址 （IP协议地址为6个字节）	被查询的目标设备的硬件（MAC）地址为：000000000000，表示未知
	目标协议地址 （IP协议地址为4个字节）	被查询的目标协议（IP）地址为：10.1.103.4
	帧填充	由于以上内容不满足以太网最小帧长度（64字节）要求而加入的填充。（4个字节FCS）

（7）工作站4应答工作站1的ARP回应数据帧的具体协议数据格式及分析如图1.18和表1.3所示。

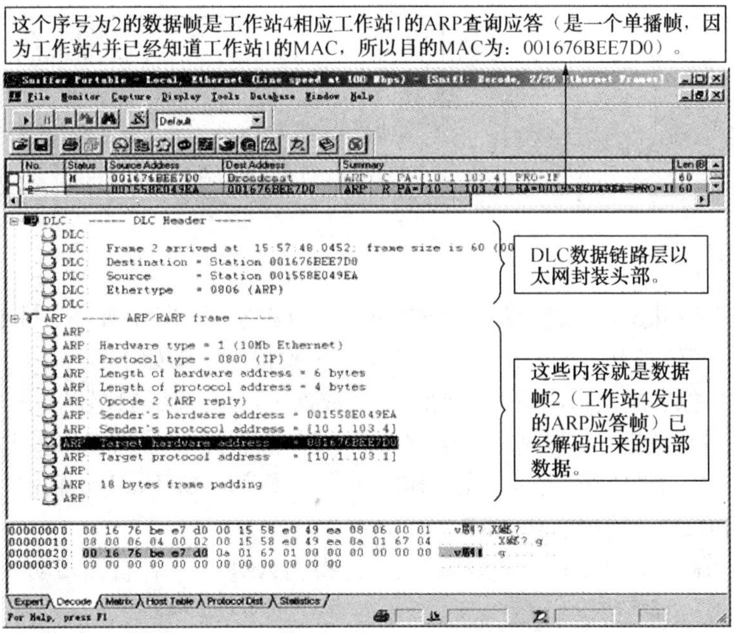

图1.18 ARP应答数据帧

表 1.3　ARP 应答数据帧对应分析

ARP 协议数据帧的数据结构说明		工作站 4 发送给工作站 1 的 ARP 应答
DLC 以太网数据帧头部	目的 MAC 地址	目的 MAC 地址未知，为工作站 1 的明确 MAC 地址：001676BEE7D0
	源 MAC 地址	源 MAC 为工作站 1 的 MAC：001558E049EA
	以太网内部封装的帧的类型	以太网帧内封装类型：0806 说明以太网帧内封装的是 ARP 帧
ARP 协议数据结构部分	硬件类型	以太网硬件类型为 10 兆位以太网
	协议类型	说明网络层协议为 IP 协议
	硬件长度	硬件地址（MAC）长度为：6 字节
	协议长度	协议地址（IP）长度为：4 字节
	操作（ARP 请求，ARP 应答）	操作类型代码（Opcode）为 2 表示这是一个 ARP 应答帧
	发送站硬件地址（以太网为 6 个字节）	发送本次 ARP 帧的设备的硬件（MAC）地址为：001558E049EA
	发送站协议地址（以太网为 4 个字节）	发送本次 ARP 请求的设备的协议（IP）地址为：10.1.103.4
	目标硬件地址（IP 协议地址为 6 个字节）	应答给目标设备的硬件（MAC）地址为：001676BEE7D0
	目标协议地址（IP 协议地址为 4 个字节）	应答给目标设备协议（IP）地址为：10.1.103.1
	帧填充	由于以上内容不满足以太网最小帧长度（64 字节）要求而加入的填充。（4 个字节 FCS）

1.1.5　模拟 ARP 攻击方法

下面利用 Sniffer Pro 软件进行基于 ARP 协议的攻击模拟，即让所有主机不能进行外网访问（无法与网关通信），下面在工作站 1 上实施攻击模拟，步骤如下。

（1）要进行模拟实施攻击，首先要构造一个数据帧，重新构造比较麻烦，可以捕获一个 ARP 的数据帧再进行改造（可以捕获一个网关的 ARP 数据帧）。设置 Sniffer Pro 捕获 ARP 通信的数据包（工作站 1 与网关之间）在工作站 1 上再次启动 Sniffer Pro 软件，并设置捕获过滤条件（Define Filter），选择捕获 ARP 协议。

（2）要想工作站 1 发送 ARP 请求给网关，并得到 ARP 回应，首先启动 Sniffer Pro 捕获，然后利用“arp –d”清除 ARP 缓存。

（3）在没有互相通信需求下，工作站 1 是不会主动发送 ARP 请求给网关的，所以也就捕获不到 ARP 的协议数据，此时要在工作站 1 与网关之间进行一次通信，如可以在工作站 1 上 ping 网关，即 ping 10.1.103.254。

（4）有 ICMP 数据回应后可以发现， Sniffer Pro 已经捕获到了协议数据。选择停止并查看，在第 1 帧数据包（具体数据结构参见图 1.20）上单击右键，并选择“Send Current Frame…”，如图 1.19 所示。

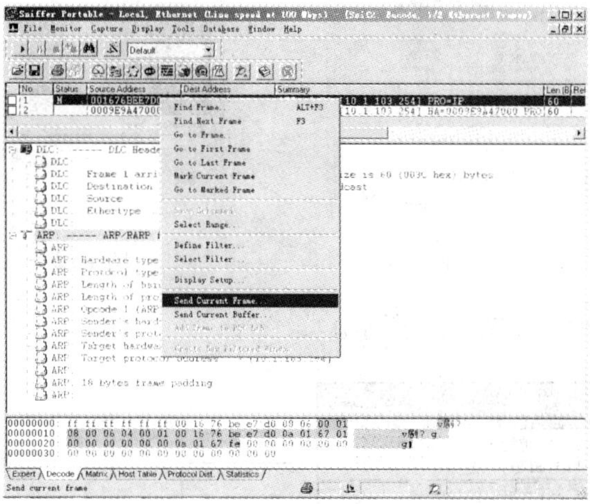

图 1.19　发送当前数据帧

（5）在弹出如图 1.20 所示的对话框中，其中的数据（Data）即是工作站 1 发出去查询网关 MAC 地 ARP 请求数据，已经放入发送缓冲区内，此时可以进行修改了。

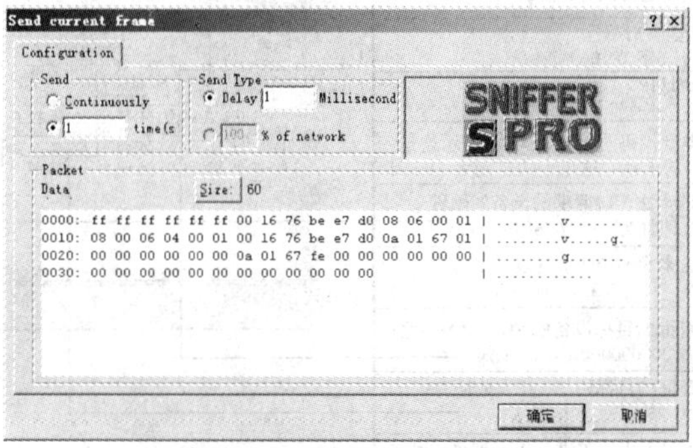

图 1.20　发送当前数据帧的修改与设置

（6）对工作站 1 发出去查询网关 MAC 地址 ARP 请求数据（Data）进行如图 1.21 所示的伪造修改，即这个帧是被伪造为网关 IP（10.1.103.254）地址和 MAC 地址（伪造为假的：112233445566）发出去的查询 10.1.103.153（十六进制数为：0a 01 67 99 ）的 MAC 地址的 ARP 广播帧，这样所有本地网段内的主机都会收到并更新记录，以为网关（IP 为 10.1.103.254）的 MAC 地址变为了 112233445566 ，并将这一错误关联加入各自的 ARP 缓存中（包括工作站自身）。

（7）修改后的帧缓冲区中的数据如图 1.21 所示，修改后在发送（Send）次数下选择连续发送（Continuously），发送类型（Send Type）下选择每隔 10 毫秒一次，然后单击确定，伪造的数据帧即开始按此间隔时间不断发送了。如需停止发送，如图 1.22 所示，单击菜单“tools”下的“Packet Generator” 项，在出现的窗口中选择停止。这里暂不停止。

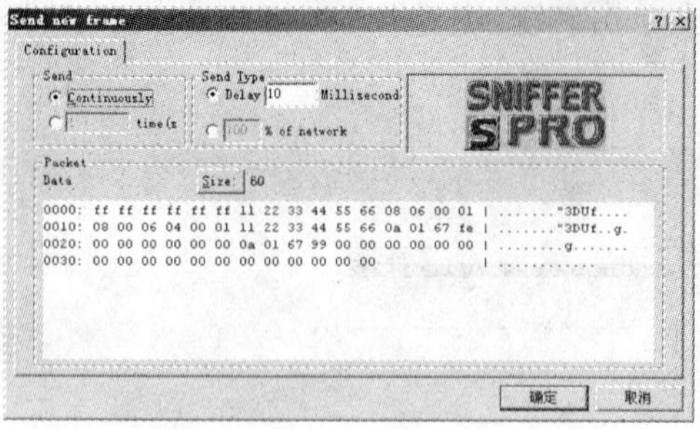

图 1.21　经过修改后的帧缓冲区中的数据

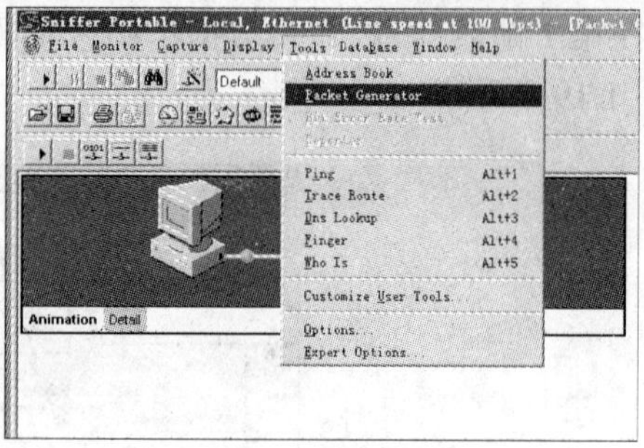

图 1.22　包生成器的控制

对数据帧修改的解析，如图 1.23 所示。

ARP协议数据帧的数据结构说明		工作站1发送给网关的ARP查询请求
DLC以太网数据帧头部	目的MAC地址	目的MAC地址未知，为广播MAC地址:FFFFFFFFFFFF
	源MAC地址	源MAC为工作站1的MAC:00137BEE7D0
	以太网内部封装的帧的类型	以太网帧内封装类型:0806 说明以太网帧内封装的是ARP帧
ARP协议数据结构部分	硬件类型	以太网硬件类型为10兆位以太网（0001）
	协议类型	说明网络层协议为IP协议
	硬件长度	硬件地址（MAC） 长度为：6字节（06）
	协议长度	协议地址IP 长度为：4字节（04）
	操作（ARP请求，ARP应答）	操作类型代码（Opcode）为1表示这是一个ARP请求帧（这里十六进制为：00 01）
	发送站硬件地址（以太网为6个字节）	发送本次ARP请求的设备的硬件（MAC）地址为：001676BEE7D0
	发送站协议地址（以太网为4个字节）	发送本次ARP请求的设备的协议（IP）地址为：10.1.103.1（0a 01 67 01）
	目标硬件地址（IP协议地址为6个字节）	被查询的目标设备的硬件(MAC)地址为：000000000000，不示未知
	目标协议地址（IP协议地址为4个字节）	被查询的目标协议（IP）地址为：10.1.103.254（0a 01 67 fe）
	帧填充	由于以上内容不满足以太网最小帧长度(64字节)要求而加入的。(4个字节FCS)

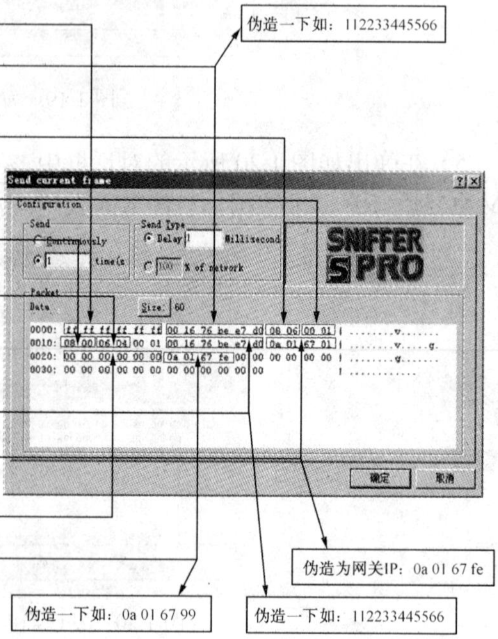

图 1.23　数据帧修改的解析

1.1.6　ARP 模拟攻击与结果检查

在工作站 1 上通过远程桌面连接到工作站 4，如图 1.24 所示。在未发送伪造的数据帧之前工作站 4 是可以和网关 10.1.103.254 进行通信的，当启动包生成器发送伪造的数据帧后，就不能 ping 通网关了。当工作站 4 上用“arp –a”命令查看，网关 IP 对应的 MAC 地址已经变为网络中不存在的伪造 MAC 地址：112233445566，因而无法访问正确的网关，也就无法访问外部网络。

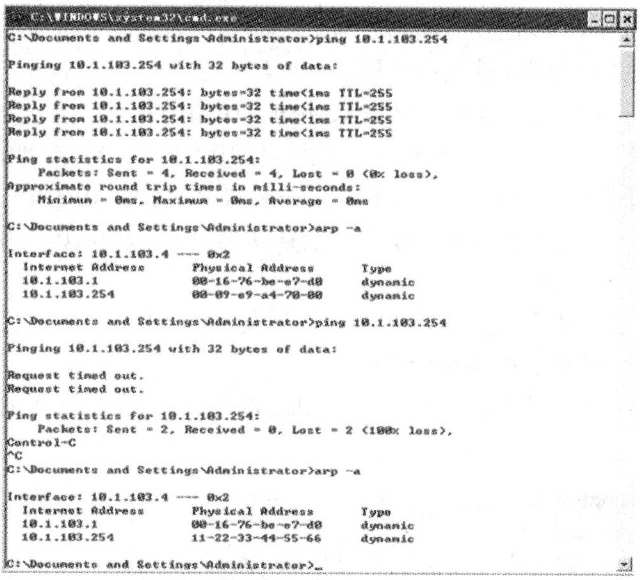

图 1.24 受 ARP 攻击的计算机（工作站 4）的效果查看

此时在工作站 1 上用“arp –a”命令查看网关 IP 对应的 MAC 地址时，arp 缓存表中的网关 MAC 地址也已经变为网络中不存在的伪造的 MAC 地址：112233445566。

停止发送伪造帧，即停止攻击，并分别在两台工作站上执行“arp –d”命令，重新 Ping 网关后又可以进行连接并访问外网了。

此种类型的攻击是典型的“中间人”攻击。

1.1.7 确定 ARP 攻击流量并加以分析

下面对 ARP 协议攻击软件产生的流量进行以下分析。

（1）在工作站 1 上开启 Sniffer Pro 并设置对 ARP 协议进行捕获，启动捕获。

（2）开启 WinArpAttacker 软件，先进行 Scan 扫描本局域网内的存活主机。选中要攻击的目标主机前，然后选择 Attack-BanGateway。这里选择两台目标主机（10.1.103.4 和 10.1.103.5），如图 1.25 所示。

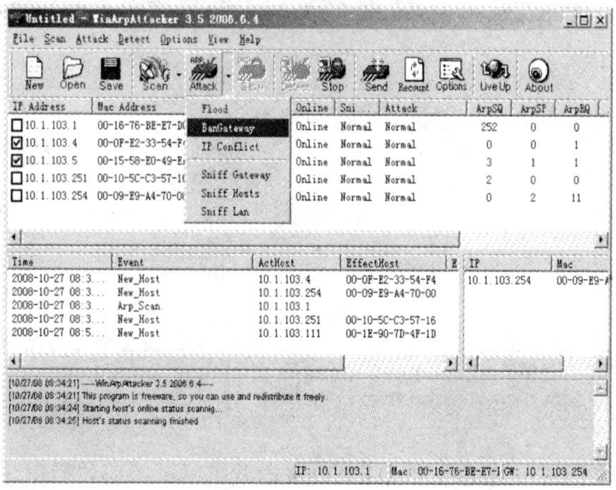

图 1.25 利用 ARP 攻击器实施攻击

（3）这时发现 Sniffer Pro 已经捕获到数据了，如图 1.26 和图 1.27 所示，其中有四个数据帧，图中的解码为对 10.1.103.4 的攻击过程。

（4）攻击过程是：工作站 1 以假的源 MAC 地址（010101010101）为源给网关发一个 ARP 包，欺骗网关，使网关会误认为工作站 1 的 IP 地址是：10.1.103.4，MAC 地址是：010101010101（同时交换机的 CAM 表也更新）。工作站 1 以假的源 MAC 地址（010101010101）为源给工作站 4 发一个 ARP 包，进行欺骗，使工作站 4 会误认为网关的 IP 地址 10.1.103.254，对应的 MAC 地址是：010101010101。

（5）攻击的结果是：网关发给工作站 4 的数据发到了工作站 1；工作站 4 发给网关的数据也发到了工作站 1（MAC：010101010101）。

（6）分析：这种攻击方式与前面的 Sniffer Pro 软件模拟的是一个原理。只是目的不同，相对更为复杂一些。

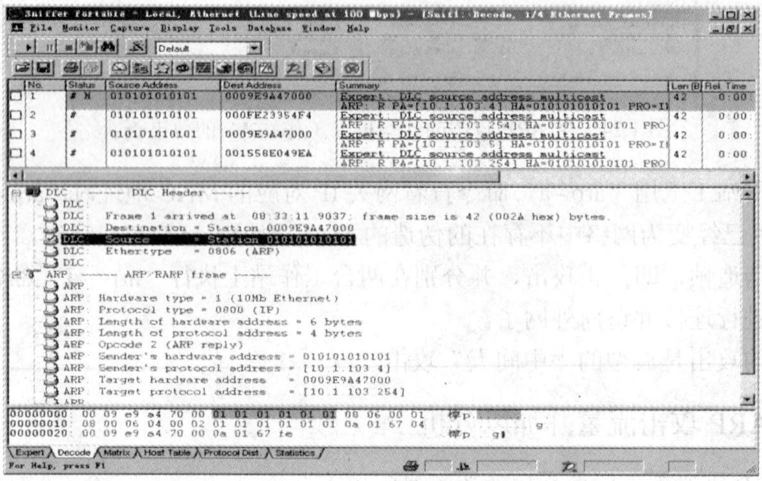

图 1.26　捕获到的 ARP 攻击器欺骗工作站 4 的协议数据

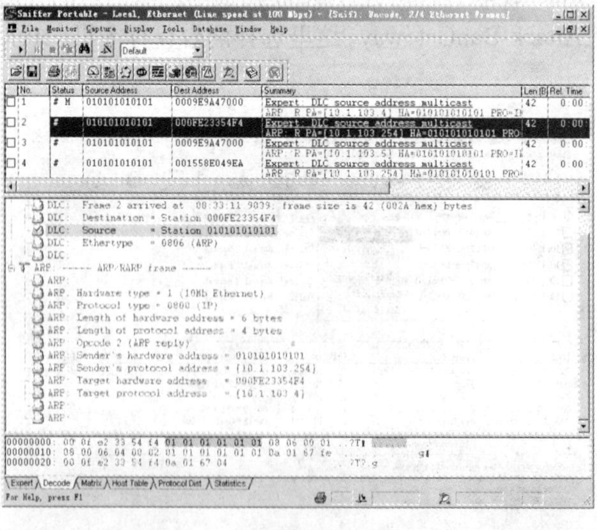

图 1.27　捕获到的 ARP 攻击器欺骗网关的协议数据

1.1.8 针对此类攻击的防范

1. ARP 协议攻击防护分析

防范这类攻击的方法很多，目前已经有一些工具软件可以防范此类攻击，如瑞星、奇虎360 安全卫士等已经可以防范此类攻击，但是要求每个客户端都安装软件。也可以进行静态的 MAC 地址绑定，把网关的 IP 与 MAC 地址进行静态关联到工作站的 ARP 缓存中（命令是：arp–s 10.1.103.254 00-09-E9-A4-70-00）。但定位此类攻击点还是很困难的，可以通过登录交换机查看各交换机端口的广播流量情况定位是哪个端口连接的计算机发出的攻击。也可以设置交换机端口的广播抑制比。当然目前也有很多关于防范 ARP 攻击的方式，其中以交换机上的配置较多见，主要是以在交换机上进行 MAC 地址与端口进行静态绑定。

下面以思科交换机的设置为例进行分析：思科 Dynamic ARP Inspection（DAI）在交换机上提供 IP 地址和 MAC 地址的绑定， 并动态建立绑定关系。DAI 以 DHCP Snooping 绑定表为基础，对于没有使用 DHCP 的服务器个别主机可以采用静态添加 ARP access-list 实现。DAI 配置针对 VLAN，对于同一 VLAN 内的接口可以开启 DAI 也可以关闭。通过 DAI 可以控制某个端口的 ARP 请求报文数量。通过这些技术可以防范“中间人”攻击。

2. 交换机配置 ARP Inspection 实例

（1）全局配置命令：

```
ip dhcp snooping vlan 100,200
ip dhcp snooping
ip arp inspection vlan 100,200    //定义对 VLAN100，200 进行 ARP 数据帧检测
```

（2）接口配置命令：

```
ip dhcp snooping trust
ip arp inspection trust   //定义哪些接口是信任接口，网络设备接口及 TRUNK 接口等
ip arp inspection limit rate 5 (pps)    //定义接口每秒 ARP 数据帧数量
```

（3）静态 IP 设备不采用 DHCP 的排除

```
arp access-list StaticIP
permit ip host 10.1.103.254 mac host 0009.E9a4.7000
ip arp inspection filter StaticIP vlan 201
```

具体可能通过网上查询进行深入解决方案的设计，提高独立解决问题的能力。

1.1.9 知识技能要点测评

本部分内容是在已有网络基础与网络组建与互联知识与能力的基础上对协议原理与结构知识深入理解，并能够进行协议分析软件的正确安装、配置与使用，最终能对捕获到的协议数据进行分析判断，发现由于网络协议导致的网络异常现象，并定位排除网络安全故障点。如表 1.4 所示。

表 1.4　知识技能要点测评表

学习情境 1——知识技能要点测评表			
序号	测评要点	具体目标	测评权重
1	知识理解	能对以太网数据帧、ARP、IP、ICMP、TCP、UDP、TELNET 等常用协议中的至少 2 个进行正确的解码分析	20
2	工具及软件使用	能利用协议分析软件对特定协议进行高级过滤捕获，并能利用包生成器构造协议数据包，并找出现有工具及软件的局限性	25
3	操作标准与规范	协议捕获、模拟攻击与分析准确标准，安全防护措施有效并符合规范	25
4	拓展完成情况	能够合理选择场地，独立完成拓展工作任务中的 2 项以上工作任务。并按拓展工作任务中的评价方法进行测评	20
5	调研报告	调研报告是为了测评提高对学习者所涉及领域的调查分析能力，即是对知识性内容的补充，也是对实际工作中资料整理、写作、报告等能力的提高与测评	10

1.2　针对同类工作任务的拓展训练

拓展训练是对所完成工作任务的扩展与外延，建议利用课余安排时间，自选场地。

通过对 ARP 协议的分析，已经具备了协议分析、攻击模拟与防范的技能，但还没有对网络中主干流量分析的能力，也没有对所学技能熟练运用的能力。下面内容要求根据给定的信息独立完成后面的拓展训练，进而对协议分析技术能够熟练掌握，并能运用协议分析工具软件解决实际遇到的问题。例如，学会利用协议分析技术进行学习；利用协议分析技术发现协议安全缺陷；利用协议分析技术分析异常协议流量（如带宽滥用、蠕虫病毒、木马以及各种针对网络的攻击）并进行定位等。

拓展训练的内容是对技能的强化与提升，建议利用业余时间来完成此部分的实训，本部分的训练可以在如下场所进行：

◆ 利用联网实训室组成一组共同进行诊断分析；

◆ 对办公网络进行诊断分析；

◆ 对学生公寓网络进行诊断分析；

◆ 建议把捕获到的协议数据保存，对协议数据是否异常提出自己的看法并互相交流。

1.2.1　基于 ICMP 协议的 Tracert 命令分析

1．任务描述

在如图 1.28 所示的网络环境中，在工作站 1 上启用 Sniffer Pro 捕获功能（建议设置捕获条件，仅捕获 ICMP 协议），

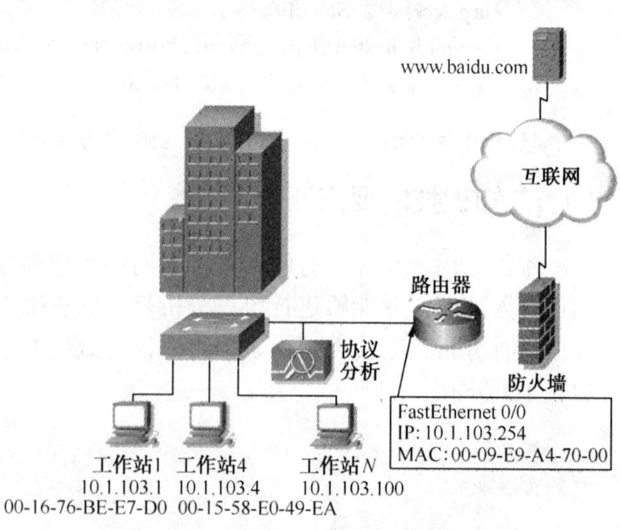

图 1.28　Tracert 命令的实施场景

并进行如下的工作：

（1）在工作站 1 上执行“tracert www.baidu.com”；

（2）分析以太网头部；

（3）分析 IP 协议头部结构；

（4）分析 ICMP 协议头部结构；

（5）分析 Tracert 命令的工作过程。

2. 目标

明确 Tracert 命令的工作过程。

3. 评价方法

将捕获到的协议数据保存以供检查。

1.2.2 Telnet 与 FTP 明文传输的安全性

1. 任务描述

在如图 1.29 所示的网络环境中，进行如下的工作：

（1）配置交换机端口镜像功能，使工作站 1（连接在交换机的 2 端口）能捕获到局域网内所有主机（通过交换机的 1 端口）到互联网之间的协议数据；

（2）在工作站 1 捕获到工作站 4 访问 Telnet/FTP 服务器的密码与命令。

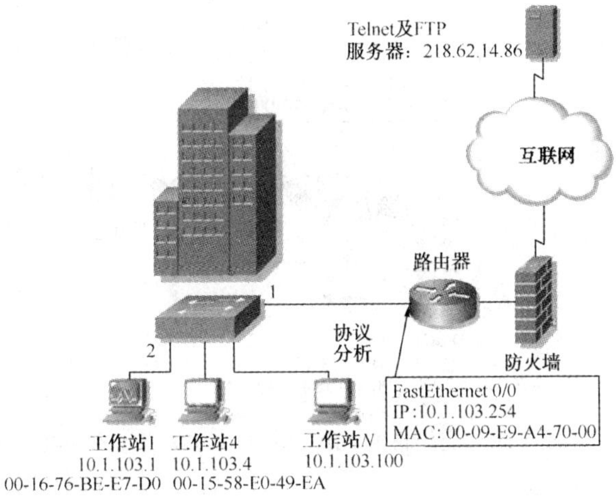

图 1.29 Telnet 协议安全性分析的实施场景

2. 目标

理解协议是不安全，特别是应用广泛的 Telnet/FTP 这两个应用，数据是以明文进行传输的。

3. 评价方法

将捕获到的协议数据保存以供检查。

1.2.3 网络中异常流量的分析与定位

1．任务描述

网络性能下降或无法访问外部网络的多数情况是由于计算机蠕虫病毒、木马、ARP 攻击、带宽滥用（P2P 下载软件）等造成的。如何利用协议分析软件进行异常分析与定位呢？任务图可参见图 1.29。

2．方法及步骤

（1）同样配置交换机端口镜像功能，使工作站 1（连接在交换机的 2 端口）能捕获到局域网内所有主机（通过交换机的 1 端口）到互联网之间的协议数据；

（2）利用 Sniffer Pro 软件中的流量分析功能，可以发现带宽滥用；

（3）根据经验可以判断出计算机蠕虫病毒、木马、ARP 等攻击。

3．评价方法：

将捕获到的协议数据保存以供检查。

1.2.4 交换机 MAC 地址学习功能的安全性分析

1．任务描述

交换机的工作原理（MAC 地址学习功能）是否存在类似的安全问题？任务图如图 1.30 所示。

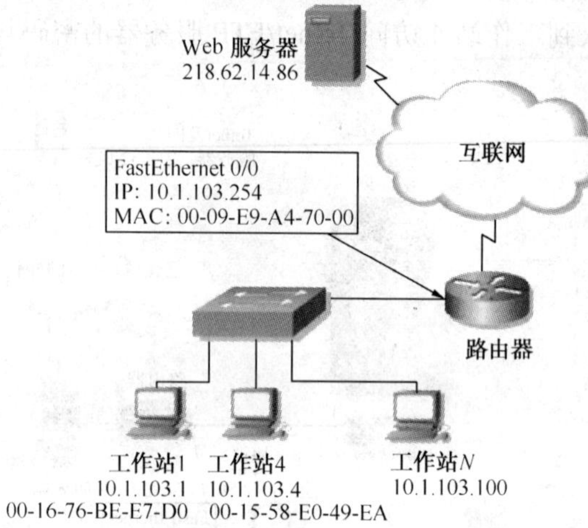

图 1.30 交换机的 MAC 地址学习功能任务场景

2．提示

交换机可以记忆各端口所连接设备的 MAC 地址（根据从此端口进入的数据的源 MAC 地址进行判断），而网关的 MAC 地址是非常关键的，是整个局域网访问外网的关键。

3．评价方法

将构造的协议数据保存以供检查。

1.3 同类工具软件介绍

1.3.1 协议分析类软件

关于软件的使用介绍，只要知道软件名字及功能，利用互联网就可以搜索到软件最新的介绍及使用说明了，互联网是最好的教程。这里仅列出几款常用的协议分析软件的名称：

◆ Sniffer Pro；

◆ Netxray；

◆ Wireshark Network Analyzer；

◆ Ethereal；

◆ WildPackets.OmniPeek；

……

1.3.2 流量分析与监控类软件——科来与网路岗

前面介绍的 Sniffer Pro 等几款协议分析软件主要功能是对协议的解码分析，虽然也可以实现流量分析，但对流量分析与监控上的功能并不是很方便。下面介绍两款流量分析与监控软件，这两个软件较适合于国内中小型企业的网络管理，可利用互联网查找使用说明。这里简单地对其主要特点进行介绍。

1．科来网络分析系统

科来网络分析系统是网络管理系统中的专业网络分析产品，是一个集网络检测、错误诊断、性能优化、协议分析、安全分析为一体的综合网络分析系统。科来网络分析系统整合了行业领先的专家分析技术，对当前复杂的网络提供精确分析，在网络安全、网络性能、网络故障方面提供最全面和深入的数据依据，是企业、政府、学校等单位网络管理所需要的关键性产品。主要功能如下：全局到节点的网络流量统计；了解流量应用组成以及如何被利用。关于更详细的软件介绍可以参见科来网站：http://www.colasoft.com.cn。

2．网路岗

网路岗是目前国内领先的上网监管软件，只需要通过一台计算机即可监控整个网络的网络活动，是政府机构、企事业单位和校园网吧上网的常备管理软件之一。网路岗系列软件通过旁路（端口镜像方式）对网络数据流进行采集、分析和识别，实时监视网络系统的运行状态，记录网络事件、发现安全隐患，并对网络活动的相关信息进行存储、分析和协议还原；该产品可监视企业内部员工对互联网的访问行为。将其放置于企业网络与互联网的主干即可监控整个局域网络内用户对互联网的访问。关于更详细的软件介绍可以参见其网站：http://www.softbar.com。

1.4 利用网上搜索完成调研报告

利用互联网资源完成网络安全现状调研并形成报告，报告建议包含的要点如下。

1．国内网络安全产品及应用状况

（1）国内网络安全市场整体状况分析；

（2）国内网络安全产品应用状况及特征；

（3）国内网络安全市场主力厂商竞争状况分析；

（4）国内网络安全产品市场未来发展。

2．网络安全主流产品与技术分析

（1）网络安全国内外主流产品；

（2）网络安全国内外主流技术；

（3）网络安全国内外最新技术动态；

（4）网络安全主流产品与技术未来发展。

3．网络安全实际意义

4．收集整理信息安全的基本概念

（1）信息安全要素；

（2）信息安全策略；

……

1.5 习题与实训

1.5.1 习题

1．说明 OSI 及 TCP/IP 各分几层，对应关系，以及各层的主要功能。

2．说明 IP 协议的报头结构。

3．说明 ARP 协议的报头结构。

4．说明 ICMP 协议的报头结构。

5．说明 TCP 协议的报头结构。

6．说明 UDP 协议的报头结构。

7．请比较 IP、ARP、ICMP、TCP 及 UDP 协议的安全性有何异同。

8．在一个局域网中，使用工具软件进行数据包的捕获与分析，需要怎样设置网卡的工作模式？

1.5.2 实训

1．使用 Sniffer 捕获 IP 协议的数据包，并与 IP 协议的报头结构进行对比分析。

2．使用 Sniffer 捕获 ARP 协议的数据包，并与 ARP 协议的报头结构进行对比分析。

3．使用 Sniffer 捕获 ICMP 协议的数据包，并与 ICMP 协议的报头结构进行对比分析。

4．使用 Sniffer 捕获 TCP 协议的数据包，并与 TCP 协议的报头结构进行对比分析。

5．使用 Sniffer 捕获 UDP 协议的数据包，并与 UDP 协议的报头结构进行对比分析。

6．利用 Windows2003 Network Monitor 进行捕获数据。

7．在网上搜索 DoS 攻击软件，利用虚拟机模拟进行一次攻击。

8．在网上搜索 ARP 攻击软件，利用虚拟机模拟进行一次攻击。

学习情境 2　保护数据在公网上的传输

2.0 总体介绍

通过学习情境 1 中的工作任务学习和拓展训练，可以很明显地发现目前互联网采用的 TCP/IP 网络协议是不安全的。不仅仅是因为其易受攻击，更主要是协议在进行数据封装与传输过程中都是明文，即没有加密处理。

2.0.1 情境描述

在实际的工作中，企业人员经常要利用互联网将一些重要的文档传送给自己的客户或企业的总部，但是公共网络存在很多不安全的因素，其中机密性保护是要重点考虑的因素。TCP/IP 协议是目前使用最广泛的网络互联协议，但 TCP/IP 协议本身存在着一些安全性问题。如何利用现有不安全的 TCP/IP 协议，实现对数据的安全传输？最有效的办法就是对要传输的数据进行加密后再传输。因此，作为网络安全管理与防护人员，要掌握加密技术与方法，并能运用主流的加密与防护技术为企业的商业机密数据提供保护。

2.0.2 总体目标

- 掌握保护文件通过互联网传输时不被其他人看到，即机密性保护方法；
- 能对保护文件在通过互联网传输时不被修改或破坏，即提供完整性保护方法；
- 使接收者能确认出发送此文件的人，即为源认证提供保护；
- 能合理选用加密算法，区分对称与非对称加密。了解不同加密算法的应用场合；
- 掌握对称与非对称加密技术的综合应用——CA 技术和 VPN 技术来解决实际中对数据保护的需求；
- 通过拓展训练和后期学习中的经验积累能对不同环境下数据保护工作需求提供有效措施。

2.0.3 内容描述

在本学习情境中设计了 5 个工作任务，在工作任务的安排上从简单到复杂进行设计。工作任务 1 是对两种加密体制的原理与实施加以介绍，利用 PGP 软件进行工作任务实现，完成对文档或邮件加密的任务；工作任务 2 是对非对称加密的深入，主要是完成 CA 数字证书在 IE 浏览器与 Web 服务器之间实现通信数据的保护；工作任务 3 是对隧道技术的实施，为后续的 VPN 技术做一个铺垫；工作任务 4 是对 VPN 技术原理及在 Windows 下的实现加以设计实施；工作任务 5 是利用网络设备路由器实现企业与分支的 VPN 连接，并利用两种方式实现，即 SDM 配置实现和 CLI 命令行实现。

2.0.4 情境教学条件

整体教学环境要求

- ◆ 保证实训计算机可以访问互联网；
- ◆ 建议实训计算机使用 Windows XP 操作系统；
- ◆ 建议实训计算机硬件配置足够，特别是内存建议至少 1GB；
- ◆ 建议在实训计算机的 Windows XP 操作系统内安装 VMware Workstation 软件，并创建虚拟机安装 Windows Server 2003 操作系统。

工具及软件要求

- ◆ 加密软件 Apocalypso 和 PGP；
- ◆ Windows Server 2003 操作系统 ISO 镜像文件，CA 服务器组件、IE 浏览器及 IIS 的 Web 服务器；
- ◆ SDM 软件、虚拟机软件、路由器模拟软件 DynamipsGUI、路由器配置软件及路由器 IOS 文件。

特定的硬件设备要求

- ◆ 硬件路由器（可用路由器模拟软件 DynamipsGUI 替代）、实际路由器配置中的工具软件；
- ◆ 根据实验条件选择 VPN 硬件设备。

参考资料及视频建议

- ◆ 虚拟机软件、SDM 软件的使用资料；
- ◆ 关于本部分的视频教程。

2.0.5 学习情境 2 整体网络场景

学习情境 2 整体网络场景如图 2.0 所示。

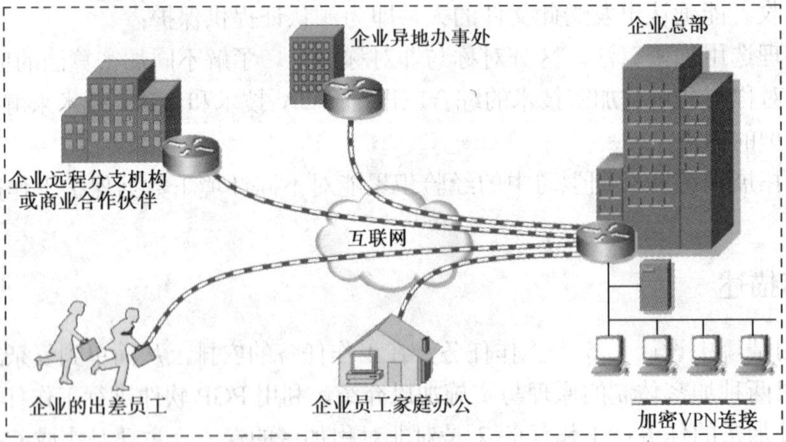

图 2.0 保护公网数据传输网络整体场景

2.1 工作任务1——利用PGP实施非对称加密

2.1.1 工作任务描述

本工作任务是利用对称与非对称加密技术实施文档加密为其安全传输提供保护，特别是利用PGP软件对非对称加密与签名的具体实施。具体工作任务描述与实施流程如表2.1。

表2.1 任务描述与实施流程表

学习情境2——保护数据在公网上的传输
任务名称：利用PGP实施非对称加密
工作任务描述
广告公司文案A先生要把一份广告创意方案书通过电子邮件发给其外地客户B女士，出于商业机密性考虑，为了保护这份方案书，A先生想到了网络安全工程师，并提出如下需求：要保护这份方案通过互联网传到B的过程中不被其他人看到；同时，要保证这份方案书传输过程中不被其他人修改或破坏；最后还要保证B收到后能确认是A发送的。任务图如图2.1所示
任务目标
1．能对保护文件在通过互联网传输时不被其他人看到，即对机密性保护方法； 2．能对保护文件在通过互联网传输时不被修改或破坏，即提供完整性保护方法； 3．接收者能确认出发送此文件的人是谁，即为源认证提供保护； 4．能合理选用加密算法，区分对称与非对称加密； 5．知道不同加密算法的应用场合
学习场景简化
对本工作任务进行简化如图2.1所示。此工作任务中可2人一组完成，选择合适的技术及工具软件模拟完成工作任务中的需求。局域网环境也可以，如利用FTP等进行公钥交换与加密文档的传输
工具及软件选用
1．游戏（魔术）卡片； 2．对称加密类软件Apocalypso； 3．加密软件PGP
任务实施流程
1．知识准备-阅读引导文本中私钥加密体制与公钥加密体制知识介绍，或者查找资料学习对称加密算法、非对称加密算法，了解不同加密算法的应用场合；由于加密部分本身的理论性较强，所以引导文本的内容涉及的较多。 2．分析对比对称加密与非对称加密算法，比较两种加密体制，合理选用两种加密算法。 3．工具及软件选用：PGP软件的安装与设置。 4．生成密钥对，一个公钥和与其对应的一个私钥。 5．将公钥导出上传到FTP服务器，以便通信对方导入。 6．从FTP获取通信对方的公钥，并导入对方公钥。 7．利用导入的对方的公钥加密要发送的文档，利用自己私钥签名，并将其上传到FTP服务器。 8．对方从FTP服务器下载此加密的文档。 9．检验加密、验证签名的有效性

参考资料手册
1．利用互联网搜索相关知识查询；
2．PGP 软件的中文网址 www.pgp.com.cn；
3．PGP 公钥发布网址 www.pgp.cn；
4．教材中的引导文本；
5．相关视频教程

本工作任务是利用对称与非对称加密技术实施文档加密并传输，特别是利用 PGP 软件具体实施对邮件的加密或对要传输的邮件中机密的附件加密后再传输。具体工作任务实施场景如图 2.1 所示。

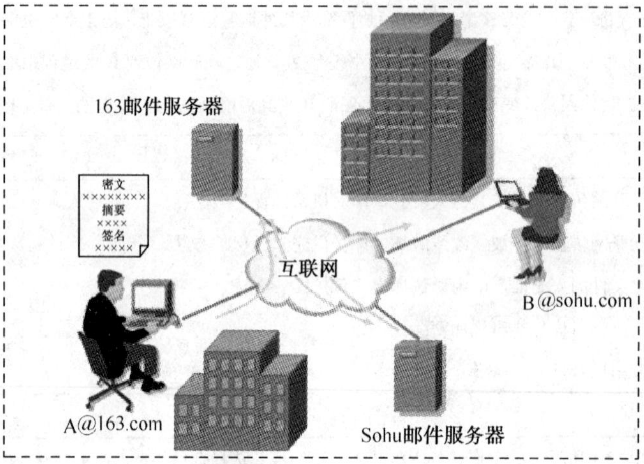

图 2.1　工作任务 1——PGP 加密网络场景

2.1.2　引导文本

1．加密与解密-对称密钥加密体制

对称加密也称私钥加密体制，对称密钥加密技术使用相同的密钥对数据进行加密和解密，发送者和接收者用相同的密钥，如图 2.2 所示。

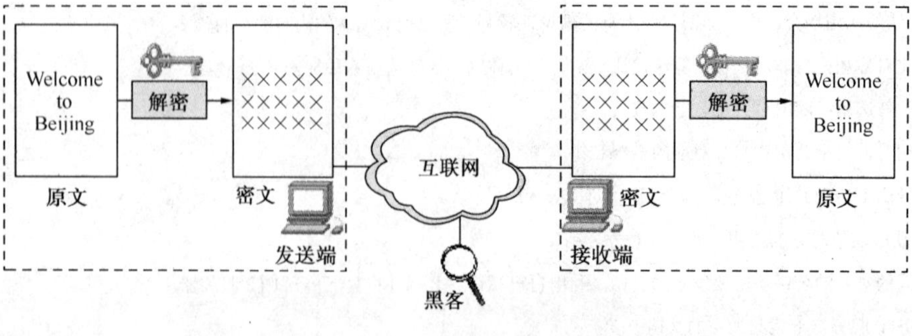

图 2.2　对称加密原理

现在对称加密算法已经很多，通过特殊的数学算法实现，强度增加，包括：DES、3DES（Triple DES）、AES、RC 等。

2．对称加密算法

对称加密一般都先从恺撒加密算法开始了解对称加密。

（1）古典对称加密算法-恺撒加密

恺撒（或称恺撒大帝）罗马共和国末期杰出的军事统帅、政治家。古罗马共和国领袖和军事统帅，军事家。南征北战，几乎统一了欧洲，奠定了罗马帝国，被尊为“祖国之父”。

此法是用于战争中的通信，用来保护重要军情。恺撒加密算法介绍：“恺撒密码”是一种替代密码，通过将字母按顺序推后 3 位起到加密作用，如将字母 A 后移 3 位为字母 D，将字母 C 后移 3 位为字母 F。恺撒较早地使用了此加密方法，因此这种加密方法被称为恺撒密码。例如，有这样一条信息：“START WAR”，用恺撒密码加密后就成为：“VWDUW ZDU”。如果这条信息被敌方截获，也不会泄密，因为字面上看不出任何意义。这其中按字母顺序后移是加密的算法，3 是加密的密钥，明文（原文）为：START WAR；密文为：VWDUW ZDU。

这种加密方法还可以改变加密密钥，如为 5，就产生这样一个明密对照表。

明文：A B C D E F G H I J K L M N O P Q R S T U V W X Y Z

密文：F G H I J K L M N O P Q R S T U V W X Y Z A B C D E

在这个加密表的对照关系下就可以对明文进行加密了。则明文：“I LOVE YOU”，转换为密文：“N QTAJ DTZ”。很明显，这种密码的加密强度是很低的，只需简单地统计字母频率就可以破译。

（2）加密与解密概念

加密是指将数据进行编码，使它成为一种按常规不可理解的形式，这种不可理解的内容叫密文。解密是加密的逆过程，即将密文还原成原来可理解的形式。

数据加密技术的关键元素包括加密算法和密钥。加密算法是一组打乱和恢复数据的指令集或一个数学公式。密钥则是算法中的可变参数。

对同样的明文，可使用不同的加密算法。即使使用相同的加密算法，如果使用的密钥不同也会得出不同的密文。

衡量一个加密技术的可靠性，主要取决于解密过程的难度，而这取决于密钥的长度。广泛应用的加密技术是对称密钥加密体制（私钥加密体制）和非对称密钥加密体制（公钥加密体制）。

（3）现代对称加密算法

① 对称密钥加密技术的典型算法——DES

DES 算法由 IBM 发明后，于 1977 年由美国国家技术标准局（NIST）批准正式采用。DES 和 3DES 已经成为许多公司和组织加密的标准。目前在国内，DES 算法在 POS、ATM、磁卡、IC 卡等领域应用广泛。

对称密钥加密技术的典型算法是 DES（Data Encryption Standard 数据加密标准）。DES 的密钥长度为 56bit，其加密算法是公开的，其保密性仅取决于对密钥的保密。对称加密算法 DES，其分组长度位 64 位，实际的密钥长度为 56 位，还有 8 位的校验码。DES 算法由于其密钥较短，随着计算机速度的不断提高，使用穷举法进行破解成为可能。1998 年 7 月电子边境基金会（EFF）使用一台价值 25 万美元的计算机在 56 小时之内破译了 56bit 的 DES。1999 年 1 月（EFF）通过互联网上的 10 万台计算机合作，仅用 22 小时 15 分就破解了 56bit 的 DES。

DES 的实际密钥长度为 56bit，就目前计算机的计算能力而言，DES 不能抵抗对密钥的穷举搜索攻击。56 比特密钥的穷举数量为 72 亿次。1997 年，美国的 RSA 数据安全公司在公司的安全年会上，公布了一个名为“秘密的密钥挑战”的竞赛项目，悬赏一万美元破解密钥长度为 56 比特的 DES 密码算法。明文以“The unknownmessage is：” 开头，其后的内容等待破解，项目开始 140 天后被破解。

② 对称密钥加密技术的典型算法——3DES

TDES（Triple Data Encryption Standard 数据加密标准）。三倍 DES（3DES）是 DES 的增强型，它能够有效地运行 168 位的密码。DES 和 3DES 都广泛的应用于商业和非安全部门的通信。图 2.3 为多种常用加密算法的小工具软件。

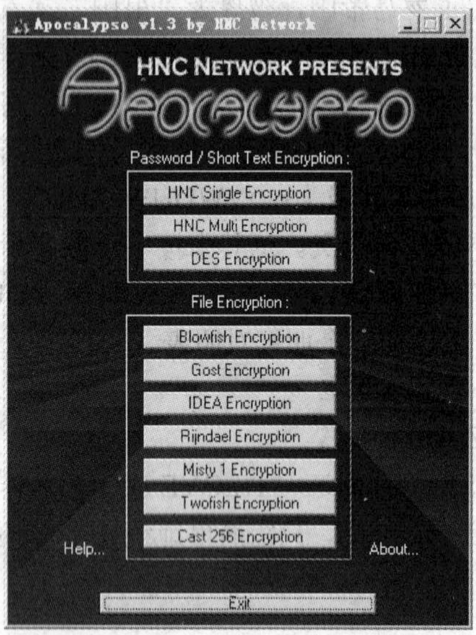

图 2.3　多种常用加密算法的小工具软件

③ 对称密钥加密技术的典型算法——IDEA

IDEA（International Data Encryption Algorithm 国际数据加密算法），IDEA 是一个迭代分组密码，分组长度为 64 比特，密钥长度为 128 比特。IDEA 密码中使用了以下三种不同的运算：逐位异或运算；模 216 加运算；模 216+1 乘运算，0 与 216 对应。

IDEA 算法的密钥长度为 128 比特。设计者尽最大努力使该算法不受差分密码分析的影响，数学家已经证明 IDEA 算法在其 8 圈迭代的第 4 圈之后便不受差分密码分析的影响了。应当说 IDEA 是非常安全的。

④ 对称密钥加密技术的典型算法——AES

为了替换安全性逐渐减弱的 DES 算法，1997 年年初，NIST 向全世界公开征集高级加密标准（AES，Advanced Encryption Standard）。对 AES 的基本要求是强度至少和三重 DES 一样，但要比三重 DES 更快。经过长达三年两轮的评估，最终，Rijndael 数据加密算法脱颖而出。NIST 在 2001 年 11 月 26 日正式公布 Rijndael 数据加密算法作为高级加密标准 AES，于 2002 年 5 月 26 日起正式生效。AES 的密钥长度可变，可以指定为 128 比特、192 比特或 256 比特，数据分组长度也可以指定为这三个长度。

⑤ 对称密钥加密技术的其他算法 RC-5（RivestCipher 5）、Blowfish 等。

目前，在网络安全防护应用中，如路由器配置 VPN 中常用的对称加密算法主要是 DES 和 3DES，虽然 DES 有被破解的可能，但也足已满足实际中的需求。关于以上对称加密算法的详细介绍可以在互联网上获取帮助。

3. 对称密钥加密体制特点分析

（1）优点：加密处理简单，加密解密速度快。

通常算法的特点决定对称加密比非对称加密算法要简单，在硬件加密的实现上也较容易，成本也较低。例如，思科的 VPN 集中器低端产品采用的是软件加密，但对大用户需求的网络中，要采用基于硬件加密设计的高端思科的 VPN 集中器产品。

（2）缺点：密钥管理困难，无法实施身份的源认证。

举例说明：如果有 n 个用户，要想两两间进行加密通信，则每一方至少要有保管 $n-1$ 个密钥，总共需要 C（n,2）$=n$（$n-1$）/2 个密钥，当用户量增大时，密钥空间急剧增大。当然数量上的差别并不是主要的，最重要的是密钥的维护与管理。另外，密钥必须通过某一信道协商，对这个信道的安全性的要求比正常的传送消息的信道安全性要高。再有就是传统加密算法无法实现抗抵赖的需求。

4．非对称加密

非对称密钥加密系统，又称公钥和私钥系统。其特点是加密和解密使用不同的密钥。发送端用接收端的公钥加密后发给接收端，接收端用自己的私钥解密，如图 2.4 所示。

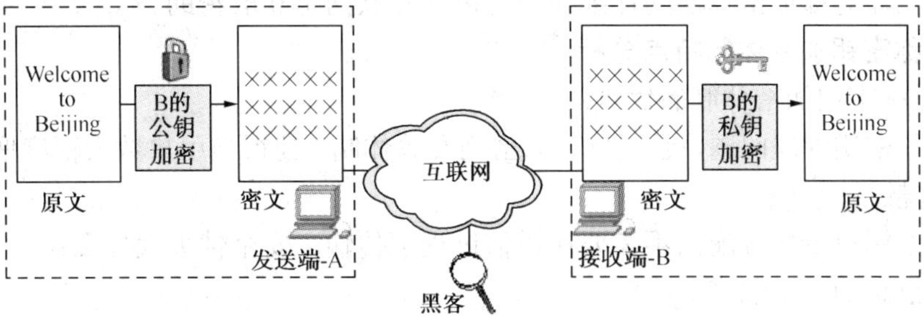

图 2.4　非对称密钥加密工作原理

非对称加密算法的核心就是加密密钥不等于解密密钥，且无法从任意一个密钥推导出另一个密钥，这样就大大加强了信息保护的力度，而且基于密钥对的原理很容易地实现数字签名和电子信封。公钥是公开的，可以发布给多个通信方；私钥是保密的，由生成者保管。非对称加密系统的关键是寻找对应的公钥和私钥，并运用某种数学方法使得加密过程成为一个不可逆过程。也就是说具有如下的特点。

（1）用公钥加密的信息只能用与该公钥配对的私钥才能解密实现对所发送数据的保密；比如，A 向 B 发送信息，B 的公钥是公开的，那么 A 用 B 的公钥对信息进行加密发送出去；因为只有 B 有对应的私钥，所以信息只能为 B 所读取；即使 A 再用 B 的公钥也无法解出原信息。

（2）用私钥加密的信息只能用与该私钥配对的公钥才能解密（实现了对源的身份验证）；比如，A 向 B 发送信息，A 用自己的私钥对信息进行加密（签名）发送出去，B 用 A 的公钥可以解密签名，所以 B 可以确认信息是 A 发送来的；因为 A 的公钥只能解密用 A 的私钥加密的信息（签名）。

因此，也就得到了非对称加密算法的两个主要用途：

（1）发送保密信息。发送者用接收者的公钥加密，接收者用自己的私钥解密。由于别人不知道接收者的私钥，无法窃取信息。

（2）确认发送者的身份。发送者用自己的私钥加密，接收者用发送者的公钥解密。由于别人不知道发送者的私钥，无法发出能用其公钥解开的信息，因此发送者无法抵赖。

非对称密钥加密的典型算法是 RSA。RSA 算法的理论基础是数论的欧拉定律，其安全性是基于大数分解的困难性。密钥是成对出现的，一个为公钥，一个是私钥。公钥是公开的，可以用私钥去解公钥加密过的信息，也可以用公钥去解私钥加密过的信息。

5．非对称加密典型算法

（1）非对称密钥加密技术的典型算法或公钥体制——RSA。RSA（算法的名字以发明者 Ron Rivest，Adi Shamir 和 Leonard Adleman）；RSA 公钥体制的构造是基于欧拉（Eular）定理，经常用于数字签名、密钥管理和认证等方面。适用于数字签名和密钥交换。

（2）非对称密钥加密技术的典型算法或公钥体制——Elgamal。Elgamal 公钥体制的公钥加密算法是非确定性的，即使加密相同的明文，得到的明文也是不同的，因此又称为概率加密体制。

（3）非对称密钥加密技术的典型算法——DSA。DSA 算法仅适用于数字签名。目前，在网络安全防护应用中，路由器配置 VPN 中常用的非对称加密算法主要是 RSA 和 DSA（这两种算法主要用于数字签名，即进行源认证，其根本原理是私钥加密签名，对应的公钥进行验证）。关于以上非对称加密算法的详细介绍可以在互联网上获取帮助。

6．非对称密钥加密体制特点分析

（1）非对称密钥加密体制的优点：

① 解决了密钥管理问题，通过特有的密钥发放体制，使得当用户数大幅度增加时，密钥也不会向外扩散；

② 由于密钥已事先分配，不需要在通信过程中传输，安全性大大提高；

③ 具有很高的加密强度。

（2）非对称密钥加密体制的缺点：加密、解密的速度慢。

7．两种特殊用途的“加密”算法

（1）Hash 函数和数据完整性

① Hash 函数。Hash 信息验证码 HMAC（Hash Message Authentication Codes）验证接收消息和发送消息的完全一致性（完整性）。这在数据交换中非常关键，尤其当传输媒介如公共网络中不提供安全保证时更显其重要性。

HMAC 结合 Hash 算法和共享密钥提供完整性。Hash 散列通常也被当成是数字签名，但这种说法不够准确，两者的主要区别在于：Hash 散列使用共享密钥；而数字签名基于公钥技术。Hash 算法也称为消息摘要或单向转换。称它为单向转换是因为：

◆ 双方必须在通信的两个端头处各自执行 Hash 函数计算；

◆ 使用 Hash 函数很容易从消息计算出消息摘要，但其逆向反演过程以目前计算机的运算能力来说几乎不可实现。

② 数字摘要。做法：数字摘要采用单向 Hash 函数对信息进行某种变换运算得到固定长度的摘要，并在传输信息时将之加入文件一同传送给接收方；接收方收到文件后，用相同的方法进行变换运算得到另一个摘要；然后将自己运算得到的摘要与发送过来的摘要进行比较，如果一致说明数据原文没有被修改过、是完整的。这种方法可以验证数据的完整性，如图 2.5 所示。

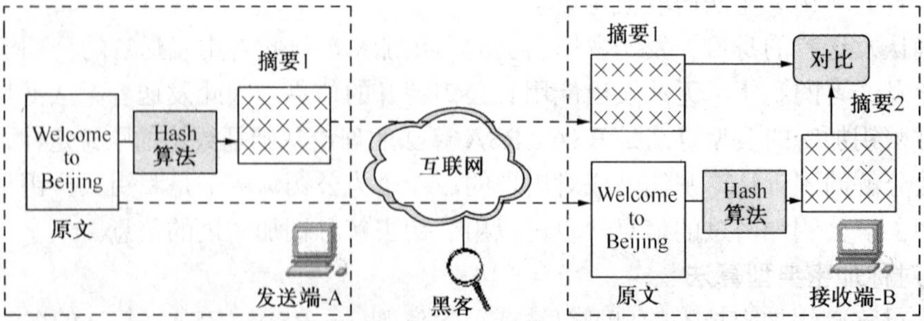

图 2.5　数字摘要工作原理

Hash 散列本身就是所谓加密检查或消息完整性编码 MIC（Message Integrity Code），通信双方必须各自执行函数计算来验证消息。举例来说，发送方首先使用 HMAC 算法和共享密钥计算消息检验和，然后将计算结果 A 封装进数据包中一起发送；接收方再对所接收的消息执行 HMAC 计算得出结果 B，并将 B 与 A 进行比较。如果消息在传输中遭篡改致使 B 与 A 不一致，接收方丢弃该数据包。

有两种最常用的 Hash 函数。

◆ HMAC-MD5 MD5（消息摘要 5）基于 RFC1321。MD5 对 MD4 做了改进，计算速度比 MD4 稍慢，但安全性能得到了进一步改善。MD5 在计算中使用了 64 个 32 位常数，最终生成一个 128 位的完整性检查和。

◆ HMAC-SHA 安全 Hash 算法定义在 NIST FIPS 180-1，其算法以 MD5 为原型。 SHA 在计算中使用了 79 个 32 位常数，最终产生一个 160 位完整性检查和。SHA 检查和长度比 MD5 更长，因此安全性也更高。

（2）Diffie-Hellman 算法

DH 算法仅适用于密钥交换。如在路由器上配置基于 IPSec 的 VPN 时要设置密钥交换算法，用于交换并生成随机密钥。要启动安全通信，通信两端必须首先得到相同的共享密钥（主密钥），但共享密钥不能通过网络相互发送，因为这种做法极易泄密。

Diffie-Hellman 算法是用于密钥交换的最早最安全的算法之一。DH 算法的基本工作原理是：通信双方公开或半公开交换一些准备用来生成密钥的“材料数据”，在彼此交换过密钥生成“材料”后，两端可以各自生成出完全一样的共享密钥。在任何时候，双方都绝不交换真正的密钥。

通信双方交换的密钥生成“材料”，长度不等，“材料”长度越长，所生成的密钥强度也就越高，密钥破译就越困难。如在思科路由器上可以只写“group 1”或“group 2”，表示使用密钥材料长度分别为 768（group 1）或 1024（group 2）。除进行密钥交换外，IPSec 还使用 DH 算法生成所有其他加密密钥。关于 DH 算法的详细信息可以在互联网上获取更多的帮助。

8. Windows 的 NTFS 文件系统下 EFS 应用举例

EFS（Encrypting File System）加密文件系统是 Windows 2000/2003/XP 等所特有的一个实用功能，对于 NTFS 卷上的文件和数据，都可以直接加密保存，在很大程度上提高了数据的安全性。只有在 NTFS 分区上的文件和文件夹才能被加密。加密一个文件只需设置文件的加密属性或把文件放入设置了加密属性的文件夹之中。文件将会在后台由系统完成加密，用户以加密用户账号登录系统后不必使用密码就可以解密文件。EFS 使用扩展的数据加密标准（DESX）56 位加密算法。北美用户通过从微软订购增强的 CryptoPAK 可以获得 128 位加密算法。需要注意的是系统文件不能被加密。

选中 NTFS 分区中的一个文件，单击鼠标右键，选择“属性”命令，在出现的对话框中单击“常规”选项卡，然后单击“高级”按钮，在出现的对话框中选中“加密内容以便保护数据”选项，单击“确定”即可。也可使用 cipher 命令，显示或更改 NTFS 分区上的目录[文件]的加密。

◆ 用法：CIPHER [/E | /D] [/S:directory] [/A] [/I] [/F] [/Q] [/H] [pathname [...]]。

◆ 举例：如果想加密 E 盘下的 cey 文件夹，就输入：cipher /e E:\cey。解密时则输入：cipher /d E:\cey。

EFS 保护文件工作原理：基于非对称公钥算法和对称加密算法的混合机制。文件使用对称算法加密；文件的加密密钥使用用户证书的公钥加密，并与加密的文件一起存储。用户的私钥可解密出文件的加密密钥，然后解密文件。

可见，加密文件的时候使用公钥，解密文件的时候则使用相对应的私钥。那么无论是丢失了公钥还是私钥，都会给使用带来麻烦。为了保证数据安全，最好能在加密文件之后立即将自己的密钥备份出来。特别是在系统重新安装之前一定要进行如下工作。

单击“开始→运行”菜单项，在出现的对话框中输入“certmgr.msc”，按回车键后，在出现的“证书”对话框中依次双击展开“证书→当前用户→个人→证书”选项，可以看见一个以当前的用户名为名称的证书。单击右键该证书，在“所有任务”中单击“导出”。并要选择“导出私钥”，导出的证书将是一个以 pfx 为后缀的文件。当用户的密钥丢失后，如重装了操作系统，或者无意中删除了某个账户，只要找到之前导出的 pfx 文件，单击右键，并选择“安装 PFX”，之后会出现一个导入向导，按照导入向导的提示完成操作（注意，如果之前在导出证书时选择了用密码保护证书，在这里导入这个证书时就需要提供正确的密码，否则将不能继续），之前加密的数据可以全部正确打开。

针对 EFS 加密也出现了破解软件——Advanced EFS Date Recovery（AEDR），破解成功率很高。AEDR 采用特殊的方法找到用户密钥，并加以利用。但这对于重新安装 C 盘系统后的情况不适用，它破解的前提是私钥在当前主机系统的硬盘中存在，或有备份。需要注意的是由于 EFS 的高安全性，如果用户操作不当则很可能导致数据丢失。

2.1.3 分析对比对称加密与非对称加密算法

关于对称密码技术和非对称密码技术的讨论表明：前者具有加密速度快、运行时占用资源少等特点；后者可以用于密钥交换，密钥管理安全。一般来说，并不直接使用非对称加密算法加密明文，而仅用它保护实际加密明文的对称密钥，即所谓的数字信封（Digital Envelope）技术。举例说明，若 A 向 B 发送保密信息，具体步骤如图 2.6 所示。

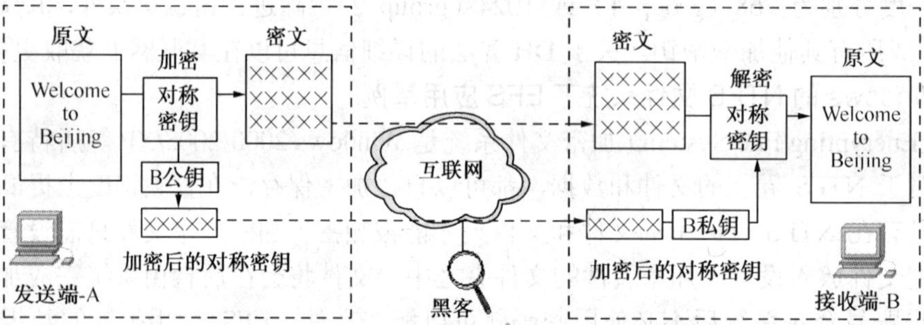

图 2.6 数字信封技术原理

A 向 B 发送保密信息，A 用一个随机生成的对称密钥 K 加密要发送给 B 的原文，生成密文。此时不能将密文和对称密钥 K 通过公共的网络发送出去，因为对称密钥 K 可能被外人截获。因此可以把对称密钥 K 用接收端 B 的公钥加密，把加密后的对称密钥 K 与密文一并发送到 B。

B 接收到 A 发送来的密文和对称密钥 K（用 B 的公钥加密了），首先 B 用自己的私钥把加密的对称密钥 K 解密出来，得到对称密钥 K，再用此对称密钥 K 解密密文。这样即实现了对称与非对称算法的综合运用。

而此时可能还会有人在想，为什么不直接用 B 的公钥加密原文生成密文呢，这样岂不是更简单吗？

其实在前面已经说明了这两种算法的优缺点了——对称加密算法的处理速度快；而非对称加密算法的处理速度相对要慢很多。当有大量数据要进行加密处理时会降低数据的传输速率，但用非对称加密算法加密一个对称密钥还是很快的。

2.1.4 选用非对称加密算法工具软件

1. 加密工具软件介绍

PGP，全称 Pretty Good Privacy，信息安全传输领域加密软件，技术上采用了非对称的“公钥”和“私钥”加密体系。软件的主要使用对象为具有一定商业机密的企业、政府机构、信息安全工作者。PGP 最初的设计主要是用于邮件加密，如今已经发展到了可以加密整个硬盘、分区、文件、文件夹、集成进邮件软件进行邮件加密，甚至可以对 ICQ 的聊天信息实时加密！双方安装了 PGP，就可以利用其 ICQ 加密组件在和对方聊天的同时进行加密或解密，保证了聊天信息不被窃取或监视。下面介绍软件的安装与设置。

2. 软件安装

软件的安装很简单，只是有几处需要解释一下。解压缩后，双击或运行安装程序后，进入安装界面，显示欢迎信息，选择“Next”。然后出现许可协议，这里阅读后选择接受，即“Yes”，进入提示安装 PGP 所需要的系统、以及软件配置情况的界面，建议阅读一下，特别是那条警告信息——“Warning：Export of this software may be restricted by the U.S. Government（此软件的出口受美国政府的限制）”。继续单击“Next”按钮，出现创建用户类型的界面，选择“Next”按钮。

安装程序会提示用户，是否已经有了密钥。如果安装过 PGP，就可能在计算机中存在密钥，这就可以再利用了；如果没有安装过 PGP，则这里选择“No，I'm a New User”，如图 2.7 所示，然后选择“Next”按钮，出现程序的安装目录，建议将 PGP 安装在安装程序默认的目录，也就是系统盘内，程序很小。

再次单击“Next”按钮，出现选择 PGP 组件的窗口，安装程序会检测系统内所安装的程序，如果存在 PGP 可以支持的程序，它将自动选中该支持组件，如图 2.8 所示。PGP 可以和 Outlook 结合完成邮件的加密。

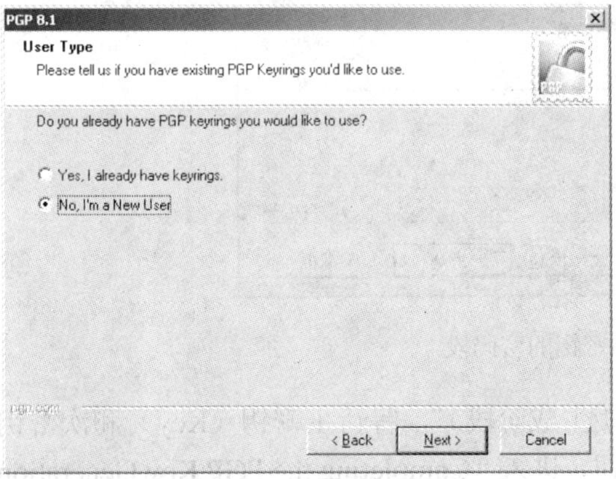

图 2.7 PGP 软件安装中用户类型的选择

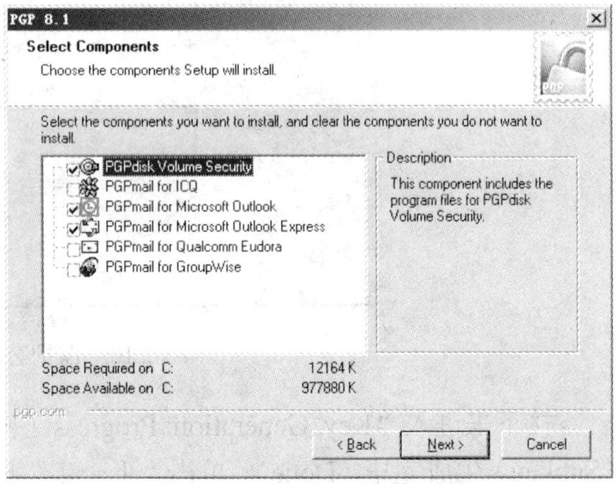

图 2.8 PGP 软件安装中组件的选择

最后安装过程按提示选择“Next”按钮，重启系统即可完成安装。重新启动系统后，系统会启动 PGP 许可验证，PGP 已经在“开始→程序→启动”，加入了启动项。输入购买时的产品相关“License Number”等信息。也可以选择试用，即“Later”。

3. 密钥对（公钥和私钥）生成

安装完成并重新启动系统后，会出现密钥生成向导，下一步后要求输入用户全名和邮件地址，如图 2.9 所示。

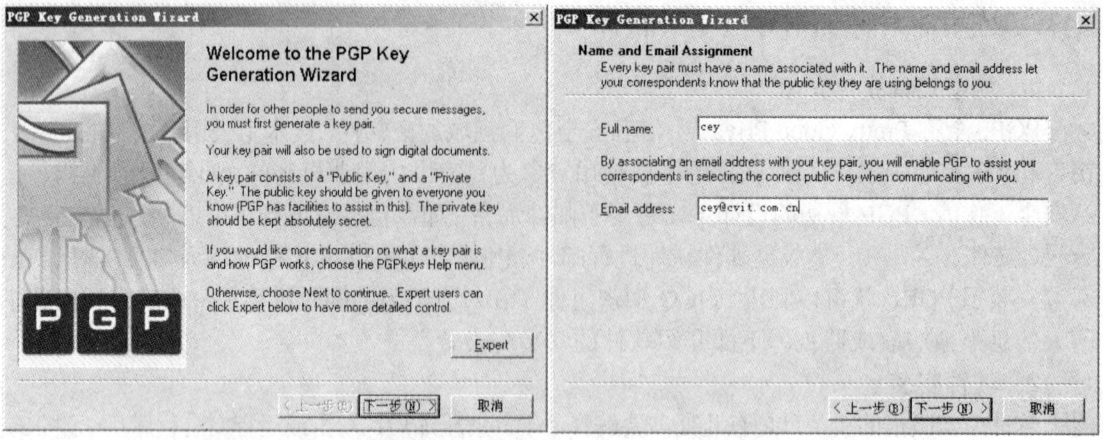

图 2.9　生成公钥和私钥向导中个人信息的填写

接下来会提示要求输入用于保护私钥的密码，此密码长度建议 8 位以上，并要求进行确认一遍，即重复一遍。在“Passphrase”处输入需要的密码，“Confirmation（确认）”处再输入一次，如图 2.10 所示。

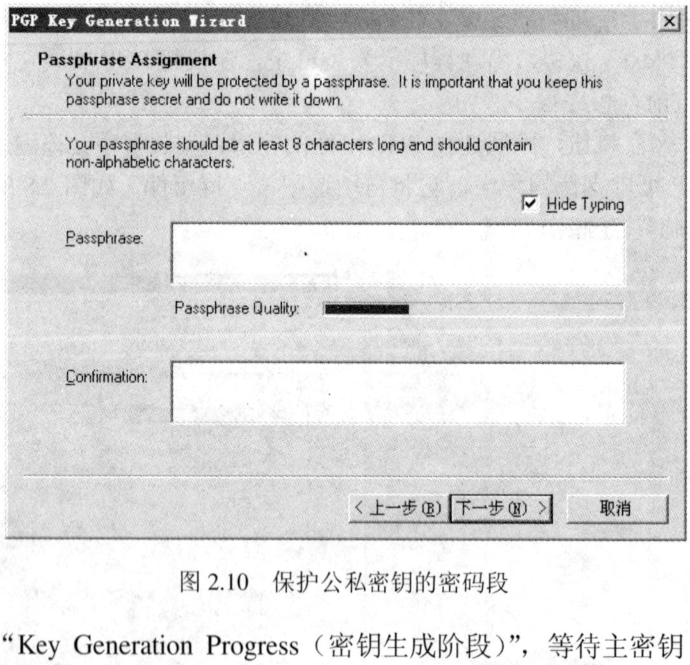

图 2.10　保护公私密钥的密码段

接下来进入“Key Generation Progress（密钥生成阶段）”，等待主密钥（Key）和次密钥（Subkey）生成完毕（Done）。单击“下一步”按钮，进入“Completing the PGP Key Generation Wizard（完成该 PGP 密钥生成向导）”，再单击“完成”按钮，则密钥就被创建并设置好了。

4. 密钥查看

通过开始程序中的 PGP 中启动 PGPkeys，可以看到密钥的一些基本信息，如 Validity（有效性，PGP 系统检查是否符合要求，如符合，就显示为绿色）、Trust（信任度）、Size（大小）、

Description（描述）、Key ID（密钥 ID）、Creation（创建时间）、Expiration（到期时间）等（这些信息，可以在菜单组“VIEW（查看）”中并选择里面的全部选项），如图 2.11 所示。

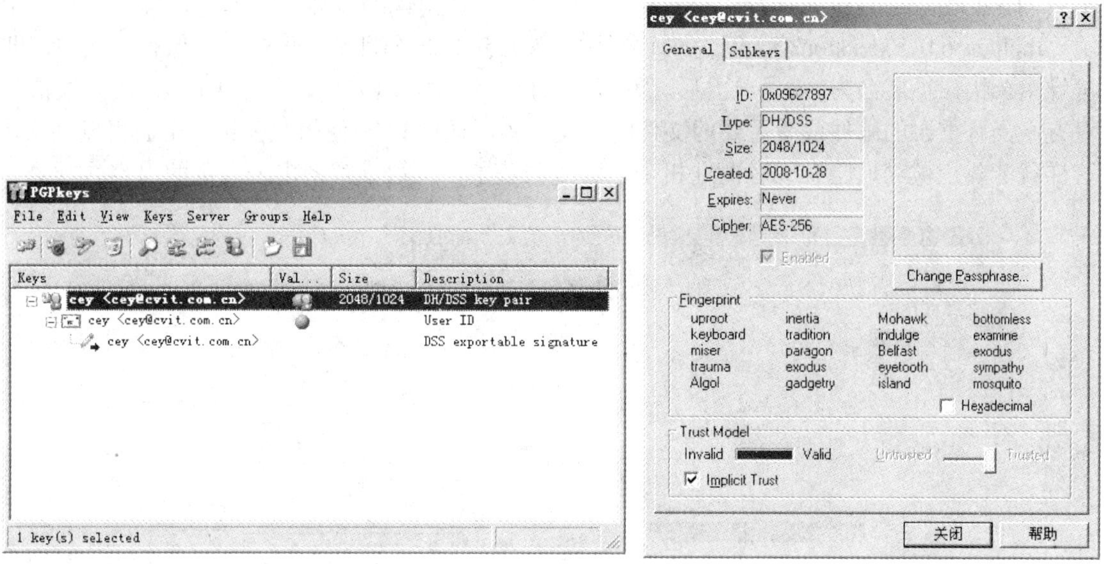

图 2.11　密钥的查看

5. 重新创建密钥对

通过 PGP 程序窗口中的 Keys 菜单，可以重新生成另外一对密钥（公钥和私钥对：Key pair），如图 2.12 所示。

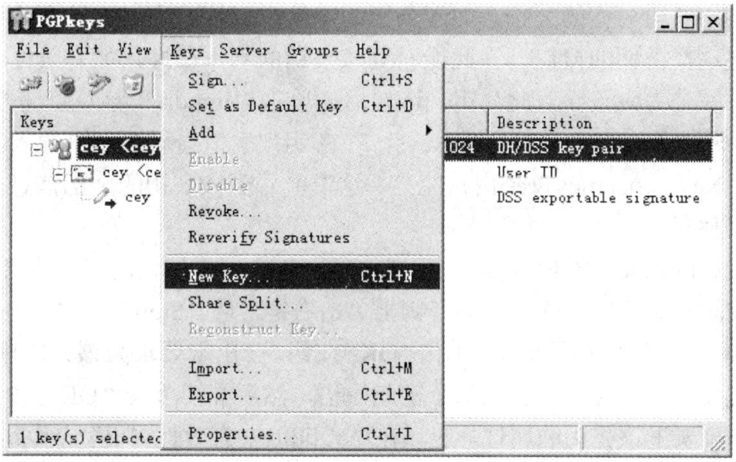

图 2.12　重新创建生成密钥对

6. 导出并发布自己的公钥

通过 PGP 程序窗口中的 Keys 菜单，选择“Export”可以导出当前选中的密钥对中的公钥（如果在导出到文件的窗口下边选择“Include Pravate Key”则导出了公钥和私钥，一般情况下不需要导出私钥），如图 2.13 所示。

需要注意的是，一个用户对应的密钥以“密钥对”形式存在，其中包含了一个公钥（可分发给任何人，其他人可以用此密钥对要发给此密钥的拥有者的文件或者邮件等进行加密）

和一个私钥（只有此密钥的拥有者一人所有，不可公开分发，此密钥用来解密用此密钥的拥有者的公钥加密的文件或邮件）。现在要从这个"密钥对"内导出包含的公钥，可以单击"显示有创建的用户"右键，选择"Export...（导出）"，在出现的保存对话框中，确认是只选中了"Include 6.0 Extensions"（包含6.0公钥），然后选择一个目录，再单击"保存"按钮，即可导出公钥，扩展名为.asc。导出后，就可以将此公钥发布出去（如利用FTP），发给通信的对方。当有重要的邮件或者重要的文件的要发时候，通过PGP使用此公钥加密后再发回来，这样就能防止被窃取隐私或者商业机密，即使截获了，也很难解密出来真正的内容。

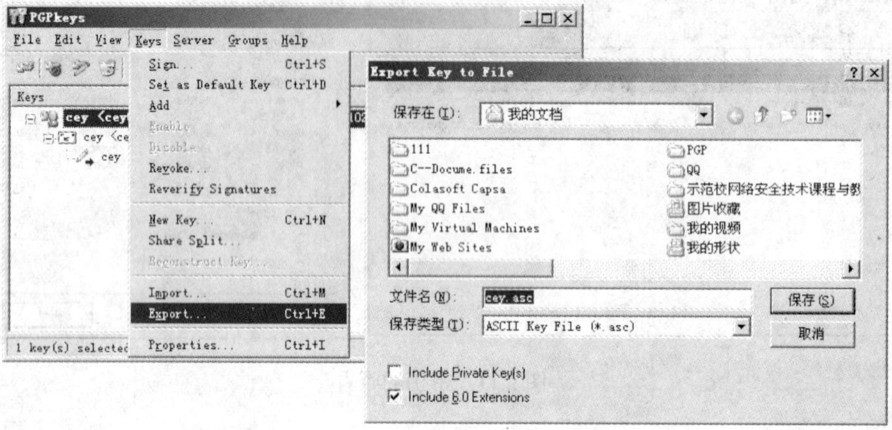

图2.13　导出密钥或密钥对

7. 导入并设置其他人的公钥

可以通过网络获取对方的公钥。导入公钥的方法：直接单击对方发来的扩展名为.asc 的公钥，将会出现选择公钥的窗口，在此能看到该公钥的基本属性，如有效性、创建时间、信任度等，便于了解是否应该导入此公钥。选好后，单击"Import（导入）"按钮，即可导入进PGP。设置公钥属性的方法：打开 PGPkeys，在密钥列表里会看到刚刚导入的密钥。选中后单击右键，选"Key Properties（密钥属性）"，这里能看到该密钥的全部信息，如是否是有效的密钥、是否可信任等。

直接拉动"Untrusted（不信任的）"的滑块到"Trusted（信任的）"，将会出现错误信息。正确的做法：关闭此对话框，然后在该密钥上单击右键，选"Sign（签名）"，在出现的"PGP Sign Key（PGP 密钥签名）"对话框中，单击"OK"按钮，会出现要求为该公钥输入"Passphrase"的对话框，这时要输入设置用户时的那个密码短语，然后继续单击"OK"按钮，即完成签名操作。查看密码列表里该公钥的属性，应该在"Validity（有效性）"栏显示为绿色，表示该密钥有效。然后再单击右键，选"Key Properties（密钥属性）"，将"Untrusted（不信任的）"处的滑块拉到"Trusted（信任的）"处，再单击"关闭"按钮即可，这时再看密钥列表里的公钥"Trust（信任度）"处就不再是灰色了，说明这个公钥被PGP加密系统正式接受，可以投入使用了。关闭PGPkeys窗口时，可能会出现要求备份的窗口，建议选择"Now Backup（现在备份）"按钮再选择一个路径保存。

2.1.5 利用 PGP 实施加密、验证与签名

1．具体实施过程

实施加密、验证与签名的过程如图 2.14 所示。

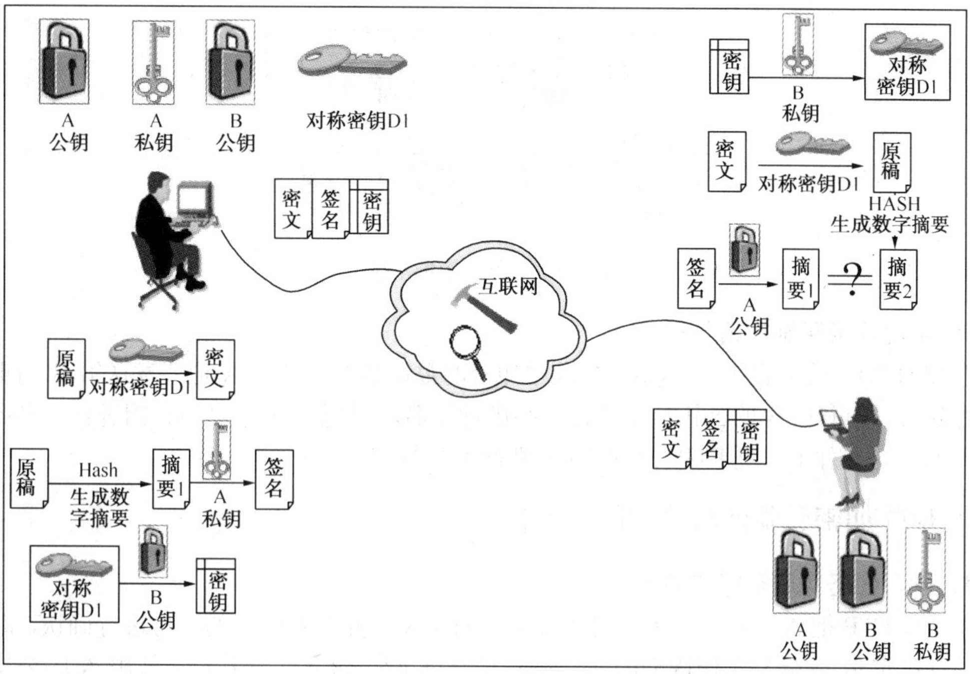

图 2.14　实施加密、验证与签名的过程

（1）首先 A 与 B 分别生成一对密钥（公钥与私钥），分别通过邮件将各自的公钥发送给对方。

（2）A 用随机产生的一个对称密钥（D1）加密这份方案书原稿 YG，得到密文 MW。

（3）A 利用 Hash 算法对这份方案书原稿（未加密的）生成数字摘要 ZY1。

（4）A 对上一步生成的数字摘要 ZY1 进行签名，即用 A 的私钥（LS）加密处理数字摘要得到数字签名 QM。

（5）A 利用 B 的公钥（ZG）加密对称密钥 D1，得到加密的对称密钥 MY。

（6）A 将三者：密文 MW、数字签名 QM、加密的对称密钥 MY，发送给 B。

（7）B 收到三者后，先用自己的私钥解出加密的对称密钥 MY 中的对称密钥 D1。

（8）B 利用 A 公钥 LG 检验数字签名 QM，解出数字摘要 ZY1，确定数据是 A 发来的。

（9）B 用对称密钥 D1 解密密文 MW，得到原稿 YG。

（10）B 利用 Hash 算法计算得到的原稿 YG，得到数字摘要 ZY2。

（11）B 对比 ZY1 与 ZY2 是否相同，相同说明数据没有被更改过。

2．学习任务环境设置

在如图 2.15 所示的环境下进行分组实验，两个人一组，以 A 与 B 为例，A 和 B 分别将自己的公钥上传到由教师指定的 FTP 中，以便使两者互相获取到对方的公钥，即将对方的公钥导入到自己的系统中来。

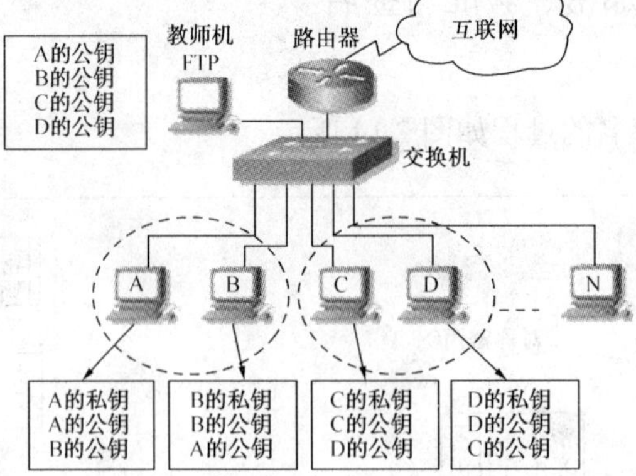

图 2.15　任务实施场景设计

3．学习任务实施加密与签名

在如图 2.14 所示的环境下，以 A 发送加密的数据给 B 为例：A 把要发送给 B 的重要文件进行加密，即利用 B 的公钥加密文件；并进行签名，即利用 A 自己的私钥进行签名；把加密和签名后的文件上传到 FTP，并通知 B 进行下载解密。

2.1.6　检验加密、验证与签名的有效性

1．学习任务实施解密与验证

B 通过 FTP 把 A 发送过来的文件下载并进行解密。并对发送者的身份进行确认，即通过签名验证确定是否是 A 发送过来的文件。同时给 A 回一份文件，并对文件用 A 的公钥进行加密，用 B 的私钥进行签名，先发到 FTP 给 A，A 下载后进行与 B 类似的解密过程。

2．检查加密与签名的是否有效

此时可以再找一人加入小组，即三人一组，如 A、B 和 C。由 C 从 FTP 把 A 用 B 的公钥加密，并用 A 的私钥签名的文件下载到 C 的主机上，检查是否可以打开，并查看里面的内容。

2.1.7　知识技能要点测评

本部分内容是信息安全及网络安全领域内的一项重点知识，其本身就可以构成一门课程，但就实际网络安全管理与防护职业岗位来说，要达到的目标是：合理选用安全的加密算法及工具软件，方便地为服务对象提供数据保护手段即可，没必要对算法进行深入研究，具体如表 2.2 所示。

表 2.2　知识技能要点测评表

学习情境 2——知识技能要点测评表			
序号	测评要点	具体目标	测评权重
1	知识理解	对两种加密算法进行理解、分析与对比，能对两种加密算法的综合运用提出自己的观点。学会数据的机密性、完整性与源认证进行保护方法	30
2	工具及软件使用	能利用 PGP 软件，生成密钥对，并能导入导出公钥，正确对文件进行加密与签名处理，实现对数据的机密性、完整性与源认证进行保护	20
3	操作标准与规范	对文件加密与签名的安全防护措施有效并符合标准与规范	30
4	检验方法与措施	能够采用正确的方法对加密措施进行检查，并能说明查验过程中的各步骤理论依据	20

2.2 工作任务 2——利用数字证书保护通信

2.2.1 工作任务描述

本工作任务是利用非对称加密技术实施对 HTTP 协议通信的保护，特别是利用数字证书提供公钥的分发的具体实施。具体工作任务描述与实施流程如表 2.3。

表 2.3 任务描述与实施流程表

学习情境 2——保护数据在公网上的传输
任务名称：利用数字证书保护通信
工作任务描述
目前，电子商务活动逐年增加，其中电子支付为用户与商家提供方便。但基于传统 HTTP 协议的数据通信并不能保证数据的安全传输，因此目前出现了很多利用数据证书基于 HTTPS 协议实现在线交易。如当前在线支付解决方案中较成熟的是支付宝，可以通过访问支付宝网站去了解更多信息。这种形式的安全访问还有很多，如对安全性要求高的网站（如银行等）都采用 HTTPS 协议进行安全连接
任务目标
1．要保护通过 IE 浏览器访问某 WWW 服务器上的关键服务时，能同时实现数据机密性、完整性与真实性的保护； 2．数字证书服务机构的实现流程； 3．数字证书的申请、颁发以及吊销流程
学习场景简化
对本工作任务进行简化后，实训计算机可以通过局域网互连完成实验。可分为 3 人一组，选择合适的技术及工具软件模拟完成工作任务中的需求。也可以利用两个虚拟机与主机系统共同实现本工作任务，一个虚拟机为 CA 服务器，另一个为 WWW 服务器商家，主机为浏览器客户
工具及软件选用
1．Windows Server 2003 操作系统； 2．安装 CA 服务器； 3．IE 浏览器
任务实施流程
1．知识准备：阅读引导文本中有关数字证书知识介绍，或查找相关资料。 2．确定任务中的三方：CA 证书颁发机构-A 主机、IE 浏览器客户-B 主机和 WWW 服务器商家-C 主机。并利用三台计算机实现或用虚拟机在一台计算机上实现，确保三台主机可以互相通信。 3．在三台计算机中的 A 主机（Windows 2003 服务器系统）上先安装 IIS 中的 Web 站点，再安装 CA 证书服务组件。 4．B 主机（操作系统可以是 XP）IE 浏览器客户，在 IE 浏览器中输入 CA 服务器，即 A 主机的 IP 地址：http://A 主机 IP 地址/CERTSRV/，进入数字证书申请页面，选择 Web 浏览器证书，并记下证书申请 ID 号。 5．在 A 主机 CA 服务器中选择证书颁发机构，在待定证书或挂起的证书请求中找到对应的 B 主机的请求 ID，经过核对验证后选择右键颁发。 6．在 B 主机中再次进入数字证书申请页面，选择挂起的证书请求，找到已经下发的证书，并选择安装，安装完成后可在 B 主机 IE 浏览器工具选项设置中的内容选项卡下的证书中找到。 7．在 C 主机中安装 IIS 中的 Web 站点组件配置 Web 服务器主页，并测试主页使其可以浏览。

续表

任务实施流程
8. 在C主机的IIS中的Web站点属性中的目录安全性，选择服务器证书，根据向导生成请求文件，利用C主机中的IE浏览器进入数字证书申请页面，选择高级证书申请，把请求文件导入，发送证书请求，记下申请ID。 9. 在A主机CA服务器上进行颁发，方式与给B主机颁发相同。 10. 在C主机中再次进入数字证书申请页面，选择挂起的证书请求，找到已经下发的证书，并选择下载，将此证书下载到C主机中。 11. 在C主机中的Web站点属性中的目录安全性，选择高级证书申请，选择处理挂起的请求，来安装刚才请求到的证书。 12. 在C主机中的Web站点属性中的目录安全性，选择编辑证书，选择要求安全通道SSL。 13. 在B主机中利用IE浏览器访问C主机Web主页，此时要通过HTTPS进行连接，即https://C主机IP地址/，来访问Web页面，过程中会提示安装C主机的Web站点的数字证书，此证书中包含了C主机Web站点的公钥和A主机CA数字证书颁发机构做的数字签名
参考资料手册
1. 利用互联网搜索相关知识； 2. 教材中的引导文本； 3. 相关视频教程

本工作任务涉及通信中的三方：一个是证书颁发机构CA服务器A主机，一个是客户端B主机，另一个是商家Web站点服务器C主机。主要涉及了数字证书的申请、颁发、安装使用等过程。具体工作任务实施场景如图2.16所示。

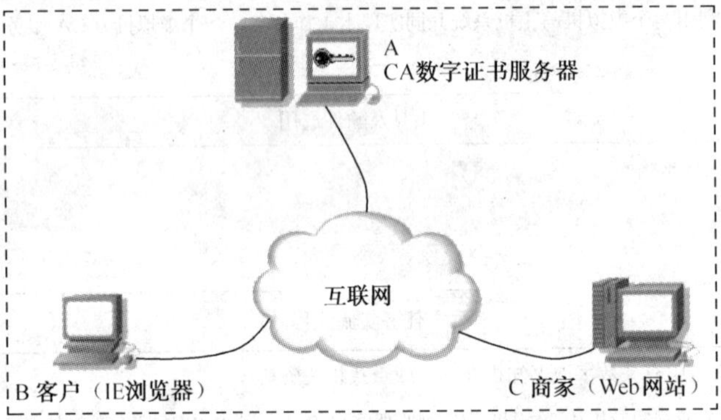

图2.16　数字证书服务应用环境部署

2.2.2　引导文本

1. 数字签名

数字签名是指发送方以电子形式签名一个消息或文件，表示签名人对该消息或文件的内容负有责任。数字签名综合使用了数字摘要和非对称加密技术，可以在保证数据完整性的同时保证数据的真实性。

如图2.17所示，A把要发送的原文通过Hash算法得到摘要1，并用A的私钥加密得到A的数字签名。把此签名与原文一并通过公共网络发给B，B用A的公钥即可确认数据是否是由 A 发来的，并通过后面的摘要对比并确定数据是否完整。

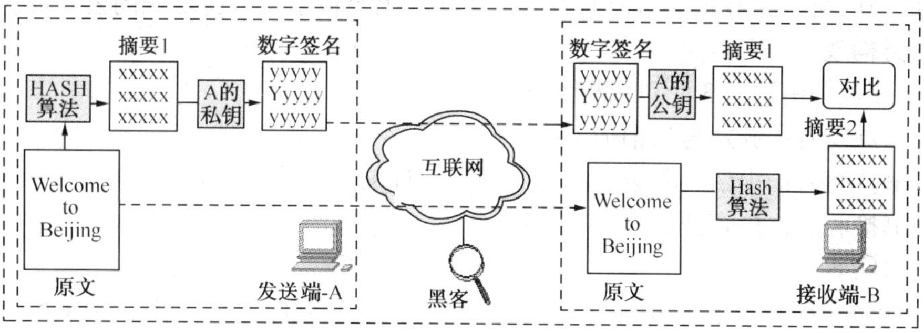

图 2.17 数字签名工作原理

2. 数字证书

（1）数字证书（Digital ID）含有证书持有者的有关信息，是在网络上证明证书持有者身份的数字标志，它由权威的认证中心（CA）颁发。CA 是一个专门验证交易各方身份的权威机构，它向涉及交易的实体颁发数字证书。数字证书由 CA 做了数字签名，任何第三方都无法修改证书内容。交易各方通过出示自己的数字证书来证明自己的身份。

在电子商务中，数字证书主要有客户证书、商家证书两种。客户证书用于证明电子商务活动中客户端的身份，一般安装在客户浏览器上。商家证书签发给向客户提供服务的商家，一般安装在商家的服务器中，用于向客户证明商家的合法身份。

（2）数字证书就是互联网通信中标志通信各方身份信息的一系列数据，提供了一种在 Internet 上验证身份的方式，其作用类似于司机的驾驶执照或日常生活中的身份证。它是由 CA 发行的，人们可以在网上用它来识别对方的身份。数字证书是一个经证书授权 中心数字签名的包含公开密钥拥有者信息以及公开密钥的文件。最简单的证书包含一个公开密钥、名称以及证书授权中心的数字签名。一般情况下证书中还包括密钥的有效时间，发证机关（证书授权中心）的名称，该证书的序列号等信息，证书的格式遵循 ITUT X.509 国际标准。

一个标准的 X.509 数字证书包含以下一些内容：

◆ 证书的版本信息；

◆ 证书的序列号，每个证书都有一个唯一的证书序列号；

◆ 证书所使用的签名算法；

◆ 证书的发行机构名称，命名规则一般采用 X.500 格式；

◆ 证书的有效期，现在通用的证书一般采用 UTC 时间格式，它的计时范围为 1950～2049；

◆ 证书所有人的名称，命名规则一般采用 X.500 格式；

◆ 证书所有人的公开密钥；

◆ 证书发行者对证书的签名（CA 的签名）。

2.2.3 规划部署数字证书服务应用环境

1. 安全认证机构功能

认证中心（Certificate Authority）是承担网上安全电子交易认证服务，能签发数字证书，确认用户身份的服务机构。CA 通常是企业性的服务机构，主要任务是受理数字证书的申请、签发及对数字证书的管理。在实际运作中，CA 可由大家都信任的一方担当。CA 的职能有证书发放、证书更新、证书撤销和证书验证。从功能上类似于发放身份证的公安局。

2．任务构成

在本工作任务中，由 3 个对象构成活动主体。

◆ 证书颁发者：颁发与吊销证书；

◆ 证书持有者：申请、安装并出示（使用）证书；

◆ 证书检验者：检查证书真实有效性。

3．任务布置：

实训中可分为 3 人一组，实训计算机通过局域网互联完成实验。以图 2.18 为例，在 A 主机上安装 CA 服务器；在 C 主机上安装 IIS 并设置 Web 服务；B 主机作为浏览器。

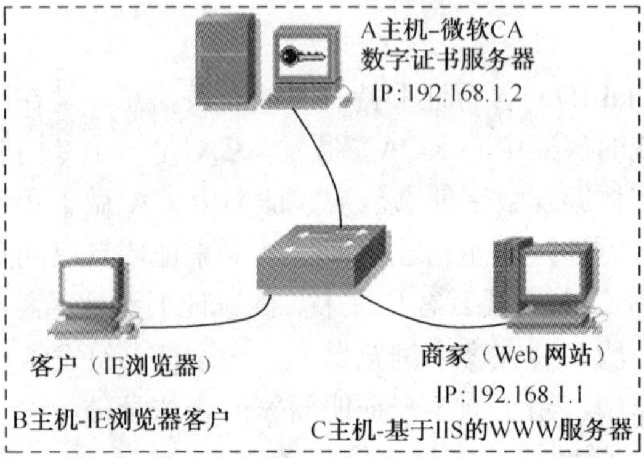

图 2.18　规划部署数字证书服务应用环境

2.2.4　基于 IIS 与 IE 浏览器实施数字证书保护

1．证书服务器安装与配置

证书服务器或称密钥服务器，是允许用户提交和获取数字证书的数据库。证书服务器通常提供一些管理特性，使单个公司可以维护自己的安全策略，如只允许符合特定要求的密钥进入服务器存储。

公钥基础（PKI，Public Key Infrastructures）包含证书服务器的证书存储功能，还提供证书管理能力（发布、回收、存储、获取和认证证书）。PKI 的主要特性是引入了所谓的认证权威（CA，Certification Authority），这是由人组成的实体，该组织有权向计算机用户发布证书（CA 的角色类似于国家政府颁发护照的部门）。CA 创建证书并在上面用自己的私钥进行数字签名。由于 CA 在创建证书过程中的角色很重要，因此它是 PKI 的核心。使用 CA 的公钥，想要验证证书真实性的任何人只要校验 CA 的数字签名就能确定证书内容的完整性和真实性（更为重要的是确认了证书持有者的公钥和身份）。

（1）基于 Windows Server 2003 Server 建立 CA 认证中心（在 A 主机上完成）。

注意：为了能够通过 Web 方式申请证书，在安装 CA 前要先安装 IIS。

选择“开始→控制面板→添加删除程序→添加删除 Windows 组件→证书服务”；提示安装“证书服务”后就不能改变计算机名了，如图 2.19 所示；选择“是”后，有四种类型的证书颁发机构，如果本机是活动目录，则都可选择；如果不是则只有后两项可以选择，即独立的根 CA（CA 体系中最受信任的 CA，不需要 Active Directory）和独立的从属 CA（标准 CA

可以给任何用户或计算机颁发证书，但必须从另一个 CA 获取 CA 证书。不需要 Active Directory)。这里选择独立的根 CA。

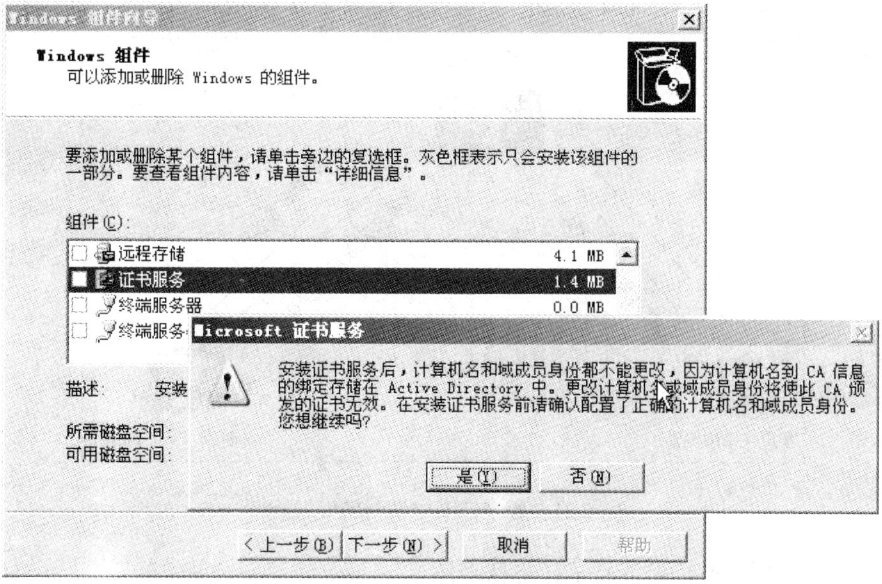

图 2.19　安装数字证书服务组件及提示

接下来要求输入 CA 机构的一些信息。这些都是 CA 的真实信息，要得到申请者的确认，如图 2.20 所示。

然后，会给出证书数据库与日志的存放位置设置，默认为 C:\WINNT\system32\CertLog。开始复制数据，要求提供 Windows Server 2003 安装文件或光盘。放入光盘或指定好位置后就可以完成 CA 服务的安装了。证书的申请要通过 IIS 以 Web 形式完成。安装完成后会在 IIS 中建立两个虚拟目录 CertControl 和 CertEnroll 用于证书的申请与管理。

选择“开始→程序→管理工具→证书颁发机构”，可以查看是否有证书的申请，即待发证书，也可以对证书进行吊销等管理。

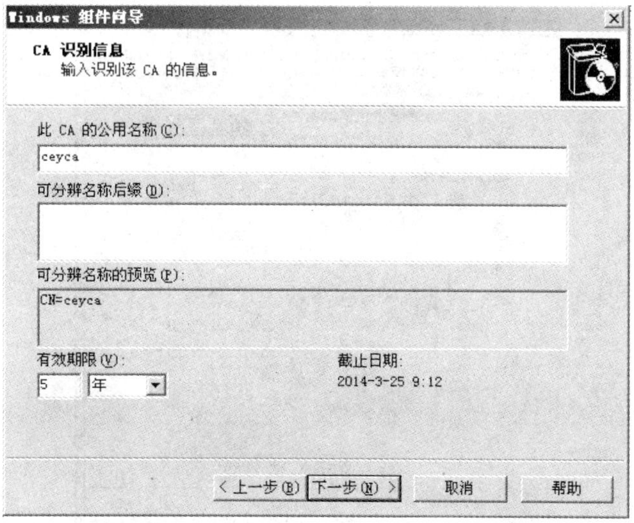

图 2.20　数字证书数据由颁发机构 CA 信息填写

（2）数字证书的申请和签发步骤。

① 申请者向某 CA 申请数字证书后，下载并安装该 CA 的自签名证书或更高级的 CA 向该 CA 签发的数字证书，验证 CA 身份的真实性，如图 2.21 所示。

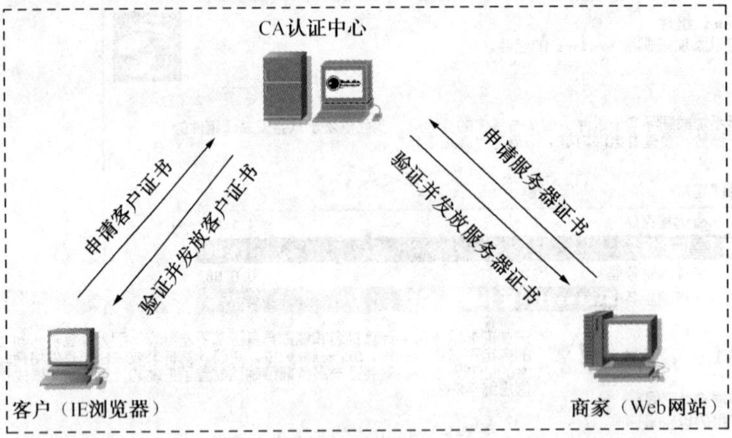

图 2.21　数字证书申请与签发过程

② 申请者的计算机随机产生一对公私密钥。

③ 申请者把私钥留下，把公钥和申请明文用 CA 的公钥加密，发送给 CA。

④ CA 受理证书申请并核实申请者提交的信息。

⑤ CA 用自己的私钥对颁发的数字证书进行数字签名，并发送给申请者。

⑥ 经 CA 签名过的数字证书安装在申请方的计算机上。

2. 商家 Web 服务器申请 CA 证书（在 C 主机上完成）

（1）生成服务申请证书的文件，在 IIS 服务器中的 Web 站点上单击右键选择“属性”、“目录安全性”选项卡，如图 2.22 所示，选择安全通信中的服务器证书，然后单击“下一步”按钮，在出现的下一个窗口中选择创建一个新证书，单击“下一步”后出现，“现在准备请求...”，单击安装提示，依次选择“下一步”，输入证书名、密钥位数、组织信息、公用名、地理信息、最后会生成一个请求文件名，默认为：C:\certreq.txt，也可修改。

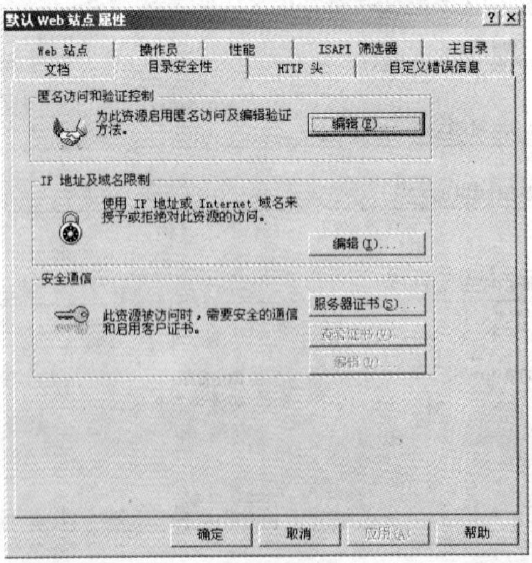

图 2.22　Web 服务器数字证书申请位置

（2）通过 IE 浏览器申请证书（在 C 主机上完成）。在商家 Web 服务器的 IE 浏览器中输入 CA 服务器的 URL：http://192.168.1.2/Certsrv/l，在出现的选择项中选择申请证书后单击“下一步”按钮，如图 2.23 所示。

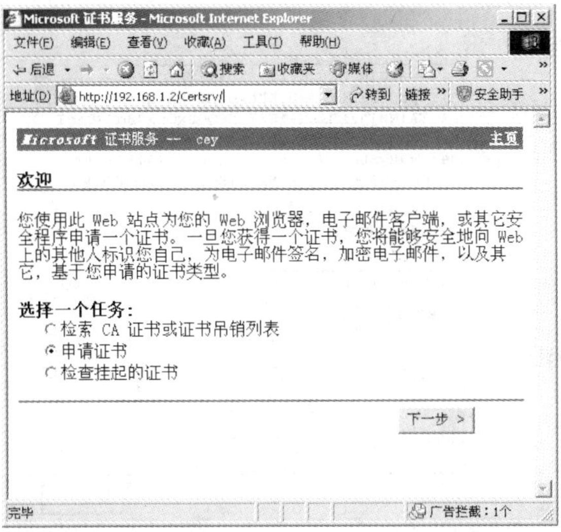

图 2.23　在 C 主机上通过 IE 浏览器向 CA 申请证书

在出现的窗口中选择“高级申请”，因为要申请的是 Web 服务器证书，如图 2.24 所示。

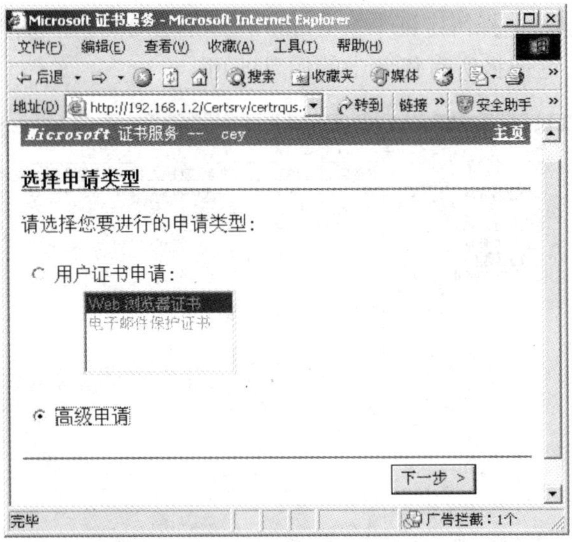

图 2.24　在 C 主机上通过 IE 浏览器向 CA 申请高级证书

单击“下一步”按钮后，选择“使用 Base64 编码的 PKCS #10 文件提交一个证书申请，或使用 Base64 编码的 PKCS #7 文件更新证书申请”，然后选择窗口中的浏览，如果出现提示警告，则是因为这里是一个 ActiveX 控件，IE 默认级别为中级，不允许运行 ActiveX 控件，这里选择 IE 右键属性，在安全中把 Internet 的安全级别中的 ActiveX 设置为启用即可。再次选择窗口中的浏览，则会出现路径选择：C:\certreq.txt，找到后选择“读取”，如图 2.25 所示。单击提交后会出现证书挂起，等待 CA 颁发。这里可通知 CA 服务器管理员进行信息核实后颁发证书。

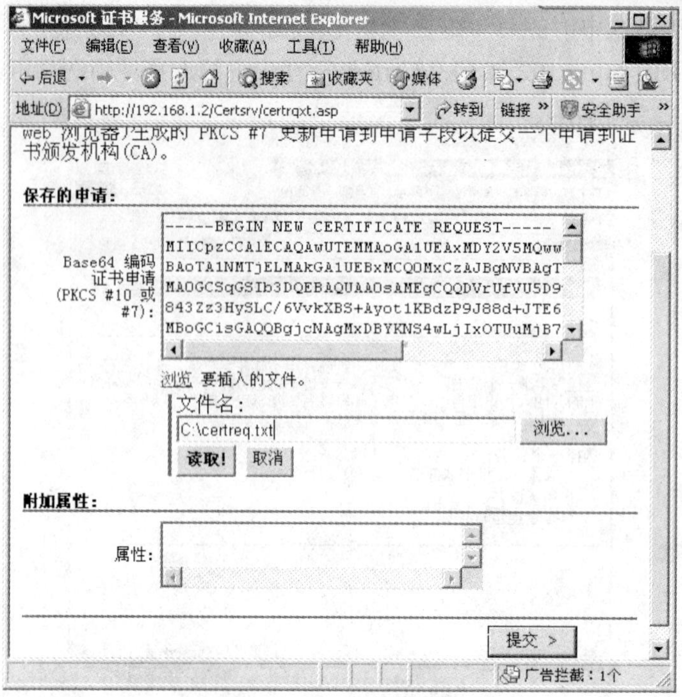

图 2.25　导入证书请求文件

（3）CA 中心颁发证书（在 A 主机上完成）。这时在 CA 的服务器上打开 CA 中心证书颁发机构，如图 2.26 所示。选择待定证书（Windows Server 2003 中为挂起的证书请求），会发现刚才的申请，单击右键选择所有任务中的颁发即可。

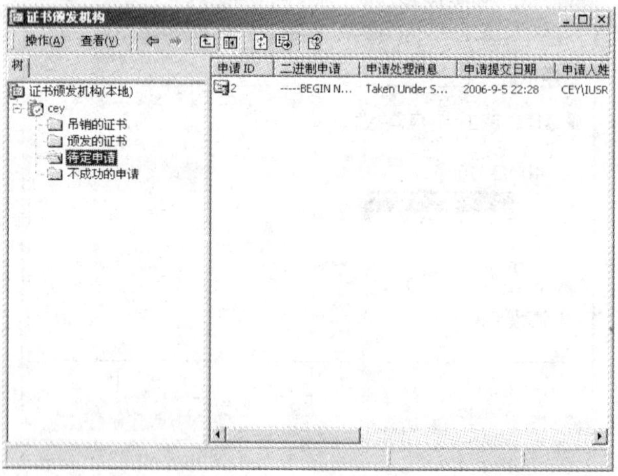

图 2.26　在 CA 服务器的 A 主机上检查并颁发证书

（4）通过 IE 浏览器下载并保存证书（在 C 主机上完成）。此时商家计算机可以通过 IE 浏览器打开申请证书时的 URL：http://192.168.1.2/Certsrv 在窗口中选择检查挂起证书。选择下载证书到本地计算机。

（5）在 IIS 服务 Web 站点上安装此证书（在 C 主机上完成）。再次进入 IIS 服务器中的 Web 站点属性对话框，“目录安全性”中选择“安全通信”，服务器证书，会发现有所变化。选择“处理挂起的请求并安装证书”，找到刚才下载的证书并安装，如图 2.27 所示。

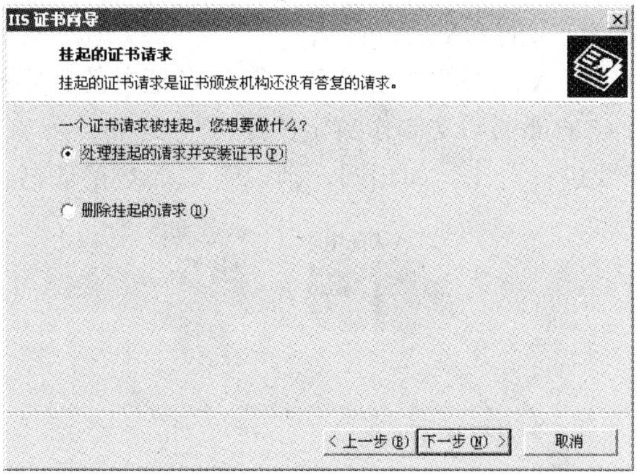

图 2.27　在 Web 站点的 C 主机上安装数字证书

3. 客户 IE 浏览器端申请 CA 证书（在 B 主机上完成）

此步骤可参考服务器端。基本是如下过程，区别是不用在 IIS 上生成请求文件了：

① 通过 IE 浏览器申请证书，申请时要选择 Web 浏览器证书；

② CA 中心颁发证书；

③ 通过 IE 浏览器下载并保存证书，或选择安装即可。

如果成功安装了证书会在 IE 浏览器的选项卡的“内容”选项卡中的“证书”栏中看到证书的相关信息，如图 2.28 所示。

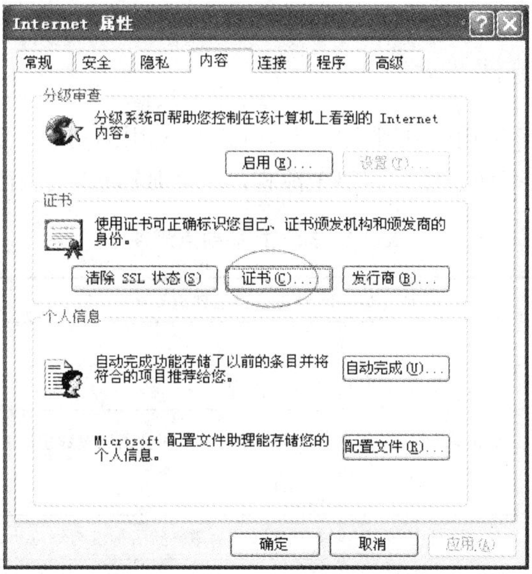

图 2.28　客户 IE 浏览器端证书的查看

2.2.5　检验数字证书保护下通信的安全性

1. 数字证书的验证过程

以 B、C 双方进行安全通信时 B 验证 A 的数字证书为例，如图 2.29 所示。

① B 要求 C 出示数字证书。

② C 将自己的数字证书发送给 B。

③ B 首先验证签发该证书的 CA 是否合法。

④ B 用 CA 的公钥解密 A 证书的数字签名，得到 C 证书的数字摘要。

⑤ B 用摘要算法对 C 的证书明文制作数字摘要。

⑥ B 将两个数字摘要进行对比。如相同，则说明 C 的数字证书合法。

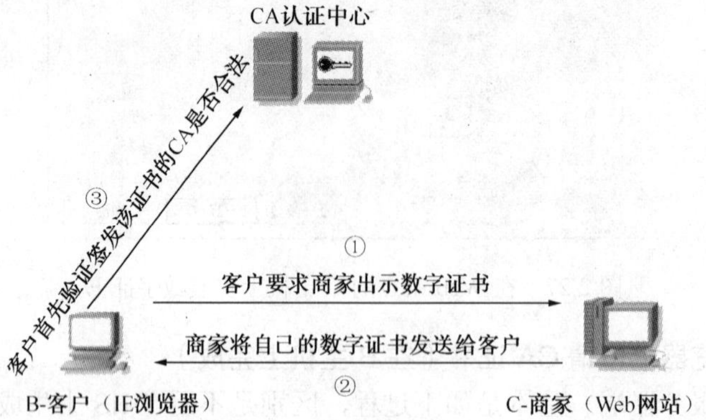

图 2.29　数字证书的验证过程

2. 测试在数字证书保护下通信的安全性

以 B 访问 C 进行安全通信为例，此时在 B 主机的浏览器中输入：http：//192.168.1.1，就可以实现通过安全的 HTTPS 协议进行网站的访问了。此时可以利用 Sniffer Pro 进行捕获分析，在 B 或 C 主机上完成检查工作。

2.2.6　知识技能要点测评

本部分内容是在 PGP 应用的基础上的又一个实际应用的实例，要求达到的目标是：能够建立 CA 服务器，学会数字证书操作的整个流程，理解 HTTPS 安全协议，具体如表 2.4 所示。

表 2.4　知识技能要点测评

学习情境 2——知识技能要点测评表			
序号	测评要点	具体目标	测评权重
1	知识理解	理解数字证书的原理及工作流程	20
2	工具及软件使用	能正确安装配置 CA 服务器，为客户及服务器颁发数字证书，并能正确安装证书	40
3	操作标准与规范	对数字证书的安全防护措施操作有效并符合标准与规范	20
4	检验方法与措施	能够采用正确的方法对数字证书的保护措施进行检查，并能说明查验过程中的各步骤理论依据	20

2.3　工作任务 3——利用隧道技术连接企业与分支

2.3.1　工作任务描述

本工作任务是利用隧道封装技术实施对协议数据的重新封装，使其能在无法直接承载的网络中得以传输，特别是利用通用路由封装协议 GRE 具体实施，同时为 VPN 技术学习提供帮助。具体工作任务描述与实施流程如表 2.5。

表 2.5 任务描述与实施流程表

学习情境 2——保护数据在公网上的传输
任务名称：利用隧道技术连接企业与分支
工作任务描述
对于一些大中型网络经常有这样的需求，企业的分支机构中的某个用户要把数据传到总部的内部网络中的一台服务器中来，但是总部与分支机构的内部都采用私有 IP 地址（通过 NAT 访问外网），无法直接连接，也就更无法实现企业总部与分支机构内部计算机之间直接以私有地址进行互访了。如何解决这些问题
任务目标
1．理解通过公共网络把两个私有网络连接起来的技术； 2．学习隧道技术，协议是可以多次包装的； 3．掌握隧道协议 GRE 在路由器上的配置，以实现总部与分支的连接
学习场景简化
对本工作任务的网络场景简化如图 2.30 所示。同时可以模拟实现，可以利用三台路由器和两台计算机实现。中间的路由器模拟互联网，可以利用模拟软件完成实验，如路由器模拟软件等
工具及软件选用
1．路由器模拟软件 DynamipsGUI； 2．路由器配置软件及路由器 IOS； 3．实际路由器配置中的工具软件
任务实施流程
1．知识准备：阅读引导文本中隧道技术知识介绍，或查找资料学习隧道技术及 GRE 相关知识； 2．路由器模拟软件及相关工具软件的使用，可以在一台计算机上完成本次工作任务，关于软件的更多使用信息可在网上获取更多帮助； 3．规划设计企业总部与分支机构连接的网络结构，利用三台路由器和两台计算机搭建； 4．先对计算机和路由器进行基本的网络接口地址配置，进行连通性测试并观查结果； 5．在两端路由器上配置默认路由，中间的路由器不要配置路由，再次进行连通性测试并观查结果； 6．在两端路由器上配置 Tunnel 隧道及两端网络互相的路由； 7．进行连接测试，实现两边的主机可以互相通信，但是不能与中间的路由器直接通信； 8．最后可以利用协议分析软件 Sniffer Pro 对 GRE 封装进行解码分析
参考资料手册
1．利用互联网搜索相关知识； 2．关于思科 GRE 配置文档； 3．教材中的引导文本； 4．相关视频教程

本工作任务的提出是为了解决企业与其分支机构通过公共的互联网络实现互相连接，使两个私有网络实现直接的访问，为相互间的资源共享提供方便。具体工作任务实施网络场景如图 2.30 所示。

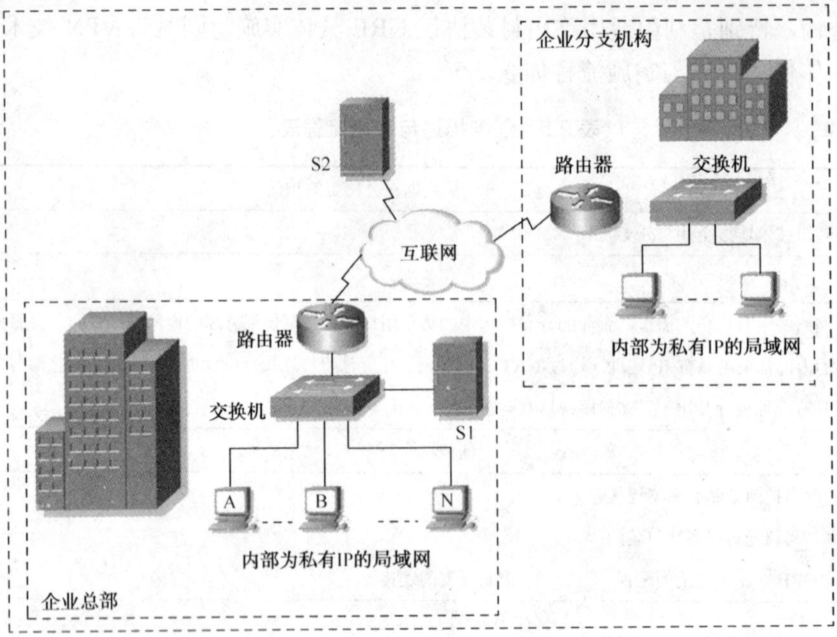

图 2.30　利用隧道技术连接企业与分支网络场景

2.3.2　引导文本

1. 隧道技术知识介绍

在本学习情境的前两个工作任务中已经介绍了加密，但在某些场合或环境下，前两种加密实施起来就会有很大的难度。因为 PGP 主要是针对文件或邮件进行加密的。对于企业总部与分支机构这种环境下是否可以寻求一种更安全方便灵活的连接方式，以实现基于协议的重新封装与加密呢？科技是以人为本的，网络技术也不例外。下面先介绍如何实现两个私有 IP 的局域网络通过互联网络连接后，利用隧道技术穿越公共的互联网络实现方便的私有地址间的互相访问。

隧道技术好比日常的交通系统中的轮渡，轮渡可能都不陌生，即使没有坐过也知道是怎样的经过：假如一辆轿车由公路到了一条没有桥的河边时，为了让车和车上的人都能通过，可以将车开到一艘大的轮船上去，通过轮船将这辆车和车上的人一同渡到另一边去，然后车再在对面的公路继续行驶。

2. 隧道技术的应用

（1）连接不同网络层协议的网络：对某些网络层协议（如：IP、IPX 等）的数据报文进行封装，使这些被封装的数据报文能够在另一个网络层协议（如 IP）的网络中传输，如图 2.31 中 A 图和 B 图所示。

（2）通过公共网络连接两个私有 IP 网络，同时利用隧道技术可以进行加密封装处理。如后面要讲到的基于 IPSec 的 VPN，如图 2.31 中 C 图所示。

3. 通用路由封装协议

GRE（Generic Routing Encapsulation）：是对某些网络层协议（如 IP、IPX 等）的数据报文进行封装，使这些被封装的数据报文能够在另一个网络层协议（如 IP）中传输，GRE 在 IP 协议中的协议号为 47。GRE 提供了将一种协议的报文封装在另一种协议报文中的机制，使报文能够在异种网络中传输，异种报文传输的通道称为 tunnel。GRE 封装类似于交通系统中的轮渡，对比如图 2.32 所示。

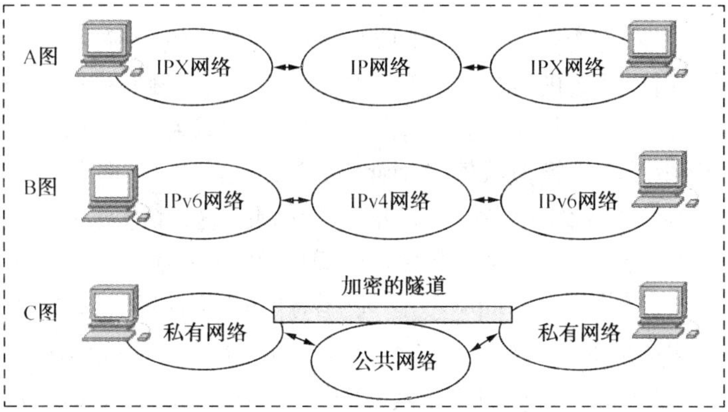

图 2.31　隧道技术的应用

通用路由封装（GRE）最初由 Cisco 开发，由 RFC 1701、RFC 1702 和 RFC 2784 标准定义。GRE 是一种隧道，它规定了怎样用一种网络层协议去封装另一种网络层协议的方法，但并不是一种安全的隧道方法。然而可以用 IPSec 的加密方法对 GRE 进行加密，实现安全的 VPN，如图 2.33 所示。

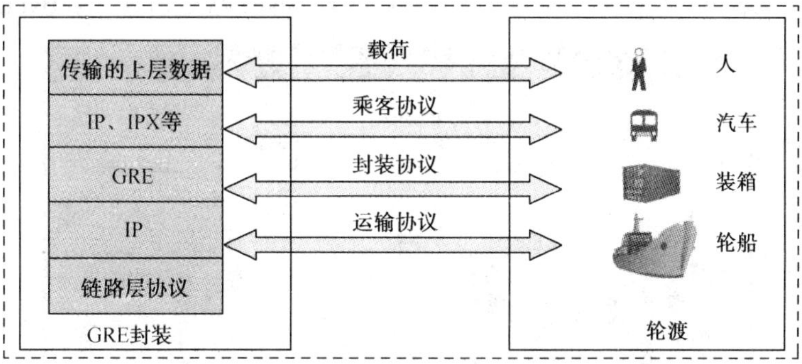

图 2.32　GRE 隧道封装与轮渡运输的对比

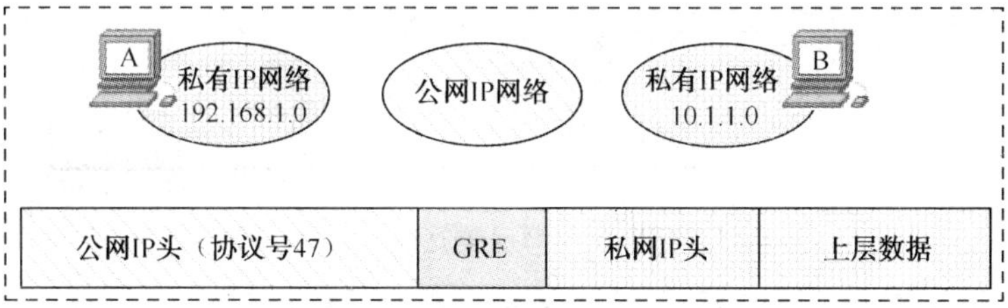

图 2.33　GRE 隧道封装格式

当然还有其他的隧道协议，GRE 是基于网络层次结构中的第三层，还有基于二层的隧道协议 L2TP 等。后面的 VPN 技术中将进一步介绍。

4．隧道技术的概括

隧道技术是一种通过使用互联网络的基础设施在网络之间传递数据的方式。使用隧道传递的数据（或负载）可以是不同协议的数据帧或包。隧道协议将这些其他协议的数据帧或包重新封装在新的包头中发送。新的包头提供了路由信息，从而使封装的负载数据能够通过互联网络传递。

被封装的数据包在隧道的两个端点之间通过公共互联网络进行路由。被封装的数据包在公共互联网络上传递时所经过的逻辑路径称为隧道。一旦到达网络终点，数据将被解包并转发到最终目的地。注意：隧道技术是指包括数据封装，传输和解包在内的全过程。

5．工具软件使用-路由器模拟软件 DynamipsGUI

在进行任务的实施中要用到 3 台路由器和两台计算机，这种情况下对实验备件要求较高。为了保证实验中的完整性与独立性，可以利用路由器模拟软件及相关工具软件在一台计算机上完成本次工作任务，这时可以利用 DynamipsGUI，关于软件的详细使用信息可在网上获取更多帮助。

获取 DynamipsGUI 的安装程序，并进行安装，在完成 DynamipsGUI 的安装后，系统会提示需要 WinPcap（这是一个包括捕获与分析的底层驱动，换句话说它可以使网卡工作于混杂模式中，接收不是发给自己的数据帧，同时为网卡桥接模式提供支持）的支持，安装即可。

打开 DynamipsGUI 程序，下面是路由器模拟软件 DynamipsGUI 的主界面，可以进行网络的设计了，如图 2.34 所示。如选择要用几台路由器、交换机等，以及路由器的型号、路由器操作系统的位置（这个软件可以将路由器的操作系统装载进来并运行，所以在这个模拟软件上可以运行同型号的真实路由器上的全部命令）、IDLE-PC 值（空闲点计数器，这个值决定了路由器运行后对系统资源的占用，所以要优选。推荐使用的几个 IDLE-PC 值，3660 路由器使用：0x60568178；3620 路由器使用：0x60452110；3640 路由器使用：0x604ec6b0）。

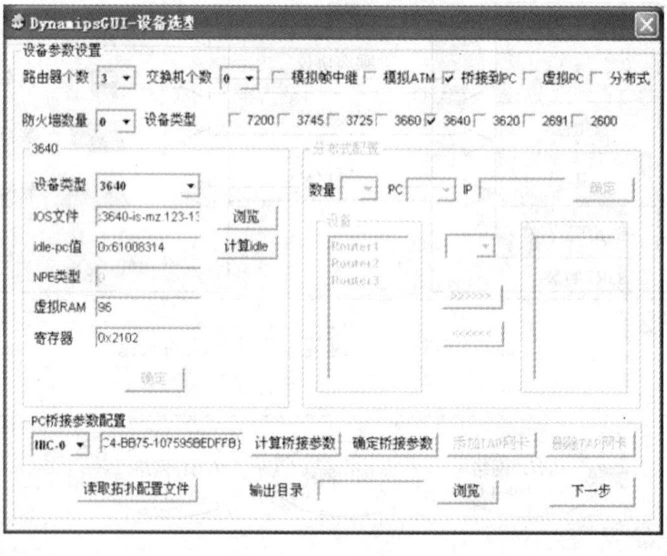

图 2.34　利用路由器模拟软件设计网络连接

如果选择桥接到 PC，则要配置桥接的参数。桥接到 PC 的功能可以使模拟的路由器与当前的主机的网卡进行连接，以实现路由器与当前主机所处的局域网络相连，桥接参数可以进行计算。软件具体使用方法可以查阅网上相关使用手册。

设计好网络连接图后，在对路由器进行配置时，默认情况下可以利用“Telnet 127.0.0.1 2001”命令连接第一台路由器，用“Telnet 127.0.0.1 2002”命令连接第二台路由器，依此类推，也可以利用专门的终端配置软件连接配置。

6. 工具软件使用-网络终端配置工具

下面是 SecureCRT 高度可定制的终端仿真器的运行界面，适用于 Internet 和 Intranet，支持 IPv6 标准。对于连接到运行 Windows、UNIX 和 VMS 的远程系统来说，SecureCRT 可以用于配置路由器交换机等网络设备。具体使用方法与超级终端类似，利用此软件可以同时建立多个路由器等网络设备的配置连接，以便于配置，这也是许多网络工程师常用的工具软件，如图 2.35 所示。

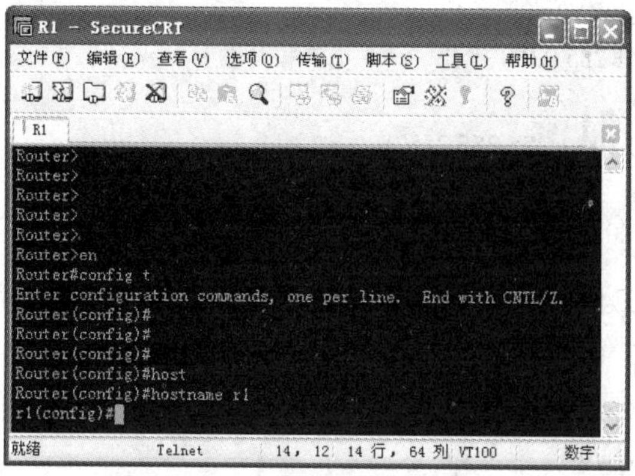

图 2.35 模拟路由器的连接与配置

2.3.3 规划设计企业与分支机构的连接

下面利用 3 台路由器、2 台交换机和 2 台计算机搭建出企业总部与分支机构的网络结构，如图 2.36 所示（其中交换机可以省去，为便于理解所以在图中加上了）。按图中所示进行配置，使 A 计算机可以与 B 计算机通过在路由器 R1 与路由器 R3 建立的隧道中直接进行通信。

任务中要求在 R2 路由器中没有配置 10.1.22.0 和 192.168.1.0 两个网络的路由的情况下，使这两个网络可以通过 R1 和 R3 上配置的隧道 GRE 封装实现通信。因为在实际的网络环境中公网上是不会有对私网地址的路由的。

根据实际网络中的设备接口号可能有所不同，可以自行绘制网络结构图，并按其所示进行实际的配置。

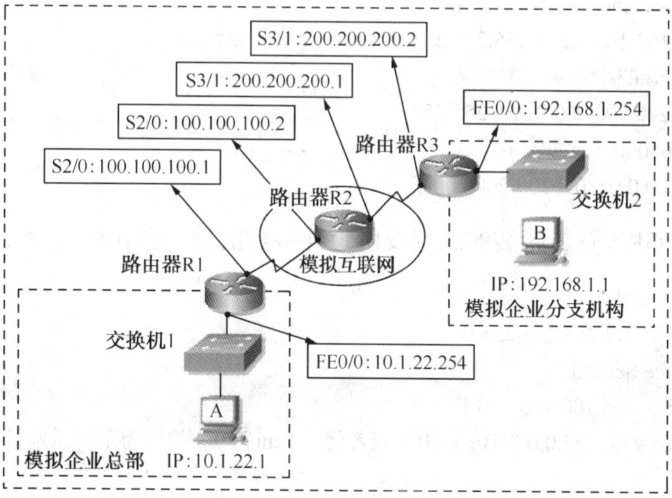

图 2.36 模拟企业总部与分支的连接网络

2.3.4 利用 GRE 通过互联网连接两个企业私有网络

按照前面规划的网络进行 GRE 隧道的配置，具体配置如下：

（1）A 主机配置 IP：10.1.22.1，网关为：10.1.22.254；

（2）B 主机配置 IP：192.168.1.1，网关为：192.168.1.254；

（3）路由器 R1 的主要配置命令：

```
interface FastEthernet0/0
ip address 10.1.22.1 255.0.0.0
interface Serial2/0
ip address 100.100.100.1 255.255.255.0
clock rate 64000
ip route 0.0.0.0 0.0.0.0 100.100.100.2
```

路由器 R1 上的 GRE 隧道封装的配置及隧道连接后的静态路由配置命令：

```
interface Tunnel 0
ip address 1.1.1.1 255.255.255.0
tunnel source Serial2/0
tunnel destination 200.200.200.2
ip route 192.168.1.0 255.255.255.0 Tunnel 0（或者将“Tunnel 0”替换为下一跳地址“1.1.1.2”）
```

（4）路由器 R2 的主要配置命令：

```
interface serial2/0
ip address 100.100.100.2 255.255.255.0
clock rate 64000
interface Serial3/1
ip address 200.200.200.1 255.255.255.0
clock rate 64000
```

注意：R2 不要配置路由。

（5）路由器 R3 的主要配置命令：

```
interface FastEthernet0/0
ip address 192.168.1.254 255.255.255.0
interface Serial3/1
ip address 200.200.200.2 255.255.255.0
clock rate 64000
ip route 0.0.0.0 0.0.0.0 200.200.200.1
```

路由器 R3 上 GRE 隧道封装的配置及隧道连接后的静态路由配置命令：

```
interface Tunnel 0
ip address 1.1.1.2 255.255.255.0
tunnel source Serial3/1
tunnel destination 100.100.100.1
ip route 10.1.22.0 255.0.0.0 Tunnel 0（或者将“Tunnel 0”替换为下一跳地址“1.1.1.1”）
```

2.3.5 利用已学协议分析技术进行检测

1. 在不配置隧道的情况下的测试

利用 ping 命令测试：在 A 主机上 ping 到 B 主机，会发现是不通的，即无返回数据包，因为对于路由器 R2 来说没有 A 和 B 主机所在网络的路由，所以无法连通。

2. 配置隧道后的测试

（1）利用 ping 命令测试。完成上面的全部配置任务后保存配置，并进行测试。在 A 主机上 ping 到 B 主机，会发现是通的，有返回数据包。

（2）在路由器上利用 Debug 调试命令检查隧道。可以利用 debugging tunnel 命令进行检查。

（3）利用协议分析软件。利用协议分析软件捕获路由器 R1 到路由器 R2 或路由器 R2 到路由器 R3 之间的 GRE 协议数据包，可以进一步理解隧道封装。（这需要路由器之间要通过交换机或集线器用以太口连接）。

2.3.6 知识技能要点测评

本部分内容是为后面的 VPN 奠定一个基础的工作任务，要求达到的目标是：能够理解数据的重新封装，理解隧道技术，能对路由器进行隧道的配置，并能实现正确的检查。

表 2.6 知识技能要点测评表

学习情境 2——知识技能要点测评表			
序号	测评要点	具体目标	测评权重
1	知识理解	理解隧道技术，知道隧道技术的应用，熟悉 GRE 封装格式	30
2	工具及软件使用	能正确配置路由器，并能在路由器上配置隧道技术，实现基于 GRE 封装的隧道	30
3	操作标准与规范	对隧道技术配置操作有效并符合标准与规范	20
4	检验方法与措施	能够采用正确的方法对 GRE 隧道封装结果进行检查，并能说明查验结果说明了哪些原理	20

2.4 工作任务 4——基于 Windows 实现 VPN 连接

2.4.1 工作任务描述

本工作任务是基于 Windows 系统利用 VPN 技术实施对所传输的数据进行保护，使远程用户能接入到企业内部网络进行资源访问，本工作任务重点是对 VPN 理论的理解。具体工作任务描述与实施流程如表 2.7。

表 2.7 任务总体描述与实施流程表

学习情境 2——保护数据在公网上的传输
任务名称：基于 Windows 实现 VPN 连接

续表

工作任务描述
对于一般企业来说，员工出差或在企业范围以外的地方办公，如家庭办公用户等，如果出差员工与家庭用户需要访问企业内部网络中的一台服务器，但是总部的内部服务器又采用的是私有 IP 地址（通过 NAT 访问外网），无法直接连接进行访问内部网络资源了，利用原有的 TCP/IP 协议配合 GRE 又不能保护数据的机密性。如何解决呢
任务目标
1．理解 VPN 技术原理及特点，熟悉常用的 VPN 隧道协议； 2．能够将 VPN 技术应用于实际中，解决特定的网络连接需求； 3．掌握 VPN 技术在 Windows Server 2003 上的配置，以实现外部用户对总部内部网络的资源访问
学习场景简化
对本工作任务的网络场景如图 2.37 所示。任务的实施需要两台计算机，一台为 VPN 服务器、一台为 VPN 客户端。可两人一组，也可选择合适的技术及工具软件模拟完成工作任务中的需求。如利用虚拟机实现任务
工具及软件选用
1．Windows Server 2003 中的路由和远程访问模块； 2．虚拟机软件（可选）
任务实施流程
1．知识准备：阅读引导文本中 VPN 技术知识介绍，或查找资料学习 VPN 技术相关知识； 2．虚拟机软件 VMware 及相关工具软件的使用，可以在一台计算机上完成本次工作任务，关于 VMware 软件的更多使用信息可在网上获取更多帮助（如果实验备件中有两台计算机，且其中一台有双网卡，并安装 Windows Server 2003 操作系统，则可以不用虚拟机实现本工作任务），下面以在主机系统为 Windows XP，安装虚拟机 Windows Server 2003 操作系统环境来完成任务； 3．规划设计远程用户能接入到企业内部网络的实验网络结构，另一种为企业内部的安全通信结构，下面为远程接入的流程； 4．在主机 Windows XP 系统下安装虚拟机软件，并在虚拟机中安装 Windows Server 2003 操作系统，在虚拟机系统下添加一块微软的 Loopback 网卡，来模拟企业内部网络； 5．配置虚拟机 Windows Server 2003 操作系统为 VPN 服务器； 6．配置主机 Windows XP 系统为 VPN 客户端； 7．VPN 客户端连接 VPN 服务器，连接后检查获取到的地址，并与企业内部通信测试
参考资料手册
1．利用互联网搜索相关知识； 2．关于 VPN 技术知识； 3．教材中的引导文本； 4．相关视频教程

本工作任务的提出是为了解决出差员工、异地办公人员、家庭办公用户远程通过公共的互联网络连接到企业内部，并能提供数据加密上的安全保护，使通过公共网络连接到企业内部网络的用户可以安全访问企业内部的资源。具体工作任务实施网络场景如图 2.37 所示。

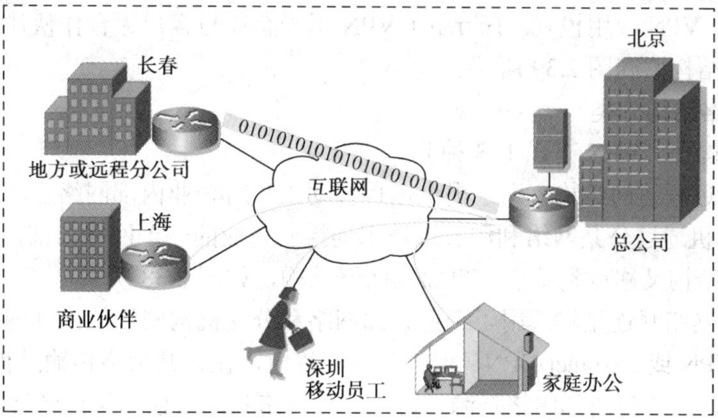

图 2.37　远程拨号 VPN 网络场景

2.4.2　引导文本

1. VPN 技术介绍

前面的任务中已经介绍了隧道技术，下面将进一步介绍隧道技术的深入应用。为了保证数据在公共网络上安全可靠地传输，可以采用专线方式连接，但是专线也有很多缺点，如费用较高、不够灵活。例如，一个公司内部的员工出差到外地，想要访问公司内部网络资源，专线连接就显得不够灵活。

VPN（虚拟专用网络，Virtual Private Network）可以实现不同网络的组件和资源之间的相互连接。虚拟专用网络能够利用 Internet 或其他公共互联网络的基础设施为用户创建隧道，并提供与专用网络一样的安全和功能保障。

虚拟专用网络允许远程通信方，出差人员或企业分支机构使用 Internet 等公共互联网络的路由基础设施以安全的方式与位于企业局域网内的企业服务器建立连接。虚拟专用网络对用户端透明，用户就像使用一条专用线路在客户计算机和企业服务器之间建立点对点连接，进行数据的传输，并且数据进行了加密处理，保护了数据的机密性及完整性。

2. VPN 的应用分类

（1）远程接入 VPN（Accesss VPN）应用模式。远程接入 VPN 实现出差员工或家庭办公应用等移动用户安全访问企业网络的应用，如图 2.38 所示。

（2）Intranet VPN 应用模式。Intranet VPN 用于组建跨地区的企业总部与分支机构内部网络的安全互联，如图 2.39 所示。

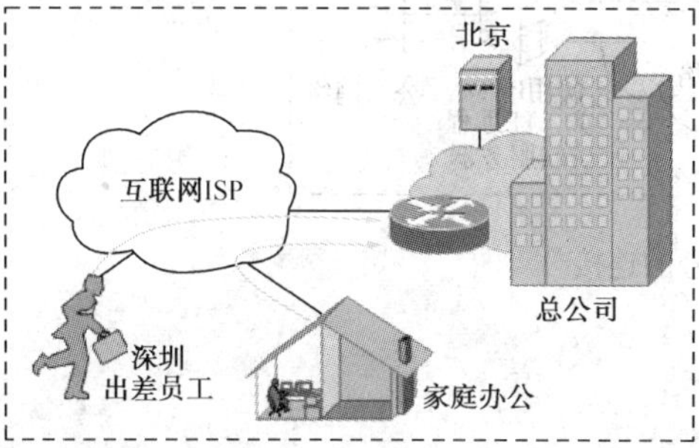

图 2.38　远程接入 VPN（Accesss VPN）应用模式

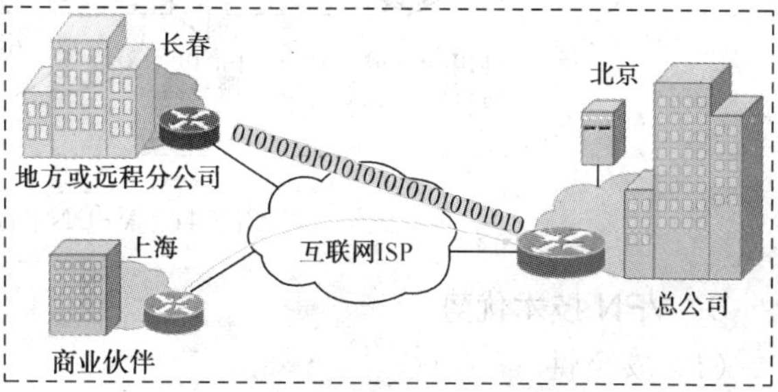

图 2.39　Intranet VPN 应用模式

（3）Extranet VPN 应用模式。Extranet VPN 用于企业与客户、合作伙伴之间建立网络安全的互连，连接结构图同图 2.39 所示。

3．VPN 网络结构分类

从网络的结构上，VPN 有以下 3 种分类。

（1）VPN 的远程访问结构。用于提供远程移动用户对企业内部网络资源的安全访问，即 Accesss VPN。单机通过公共网络利用隧道技术连接到企业的一个网络内部，成为网络中的一个连接点，这种结构又称点到站点、桌面到网络结构，如图 2.38 所示。

（2）VPN 的网络互连结构。用于企业总部网络和分支机构网络的内部网络之间的安全互联，即 Intranet VPN 或 Extranet VPN，保护网络互连时，在公共网络传输过程中的数据安全，同时也可以防止非法访问内部网络资源。这是一种网络到网络也称站点到站点（Site to Site）结构。

（3）VPN 的点对点通信结构。用于企业内部网的两台主机之间的安全通信，即单机到单机结构。

4．VPN 所采用的隧道协议特点分类

从 VPN 采用的隧道协议所处的网络层次来看，有第 2 层隧道协议，如 PPTP、L2F 和 L2TP；第 3 层隧道协议，如 IPSec、GRE 等；第 4 层隧道协议，如 SSL、VPN。还有跨越第 2 层和第 3 层隧道协议，如 MPLS。第 2 层和第 3 层配合的隧道协议，如 L2TP/IPSec。

5．VPN 接入方式分类

目前，对于一般的企业来说都有自己的局域网络，多是通过光纤连接到互联网，如图 2.40 所示。对于单个出差用户或家庭用户，是通过拨号（如 ADSL）连接到 ISP，这种方式建立的 VPN，称为拨号接入 VPN，也称为 VPDN，如图 2.41 所示。

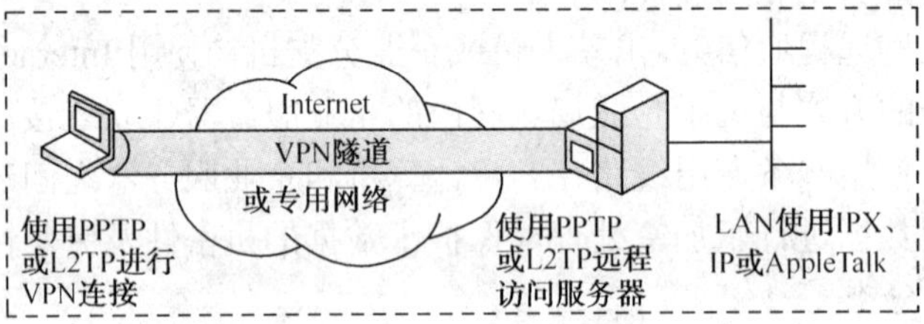

图 2.40　VPDN 的直接连接

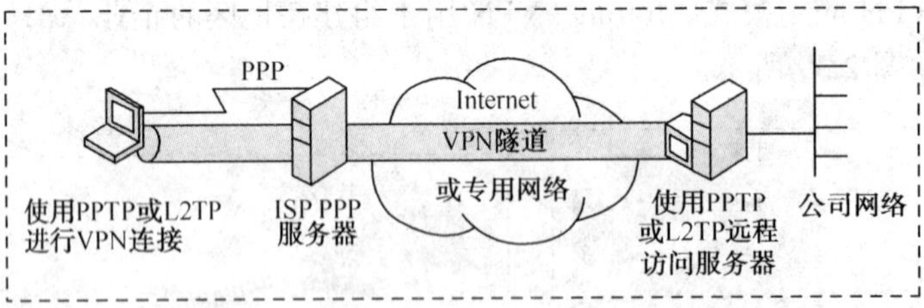

图 2.41　VPDN 的拨号的连接

6．VPN 技术优势

（1）安全性

VPN 利用隧道技术对原有协议进行重新封装，并提供加密、数据验证、用户验证等一系列安全防护措施，保证了数据通过不安全的公共网络得到安全的传输。

（2）经济性

与专线技术相比，VPN 技术降低费用，在原有网络连接的条件下提供了比专线技术更安全的数据保护机制。

（3）扩展性

与专线技术相比，VPN 技术通过在用户端的配置，就可以进行灵活的扩展，不需要新的申请或投入。

7. 工具软件使用-VMware Workstation 虚拟机软件

什么是虚拟机？所谓虚拟计算机（简称虚拟机），实际上就是一种应用软件。广义上来说 Word、WPS 也算是虚拟机，只不过它们是只能做文字处理的机器而已。这里介绍的狭义的虚拟机软件 VMware 实际上也只是一种应用软件，其特别之处在于由它创建的虚拟机与真实的计算机几乎一模一样，不但虚拟有自己的 CPU、内存、硬盘、光驱，甚至还有自己的 BIOS。在这个虚拟机上，可以安装 Windows、Linux 等真实的操作系统，及各种应用程序。虚拟机软件具体使用方法在网上可以很容易找到。

利用此类软件可以在一台物理计算机上实现多台计算机连网环境。虚拟机可以与实际主机之间进行桥接或主机到主机相连接。进而完成网络项目实验，如本工作任务中的 VPN 实验。

2.4.3 规划设计 VPN 连接

1. 远程访问 VPN 的规划与设计

首先把实际中的 VPDN 模式的 VPN 连接需求进行简化，如图 2.42 所示。

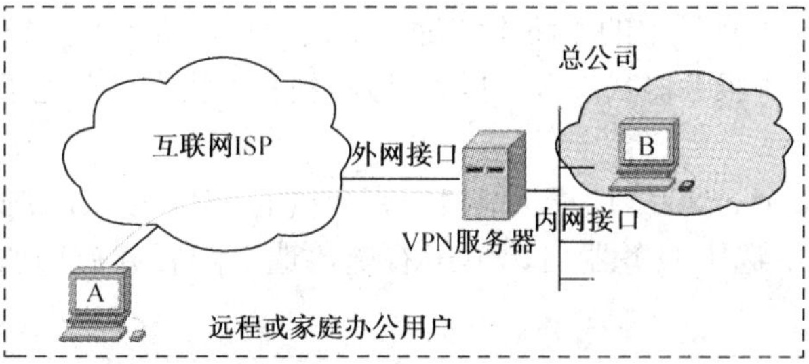

图 2.42 规划设计 VPN 远程连接的网络结构

下面利用现有的网络条件进行工作任务的模拟，实现基于 Windows 下的 VPDN 连接。VPN 服务器要有两个网络接口，一边连接外部网络，一边连接内部网络，A 要与 VPN 服务器通过公网连通，但没进行 VPN 配置时，A 不能直接访问 B 主机。配置完成后 A 能 ping 通 B 主机，说明 VPN 建立成功。

上面的实验也可以利用一台主机，安装 VMware 虚拟机软件实现。A 主机为 Windows XP 系统（VPN 客户端），安装有 VMware 虚拟机软件，并在 VMware 虚拟机 B 中安装 Windows Server 2003 操作系统（模拟 VPN 服务器），并在此系统中添加一个 Loopback 网卡（模拟企业内网），如图 2.43 所示。

2. 点对点通信结构 VPN 的规划与设计

为了实现企业内部网的两台主机之间的安全通信，即单机到单机结构中都采用 Windows 系统时的 VPN 连接。规划如图 2.44 所示，配置 A 主机与 B 主机之间的数据采用安全的 VPN 进行连接（IPSec 的 VPN）。

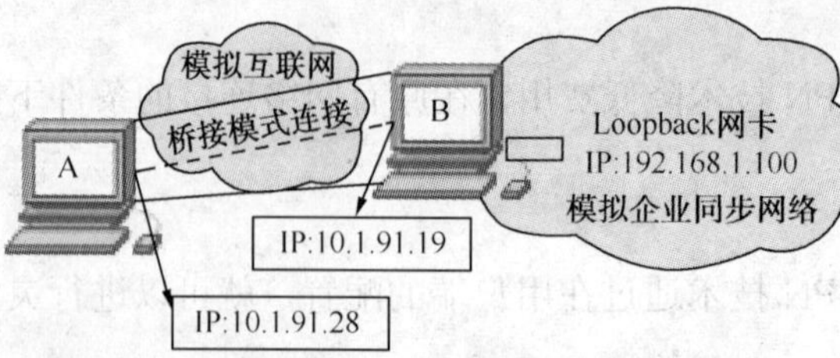

图 2.43　模拟远程访问 VPN 连接的网络设计

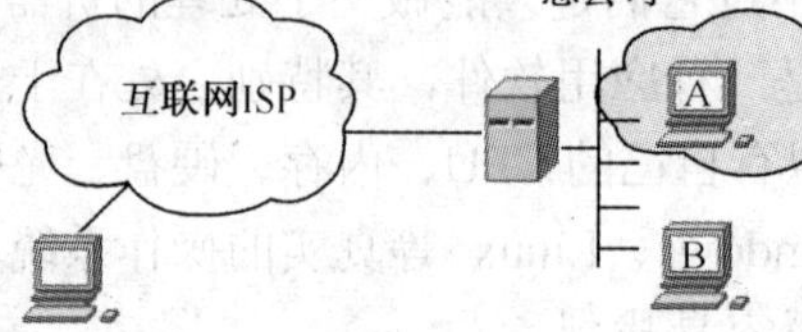

图 2.44　模拟局域网点到点 IPSec 的 VPN 连接网络设计

2.4.4　基于 Windows 实现 VPN 连接

1．远程访问 VPN 的配置

（1）配置 VPN 服务器

Windows Server 2003 中的 VPN 包含在“路由和远程访问服务”中。当系统安装好后，就存在了。打开“管理工具”中的“路由和远程访问”项，进入其主窗口，在左边的“路由和远程访问”栏中选中“服务器状态”，可从右边看到其“状态”正处于“已停止（未配置）”的情况下。

要想让 Windows Server 2003 计算机能接受客户机的 VPN 拨入，就必须对 VPN 服务器进行配置。在左边窗口中选中服务器名，单击右键，选“配置并启用路由和远程访问”，如图 2.45 所示。

具体步骤如下。

第 1 步：在本地服务器上单击右键，选择配置并启用路由和远程访问，出现提示向导选择“下一步”。

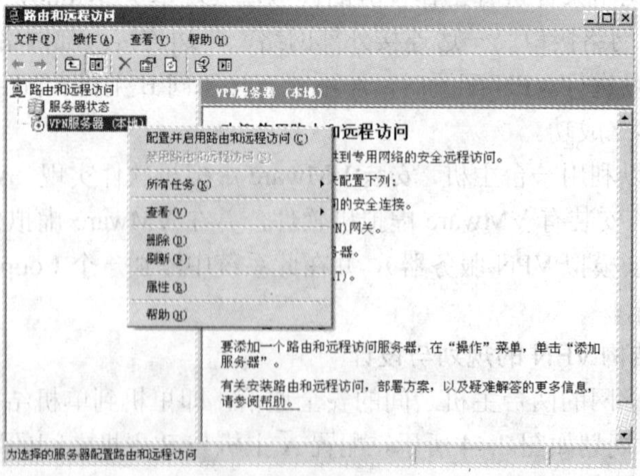

图 2.45　启动路由和远程访问的配置

第 2 步：在配置中选择虚拟专用网络（VPN）访问和 NAT，然后选择“下一步”。

第 3 步：选择 VPN 访问所需要的协议，现在网络中多采用 TCP/IP。

第 4 步：在 VPN 连接中，选择服务器端与互联网相连接的网卡，如图 2.46 所示。

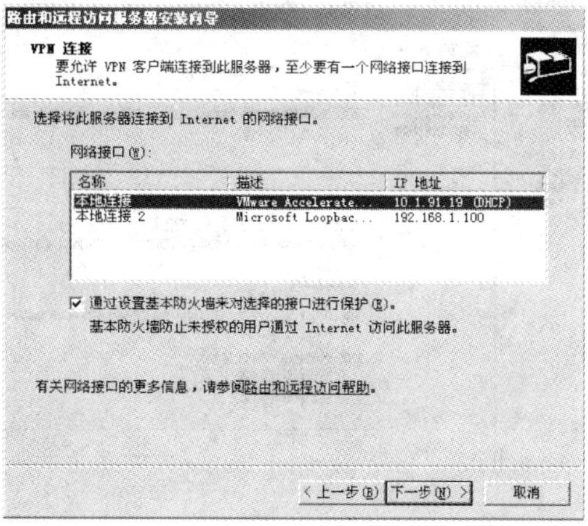

图 2.46　选择 VPN 服务器上的外部接口

第 5 步：指定服务器上与内部网络相连接的网卡（如果有两个以上网卡时）。

第 6 步：选择远程拨入客户的 IP 地址来源，如图 2.47 所示。可以利用 VPN 服务器为连接上来的客户机指定地址范围（本处指定为：192.168.1.200～192.168.1.210）。一般指定为所要连接进入的企业内部网络实现对企业私有网络的访问。接下来要选择名称和地址服务，默认即可。

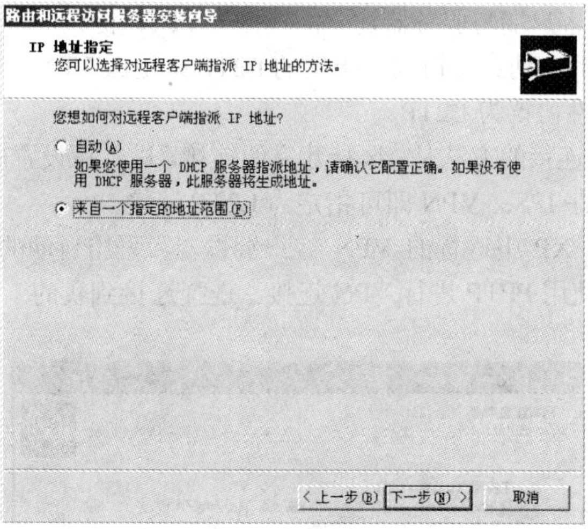

图 2.47　VPN 服务器为拨入用户分配 IP 地址

第 7 步：为了安全的客户端拨入，可以设置一个 RADIUS 服务器，也可以用 VPN 服务器来进行验证。这里选择不设置 RADIUS。

第 8 步：完成后就可以看到“正在完成初始化”的过程，等完成后就可以接收 VPN 客户端的拨入了。选择“开始→程序→管理工具→服务”，可以看到在服务中的路由和远程访问已经启动了。可以进一步设置远程访问策略。

注意：要配置 VPN 服务器中的远程访问策略，允许远程用户在任何时间接入，如

图 2.48 所示；另外，要指定用于远程访问的用户名，在没有配置 RADIUS 身份验证时为 VPN 服务器系统中的用户名，这里新建一个 Windows 2003 系统用户名和密码都为 VPN，并在用户属性中设置拨入允许 VPN 访问。

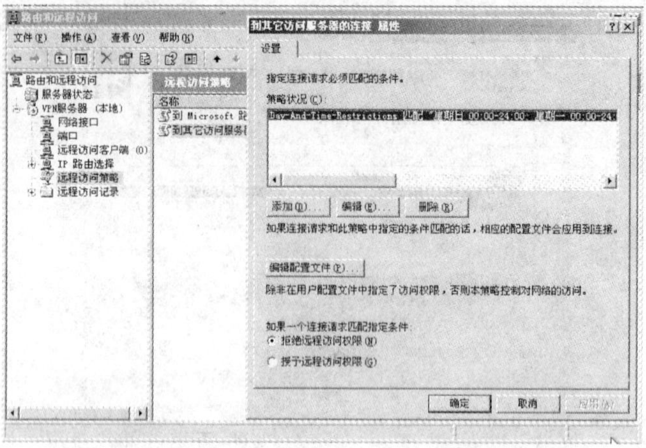

图 2.48　VPN 服务器访问策略的配置

（2）VPN 网络的客户端的设置

客户端的设置对于不同的 Windows XP 操作系统略有不同。但都是通过单击右键“网上邻居”选择属性、选择“创建一个新的连接”，下面以 Windows XP 为例。当然客户端也可以是其他设备，如路由器或防火墙等设备。只要是协议互相支持就可以进行 VPN 的连接。

如果 VPN 服务器为 Windows 2003 Server，则可以很容易地设置客户端的拨入协议为 L2TP，而默认情况下，客户端与服务器建立的连接为 PPTP 协议。可以在服务器的拨入协议选择选项卡中设置原来的自动选择协议为指定的 L2TP 来更改 VPN 的协议类型。当然，在客户端也要设置拨入的属性协议为 L2TP。

设置 L2TP 的 VPN 连接的方法是，选择建立的连接，进入后设置属性，在其中选择网络，在 VPN 类型中选择 L2TP IPSec VPN 即可指定为 L2TP 连接。

下面是在 Windows XP 中进行的 VPN 客户端设置，采用自动的 VPN 协议类型为：在 Windows XP 下会默认使用 PPTP 进行 VPN 连接。选择连接到我的工作场所的网络（VPN）项，如图 2.49 所示。

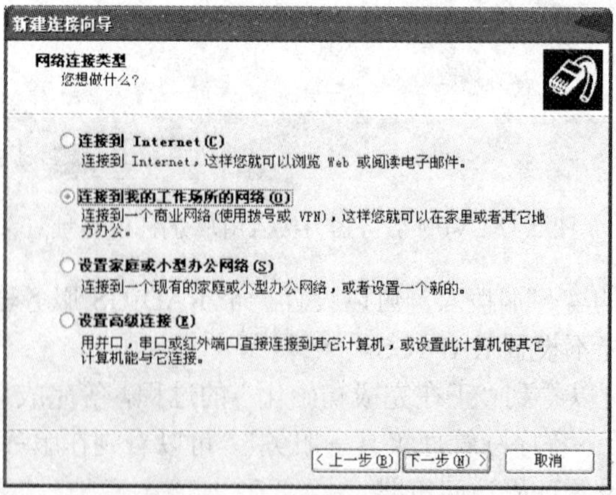

图 2.49　建立连接到 VPN 网络的客户端连接

单击“下一步”按钮后，选择虚拟专用网络连接，接着输入 VPN 服务器的 IP 地址，如图 2.50 所示，按照提示完成 VPN 客户端的设置。

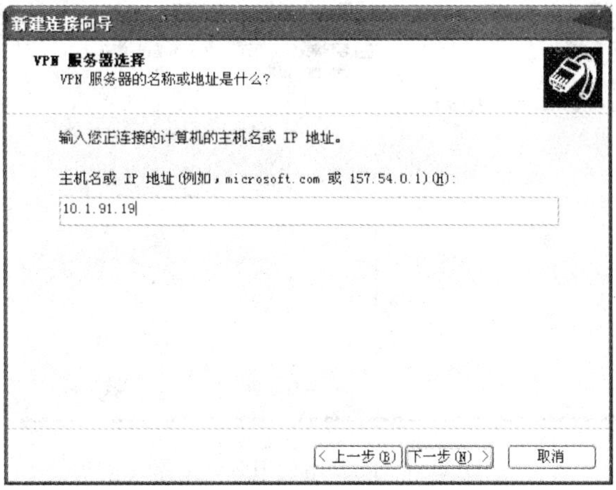

图 2.50 指定客户所要连接的 VPN 外部接口 IP 地址

完成后，可以进行连接，要求输入 VPN 服务器上的允许远程拨入的用户名和密码。对于其他 Windows 系统也是以相似的方式进行客户端的连接。正确连接后任务栏会有类似本地连接的 VPN 连接图标出现。

2. 点对点通信结构 VPN 连接的配置

下面以两台 Windows Server 2003 计算机为例进行 IPSec 实验，在局域网中实现安全的通信，即采用加密等措施实现。两台处于同一局域网中的计算机 A 和计算机 B（正常的 VPN 基于 IPSec 主要用于公网中安全通信，即保护数据在公共网络上的传输），根据实验环境等条件，这里两台计算机处于同一网段，A 的 IP 地址为 10.1.34.201，B 的 IP 地址为 10.1.34.100。实验配置实现 A 与 B 的安全的 ICMP 通信，对 ICMP 协议进行 VPN 加密传输。配置如下。

（1）创建 IPSec 策略

通常，Windows Server 2003 网关不是域成员，因此需要创建本地 IPSec 策略。如果 Windows Server 2003 网关是域成员，该域默认会将 IPSec 策略应用到域内的所有成员，这样，Windows Server 2003 网关就不能有本地 IPSec 策略。在此情况下，可以在 Active Directory 中创建一个组织单位，使 Windows Server 2003 网关成为该组织单位的成员，并将 IPSec 策略指派到该组织单位的“组策略对象”（GPO）。

① 单击“开始→运行”，然后输入 secpol.msc 以启动“IP 安全策略管理”管理单元，如图 2.51 所示。

② 单击右键“本地计算机上的 IP 安全策略”，然后单击“创建 IP 安全策略”。

③ 单击“下一步”按钮，然后输入策略的名称（如 IPSec Tunnel with non-Microsoft Gateway）。单击“下一步”按钮（也可以在“说明”框中输入信息。）

④ 单击清除“激活默认响应规则”复选框，然后单击“下一步”按钮。

⑤ 单击“完成”（让“编辑”复选框保持选中状态）。

注意： IPSec 策略是使用 IKE 主模式的默认设置创建的；IPSec 隧道由两个规则组成，每个规则指定一个隧道终结点，因为有两个隧道终结点，所以就有两个规则，每个规则中的筛选器必须代表发送到此规则的隧道终结点的 IP 数据包中的源和目标 IP 地址。

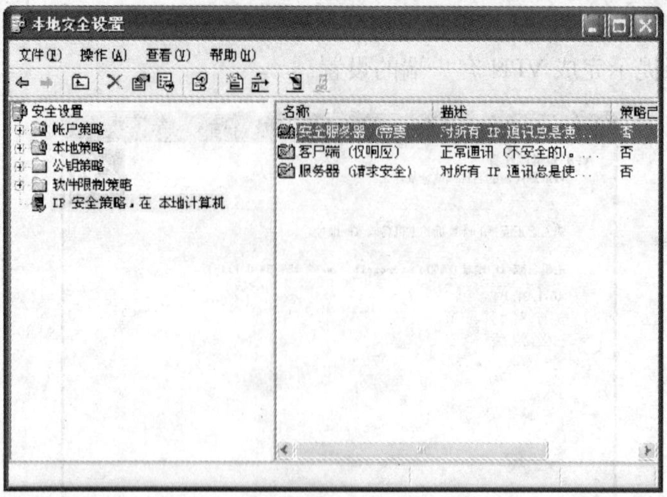

图 2.51　配置本地 IPSec 策略

（2）建立从 A 到 B 的筛选器列表

① 在新策略属性中，单击“使用添加向导”复选框，将其清除，然后单击“添加”按钮，以创建新规则。

② 单击“IP 筛选器列表”选项卡，然后单击“添加”按钮，如图 2.52 所示。

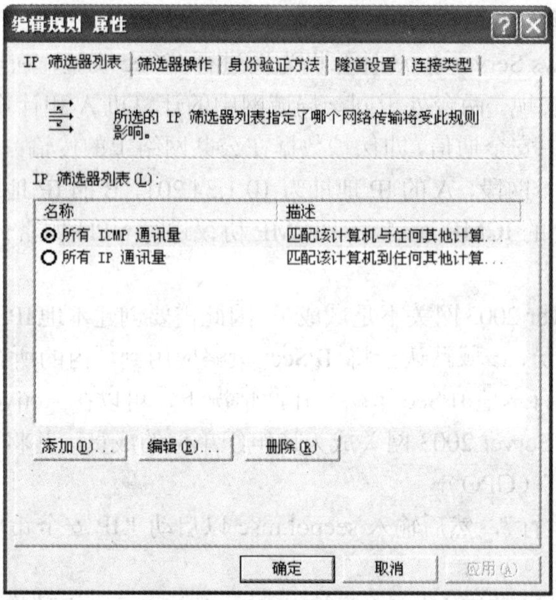

图 2.52　配置“IP 筛选器列表”

③ 为筛选器列表输入相应的名称，单击“使用添加向导”复选框，将其清除，然后单击“添加”按钮。

④ 在“源地址”框中，单击“一个特定的 IP 子网”，然后输入 A 的“IP 地址”和“子网掩码”。

⑤ 在“目标地址”框中，单击“一个特定的 IP 子网”，然后输入 B 的“IP 地址”和“子网掩码”。

⑥ 单击“镜像”复选框，将其清除。

⑦ 单击“协议”选项卡。一定要将“协议类型”设置为“任何”，因为 IPSec 隧道不支持协议或端口特定的筛选器。

⑧ 如果要为筛选器输入说明，请单击“说明”选项卡。通常，为筛选器和筛选器列表指定相同的名称不失为一个良策。当隧道为活动状态时，筛选器名称显示在 IPSec 监视器中。

⑨ 单击“确定”按钮。

（3）建立从 B 到 A 的筛选器列表

① 单击“IP 筛选器列表”选项卡，然后单击“添加”按钮。

② 为筛选器列表输入相应的名称，单击“使用添加向导”复选框，将其清除，然后单击“添加”按钮。

③ 在“源地址”框中，单击“一个特定的 IP 子网”，然后输入 B 的“IP 地址”和“子网掩码”。

④ 在“目标地址”框中，单击“一个特定的 IP 子网”，然后输入 A 的“IP 地址”和“子网掩码”。

⑤ 单击“镜像”复选框，将其清除。

⑥ 如果要为筛选器输入说明，请单击“说明”选项卡。最后单击“确定”按钮。

（4）为 A 到 B 隧道配置规则

① 单击“IP 筛选器列表”选项卡，然后单击创建的筛选器列表，将其选中。

② 单击“隧道设置”选项卡，单击“隧道终结点由此 IP 地址指定”框，然后输入 IP（此处的 IP 是分配给非 Microsoft 网关外部网络适配器的 IP 地址）。

③ 单击“连接类型”选项卡，单击“所有网络连接”（如果不是 ISDN、PPP 或直连串行连接，则单击“局域网（LAN）”）。

④ 单击“筛选器操作”选项卡，单击“使用添加向导”复选框，将其清除，然后单击“添加”按钮，以创建新的筛选器操作，因为默认操作允许明文形式的传入通信流。

⑤ 保持“协商安全”选项为启用状态，单击“接受不安全的通信，但总是用 IPSec 响应”复选框，将其清除。只有这样做才能确保安全操作。

注意：不应选中“筛选器操作”对话框底部的任何复选框作为应用到隧道规则的筛选器操作的初始配置。如果隧道的另一端也配置为使用“完全向前保密（PFS）”，则只有“使用会话密钥完全向前保密（PFS）”复选框是有效的隧道设置。

⑥ 单击“添加”按钮，保持“完整性和加密”选项为选中状态（或者，如果要定义特定的算法和会话密钥寿命，则可选择“自定义（专家用户）”选项）。“封装式安全措施负载”（ESP）是两个 IPSec 协议之一。

⑦ 单击“确定”按钮。单击“常规”选项卡，输入新筛选器操作的名称（如 IPSec tunne：ESP DES/MD5），然后单击“确定”按钮。

⑧ 单击刚创建的筛选器操作，将其选中。

⑨ 单击“身份验证方法”选项卡，配置所需的身份验证方法（如果为了进行测试，则使用“预共享密钥”，否则使用“证书”）。如果隧道的两个终结点都在受信任域中，并且在隧道的 IKE 协商期间（在建立隧道前），隧道的两个终结点都可以访问网络上每个受信任域的 IP 地址（域控制器的 IP 地址），那么从技术上说，Kerberos 是可行的。不过这种情况很少见。最后单击“关闭”按钮。

（5）为 B 到 A 隧道配置规则

① 在 IPSec 策略属性中，单击“添加”按钮，以创建新规则。

② 单击“IP 筛选器列表”选项卡，单击创建的筛选器列表（从 B 到 A），将其选中。

③ 单击“隧道设置”选项卡，单击“隧道终结点由此 IP 地址指定”框，然后输入 IP（此处的 IP 是分配给 Windows Server 2003 网关外部网络适配器的 IP 地址）。

④ 单击“连接类型”选项卡，单击“所有网络连接”（如果不是 ISDN、PPP 或直连串行连接，则单击“局域网（LAN）”）。与筛选器匹配的接口类型上的所有出站通信流都将尝试通过隧道传输到在规则中指定的隧道终结点。与筛选器匹配的入站通信流将被丢弃，因为它的接收应受到 IPSec 隧道的安全保护。

⑤ 单击“筛选器操作”选项卡，然后单击创建的筛选器操作，将其选中。

⑥ 单击“身份验证方法”选项卡，然后配置在第一个规则中使用的同一种方法（两个规则中必须使用相同的方法）。

⑦ 单击“确定”按钮，确保创建的这两个规则在策略中都已启用，然后再次单击“确定”按钮。

（6）将新的 IPSec 策略指派

在“本地计算机 MMC 管理单元”上的“IP 安全策略”中，单击右键“新策略”，然后单击“指定”。该策略旁边的文件夹图标中将出现一个绿色箭头，表示已经启用。

2.4.5 VPN 连接检测

1．远程访问 VPN 的检测

在 VPN 客户端通过 VPN 服务器连接以后，可以在 VPN 客户机的系统运行 CMD 命令，执行 ipconfig 可以查看到客户机已经获取的新地址与内部网络中一致了，如图 2.53 所示。此时在 A 主机上 ping 主机 B，发现已经可以连通了。

在 VPN 服务器的路由和远程管理中的“端口”下看到有用户已经连接了。

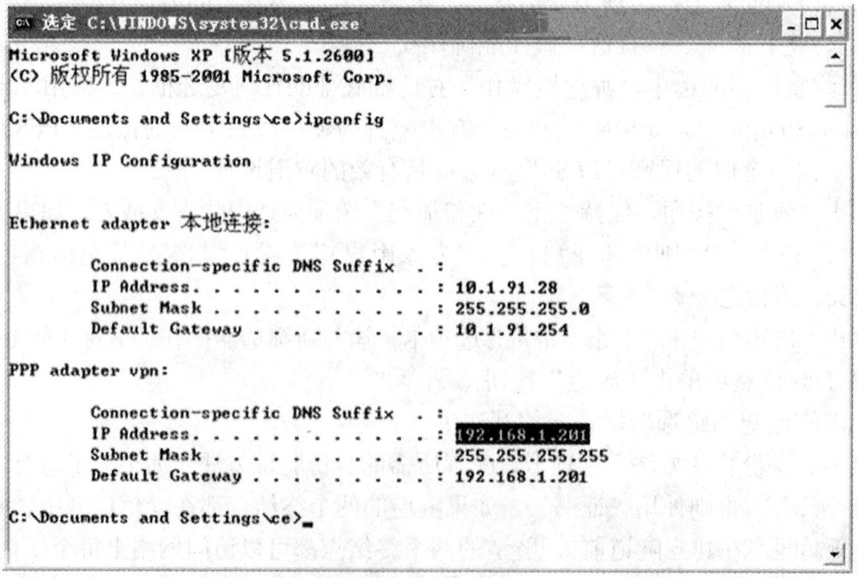

图 2.53　远程访问 VPN 连接后的检查

2. 点对点通信结构 VPN 连接的测试

可以这样来启动隧道：从 A 上的计算机向 B 上的计算机（或从 B 向 A）发出 ping 命令。如果正确地创建了筛选器并指派了正确的策略，这两个网关将建立一条 IPSec 隧道，以便通过 ping 命令以加密格式发送 ICMP 通信流。即使 ping 命令能够执行，也应当确认 ICMP 通信流在这两个网关之间是否以加密格式发送。可以使用以下工具实现这一点，如利用 Sniffer 软件对数据包进行分析。

2.4.6 知识技能要点测评

理解 VPN 技术原理、优势及分类，以及常用的隧道协议（上网进行查询更多关于隧道协议及 VPN 技术）。要求达到的目标是：能够理解 VPN 及隧道技术，并能在 Windows 下进行 VPN 连接的配置，并能进行正确的检查，具体如表 2.8 所示。

表 2.8 知识技能要点测评表

学习情境 2——知识技能要点测评表			
序号	测评要点	具体目标	测评权重
1	知识理解	理解 VPN 及隧道技术，知道隧道技术的应用，熟悉常用 VPN 技术	40
2	工具及软件使用	能正确配置 Windows 下的 VPN 连接	20
3	操作标准与规范	对 VPN 配置操作有效并符合标准与规范	20
4	检验方法与措施	能够采用正确的方法对 VPN 连接结果进行检查，并能说明检查结果	20

2.5 工作任务 5——基于路由器实现 VPN 连接

2.5.1 工作任务描述

本工作任务是基于路由器并利用 VPN 技术实施对所传输数据的保护，使远程企业分支机构能接入到企业内部网络对其资源进行访问，同时可以进行企业总部与分支的互访，并提供加密技术。本工作任务重点是对 VPN 实施及企业实际应用。具体工作任务描述与实施流程如表 2.9。

表 2.9 任务描述与实施流程表

学习情境 2——保护数据在公网上的传输
任务名称：基于路由器实现 VPN 连接
工作任务描述
在实际企业环境中，经常有这样的需求，即要把企业总部与其分支机构的两个局域网络利用 VPN 进行连接，以实现资源的安全互访，其实这种就是前面介绍的 VPN 结构中的站点到站点（site to site）模式的 VPN
任务目标
1. 深入理解 VPN 技术原理及特点，VPN 隧道协议底层原理； 2. 能够利用 VPN 技术解决实际需求，能对企业提出的需求加以实现； 3. 掌握 VPN 技术在路由器上的配置，以实现企业分支机构与总部内部网络的资源互访

学习场境简化
对本工作任务进行简化后如图 2.54 所示。实验分组中，每组 3 台路由器、2 台计算机。选择合适的技术及工具软件模拟完成工作任务中的需求。如果条件允许可以每组配置 3 台路由器和 2 台计算机构成一组，但很少有这样的实训条件，此时可利用路由器模拟软件进行实验配置
工具及软件选用
1. 路由器模拟软件 DynamipsGUI； 2. 路由器配置软件及路由器 IOS； 3. 实际路由器配置中的工具软件； 4. SDM 软件
任务实施流程
1. 知识准备：阅读引导文本中路由器配置 VPN 技术的知识介绍，或查找资料学习相关知识； 2. 路由器模拟软件及相关工具软件的使用，可以在一台计算机上完成本次工作任务； 3. 规划设计企业总部与分支机构连接的 VPN 网络连接，利用三台路由器和两台计算机搭建； 4. 配置在此网络中实现 VPN 连接，先进行基本的配置，再配置 VPN，可利用两种方式； 5. 第一种是利用 SDM 配置软件实现任务的配置； 6. 第二种是利用命令行实现配置； 7. 在两端路由器上配置上 Tunnel 隧道及两端网络的路由； 8. 进行连接测试，实现两边的主机可以互相通信，但是不能与中间的路由器直接通信； 9. 最后可以利用协议分析软件 Sniffer Pro 对 GRE 封装进行解码分析
参考资料手册
1. 利用互联网搜索相关知识； 2. 关于 IPSecVPN 技术知识（可参考 CCNP ISCW 教材）； 3. 教材中的引导文本； 4. 相关视频教程

本工作任务的提出是为了解决企业与其分支机构通过公共的互联网实现互相连接，并能提供数据加密上的安全保护，使通过公共网络连接成一个内部网络，使企业总部和分支用户可以实现对内部数据资源的安全互访。具体工作任务实施网络场景如图 2.54 所示。

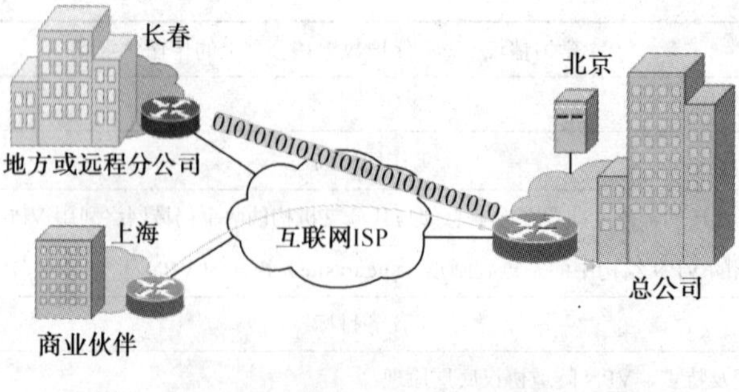

图 2.54 企业与分支机构 VPN 连接网络结构

2.5.2 引导文本

1. IPSec VPNs 组成与功能特性

IPSec VPNs 在企业与分支机构的应用中较常见，对于企业的实现也不受限制，IPSec 为三层 VPN 技术，下面重点就 IPSec VPNs 组成与功能特性中的站点到站点 IPSec VPNs 进行介绍，如图 2.55 所示。

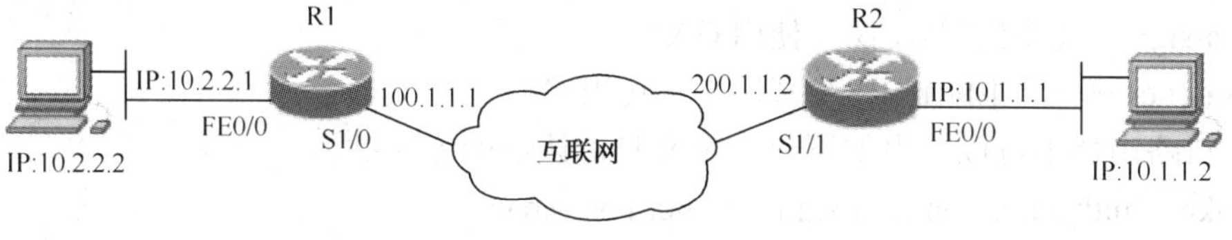

图 2.55 企业与分支机构 VPN 连接网络具体化

2. 站点到站点 IPSec VPN 的操作

站点到站点 IPSec 操作的 5 个步骤如下：

（1）主机 A 发送感兴趣数据流（需要 VPN 保护的流量）给主机 B；

（2）路由器 R1 和 R2 协商 IKE 第 1 阶段会话（IKE 安全关联）；

（3）路由器 R1 和 R2 协商 IKE 第 2 阶段会话（IPSec 安全关联）；

（4）感兴趣数据流信息通过 IPSec 隧道进行交换传输；

（5）IPSec 隧道终止。

3. 五个步骤中第 1 步

（1）哪些流量是感兴趣数据流，即需要 VPN 保护的流量呢？根据图 2.55 所示，感兴趣数据流是对于路由器 R1 和 R2 而言的，此处感兴趣数据流是 10.2.2.0/24 企业总部网络到 10.1.1.0/24 企业分支机构的网络的互相访问的数据流量。例如，主机 A 到主机 B 的数据包的源 IP 为 10.2.2.2，目的 IP 为 10.1.1.2，属于 10.2.2.0/24 到 10.1.1.0/24 的数据流量，反之易然。对于路由器来说它并不知道什么是感兴趣数据流，需要进行配置，可以结合访问控制列表进行指明。

（2）哪些流量不是感兴趣数据流，即不需要通过 VPN 保护的流量呢？根据图 2.55 所示，对于 A 主机（同网络的主机也是这样）要访问互联网上的其他主机（不是 B 主机网络中的主机），这时就不需要进行 VPN 保护了。如 A 访问公网的网址 www.baidu.com，就不是感兴趣数据流了，路由器 R1 或 R2 根据访问控制列表就可以进行 NAT 转换处理而不是进行 VPN 保护了。

因此在路由器 R1 和 R2 上要配置访问控制列表定义哪些数据是感兴趣数据流，哪些不是感兴趣数据流，不是感兴趣数据流需要通过配置 NAT 进行转换。

4. 五个步骤中第 2 步

此步为 IKE 阶段 1：IKE 即 Internet 密钥交换（IKE，Internet Key Exchange），是一种为 IPSec 管理和交换密钥的标准方法。可以将 IKE 分为两个阶段：Phase 1 主要工作是进行认证，建立一个 IKE SA；Phase 2 主要是进行密钥交换，利用 Phase 1 中的 IKE SA 来协商 IPSec SA。一旦两个对等端之间的 IKE 协商取得成功，那么 IKE 就创建到远程对等端的安全关联（SA，Security Association）。SA 是单向的，在两个对等端之间存在两个 SA。IKE 使用 UDP 端口 500 进行协商，确保端口 500 不被阻塞。下面介绍 Phase 1 的主要工作。

（1）选用协商模式。main mode（主模式）和 aggressive mode（挑战模式或积极模式）两种模式的区别是：主模式安全性要高，提供了对通信双方身份的保护，如IP地址等信息，安全性更高；挑战模式去除了主模式中的身份的保护等功能，因此速度上要比前一种快。

（2）选用一种身份认证方法。在路由器上，通信双方主要有两种身份认证的方法。

① 通过 preshare key（预共享密钥）进行连接认证，认证的双方之间设置相同的密钥，一般多采用此种方式进行身份认证。

② 利用前面讲的非对称加密算法及数字证书方式，这又分为两种：

◆ rsa-sig——使用证书授权（使用CA）；

◆ rsa-encr——手工配置RSA密钥（不使用CA）。

在思科路由器上可以使用如下命令定义身份认证的方法：

（samkp）authentication {rsa-sig | rsa-encr | pre-share}。

（3）选用一种加密算法。即对数据及信息的加密算法，加密算法可选56位的DES-CBC（des，默认值）或者168位的3DES（3des）。

在思科路由器上可以使用如下命令定义加密算法：

（isakmp）encryption {des | 3des}。

（4）选用一种验证算法。验证算法即散列算法，主要用于对所传输数据或信息的完整性进行验证的一种方法，如前面工作任务中提到的Hash算法。路由器中散列算法主要有sha和md5两种，默认sha。

在思科路由器上可以使用如下命令定义散列算法：（isamkp）hash {sha | md5}。

（5）选用一组diffie-hellman 公钥密码系统组（dh1或dh2）。D-H是基于非对称加密的一种算法，只进行密钥的生成，使通信双方都得到用于通信数据加密的对称加密密钥。关于D-H算法可以参考前面的加密部分工作任务，也可以利用网络进行查找更多关于此算法的详细说明。除非购买高端路由器，或是VPN通信比较少，否则最好使用group 1长度的密钥，group命令有两个参数值：1和2。参数值1表示密钥使用768位密钥，参数值2表示密钥使用1024位密钥，显然后一种密钥安全性高，但消耗更多的CPU时间。

在思科路由器上可以使用如下命令定义Diffie-Hellman密钥材料长度：

（isakmp）group {1 | 2}。

（6）定义IKE SA的生存周期。对生成新SA的周期进行调整。这个值以秒为单位，默认值为86400，也就是一天。值得注意的是两端的路由器都要设置相同的SA周期，否则VPN在正常初始化之后，将会在较短的一个SA周期到达中断。该项设置决定IKE 的SA 在到期前可以持续多长时间。如设置为0 则表示IKE SA的连接会一直保持不中断。如果IKE SA使用到期，那么IKE SA和IPSec SA均需重新协商连接。

在思科路由器上可以使用如下命令定义IKE SA的生存周期：

（isakmp）lifetime seconds。

5．五个步骤中第3步

（1）选用协议封装。ESP 与 AH 是数据封装的两种常用方式：Encapsulating Security Payload（ESP）IP 封装安全负载协议协议号为50，为IP数据包提供完整性检查、认证和加密，提供机密性并可防止篡改。ESP服务依据建立的安全关联（SA）是可选的；Authentication Header（AH）协议号为51，与ESP区别在于AH没有ESP的加密特性，AH的数据完整性验证是对整个数据包作出的，包括IP头部分，但是IP头部分包含很多可变参数，如经过多个路由器后 TTL、TOS、标志位及头部校验和都可能变化，所以头部的完整性发生变化导致收发方无法匹配。而 ESP 是对部分数据包做数据完整性验证时，不包括 IP 头部分。因此从机密性与完整性角度考虑一般选择 ESP 封装。详细信息可通过网络进行查询。

（2）选用一种加密算法和验证算法。在思科路由器上可以使用如下命令定义 IPSec 协议封装方式、加密算法与验证算法：crypto ipsec transform-set 变换集名字 esp-des esp-md5-hmac。

（3）选用是否使用 diffie-hellman 公钥密码系统来执行完美向前保密 PFS，默认为 none 禁用 PFS。

（4）选用变换集的模式。变换集的模式有两种：隧道 tunnel 模式或者传输 transport 模式。在隧道方式下，整个 IP 包都封装在一个新的 IP 包中，并在新的 IP 包头和原来的 IP 包头之间插入 IPSec 头（AH/ ESP）；传输模式主要为上层协议提供保护，AH/ ESP 包头插入在 IP 包头和运输层协议包头之间。

在思科路由器上可以使用如下命令定义变换集的模式：（crypto-transform）mode {tunnel | transport}。

（5）定义 IPSec SA 生存时间。与 IKE SA 的生存时间作用不同，但原理上是类似。

6．五个步骤中第 4 步

这一阶段为 IPSec 会话阶段，在这一过程中 IPSec SAs 在通信双方间进行交换，并将协商的安全服务应用到数据流量上。

7．五个步骤中第 5 步

这一阶段为隧道终止，隧道终止的可能原因是：设定的 SA 生存时间到了；包计时器超出，IPSec SA 被移除。

8．工具软件使用-思科安全设备管理工具 SDM

Cisco Security Device Manager，即 Cisco 安全设备管理工具，简称 SDM。是 Cisco 公司提供的图形化路由器管理工具。SDM 在新版 CCNP 课程 ISCW 中重点讲解，其利用 Web 界面、Java 技术和交互配置向导使得用户无需了解命令行接口（CLI）就可轻松地完成 IOS 路由器的功能配置、状态监控和安全审计，对于一些复杂的配置功能包括：防火墙、QoS、VPN、IDS/IPS、DHCP Server、动态路由协议等都可以利用 SDM 通过图形界面方式进行轻松配置。SDM 可以通过 HTTPS 连接及 SSH v2 协议连接到路由器，提供安全保护。多数 Cisco 的大部分中低端路由器的新版本 IOS 都可以支持 SDM，图 2.56 是其安装界面。

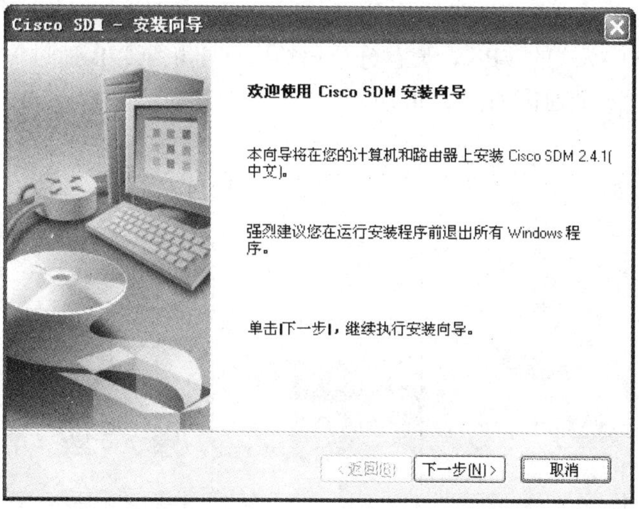

图 2.56　SDM 软件安装界面

在选择 SDM 的管理程序安装的位置处，可以选择安装在本计算机上，也可以通过本计算机连接到路由器上，将其安装到路由器内，如图 2.57 所示。一般仅会将 SDM 安装在计算机上，因为安装在路由器中对路由器的资源占用很大，无形增加了路由器的内存及 CPU 开销。因为 SDM 是利用 Web 界面、Java 技术和交互配置向导对路由器进行远程配置的，在本计算机上要设置 IE 等浏览器安全设置中的 ActiveX 控件和插件，启用 ActiveX。并将“阻止弹出窗口”关闭。

另外，还要在本机上安装 Java 运行环境，以保证 Java 程序能够正常运行。当 IE 提示阻止时，单击选择“允许”，如果出现后台程序脚本，单击右键选择“刷新”可以看到 SDM 登录的认证。

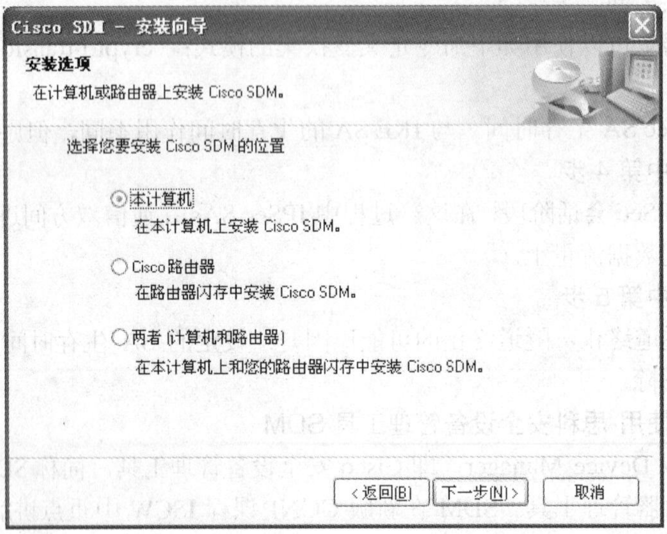

图 2.57　SDM 软件安装选项

2.5.3　规划设计 VPN 连接

在实际企业环境中，经常有这样的需求，即要把企业总部与其分支机构的两个局域网络利用 VPN 进行连接，以实现资源的安全共享，其实这种就是前面介绍的 VPN 结构中的站点到站点（site to site）模式的 VPN。长春分公司的内部主机 A、B 通过 VPN 实现对北京总部内的 C、D 主机进行安全通信如图 2.58 所示。

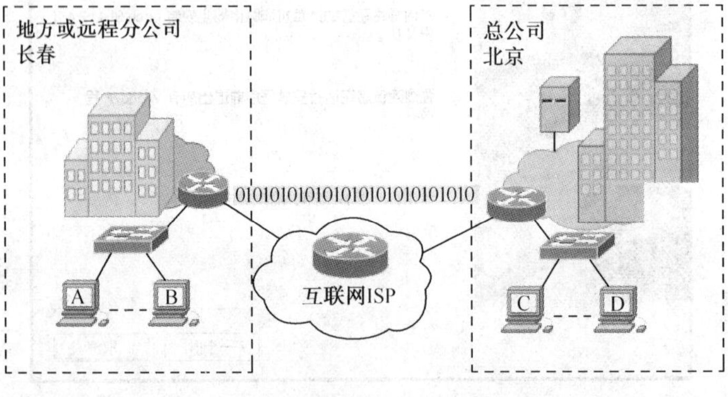

图 2.58　站点到站点 VPN 实际网络

根据实训环境，对上图进行简化，如图 2.59 所示，是要进行的实际配置及具体参数。

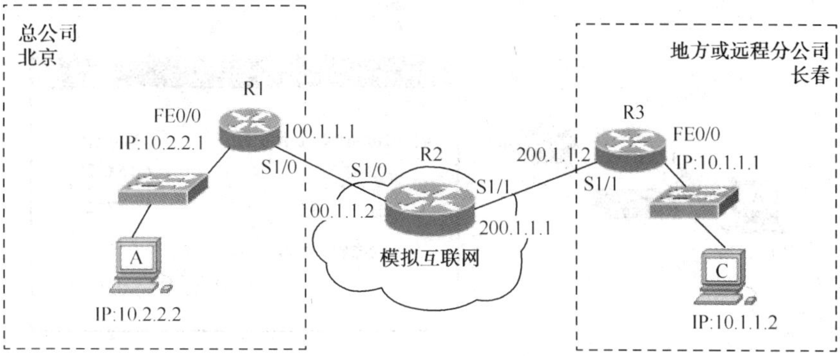

图 2.59　站点到站点 VPN 网络规划与设计

2.5.4　基于路由器实现站点到站点的 VPN 连接

1．利用 SDM 配置站点到站点 VPN

（1）安装 Java 运行环境。SDM 软件通过 Web 方式配置路由器，需要 Java 运行环境支持。

注意： 建议安装如图 2.60 所示的 J2RE 的 Java 运行环境，不要安装 Java Runtime Environment（Java 运行时环境）6.0 Update，更不要同时安装这两者，否则会出现路由器无法用 SDM 登录，或登录后防火墙及 IPS 等功能集不可用的情况。

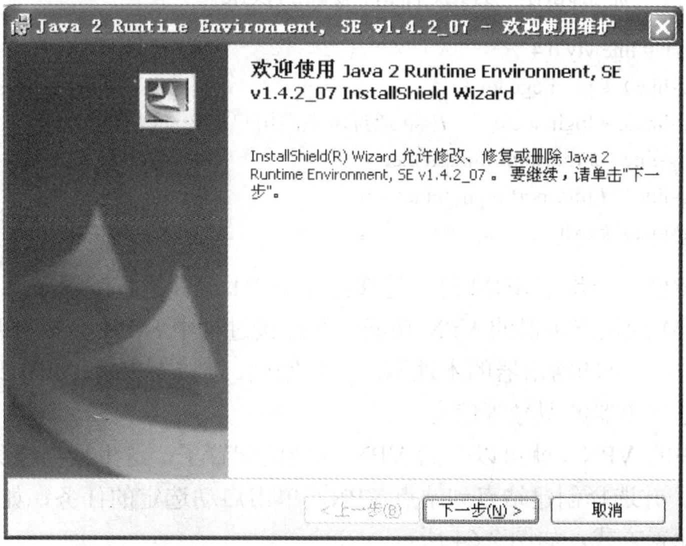

图 2.60　J2RE 运行环境的安装

（2）利用 SDM 配置路由器的要求。安装 SDM 的主机要与路由器的一个接口相连（不是直接相连接也可以），如图 2.61 所示，计算机的以太口与路由器的以太接口进行通信。也就是说首先要配置路由器的 FE0/0 接口的 IP，同时配置 A 计算机网络的 IP 地址与其在同一网段（这里需要同一网段，实际中只要能进行网络通信就可以）。启动路由器准备 SDM 连接并进行配置。

（3）利用 SDM 软件连接路由器。在 A 计算机上启动 SDM 软件并进行连接，如图 2.61 所示。

图 2.61　SDM 连接路由器

（4）对路由器的预配置。在配置路由器之前除了要对接口配置 IP 地址之外，还要进行相应的配置，可参见 SDM 安装程序目录下的 Help.htm 帮助文件。具体命令如下：

```
r1（config）#ip http server
r1（config）#ip http secure-server
r1（config）#ip http authentication local
```

//当进行 HTTP 访问时，通过本地的用户名和密码登录验证用户身份。

```
r1（config）#username cey privilege 15 password 0 cey123
```

//“privilege 15”说明此用户对路由器有最高的权限。

```
r1（config）# line vty 0 4
r1（config-line）# privilege level 15
r1（config-line）# login local       //ssh 通过本地的用户名和密码登录验证
r1 （config-line）# transport input telnet
r1（config-line）# transport input telnet ssh
r1（config-line）# exit
```

此时就可以参照上一步用 SDM 进行连接路由器 R1 对其进行配置了。

（5）利用 SDM 配置路由器的 VPN 功能。在连接过程中 SDM 会多次要求输入用户名和密码，就是预配置中建立的路由器的本地用户名和密码，连接上来后，如图 2.62 所示，是 SDM 的主页面，显示了路由器的型号等信息。

选择配置页中的 VPN，就可以开始 VPN 功能的配置了，这里根据任务安排，应该选择站点到站点 VPN。并选择创建站点到站点 VPN，单击启动选定的任务，如图 2.63 所示。

这里有两种配置方式，如图 2.64 所示。

◆ 快速安装是按 SDM 的默认值进行配置；

◆ 选择逐步操作向导完成站点到站点 VPN 的配置任务，了解 VPN 的配置项目。

接下来是选择 VPN 的接口，此任务中 Serial1/0 为本路由器的 VPN 连接接口。

对等项标识是指 VPN 的另一端的信息，如是否是固定 IP，如果是，则要输入 IP 地址。验证方式这里选择预共享密钥，这是进行 VPN 连接双方进行交流时使用的同一保密密钥，双方要设置一致。需要注意的是这个密钥并不是对数据加密时使用的密钥，而是用于双方互相验证身份时所使用的密钥，如图 2.65 所示。

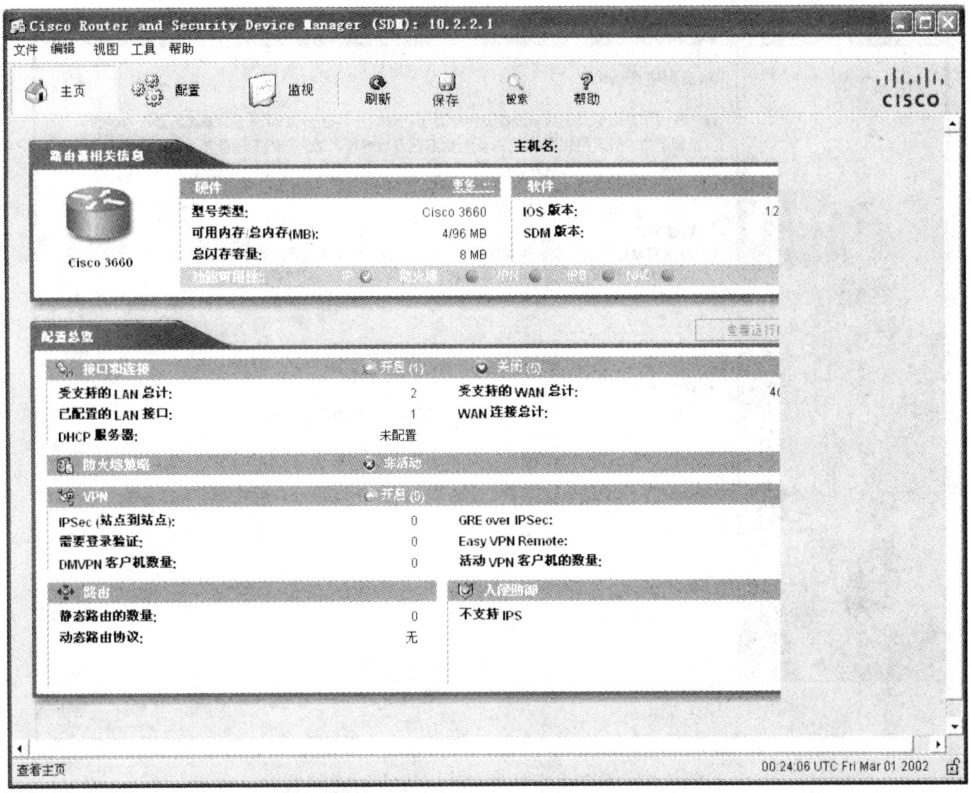

图 2.62　SDM 连接路由器后显示的状态信息

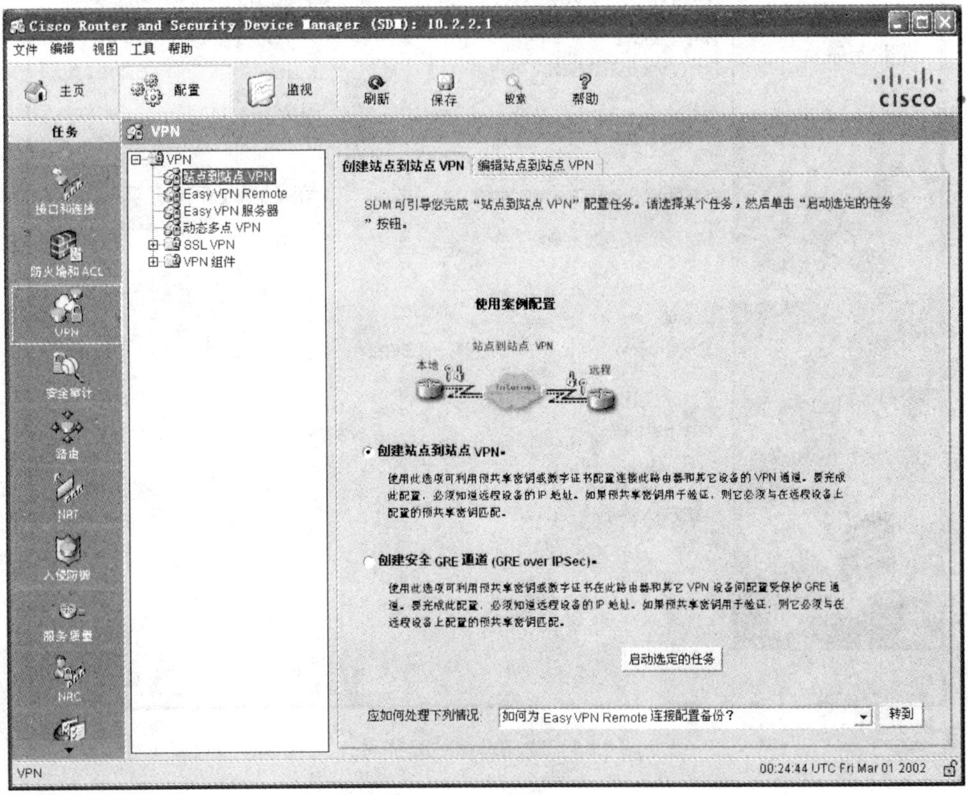

图 2.63　SDM 中 VPN 功能配置引导

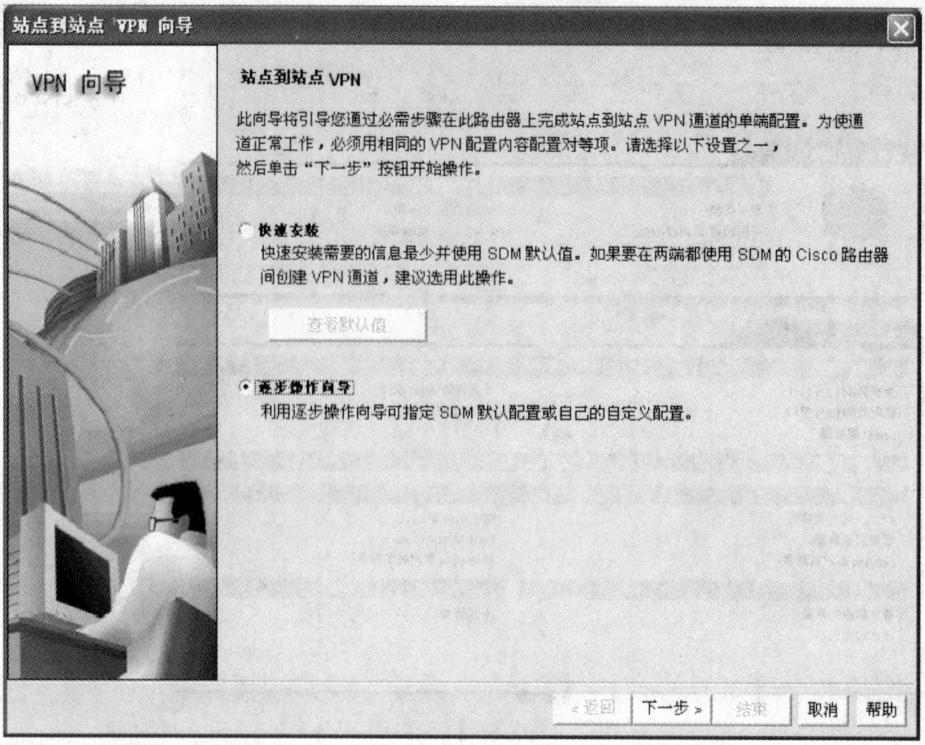

图 2.64　SDM 中逐步进行 VPN 功能配置

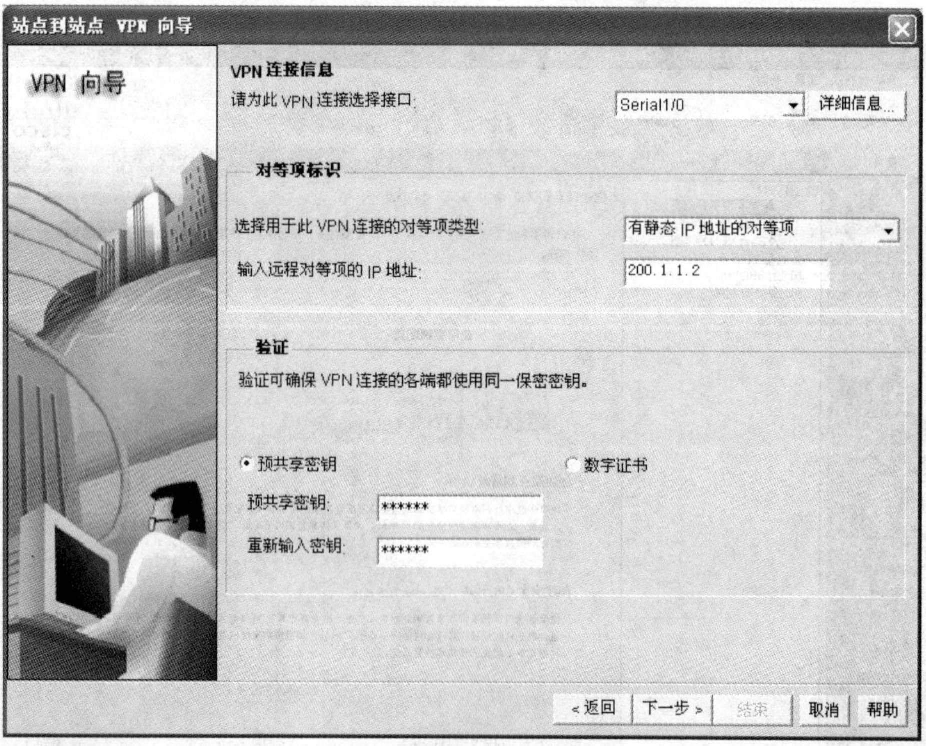

图 2.65　选择对端与验证方式

IKE 提案里要设置在 Internet 密钥交换过程中，VPN 建立的双方的协商，这里需要设置为主保护协商过程的信息机密性（加密方法）、完整性（散列算法）、加密材料长度（DH 分组）、身份验证方式，如图 2.66 所示。

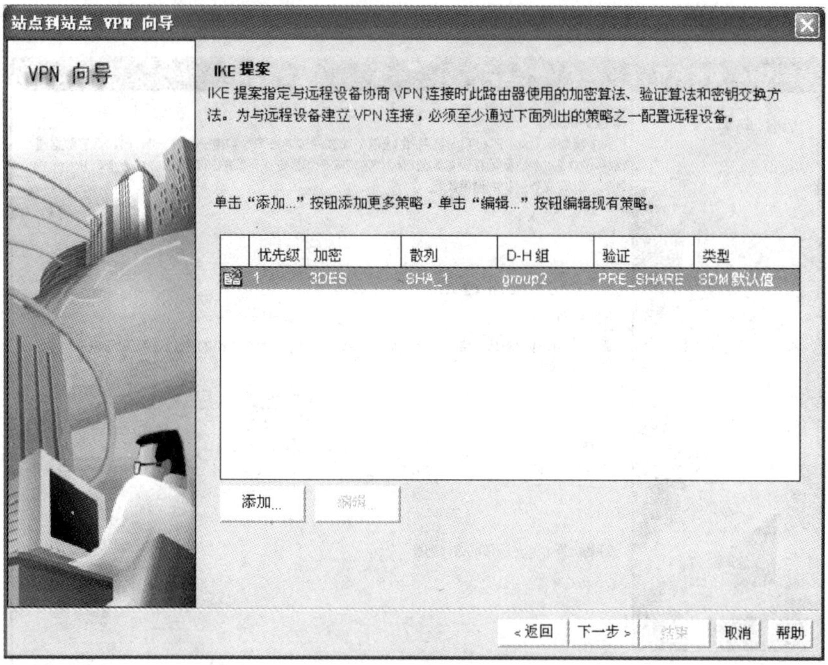

图 2.66　设置 IKE 提案

上一步是对 VPN 建设过程中协商信息的保护，这里需要设置的会话协商成功后 VPN 通道中传输的数据的保护方法。主要是：数据机密性保护（数据加密方法）、数据完整性（散列算法），如图 2.67 所示。

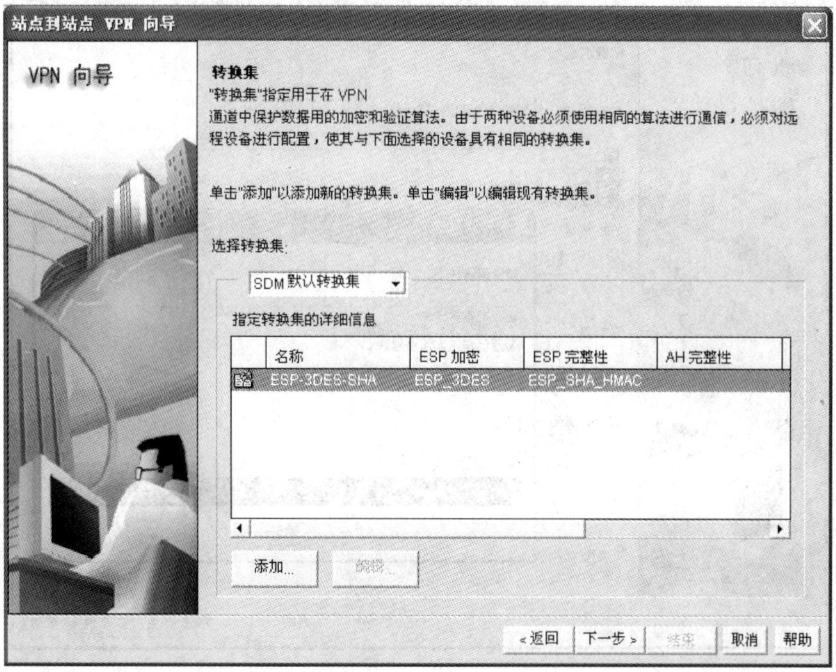

图 2.67　设置数据的保护方法

在这一步中要设置的是对哪种数据流进行 VPN 保护。在这个工作任务中，目标是 10.2.2.0 局域网与 10.1.1.0 局域网的通信要求保护，而对于 10.2.2.0 或 10.1.1.0 访问互联网上的资源是不需要通过 VPN 连接的，如图 2.68 所示。

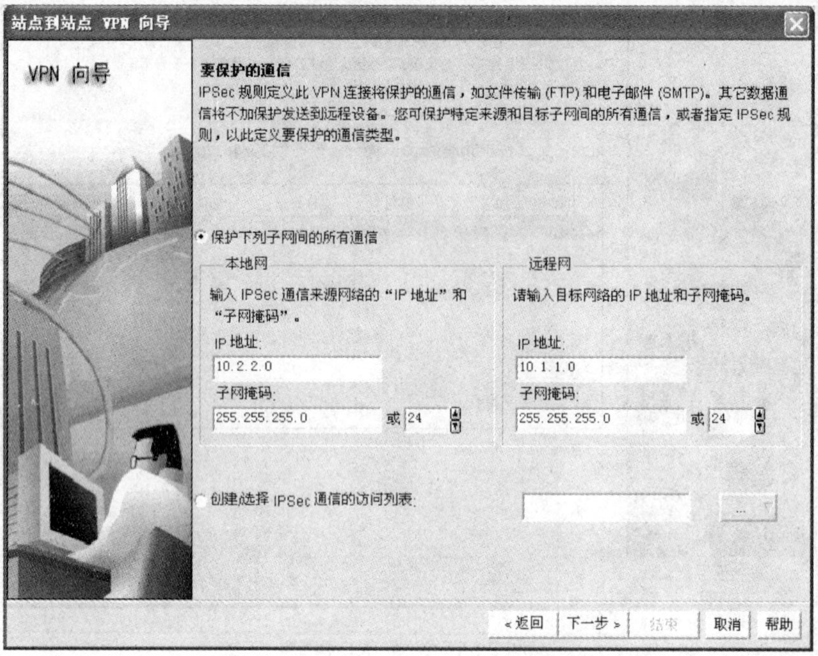

图 2.68　选择要保护的数据流量的源和目的

基于图形界面的配置完成后，SDM 会将配置过程转换为配置命令发送到路由器上去。如图 2.69 所示。

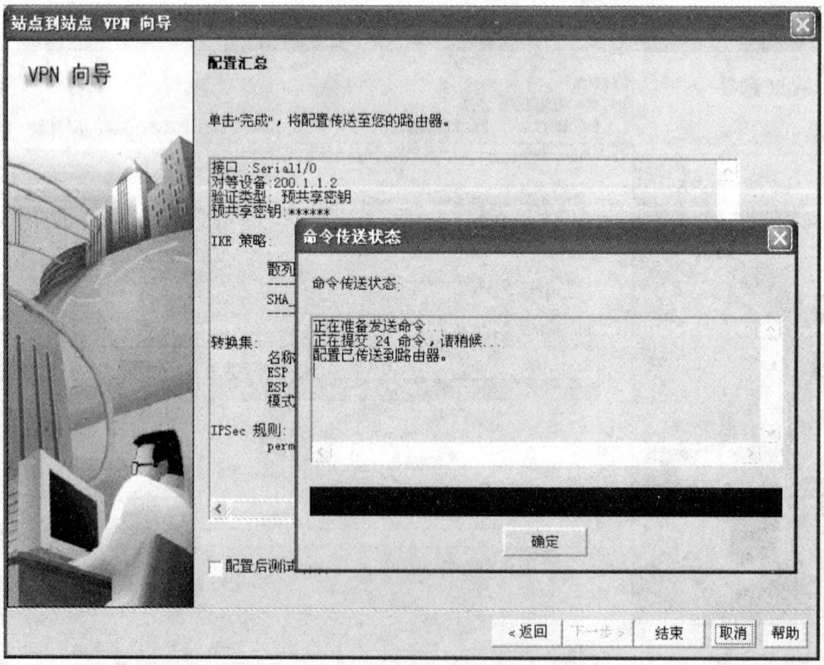

图 2.69　完成配置并向路由器传送命令

完成以上的配置后，通过命令行连接到路由器上，可以看到路由器上已经完成了 VPN 的配置。可以通过命令行式进行查看，如图 2.70 所示。

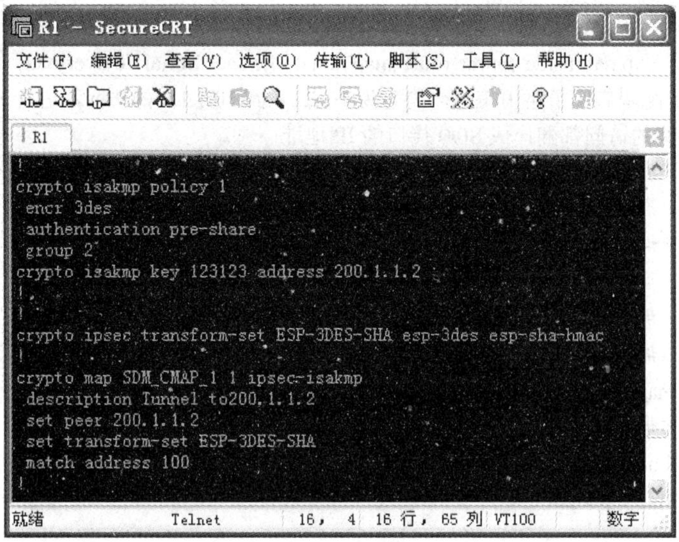

图 2.70　命令行方式查看到的部分配置结果

2．通过命令行配置站点到站点 VPN

（1）VPN 服务器 Router：R1（VPN Server）的配置

① IKE 配置

```
router（config）# hostname r1
r1（config）# crypto isakmp policy 1                              //定义策略为 1
r1（config）# hash md5                                            //定义 MD5 散列算法
r1（isakmp）# authentication pre-share                            //定义为预共享密钥认证方式
r1（isakmp）# exit
r1（config）# crypto isakmp key cisco123 address 0.0.0.0 0.0.0.0
//配置预共享密钥为 cisco123，对等端为所有 IP
```

② IPSec 协议配置

```
r1（config）# crypto ipsec transform-set rtpset esp-des esp-md5-hmac  //创建变换集
r1（config）# crypto dynamic-map rtpmap 10                        //创建动态保密图 rtpmap 10
r1（crypto-map）# set transform-set rtpset                        //使用上面的定义的变换集 rtpset
r1 （crypto-map）# match address 115                              //援引访问列表确定受保护的流量
r1 （crypto-map）# exit
r1（config）# crypto map rtptrans 10 ipsec-isakmp dynamic rtpmap
//将动态保密图集加入到正规的图集中
r1（config）# interface fastethernet 0/0
r1（config-if）# ip address 10.2.2.1 255.255.255.0
r1（config-if）# ip nat inside
r1（config-if）# exit
r1（config）# interface Serial 1/0
r1（config-if）# ip address 100.1.1.1 255.255.255.0
r1（config-if）# clock rate 64000
```

```
r1（config-if）# no shutdown
r1（config-if）# ip nat outside
r1（config-if）# crypto map rtptrans                              //将保密映射应用到 S1/1 接口上
r1（config-if）# exit
r1（config）# ip nat inside source route-map nonat interface Serial1/0 overload
//这个 NAT 配置启用了路由策略，内容为 10.2.2.0 到 10.1.1.0 的访问不进行地址翻译
//到其他网络的访问都翻译成 S0/0 接口的 IP 地址
r1（config）# ip route 0.0.0.0 0.0.0.0 Serial1/0                 //配置静态路由协议
r1（config）# access-list 115 permit ip 10.2.2.0 0.0.0.255 10.1.1.0 0.0.0.255
r1（config）# access-list 115 deny ip 10.2.2.0 0.0.0.255 any
r1（config）# access-list 120 deny ip 10.2.2.0 0.0.0.255 10.1.1.0 0.0.0.255
r1（config）# access-list 120 permit ip 10.2.2.0 0.0.0.255 any
r1（config）# route-map nonat permit 10                          //使用路由策略
r1（router-map）# match ip address 120
r1（config）# line vty 0 4
r1（config-line）# password cey
r1（config-line）# login
```

（2）模拟互联网路由器 R2 的配置

模拟互联网路由器 R2 只需要配置连接路由器 R1 和 R3 的两个接口的 IP 地址即可。

```
router（config）# hostname r2
r2（config）# interface Serial1/0
r2（config-if）# ip address 100.1.1.2 255.255.255.0
r2（config-if）# clock rate 64000
r2（config-if）# no shutdown
r2（config-if）#exit
r2（config）# interface Serial1/1
r2（config-if）# ip address 200.1.1.1 255.255.255.0
r2（config-if）# clock rate 64000
r2（config-if）# no shutdown
```

（3）VPN 客户端 Router：R3（VPN Client）的配置

```
router（config）# hostname r3
r3（config）# crypto isakmp policy 1                             //定义策略为 1
r3（isakmp）# hash md5                                           //定义 MD5 散列算法
r3（isakmp）# authentication pre-share                           //定义为预共享密钥认证方式
r3（config）# crypto isakmp key cisco123 address 100.1.1.1
//配置预共享密钥为 cisco123，对等端为服务器端 IP100.1.1.1
//IPSec 协议配置
r3（config）# crypto ipsec transform-set rtpset esp-des esp-md5-hmac   //创建变换集
r3（config）# crypto map rtp 1 ipsec-isakmp                      //使用 IKE 创建保密图 rtp 1
r3（crypto-map）# set peer 100.1.1.1                             //确定远程对等端
r3（crypto-map）# set transform-set rtpset                       //使用上面的定义的变换集 rtpset
r3（crypto-map）# match address 115                              //援引访问列表确定受保护的流量
r3（config）# interface   fastethernet0/0
r3（config-if）# ip address 10.1.1.1 255.255.255.0
r3（config-if）# clock rate 64000
```

```
r3（config-if）# no shutdown
r3（config-if）# ip nat inside
r3（config-if）#exit
r3（config）# interface Serial1/1
r3（config-if）# ip address 200.1.1.2 255.255.255.0
r3（config-if）# clock rate 64000
r3（config-if）# no shutdown
r3（config-if）# ip nat outside
r3（config-if）# crypto map rtp                          //将保密映射应用到 S0/1 接口上
r3（config-if）#exit
r3（config）# ip nat inside source route-map nonat interface Serial1/1 overload
//这个 NAT 配置启用了路由策略，内容为 10.1.1.0 到 10.2.2.0 的访问不进行地址翻译
//到其他网络的访问都翻译成 S1/1 接口的 IP 地址
r3（config-if）# ip route 0.0.0.0 0.0.0.0 Serial0        //配置静态路由协议
r3（config）# access-list 115 permit ip 10.1.1.0 0.0.0.255 10.2.2.0 0.0.0.255
r3（config）# access-list 115 deny ip 10.1.1.0 0.0.0.255 any
r3（config）# access-list 120 deny ip 10.1.1.0 0.0.0.255 10.2.2.0 0.0.0.255
r3（config）# access-list 120 permit ip 10.1.1.0 0.0.0.255 any
r3（config）# route-map nonat permit 10                  //使用路由策略
r3（router-map）# match ip address 120
```

2.5.5 VPN 连接检测

1. SDM 配置方式中的 VPN 连接检测

在完成基本 SDM 的 VPN 配置后，SDM 配置页面中就有了刚刚建立的 VPN 连接，下面多了一个 VPN 连接通道测试项。选择即可进行测试，SDM 可以提出错误点及排错方法。

2. 在基于命令行配置的 VPN 连接检测

在基于命令行中，可以借助于 Show 和 Debug 命令进行 VPN 连接的测试与排错。

```
r1# show crypto isakmp sa          //列出活动的 IKE 会话
r1# show crypto ipsec sa           //列出活动的 IPSec 安全关联
r1# debug crypto isakmp            //调试 IKE 通信
```

2.5.6 知识技能要点测评

进一步理解 VPN 技术原理、优势及分类，以及隧道建立的过程。要求达到的目标是：能够深入理解 VPN 及隧道技术，并能在路由器上通过基于命令行方式（不建议用 SDM）进行 VPN 连接的配置，并能进行正确的检查，具体如表 2.10 所示。

表 2.10　知识技能要点测评表

学习情境 2——知识技能要点测评表			
序号	测评要点	具体目标	测评权重
1	知识理解	深入理解 VPN 及隧道技术，掌握隧道技术的应用，熟悉 VPN 通道的建立过程	20
2	工具及软件使用	能正确在路由器上基于命令行方式（不建议用 SDM）进行 VPN 连接的配置	30
3	操作标准与规范	对 VPN 配置操作有效并符合标准与规范	20
4	检验方法与措施	能够采用正确的方法对 VPN 连接结果进行检查，并能说明检查结果	30

2.6 针对同类工作任务的拓展训练

利用现有的 TCP/IP 协议进行安全通信的技术还有很多，前面利用了加密、VPN 等技术，除了上面介绍的工作任务还有更多的解决方案，如 L2TP 以及目前应用较多的 SSL VPN 等。还有针对特定应用的一些解决方式，如将传统不安全的 Telnet 应用替代为安全的 SSH 通信。

下面安排两个工作任务（如图 2.71 所示）：

（1）在 Windows 系统中利用安全协议 SSH 取代 Telnet 实现同功能的通信；

（2）在 Linux 系统中利用安全协议 SSH 取代 Telnet 实现同功能的通信；

（3）路由器中利用安全协议 SSH 进行远程登录配置。

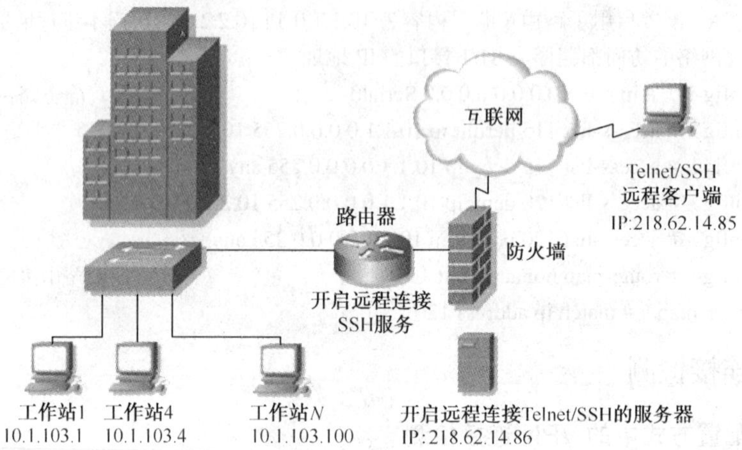

图 2.71 拓展任务图

2.6.1 Windows 下利用安全协议进行远程登录配置

1. 任务描述

任务很简单，就是在 Windows 系统中利用安全协议 SSH 取代 Telnet 实现同功能的通信，SSH 服务器为 Windows 系统，客户端为安装 SSH 客户端软件的计算机。

2. 目标

（1）在 Windows 系统的 SSH 服务器上安装 SSH 服务软件并进行配置；

（2）安装基于 Windows 系统 SSH 工具软件实现安全的远程登录配置功能。

3. 评价方法

能够提供有效的安全协议，实现通信的安全。

2.6.2 Linux 下利用安全协议进行远程登录配置

1. 任务描述

与上一个工作任务类似，只是在 Linux 系统中利用安全协议 SSH 取代 Telnet 实现同功能的通信。SSH 服务器为 Linux 系统，客户端为安装 SSH 客户端软件的计算机。

2. 目标

（1）在 Linux 系统的 SSH 服务器上安装 SSH 服务软件并进行配置；

（2）安装基于 Linux 系统 SSH 工具软件实现安全的远程登录配置功能。

3. 评价方法

能够提供有效的安全协议，实现通信的安全。

2.6.3 路由器中利用安全协议进行远程登录配置

1. 任务描述

与上一个任务类似，只是在路由器中设置安全协议 SSH 取代 Telnet 实现同功能的通信。服务器为路由器，客户端为安装 SSH 客户端软件的计算机。

2. 目标

安装基于 Linux 系统 SSH 工具软件实现安全的远程登录配置功能。

3. 评价方法

能够提供有效的安全协议，实现通信的安全。

2.7 完成安全协议连接功能的同类工具软件介绍

2.7.1 VPN 软件介绍

隧道技术的利用有很多，如 SoftEther 软件。2003 年 12 月，日本一名 19 岁的大学生在自己的主页上公布了一款免费网络软件——SoftEther。该软件是由两部分所组成：一是虚拟 HUB；二是虚拟网卡。可以在网上下载到这个软件。

该软件巧妙利用了“EtherNet over TCP 的隧道+HTTPS 实现物理传输”技术传统的隧道技术（PPTP、L2TP/IPSec）之类的协议，是使用 GRE/IPSec 这样特殊的 IP 数据包来实现通信的。但这样的数据包很难通过 NAT、防火墙或路由器。当前的现实是，从公司内部访问 Internet 时，在大多场合下必须通过代理服务器。这样一来，传统的 VPN 系统就完全无法发挥其效力了。有必要设计一种在这样受限制的网络环境中，也能建立虚拟网络的软件。因为 SoftEther 可以支持 SSL，所有通信内容都被加密。用户也可以安心地用它建立 VPN。

2.7.2 VPN 硬件介绍

1. Cisco VPN 硬件产品

Cisco VPN 3000 集中器系列允许各公司充分发挥远程访问 VPN 连接的无可比拟的灵活性、可靠性和性能优势以及对费用的节省。企业一般使用虚拟专用网（VPN）在公共互联基础设施上建立安全、端到端的专用网络连接。思科 VPN 3000 集中器有：3005、3015、3030、3060 及 3080 几种，其中 3005 和 3015 主要用于分支机构，3030 用于区域办公室，3060 或 3080 用于公司总部。VPN 架构如图 2.72 所示。

为了完全发挥高性能、远程访问 VPN 的优势，公司必须部署一种健壮、高可用性的 VPN 解决方案，最好是同时使用专用的 VPN 设备。Cisco VPN 3000 集中器系列适用于企业部署远程访问 VPN 解决方案。 Cisco VPN 3000 集中器支持各种 VPN 客户机软件，包括 Cisco VPN 客户机、Microsoft Windows 2000 L2TP/IPSec 客户机和用于 Windows 95、Windows 98、Windows NT 4.0 和 Windows 2000 的 Microsoft PPTP。

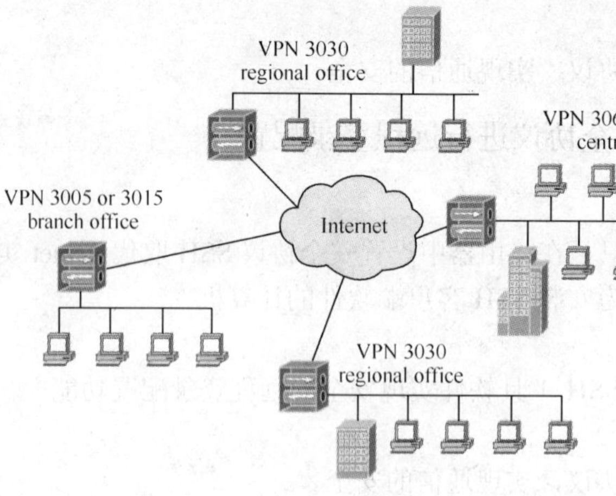

图 2.72　CISCO VPN 硬件产品组网方案

Cisco VPN 3000 集中器具有 5 种不同的型号来满足各种业务需要。

（1）Cisco VPN 3005 集中器。Cisco VPN 3005 集中器是一种专为中小规模组织机构设计的 VPN 平台，能够满足带宽要求高达 T1/E1（4 Mbps 最大性能）的全双工和多达 100 个的同时对话；加密处理由软件完成；但 Cisco VPN 3005 本身不支持升级功能。

（2）Cisco VPN 3015 集中器。Cisco VPN 3015 集中器是一种专为中小规模组织机构设计的 VPN 平台，能够满足带宽要求高达 T1/E1（4 Mbps 最大性能）的全双工和多达 100 个的同时对话；同 Cisco VPN 3005 一样，加密处理由软件完成，不过 Cisco VPN 3015 可现场升级为 Cisco VPN 3030 和 3060。

（3）Cisco VPN 3030 集中器。Cisco VPN 3030 集中器是一种专为中型、大型组织机构设计的 VPN 平台，能够满足带宽要求从 T1/E1 到 T3/E3（50Mbps 最大性能）的全双工和多达 1500 个的同时对话；专用的 SEP 模块完成基于硬件的加速处理功能。Cisco VPN 3030 可现场升级到 Cisco VPN 3060，另外，还提供冗余和非冗余两种配置。

（4）Cisco VPN 3060 集中器。Cisco VPN 3060 集中器是一种专为需要最高性能和可靠性的大型组织机构设计的 VPN 平台，能够满足带宽要求从部分 T3 到完全 T3/E3 甚至更高（100Mbps 最大性能）和多达 5000 个同时的对话；专用的 SEP 模块完成基于硬件的加速处理功能；另外，Cisco VPN 3060 还提供冗余和非冗余两种配置。

（5）Cisco VPN 3080 集中器。Cisco VPN 3080 集中器为那些需要最高性能的大型企业进行专门优化，能够支持多达 10000 个同时远程访问对话；专用的 SEP 模块完成基于硬件的加速处理功能；另外，Cisco VPN 3080 只提供全冗余配置。

Cisco VPN 客户机：易于部署和操作的 Cisco VPN Client（Cisco VPN 客户机）用于建立到 Cisco VPN 3000 集中器的安全的、端到端的加密隧道。这种采用遵循 IPSec 的简化设计思想的客户机随 Cisco VPN 3000 集中器一同提供，并对用户数量不予限制。Cisco VPN 客户机可以预先设置成大量部署状态，在最初登录时，用户需要干预的内容很少。VPN 访问策略在 Cisco VPN 3000 集中器内创建并集中保存，当与客户机建立起连接时，自动发往客户机。

图 2.73 为 Cisco VPN 3005/3015 Concentrator 的主要模块，与 3015 外观相似，VPN 3030、3060、3080 在原有的基础上扩大了内存、扩展电源及安全加密处理模块。

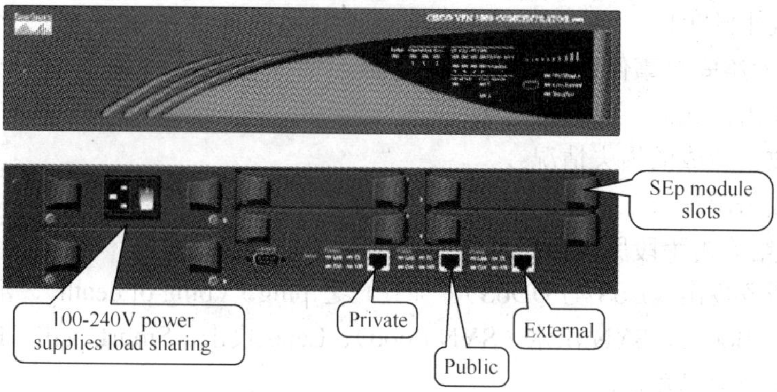

图 2.73　Cisco VPN 3005/3015 集中器

2. 思科 VPN 技术

思科的 Cisco Easy VPN 由下列组件组成，如图 2.74 所示。

（1）Easy VPN Server。在端到端或远程访问的 VPN 中，利用 Cisco Easy VPN 的远程特性，能够把 Cisco IOS 路由器、Cisco PIX 防火墙和 Cisco VPN 3000 系列集中器作为 VPN 网络的前端设备。

（2）Easy VPN Remote。能够把 Cisco IOS 路由器、Cisco PIX 防火墙、Cisco VPN 3002 硬件客户端或软件客户端来作为 VPN 网络的远程 VPN 客户端。

路由器如果要实现 VPN 服务器功能要求有 IOS release 12.2（8）T 版本。远程用户使用 IPSec 实现 VPN 网关的功能。

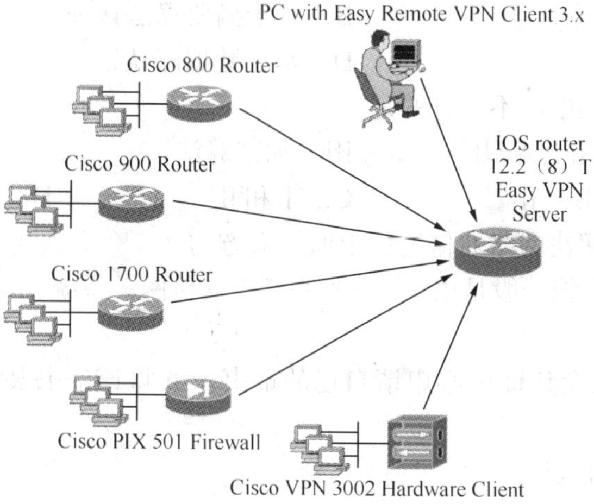

图 2.74　思科 Cisco Easy VPN 组件

2.8　利用网上搜索完成网络常见攻击的调查并形成报告

利用网上搜索完成网络常见攻击的调查并形成报告，报告需要包含的要点如下。

1. 国内网络攻击现状

（1）网络攻击的形式；

（2）网络攻击的目标；

（3）网络攻击的手段。

2．互联网网络安全事件调查

（1）网络攻击方式；

（2）网络攻击造成的损失情况；

（3）网络攻击国际特征。

3．常见网络攻击手段原理分析及防御措施

（1）拒绝服务攻击（DoS 与 DDoS）。如死亡之 ping （ping of death）、泪滴（teardrop）、UDP 洪水（UDP flood）、SYN 洪水（SYN flood）、Land 攻击、Smurf 攻击、Fraggle 攻击、电子邮件炸弹、畸形消息攻击。

（2）利用型攻击。如口令猜测、特洛伊木马、缓冲区溢出等。

（3）信息收集型攻击。如扫描技术（地址扫描、端口扫描、反响映射、慢速扫描、体系结构探测）、利用信息服务（DNS 域转换、Finger 服务、LDAP 服务）等。

（4）假消息攻击。如 DNS 高速缓存污染、伪造电子邮件等。

……

2.9 习题与实训

2.9.1 习题

1．在以下认证方式中，最常用的认证方式是（　　）。

A．基于账户名/口令认证　　B．基于摘要算法认证

C．基于 PKI 认证　　D．基于数据库认证

2．在公钥密码体制中，不公开的是（　　）。

Ⅰ．公钥　　Ⅱ．私钥　　Ⅲ．加密算法

A．Ⅰ　　B．Ⅱ　　C．Ⅰ和Ⅱ　　D．Ⅱ和Ⅲ

3．认证技术主要解决网络通信过程中通信双方的（　　）认可。

4．电子商务应用系统一般是由（　　）系统、支付网关系统、业务应用系统和用户及终端系统组成。

5．用户从 CA 安全认证中心申请自己的证书，并将该证书装入浏览器的主要目的是（　　）。

A．避免他人假冒自己

B．验证 Web 服务器的真实性

C．保护自己的计算机免受病毒的危害

D．防止第三方偷看传输的信息

6．管理数字证书的权威机构 CA 是（　　）。

A．加密方　　B．解密方　　C．双方　　D．可信任的第三方

7．在公钥密码体制中，用于加密的密钥为（　　）。

A．公钥　　B．私钥　　C．公钥与私钥　　D．公钥或私钥

8．计算机网络系统中广泛使用的 DES 算法属于（　　）。

A．不对称加密　　B．对称加密　　C．不可逆加密　　D．公开密钥加密

9．DES 使用的密钥长度是（　　）位，分组长度为（　　）位。

10．电子商务中的数字签名通常利用公开密钥加密方法实现，其中发送者签名使用的密钥为发送者的。

11．有一种原则是对信息进行均衡、全面的防护，提高整个系统的“安全最低点”的安全性能，该原则是（　　）。

A．木桶原则　　B．整体原则　　C．等级性原则　　D．动态化原则

12．对系统进行安全保护需要一定的安全级别，处理敏感信息需要的最低安全级别是（　　）。

A．D1　　B．A1　　C．C1　　D．C2

13．截取是指未授权的实体得到了资源的访问权，这是对下面哪种安全性的攻击（　　）。

A．可用性　　B．机密性　　C．合法性　　D．完整性

14．关于数字证书，以下那种说法是错误的（　　）。

A．数字证书包含有证书拥有者的基本信息

B．数字证书包含有证书拥有者的公钥信息

C．数字证书包含有证书拥有者的私钥信息

D．数字证书包含有 CA 的签名信息

15．如果一个登录处理系统允许一个特定的用户识别码，通常该识别码可以绕过一般的口令检查，这种安全威胁称为（　　）。

16．如果对明文 attack 使用密钥为 5 的恺撒密码加密，那么密文是（　　）。

17．什么是隧道技术？

18．常见的 VPN 隧道协议有哪些？

19．什么是 IKE？

2.9.2　实训

1．实现证书服务的实验，基于 Windows 2003 完成 CA、客户（浏览器）、商家之间安全通信。

2．实现 PGP 软件加密的实验，对文件与邮件加密。

3．实现 Windows 下的基于 PPTP 的 VPN

4．实现 Windows 下的基于 L2TP 的 VPN

5．实现 Windows 下的基于 IPSec 的安全通信

6．实现路由器下的基于 IPSec 的安全通信

7．完成此学习情境中的拓展训练。

学习情境 3　对网络访问行为进行控制

3.0　总体介绍

在企业进行信息化建设的同时，也面临着诸多挑战，如来自外部网络的攻击、内部网络用户的非法访问等，为此需要有效的网络控制手段为网络的管理与维护提供方便，以减轻网络管理人员的负担。

3.0.1　情境描述

目前，国内企事业单位的网络安全防护手段中，采用较多的是病毒防范与防火墙技术。因为这两种技术可以防范大部分的网络攻击，特别是对企业局域网络提供保卫作用的防火墙。合理配置使用防火墙可以解决大部分来自企业网络以外的攻击与安全威胁。为网络安全管理与维护人员减少了大量的工作。但是网络安全工作没有一劳永逸，由于新的技术与攻击不断产生，所以安全管理的策略也要不断改变，对防火墙这样的安全设备需要不断地进行规则上的修改。

3.0.2　总体目标

◆ 对防火墙功能、缺陷、主要技术、体系结构与配置方法进行学习；
◆ 能完成最基本的包过滤防护功能的设计与实施；
◆ 至少能对一种基于主机的防火墙软件进行配置，或能完成基于 IPTables 的防火墙功能的配置；
◆ 能利用 SDM 软件完成基于思科路由器 IOS 的防火墙的配置，实现对企业网络的保护；
◆ 至少掌握一款硬件防火墙的配置；
◆ 通过拓展训练和后期学习中的经验积累能对网络访问控制、网络攻击防护等需求提供有效的安全措施，能为中小型企业网络提供有效、经济的防火墙安全方案。

3.0.3　内容描述

在本学习情境中设计了四个工作任务，第一个工作任务是利用最基本的包过滤技术，即访问控制列表（ACL）与 NAT 技术配合完成基本防火墙的配置，实现对网络的访问控制与地址转换；第二个工作任务是利用主机中的防火墙功能实现对主机和网络的保护，特别是基于 Linux 下的 IPTables 来完成防火墙功能，因为多数防火墙借助其实现防护的配置；第三个工作任务是在思科路由器上利用 SDM 配置 IOS 的防火墙功能，因为多数企业都配置有路由器，通过对路由器的配置来对企业网络进行保护是一项关键的工作任务；第四个工作任务是对硬件防火墙的使用，并且这也是多数企业的需求，这里要重点学习通过硬件防火墙产品的配置手册的使用能力，使学习者在前面已经具备防火墙理论的基础上，具备对同类产品的实施能力。

3.0.4 情境教学条件

整体教学环境要求

- ◆ 建议此处的工作任务在具有局域网及网络安全设备的实训室完成，保证实训用计算机可以访问互联网；
- ◆ 建议实训用计算机使用 Windows XP 操作系统；
- ◆ 建议实训用计算机硬件配置足够，特别是内存建议 2GB 以上；
- ◆ 建议在实训用计算机的 Windows XP 操作系统要内安装 VMware Workstation 软件，并创建虚拟机安装 Linux 和 Windows 2003 操作系统。

工具及软件要求

- ◆ 硬件防火墙及配置操作手册、完成拓展训练的 Router OS、SmoothWall、ISA 等软件；
- ◆ SDM 软件、虚拟机软件、路由器模拟软件 DynamipsGUI、路由器配置软件及路由器 IOS；
- ◆ PacketTracer5 软件及综合实验包（E4_PTAct_7_5_1 的 PKA 文件）。

特定的硬件设备要求

- ◆ 硬件路由器（可用路由器模拟软件 DynamipsGUI 替代）、实际路由器配置中的工具软件；
- ◆ 根据实验条件选择防火墙硬件设备（可用 PIX 防火墙模拟软件 pemu 替代）。

参考资料及视频建议

- ◆ E4_PTAct_7_5_1.pdf 综合实验包，思科网络技术学院 E 版第 4 学期的 7.5.1 节的实验文档；
- ◆ PIX 防火墙模拟软件的帮助文档、PIX 模拟器 pemu 中文教程 、硬件防火墙配置手册；
- ◆ 关于本部分的视频教程。

3.0.5 学习情境 3 整体网络场景

学习情境 3 整体网络场景如图 3.0 所示。

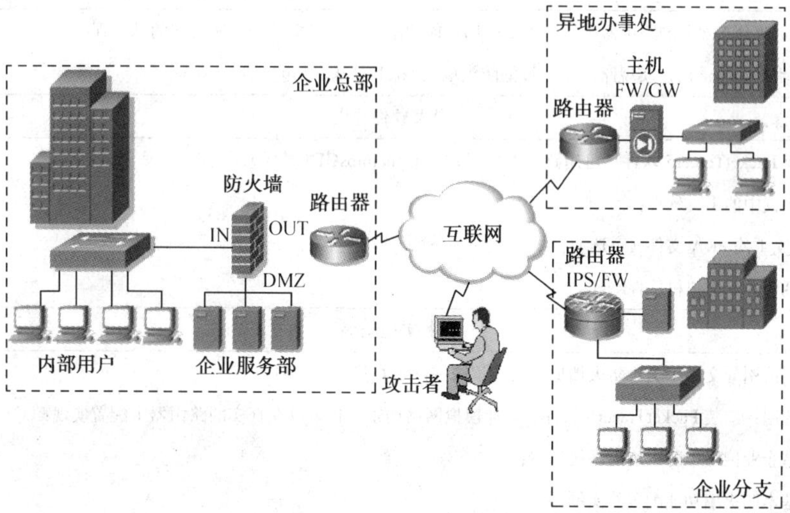

图 3.0 对网络访问行为进行控制（防火墙）整体场景

3.1 工作任务 1——基本防火墙功能配置

3.1.1 工作任务描述

本工作任务是针对小型企业网络中的路由器进行配置以实现基本的防火墙功能，因为多数企业要连接到外部网络都有自己的路由器设备，可以通过配置实现对网络访问行为的控制。具体工作任务描述与实施流程如表 3.1 所示。

表 3.1　任务描述与实施流程表

学习情境 3——对网络访问行为进行控制
任务名称：基本防火墙功能配置
企业工作情境描述
国内企事业单位的网络安全防护手段中，采用较多的是病毒防范与防火墙技术。因为这两种技术可以防范大部分的网络攻击，特别是对企业局域网络提供保卫作用的防火墙。人们总是有这样的想法，通过一个关键产品的选用来解决多数需求，防火墙也不例外，企业网络中就需要这样的产品来防范大部分的攻击，并对内部网络的访问进行控制。对于一般小型企业来说防火墙都有哪些功能上的需求呢
工作任务分析
在这个工作任务中要在路由器上配置最基本的防火墙功能，这是所有防火墙配置工作中的最基本需求，也是防火墙配置工作中的基本任务，是在路由器上通过包过滤技术实现控制功能。当然要先对防火墙的相关概念和原理有个全面的理解。所以本任务以知识学习为主
任务目标
1．学习防火墙的基本概念、原理与功能相关的知识； 2．能在路由器上配置最基本的防火墙功能； 3．学会包过滤防火墙的原理与配置，能利用企业现有路由器配置 ACL 与 NAT 等功能，在尽可能最小的经济投入下实现对企业网络的基本防护
学习场景简化
对学习情境中的企业分支部分的路由器进行基本防火墙功能的配置，这是多数企业所采取的基本保护方式，结构如图 3.1 所示。本任务通过对防火墙知识的学习，实现路由器包过滤防火墙及 NAT 等基本功能
工具及软件选用
1．硬件路由器或 PacketTracer5 软件（可用路由器模拟软件 DynamipsGUI 替代）； 2．实际路由器配置中的工具软件； 3．E4_PTAct_7_5_1 的 PKA 文件（可选）； 4．VMware Workstation 虚拟机软件
任务实施流程
1．知识准备：阅读引导文本中关于防火墙原理的知识或在网上查找相关资料； 2．工具及软件选用：安装 PacketTracer5 软件、设计模拟网络场景，也可以在真实的路由器上配置实现； 3．规划设计小型企业网络中防火墙的网络场景； 4．实现对两个基本防火墙功能配置的实例； 5．检查包过滤 ACL 与 NAT 实现的效果

续表

参考资料手册
1. 利用互联网搜索相关知识；
2. E4_PTAct_7_5_1.pdf 综合实验包，思科网络技术学院 E 版第 4 学期的 7.5.1 节的实验文档；
3. 教材中的引导文本；
4. 关于本部分的视频教程

本工作任务是在企业分支的路由器上进行配置包过滤技术，以实现对访问的控制，同时加入了常用的 NAT 功能，因为这些技术是此类企业网络中最常用也是最基本的配置功能。具体工作任务实施如图 3.1 所示。

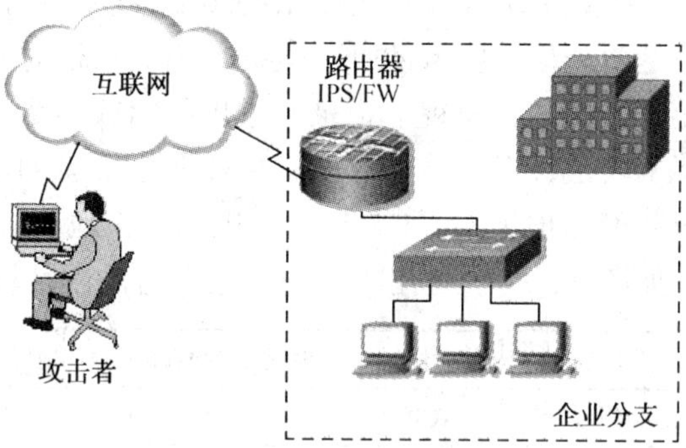

图 3.1　基本防火墙实施任务分解图

3.1.2　引导文本

1. 防火墙的基本介绍

随着网络应用的快速发展和对网络的依赖，企业网络及个人主机的安全受到挑战。出于各种企图的网络攻击层出不穷，这可能给企业造成巨大的经济损失，但同时也促进了防火墙技术的不断发展。什么是防火墙呢？防火墙的概念源引自建筑业，防火墙是用于防止一侧起火而引起另一侧起火设置的一道屏障。网络中的防火墙是安放于两个不同信任级别的网络之间的一个策略检查站。一般防火墙安放于企业内部网络和外部网络（互联网）之间，用以实施事先制定好的检查策略与安全防护动作。可以把防火墙比喻成企业或校园的大门入口处负责对进出的人员或车辆进行检查并实施有效拦截的保卫人员。

一般防火墙是由软件和硬件组成的，并能对所有进出网络的通信数据流按规定策略进行检查、放行或拦截。在防火墙的部署上要求将其放置于网络关键入口处以保证进出网络的全部数据流量能够流经防火墙。所有通过防火墙的数据流都必须有安全策略和计划的确认和授权。一般认为防火墙是穿不透的，但是由于其自身的漏洞或缺陷也是可能被攻击的。例如，目前多数使用中的防火墙还很难防御 DDoS 等攻击。图 3.2 为企业网络对防火墙的布置，防火墙位于企业内部所有主机通往外部网络的主干上，是必经的检查站，对由内到外或由外到内的访问进行检查与控制。

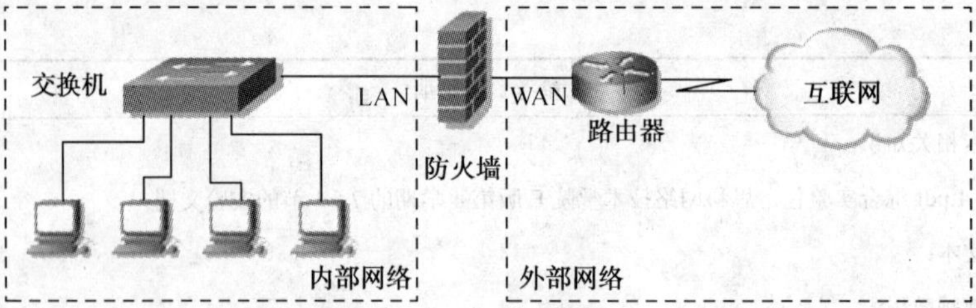

图 3.2　防火墙放置的位置

防火墙是在网络安全管理中较常用的一种高级访问控制设备，它被置于不同信任区域之间，它可以是硬件的防火墙设备、可以是具有防火墙功能的路由器、可以是具有防火墙功能的主机等，不同信任区域间的数据流在设计上要求必须流经防火墙，这样才能利用防火墙进行控制，也就是说防火墙是两个信任区域的唯一数据通道。通过对防火墙的配置及企业网络的访问策略加以控制（允许、拒绝、监视、记录）进出网络或网络之间的互相访问行为。最基本的也是最原始防火墙主要是针对网络协议的三层和四层信息加以检查，如对 TCP/IP 协议，可以根据源 IP（主机或网络地址）、目的 IP（主机或网络地址）、源端口、目的端口、协议号等进行检查与控制。如图 3.3 所示是在防火墙上实现对两个区域的控制。

序号	防火墙采取的动作	针对协议	源地址	源端口	目的地址	目的端口
1	拒绝	TCP	A	任何	S2	23
2	允许	TCP	NET2	任何	S1	80
3	允许	UDP	S1	任何	S2	53
4	拒绝	UDP	NET1	任何	NET2	69

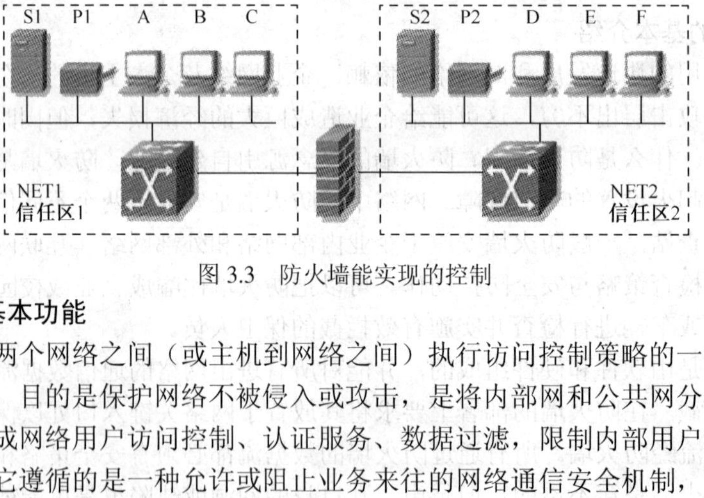

图 3.3　防火墙能实现的控制

2．防火墙基本功能

防火墙是在两个网络之间（或主机到网络之间）执行访问控制策略的一个或一组系统，包括硬件和软件，目的是保护网络不被侵入或攻击，是将内部网和公共网分隔的特殊网络互联设备，能够完成网络用户访问控制、认证服务、数据过滤，限制内部用户访问某些站点等功能。本质上，它遵循的是一种允许或阻止业务来往的网络通信安全机制，也就是提供可控的过滤网络通信，只允许授权的通信。防火墙是网络边界上访问控制设施、根据预先定义的策略控制穿过防火墙的信息流通。

网络防火墙的工作任务主要是设置一个检查站，监视、过滤和检查所有流经的协议数据，并对其执行相应的安全策略，如阻止协议数据通过或禁止非法访问，能有效地过滤攻击流量。另外，防火墙应该通过对网络的访问行为进行记录，即进行日志记录，同时也提供审计功能，完成对网络使用情况的数据、统计与监视功能。防火墙通过 NAT 等技术完成对内部网络信息，如关键主机的 IP 及开启的服务等信息的隐藏与保护，使内部网络不暴露于外网。防火墙通过设置的 DMZ 接口，提供企业网络服务的对内外的同时开放、以发布企业的部分资源与信息的服务，如对外提供的 Web、FTP 或 E-mail 等服务。

DMZ 一般称为非军事化区，也称为停火区。对于防火墙的 DMZ 口所连接的部分，一般称为服务器群或服务器区，防火墙也可以进行策略的检查与控制，只允许对特定的服务端口的访问进入，如只开放 Web 服务则仅对内部服务访问的目的端口为 80 时才允许。

3. 设置防火墙的目的

总体来说防火墙是网络安全的屏障、是一个安全策略的检查站、能强化网络安全策略、能有效地记录因特网上的活动，对网络存取和访问进行监控审计、防止内部信息的外泄，防火墙限制暴露用户点、具有过滤进出网络的数据包、管理进出网络的访问行为、封堵某些禁止的访问行为、记录通过防火墙的信息内容和活动、对网络攻击进行检测和告警等功能及作用，如可以在防火墙上定义拒绝特定 URL 的访问等。

设置防火墙的目的是确保内部网向外部网的全功能互联和内部网的安全；所有内部网络与外部网的信息交流必须经过防火墙；只有按本地的安全策略被授权的信息才允许通过；防火墙本身具有防止被穿透的能力。防火墙在企业网络中的工作方式如图 3.4 所示，一般是内部的主机可以主动访问外部网络资源；外部网络不能发起对内部主机的访问连接；内部与外部主机都可以访问防火墙 DMZ 接口所连接的服务器区中的服务器。所有的访问根据定义的访问策略接受防火墙的检查与控制。

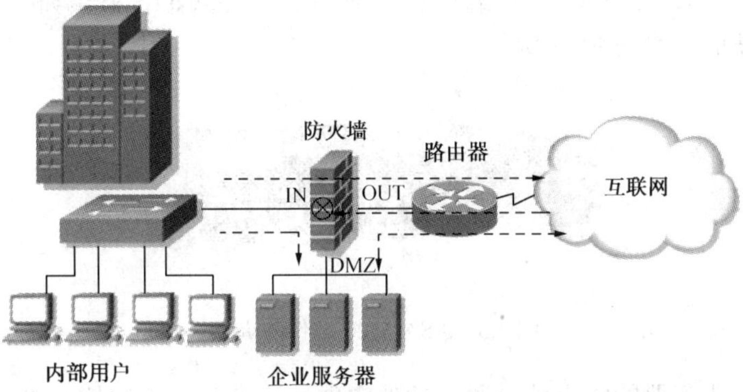

图 3.4 企业网络中的防火墙的控制策略及工作方式

4. 防火墙技术的发展

在技术实现层次上，防火墙可以分为网络层防火墙和应用层防火墙两种。网络层防火墙通过对流经的协议数据包的头部信息，如源地址、目的地址、协议号、源端口和目的端口等信息进行规定策略的控制，也可以获取协议数据包头的一段数据。而应用层防火墙可以对协议数据流进行全部的检查与分析，以确定其需执行策略的控制。

在技术实现上，防火墙经历了第一代的包过滤技术阶段，最典型的是设计在路由器上的访问控制列表（ACL）功能来完成包过滤防火墙的功能实现；1989 年推出的电路层防火墙和应用层防火墙被认为是第二和第三代防火墙的初步结构；1992 年开发出的基于动态包过滤技术被称为第四代防火墙；1998 年 NAI 公司推出的自适应代理技术可以称为第五代防火墙。

防火墙在系统设计上也经历了多个发展阶段，较早的防火墙功能是在路由器上实现的。随着互联网应用的普及出现了建立在通用操作系统上的防火墙，目前已经发展为具有安全的专用操作系统的防火墙，并多以独立的硬件设备形式在网络中部署，但其仍然是软件与硬件的结合，只是较多的功能是通过硬件实现的，如在对数据进行 VPN 传输的保护中，性能较好的防火墙是采用专用的硬件来完成加密处理的，如 DES 加密等。

5．防火墙的局限性

防火墙为网络和主机提供了重要的防护作用，为网络管理人员减轻了工作，但是防火墙也有不足之处：防火墙不能防范内部主机或网络之间不经过它的访问连接，即不能保护内部的连接，防外不防内；防火墙不能防范企业的内部管理人员及离职的知情人员的恶意攻击；防火墙无法防范数据驱动型的攻击，如防火墙不能防止内部用户下载被病毒感染的计算机程序、打开带有病毒的电子邮件的附件、加密或压缩的数据的传输等；防火墙不能防备全部的威胁，防火墙只实现了粗粒度的访问控制；防火墙的配置与管理较复杂，可能存在错误的配置应用；很难为用户在防火墙内外提供一致的安全策略；任何软件及系统在设计时都可能存在缺陷，防火墙也不例外。

6．防火墙的分类。

防火墙的分类可以有很多种，这里从两方面进行分类介绍：

（1）从软硬件体系结构上分类。

一类是基于设备的防火墙，采用专用的操作系统及处理器构成的硬件平台，硬件在外观设计上与路由器和交换机类似。硬件防火墙又可以分为独立功能的硬件设备和安装在路由器或多层交换设备插槽上的防火墙模块。此类防火墙的性能较高，可以满足企业级需求。如图 3.5 所示，是思科的 ASA 5520 防火墙。还有用于 Cisco Catalyst 6500 系列交换机和 Cisco 7600 系列路由器防火墙服务模块 FWSM。

图 3.5　ASA 5520 硬件防火墙

另一类是基于服务器的防火墙，通过软件实现。这类防火墙软件一般属于安装于通用操作系统（Windows NT/2000/2003、UNIX、Novell 等）的主机上的应用软件，如微软开发的 ISA 是运行于 Windows 下实现防火墙和代理功能、基本 Linux 的 ipchains 和 iptables 都是在通用的系统上实现防火墙功能。这类防火墙适合于对主机的保护，但由于通用操作系统开放的服务较多及系统自身可能存在的缺陷使其容易遭受攻击，同时也要考虑其系统资源的占用。

还有一类是集成防火墙，一般是指在已有设备或主机上定制的防火墙功能。这类防火墙还也可以分为两种：一种是对操作系统进行裁剪使其最小化以满足防火墙功能实现，最常见的是对 Linux 操作系统进行裁剪使其可以独立运行于通用计算机系统上来完成防火墙功能，如 Router OS、SmoothWall 等防火墙是对 Linux 的裁剪后实现的操作系统与防火墙功能的结合；另一种是基于已有设备上增加防火墙功能，如在路由器上实现的防火墙功能。

（2）从技术上分类。

除包过滤技术被认为是网络层防火墙外，其他都可以认为是应用层防火墙技术，现分别对几种技术加以介绍：

包过滤（Packet Filter）技术也称为分组过滤技术，典型的包过滤技术作用于网络层与传输层，通过对每个数据包按照管理人员所定义的进行检查过滤，主要是对 TCP/IP 协议中的五元组进行规则制定与检查实施。如检查数据包的源地址、目的地址、协议号、源端口和目的端口等标志位是否匹配规则。包过滤不管会话的状态，也不分析数据。如管理人员规定只允许由内到外的目的端口为 80 的数据包通过，则只有符合该条件数据包可以通过此防火墙。这是防火墙最基本功能，合理的配置可以过滤掉大部分攻击。

电路级网关（Circuit-level Gateway）一般被认为是工作于 OSI 七层中的传输层与会话层之间，所谓电路是指虚电路。电路级网关可用于检查控制信任的一端与不信任一端的 TCP 握手信息是否合法。在 TCP 或 UDP 发起一个连接或电路之前，验证该会话的可靠性。只有在握手被验证为合法且握手完成之后，才允许数据包的传输。一个会话建立后，此会话的信息被写入防火墙维护的有效连接表中。数据包只有在它所含的会话信息符合该有效连接表中的某一入口时，才被允许通过。会话结束时，该会话在表中的入口被删掉。电路级网关只对连接在会话层进行验证。一旦验证通过，在该连接上可以运行任何一个应用程序。以 FTP 为例，电路级网关只在一个 FTP 会话开始时，在传输层的 TCP 协议中对此会话进行验证。如果验证通过，则所有的数据都可以通过此连接进行传输，直至会话结束。典型的应用是 SOCKET。

应用网关（Application Gateway）也称为应用代理，可以作用于应用层，检验通过的所有数据包中的应用层的数据。运行每种应用服务设计代理程序于防火墙或主机上时，对于服务应用的客户端它相当于服务器、对于服务器它相当于客户端。实际中的应用网关多是通过主机实现，如 ISA 软件就可以实现此功能。

状态检测（Status Detection）技术也被称为状态包过滤技术或动态包过滤技术，可以直接对分组里的数据进行检查，主要是对协议报头中的各标志位进行检查，建立连接状态表，使前后报文相关，根据前后分组的数据包状态进行组合判断以决定对其的处理动作。

复合型防火墙是指综合了状态检测与透明代理的新一代的防火墙，进一步基于 ASIC 架构，把防病毒、内容过滤整合到防火墙里，其中还包括 VPN、IDS 功能，多单元融为一体，是一种新突破。常规的防火墙并不能防止隐蔽在网络流量里的攻击，在网络界面对应用层扫描，把防病毒、内容过滤与防火墙结合起来，这体现了网络与信息安全的新思路。它在网络边界实施 OSI 第七层的内容扫描，实现了实时在网络边缘部署病毒防护、内容过滤等应用层服务措施。

目前，多采用复合型防火墙，因其可以检查整个数据包内容，根据需要建立连接状态表，网络层保护强，应用层控制细，所以会话层控制相对较弱。防火墙的技术上多是集合了以上的多种技术再配有厂商自己的专有技术加以实现的，如 Cisco 的防火墙集合了已有防火墙技术和基于上下文的访问技术 CBAC。

7. 包过滤型防火墙

（1）包过滤型防火墙功能。路由器中的防火墙主要是指包过滤加地址转换。包过滤路由器基本的思想很简单：对于每个进来的包，适用一组规则，然后决定转发或者丢弃该包，并且往往配置成双向的。包过滤路由器如何过滤数据呢？过滤的规则以 IP 和传输层头部中的域（字段）为基础，包括源和目标 IP 地址、IP 协议域、源和目标端口号。过滤器往往建立一组规则，根据 IP 包是否匹配规则中指定的条件来作出决定。如果匹配到一条规则，则根据此规则决定转发或者丢弃；如果所有规则都不匹配，则根据默认策略。

（2）防火墙的默认策略。安全默认策略两种基本策略或默认策略：

① 默认允许是指没有被拒绝的流量都可以通过，管理员必须针对每一种新出现的攻击，制定新的规则；

② 默认拒绝，没有被允许的流量都要拒绝，管理严谨保守，根据需要逐渐开放。

不同公司的防火墙产品的默认策略有所不同，有的公司的产品默认拒绝，没有被允许的流量都要拒绝；也有公司的产品是默认允许，没有被拒绝的流量都可以通过。例如，思科的路由器的包过滤技术就是默认拒绝。

对于默认允许的设备，需要配置哪些是不允许的流量，要把所有不允许的流量都加入到规则列中来，最后不必加允许其他全部的规则，因为系统隐含了没有被拒绝的其他所有流量都将被允许通过（Permit any）。

对于默认拒绝的设备，需要配置哪些是被允许的流量，要把所有允许的流量都加入到规则列中来，最后系统隐含了没有被允许的其他所有流量都将被拒绝通过（Deny any）。

包过滤技术在网络层上进行监测，也可以对传输层的信息进行检测，但没有考虑连接状态信息。如图 3.6 所示，通常在 Linux 或在路由器中实现，实际上是一种网络的访问控制机制。当然也可以对第四层的信息进行识别。这种技术的优点是实现简单、效率高、对用户透明；不足之处是正确制定规则并不容易、不可能引入认证机制。

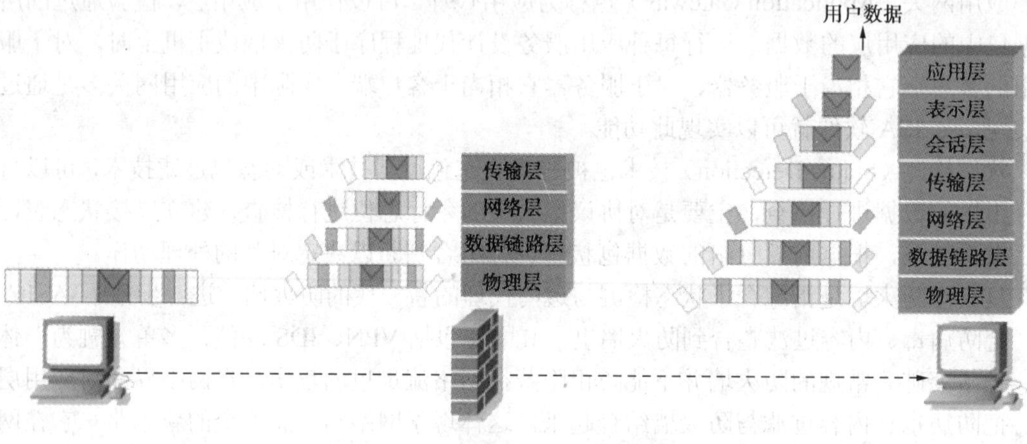

图 3.6　包过滤型防火墙作用层次

（3）包过滤型防火墙在 Linux 系统主机上的实现。流经 Linux 系统主机的数据流量都要先通过 Linux 内核的防火墙，Linux 中是利用 IP Filter 或 Net Filter 底层，即 IPChains 或 IPTables 软件提供防火墙功能，IPChains 属于一种数据包过滤防火墙。IPChains 系统默认内建 3 个 Chains——input、output、forward 分别处理进入、输出及转发的规则。需要注意的是不同版本的 Linux 其实现的机制和 IPChains 的运行规则有所不同。在 Linux 2.4 内核中主要采用 IPtables，目前多数 Linux 系统采用其做为默认防火墙，IPtables 可以对网络协议数据二层的 MAC 地址、三层的 IP 地址、四层的端口号及状态（采用状态机制 STATEFUL）标志位 SYN、ACK 等进行分析判断，采用 IPtables 较容易实现 NAT 和重定向功能。另外 IPtables 与 TCP Wrappers 的组合完成了软件防火墙的功能。

IPtables 书写规则的语法格式是：iptables [-t *table*] command [match] [target/jump]

选项-t 用来指定使用哪个表，默认的是 filter 表（另两个表是 nat 和 mangle）；command 指定 iptables 对提交的规则要做什么样的操作。这些操作可能是在某个表里执行增加或删除操作；Matches 用于定义匹配的条件，可以是地址、端口或物理接口等；target/jump 说明规则匹配 Matches 后采取的动作。

◆ Matches 协议可以用：-p [!] protocol（-p tcp,icmp,udp,all）；

◆ Matches 地址可以用：源地址-s[!] address,目的地址-d[!] address；

◆ Matches 端口可以用：端口 -sport[!] port,目的端口 -dport [!] port；

◆ MatchesSYN 位可以用：[!] -y ,TCP 主动发起的连接请求；

◆ Matches 网络接口可以用：-i [!] name , -i eth0

◆ Matches 双向可以用：-b

```
例 1：iptables -A INPUT -p tcp -s! 192.168.1.0/24 --dport 80 -j DROP
        //允许从 192.168.1.0/24 的网段用 tcp 协议连接到 80 端口。
例 2：iptables -A INPUT -p tcp -s 127.0.0.1   --dport 111 -j ACCEPT
        //允许本地连接 80 端口。
例 3：  iptables -A INPUT -p tcp --dport 22 -i eth0 -j ACCEPT
        iptables -A OUTPUT -p tcp --sport 22 -i eth0 -j ACCEPT
        //在以太网 eth0 接口放行 SSH 服务。
```

（4）包过滤型防火墙在路由器上来实现采用访问控制列表。当需要在路由器上对进出企业内部网络的协议数据进行过滤和控制时可以采用路由器中的访问控制列表技术用来配置过滤规则。访问控制列表（ACL Access Control List）在思科路由器上常用的有两类：标准访问控制列表和扩展访问控制列表。

① 标准访问控制列表格式：access-list listnumber {permit|deny} address [wildcard-mask]

此格式表示：允许或拒绝来自指定网络的数据包，该网络由 IP 地址（address）和地址通配比较位（wildcard-mask）指定。在思科路由器中标准访问列表仅对源地址进行检查。标准访问列表的例子如下。

```
例 1：access-list 10 deny 192.168.1.0 0.0.0.255
```

表示该规则序号为 10，禁止来自 192.168.1.0 为源地址的访问。

```
例 2：access-list 10 permit host 192.168.1.1
```

表示该规则序号为 10，允许来自 192.168.1.1 的主机的访问。

② 扩展访问控制列表格式如下：access-list listnumber {permit|deny} protocol source source-wildcard-mask destination destination-wildcard-mask [operator operand] [log]

此格式表示：允许或拒绝指定协议、源自指定网络、指定端口号、目的地址指定、指定目的端口的数据包、是否日志等进行说明。扩展访问控制列表的例子如下。

```
例 1：  access-list 101 deny tcp 123.1.0.0 0.0.255.255 218.62.14.86 0.0.0.0 eq www log
```

表示该规则序号为 101，禁止 123.1.0.0 网段内的主机建立与 218.62.14.86 主机的 www 端口（80）的连接，并对违反此规则的事件做日志。

以上关于包过滤型防火墙在 Linux 系统主机上的实现和在路由器上的实现可以参考互联网进行学习，网上关于此处的资料已经很多且全面。

8．防火墙的 NAT 功能

（1）关于 NAT 技术。网络地址转换，即 NAT（Network Address Translation）。NAT 的最初应用主要是把私有地址转换为公有地址用以节省互联网上 IPv4 地址空间的匮乏。通过 NAT 的转换后，内部的私有 IP 主机系统的地址被转换为公有 IP 来使用互联网上的全局路由网络。

随着其应用的普及，NAT 技术也有其他方面的功能及作用。例如，在进行了地址转换的同时，NAT 可以保护内部网络，由于内部使用私有 IP 地址，对互联网来说是非路由网络地址范围。这就使得公网无法发起对内部的私有 IP 地址主机的连接，但内部私有 IP 地址主机可以发起与公网的连接，NAT 技术对内部网络起到了隐藏保护作用，从而降低了内部网络受到攻击的风险。

NAT 也能解决重叠的网络互联。如果一个企业内部网络上使用的 IP 地址同时也在其他网络上正在使用，这时可以利用路由器的公网 IP 地址进行转换，把重叠的网络地址转换为此公网地址，实现互联。这可以用于两个具有相同内部 IP 地址的企业网络合并的情况下，如图 3.7 所示。

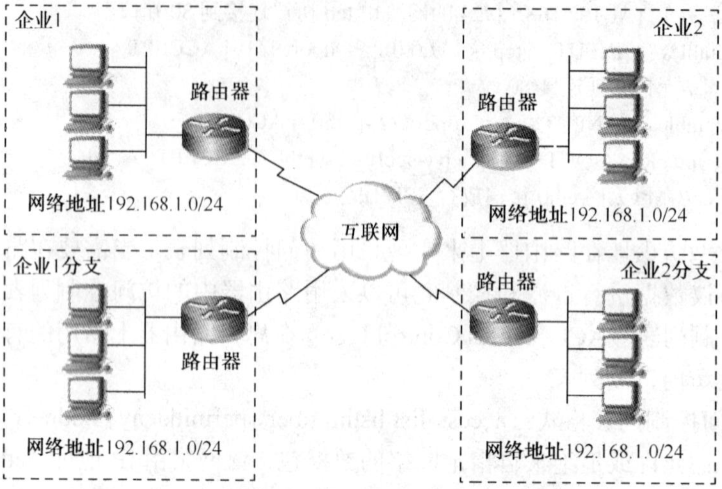

图 3.7 利用 NAT 解决重叠的网络的连接

（2）NAT 类型。NAT 多应用于针对 RFC 1918（Address Allocation for Private Address）里规定私有 IP 地址范围（A 类:10.0.0.0-10.255.255.255、B 类:172.16.0.0-172.31.255.255 和 C 类:192.168.0.0- 192.168.255.255）。根据实际使用的环境与需求，NAT 主要有以下三种类型的应用。

① 一对一的静态 NAT 转换：Static Mode（One to One Mapping）。

内部私有地址与给定的公有地址进行一对一的映射转换，并且为双向的转换。这种类型的 NAT 可应用于防火墙 DMZ 接口或路由器内部的服务器区中的对外提供服务的服务器，如 Web、DNS、FTP 等。例如，Web 服务器内部私有 IP 地址为 192.168.2.100 一对一的静态 NAT 转换为 218.62.14.86 等。

② 多对多的动态 NAT 地址池转换：Dynamic Mode（IP Pool Mapping）。

在企业网络接入互联网中，一般都可以从 ISP 获取一个连续的公网 IP 地址段。如 200.1.1.0/29，其中可用的主机公网 IP 地址为 200.1.1.1-200.1.1.6，这其中一个为 ISP 的网关地址（如 200.1.1.1），一个配置给企业路由器或防火墙的外网接口的公网 IP 地址（如 200.1.1.2），其余公网 IP 可用于地址池 200.1.1.3-200.1.1.6，可以用于对内部的多台主机进行多对多的转换。如 192.168.1.1-192.168.1.10 对应转换为地址池 200.1.1.3-200.1.1.6 中的公网地址。由于企业网部的主机的数量往往多于地址池，不能保证所有内部主机同时访问公网。所以动态 NAT 地址池转换多与后面的 PAT 进行结合实现对地址池的充分利用。

③ 基于端口的超载或重载的 NAT 转换：Port NAT Mode（Many to One Mapping），也称为 PAT。

这种方式下多个私有地址对应一个公网 IP 地址。多个内部私有地址变换为统一的外部公有地址，为了同时通信，对公有地址动态配置不同的端口号与多个内部私有地址进行映射。这种应用在公有 IP 数少时使用（1 个公网 IP 地址可以对应 64512（65536-1024）个连接可能性），这也是在防火墙和路由器上应用最多的 NAT 类型，也称为 PAT。例如下面的映射：192.168.1.1-192.168.1.254 对应 200.1.1.1:1024-65535 的 PAT 转换。

（3）NAT 应用举例，如图 3.8 所示。NAT 功能通常被集成到路由器、防火墙、ISDN 路由器或者单独的 NAT 设备中，也可以通过软件实现这一功能，多数操作系统（Windows、Linux 等）都包含了这一功能。下面是在路由器上配置地址池与 PAT 的结合。路由器上 NAT 转换配置步骤如下。

第 1 步：（全局模式）access-list 访问号 1 {permit | deny} 反掩码号 [established]。

第 2 步：access-list 访问号 {permit | deny} IP/TCP 协议源网络目的网。

第 3 步：如 Ip nat pool cey1 218.62.88.87 218.62.88.89 netmask 255.255.255.192。

第 4 步：在 E0 接口上 ip nat inside。

第 5 步：在 S0 接口上 ip nat outside。

第 6 步：Access-list 1 permit 192.168.1.0 0.0.0.255。

第 7 步：Ip nat inside source list 1 pool cey1 overload。

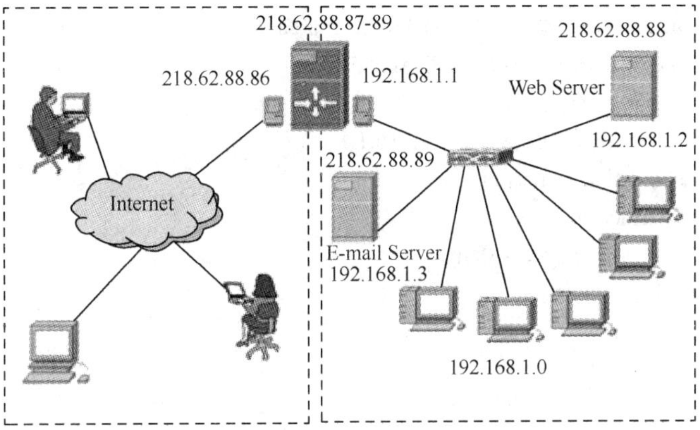

图 3.8　NAT 应用举例

3.1.3　规划设计防火墙基本功能

1. 实例 1 设计路由器包过滤技术

（1）实验要求：在路由器中配置访问控制列表实现简单的包过滤技术，可以利用 PacketTracer5 软件完成配置任务。具体要求如下。

① B 可以访问外部网络，只有 A 不能访问外部网络；

② 外部网络（C 和 D 主机所处的网络以外的网络及主机）中只有 B 可以 Telnet 远程登录到 C 和 D 主机及其网络，如图 3.9 所示。

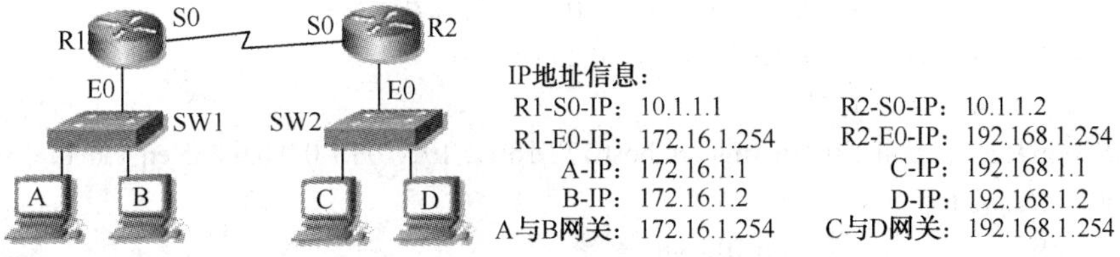

图 3.9　模拟的企业与外部网络的连接控制

（2）实例 1 的配置参考。

① R1 配置命令：

```
Router> enter
Router# configure terminal
Router(config)# hostname R1
R1(config)# interface ethernet 0
R1(config-if)# ip address 172.16.1.254 255.255.255.0
R1(config-if)# no shutdown
R1(config-if)# exit
R1(config)# interface serial 0
R1(config-if)# ip address 10.1.1.1 255.255.255.0
R1(config-if)# clock rate 64000
R1(config-if)# no shutdown
R1(config-if)# exit
R1(config)# router ospf 1
R1(config-router)# network 172.16.1.0 0.0.0.255 area 0
R1(config-router)# network 10.1.1.0 0.0.0.255 area 0
R1(config-router)# exit
R1(config)# access-list 88 deny host 172.16.1.1
R1(config)# access-list 88 permit any
R1(config)# interface e0
R1(config-if)# ip access-group 88 in
R1(config)# exit
R1# write
```

② R2 配置命令：

```
Router> enter
Router# configure terminal
Router(config)# hostname R2
R2(config)# interface ethernet 0
R2(config-if)# ip address 192.168.1.254    255.255.255.0
R2(config-if)# no shutdown
R2(config-if)# exit
R2(config)# interface serial 0
R2(config-if)# ip address 10.1.1.2    255.255.255.0
R2(config-if)# no shutdown
R2(config-if)# exit
R2(config)# router ospf 1
R2(config-router)# network 192.168.1.0    0.0.0.255 area 0
R2(config-router)# network 10.1.1.0    0.0.0.255 area 0
R2(config-router)# exit
R2(config)# access-list 101 permit tcp host 172.16.1.2 192.168.1.0 0.0.0.255 eq telnet
R2(config)# interface e0
R2(config-if)# ip access-group 101 out
R2(config)# exit
R2# write
```

2. 实例 2-设计企业网络中路由器 ACL+NAT

在企业的实际环境中完成下面的两个工作任务中的一个。

（1）完成思科网络技术学院 E 版第 4 学期的 7.5.1 节的实验，E4_PTAct_7_5_1.pdf 综合实验包，参见相关文档。

（2）搭建如图 3.10 所示的网络硬件环境或利用 PacketTracer5 软件完成搭建，要求完成如下任务（以利用 PacketTracer5 软件搭建的网络环境为例）：

① 利用 PacketTracer5 画图并连线；

② 配置各主机和设备的 IP 地址，Web 服务器开启 HTTP 服务；

③ 配置路由器各接口地址、默认路由、通过 ACL+NAT 的配置使得 A、B 和 C 主机 NAT 后访问外网主机 D，A、B 和 C 可利用内网地址 192.168.2.100 地址去访问 Web 服务器，外部主机 D 也可以访问 Web 服务器但是通过公网地址访问；

④ 配置 ACL 功能，仅不允许主机 B 与主机 D 进行 ICMP 通信。

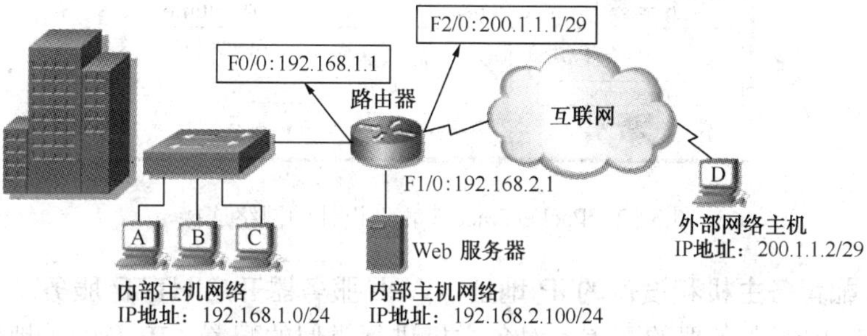

图 3.10　企业网络中路由器的模拟环境

3.1.4　利用包过滤技术实施访问控制

1. 实例 2 利用 PacketTracer5 画图并连线

关于 PacketTracer5 软件的安装这里不再介绍，安装完成后利用其按实际的图示进行网络结构的设计如图 3.11 所示：在图中添加的路由器，由于后面的图中都采用的是以太网连接，路由器以太网接口不够，所以移除 2 个串口后又添加了 2 个快速以太网接口。具体操作为单击图中 1 处的电源开关，关闭电源，选择图中左侧 2 处的模块中的 1CFE，再拖动图中 3 处的图标到路由器的图中的空插槽处即可，都添加完成后再单击 1 处开启路由器电源，选择 CLI 选项卡即可进行路由器的命令行配置。如右图所示显示了路由器各接口 IP 地址及状态。

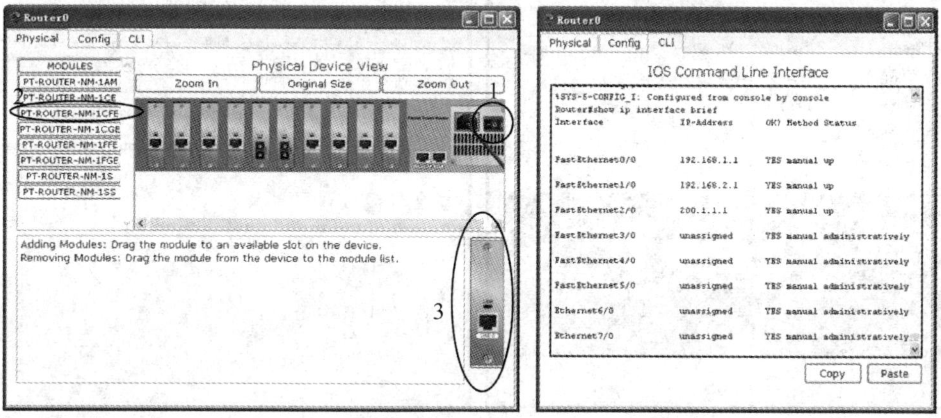

图 3.11　PacketTracer5 软件设备的物理配置

下面为利用 PacketTracer5 软件画完的网络图。需要注意的是如果出现红色的连线接头可能是线缆选择不对，或者是物理没有连通，物理连通后显示为绿色，出现连接为红色如在图中路由器与 PC 不能使用直通线（Copper Straight-Through）连接，这里要选择交叉线（Copper Cross-Over），如图 3.12 所示。

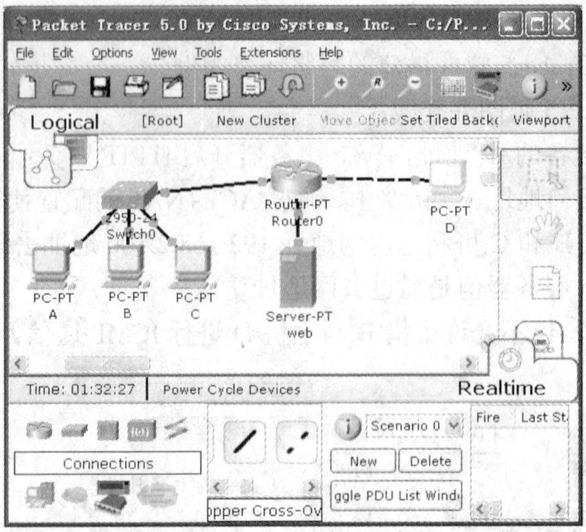

图 3.12　PacketTracer5 软件设计的网络连接

2. 实例 2 配置各主机和设备的 IP 地址，Web 服务器开启 HTTP 服务

图 3.13 是对 Web 服务器的配置，对各主机进行类似的配置，IP 及网关地址等信息。A、B、C 对应 IP 为 192.168.1.2-192.168.1.4，掩码都是 255.255.255.0，网关都是 192.168.1.1；D 主机模拟公网上的主机，IP 地址为 200.1.1.2，掩码为 29 位，即 255.255.255.248，为了检查到 NAT 的效果不要配置网关。单击图中的主机，选择 Desktop 可以对主机配置 IP 地址网关等信息。路由器外网接口 F2/0 的 IP 地址为 200.1.1.1，掩码也是 29 位，此子网内的主机 IP 地址为：200.1.1.1-200.1.1.6。

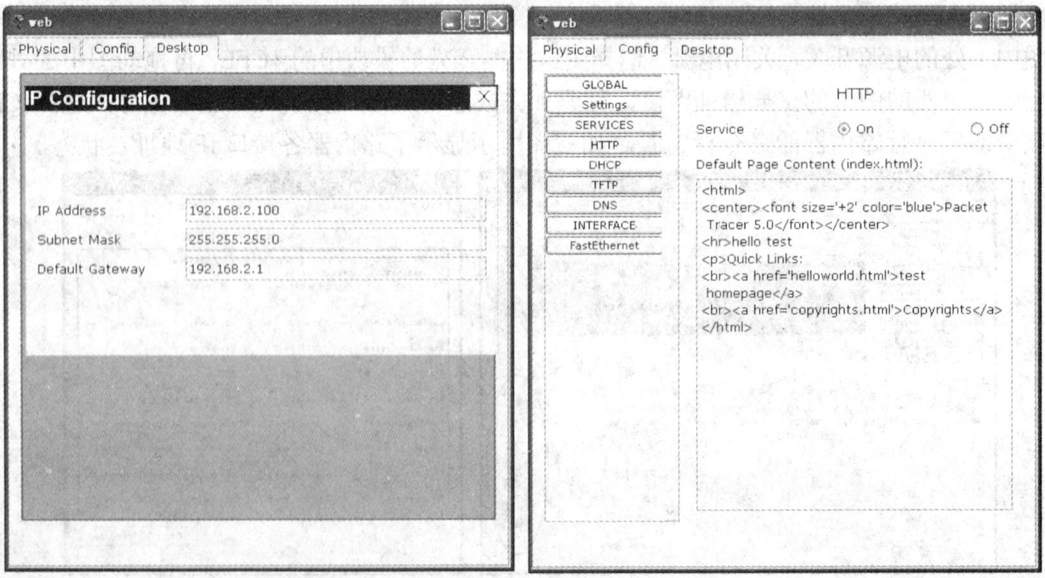

图 3.13　PacketTracer5 软件中 Web 服务器的配置

3. 路由器包过滤及 NAT 的配置

配置路由器各接口地址、默认路由、通过 ACL+NAT 的配置使得 A、B、C 主机可以通过 NAT 后访问外网主机 D，并可利用内网地址 192.168.2.100 地址去访问 Web 服务器（公网使用 200.1.1.3 的 IP 地址），外部主机 D 可以访问 Web 服务器。

对路由器的配置使用 show run 命令进行查看，部分关键配置如下，可用于配置的实施参考：

```
r1#show run
hostname r1
interface FastEthernet0/0
 ip address 192.168.1.1 255.255.255.0
 ip access-group 110 in          //符合 110 列表的规则数据包进行 F0/0 时进行相应的访问控制
ip nat inside                    //接口 F0/0 为 NAT 地址转换的内部
interface FastEthernet1/0
 ip address 192.168.2.1 255.255.255.0
 ip nat inside                                   //接口 F1/0 为 NAT 地址转换的内部
interface FastEthernet2/0
 ip address 200.1.1.1 255.255.255.248
 ip nat outside                                  //接口 F2/0 为 NAT 地址转换的外部
ip nat inside source list 10 interface FastEthernet2/0 overload
//对于列表 10 中定义的源地址进行动态超载 NAT（PAT）转换，并都转换为 F2/0 接口的公网地址
ip nat inside source static 192.168.2.100 200.1.1.3      //定义 Web 服务器的静态转换
access-list 10 permit 192.168.1.0 0.0.0.255               //定义 NAT 的源地址
access-list 10 permit 192.168.2.0 0.0.0.255               //定义 NAT 的源地址
access-list 110 deny icmp host 192.168.1.3 host 200.1.1.2 //禁止主机 B 与主机 D 进行 ICMP 通信
access-list 110 permit ip any any                         //允许 B 主机以外的主机进行 IP 通信
r1#
```

3.1.5 进行访问控制效果检测

1. 对 NAT 转换的检查与测试

在主机 A 上 ping 主机 D，正常为连通状态，但主机 D 上 ping 主机 A 是不通的（NAT 屏蔽了内部主机）。检查结果如图 3.14 所示，说明 NAT 动态转换设置是正确。

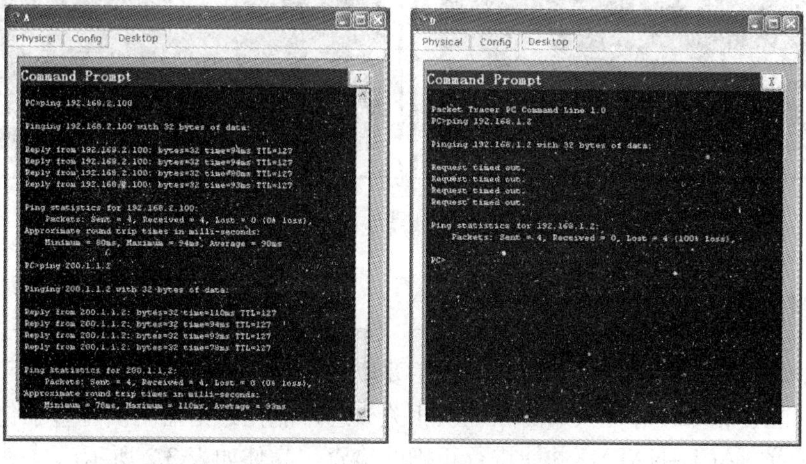

图 3.14　在 A 和 D 主机上的测试结果

2．对 Web 服务器访问的检查与测试

分别在 A 主机和 D 主机上访问 Web 服务器，A 访问 Web 服务器的内网 IP 地址为 192.168.2.100，而 D 主机 Web 服务器的外网 NAT 静态转换后的 IP 地址为 200.1.1.3，如图 3.15 所示。说明对 Web 服务器的一对一静态 NAT 转换配置正确。

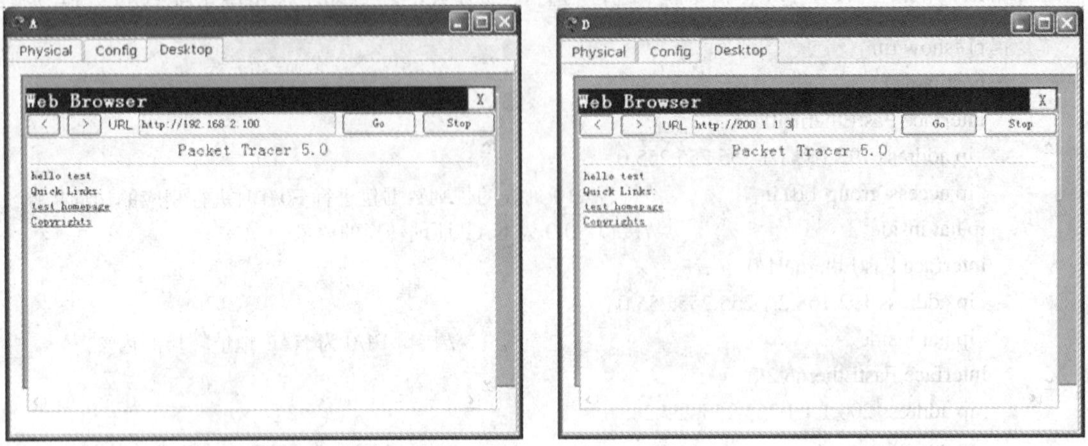

图 3.15　Web 服务器内外访问的测试

3．对包过滤 ACL 功能的检查与测试

分别在主机 B 和主机 C 上 ping 主机 D，检查连通性，配置正确后 B 应该无法与 D 进行基于 ICMP 协议的通信，而 A、C 和路由器接口的 IP 都可以与 D 进行基于 ICMP 协议的通信，如图 3.16 所示。

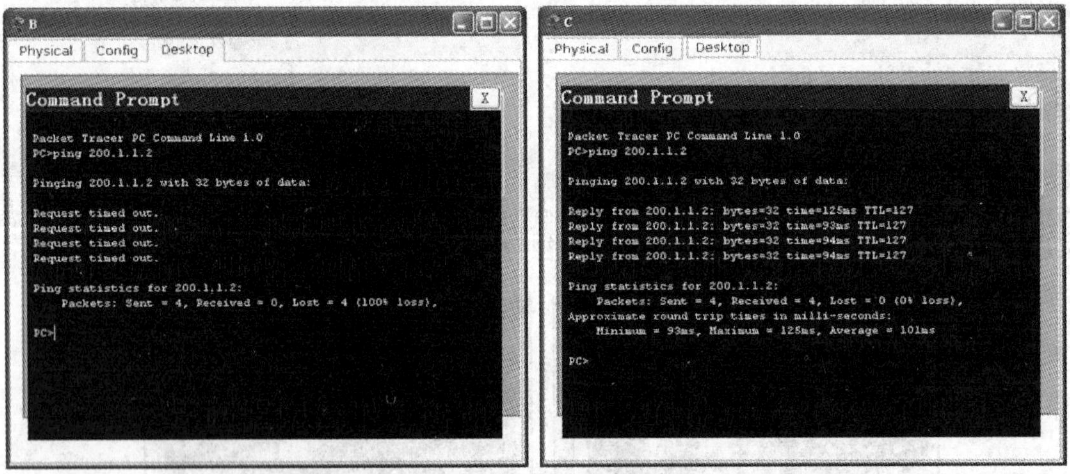

图 3.16　包过滤功能的测试结果

3.1.6　知识技能要点测评

这是本学习情境中的第一个工作任务，主要以知识为主，配置简单的实施环境。要求达到的目标是：能够深入理解防火墙的原理及相关概念，能在路由器上实施基于包过滤技术的防火墙功能配置（ACL+NAT），并能进行正确的检查，具体如表 3.2 所示。

表 3.2　知识技能要点测评表

学习情境 3——知识技能要点测评表			
序号	测评要点	具体目标	测评权重
1	知识理解	深入理解防火墙的原理及相关概念，掌握包过滤技术的应用，熟悉包过滤技术的配置过程	30
2	工具及软件使用	能利用相关的工具及软件在路由器上基于包过滤技术的防火墙功能	30
3	操作标准与规范	对访问控制列表及 NAT 技术的配置标准且规范	20
4	检验方法与措施	能够采用正确的方法对 ACL 与 NAT 配置结果进行检查，并能说明检查结果	20

3.2　工作任务 2——软件防火墙配置保护主机与内部网络

3.2.1　工作任务描述

本工作任务是针对小型企业网络中的主机进行配置以实现防火墙功能，因为多数小型企业网络没有专用的防火墙设备，可以利用一台安装防火墙软件的主机来代替硬件防火墙实施对进出网络的访问行为的控制。具体工作任务描述与实施流程如表 3.3 所示。

表 3.3　任务总体描述与实施流程表

学习情境 3——对网络访问行为进行控制
任务名称：软件防火墙配置保护主机与内部网络
企业工作情境描述
对于一个小型企业或企业异地办事处来说，此类网络很少向外部网络提供服务，并且多是对外部的连接需求，选用专业的防火墙往往是没有必要的。另外从网络管理人员上来说，这类企业网络中管理人员的技术支持能力有限，需要简化安全的维护工作量，因此可考虑选用基于主机配置的防火墙
工作任务分析
在这个工作任务中要在主机上安装与配置防火墙软件来实现防护功能，这类软件的选择较多，可以根据网络管理人员的需要选择一个较熟悉的软件产品，这里介绍 SmoothWall 软件（此类软件的选择还有较常用的 RouterOS，它已经在很多小型企业网络中得到应用，关于 RouterOS 的使用网上有很详细的教程了，这里不做专门的介绍，放在后面的拓展训练中作为独立学习任务），基于虚拟机下进行安装与实施任务
任务目标
1．进一步学习防火墙的基本原理与功能的相关知识； 2．能在主机和软件上配置最基本的防火墙功能； 3．学会一款基于主机的软件防火墙的配置，能利用其实施对网络的安全防护功能，在尽可能最小的经济投入下实现对企业网络的基本防护
学习场景简化
对学习情境中的异地办事处部分的主机上配置防火墙功能，结构如图 3.17 所示。本任务通过在虚拟机中安装防火墙软件来学习防火墙配置

续表

工具及软件选用
1．SmoothWall；
2．虚拟机 VMware 软件
任务实施流程
1．知识准备：阅读引导文本中关于防火墙体系结构与部署的知识或查找相关资料；
2．工具及软件选用：建立虚拟机，并在虚拟机中安装 SmoothWall 软件。也可以利用真实的主机安装此软件；
3．规划设计小型企业或企业异地办事处网络中基于主机防火墙的网络场景；
4．实现主机上防火墙软件的安装与配置；
5．通过 Web 方式配置主机防火墙功能，并定义访问控制规则；
6．检查、测试访问控制实现的效果
参考资料手册
1．利用互联网搜索相关知识；
2．教材中的引导文本；
3．关于本部分的视频教程

本工作任务是在一个小型企业或企业异地办事处的网络中的关键主机中配置防火墙功能，以实现对访问的控制，基于主机实现的是软件防火墙功能，这样的好处是节省了经济上的投入，同时可以进行不断地软件更新，缺点是性能受到影响。如果网络规模不大，可以考虑此方案。具体工作任务实施图如图 3.17 所示。

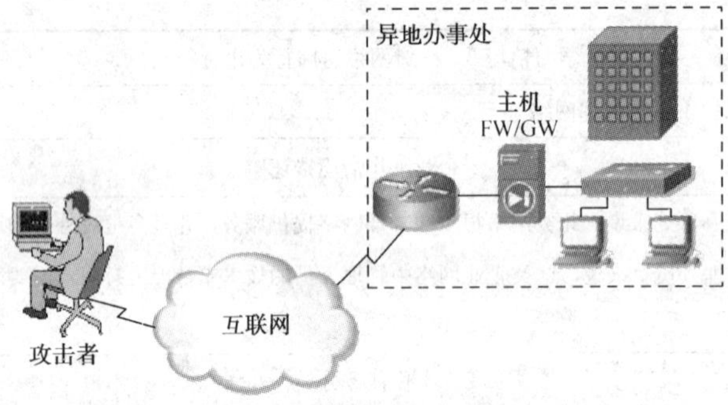

图 3.17　小型企业网络中主机防火墙配置

3.2.2　引导文本-防火墙软件介绍

1．防火墙的体系结构与部署

为了保障内部网络的安全，通常采用过滤式路由器和堡垒主机对内部网络进行隔离。包过滤路由器能够根据事先设定的规则对通过该路由器的数据包加以过滤，避免部分非法数据包的进入，它通常用来作为对不可信任网络的第一层防卫。但是由于该技术只是在 IP 和 TCP 层进行操作，对 UDP、RPC 乃至应用层的协议无法进行过滤，并且缺乏审核和报警机制。所以，除了包过滤路由器外，通常还需要用堡垒主机对网络进行隔离。堡垒主机的主要功能是阻止非授权用户访问内部敏感数据，同时保证合法用户无障碍地访问网络资源。包过滤路由器工作在 OSI 模型的 3～4 层上，而堡垒主机则工作在 OSI 模型的 3～7 层。可以把堡垒主机理解为防火墙，但是严格地说，防火墙应该是网络中网络安全设备的集合，包括堡垒主机、包过滤路由器和应用网关等等。随着防火墙技术的发展，分布式防火墙、应用层网关的进一步发展，认证机制、智能代理与其他技术的集成，例如，NAT、VPN（IPSec）、IDS，以及一些认证和访问控制技术。防火墙自身的安全性和稳定性得到提高。

（1）防火墙的体系结构相关概念。

① 堡垒主机（Bastion Host）：对外部网络暴露，同时也是内部网络用户的主要连接点。

② 双宿主主机（Dual-Homed Host）：至少有两个网络接口的通用计算机系统。

③ DMZ（Demilitarized Zone，非军事区或者停火区）：在内部网络和外部网络之间增加的一个子网。

（2）防火墙几种典型配置方案。防火墙的体系结构的配置方案有：筛选路由器方案、屏蔽主机的单宿主堡垒主机方案、屏蔽主机的双宿主堡垒主机方案和屏蔽子网方案 4 种。

① 筛选路由器方案。筛选路由器方案中内外网络分别用两个网络接口，对这两个接口连接的网络上起到路由器的作用。路由器通常能将内部网络与外部网络之间的 IP 数据包进行过滤及转发。这种方式对内部的隐藏不够充分，当双宿主设备被攻破后网络内部也将很容易被攻击，并且不具备日志等功能，这种方式的优点是简单，如图 3.18 所示。

图 3.18　筛选路由器方案

② 屏蔽主机的单宿主堡垒主机方案。屏蔽主机的单宿主堡垒主机方案中采用三层的包过滤路由器和单宿主的堡垒主机构成，这要比单纯的筛选路由器的安全性要高，只允许堡垒主机可以与外界直接通信。由于是网络层与应用层进行了补充，可以提供有效的记录，单宿主的堡垒主机提供了代理服务功能，但是这种方式下所有内部主机访问外部都要经过单宿主的堡垒主机代理，无法保证其性能，不适合于大的网络应用。同样问题也存在于一旦包过滤路由器被攻破，则内部网络被暴露的情况中，如图 3.19 所示。

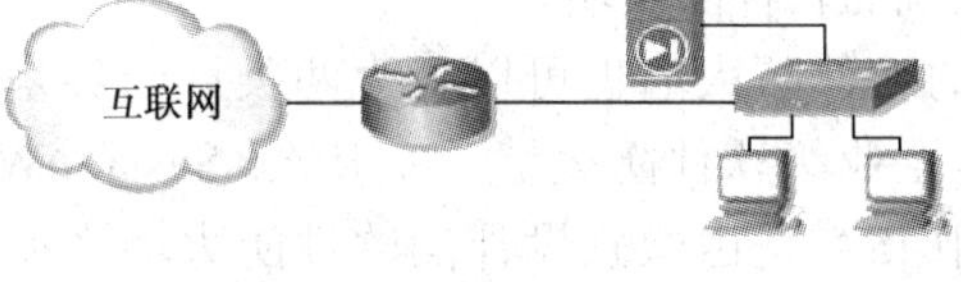

图 3.19　屏蔽主机的单宿主堡垒主机方案

③ 屏蔽主机的双宿主堡垒主机方案。双宿主堡垒主机方案在性能与安全性上要较前两种方案更优。双宿主堡垒主机提供了两个网络接口一端连接内部主机，另一端连接外部网络（也可以是包过滤路由器）。堡垒主机是唯一直接与外部通信的设备，所有内部与外部的通信都要通过堡垒主机的控制，但不是单纯的转发。外部进入的流量也需要经过堡垒主机，如图 3.20 所示。

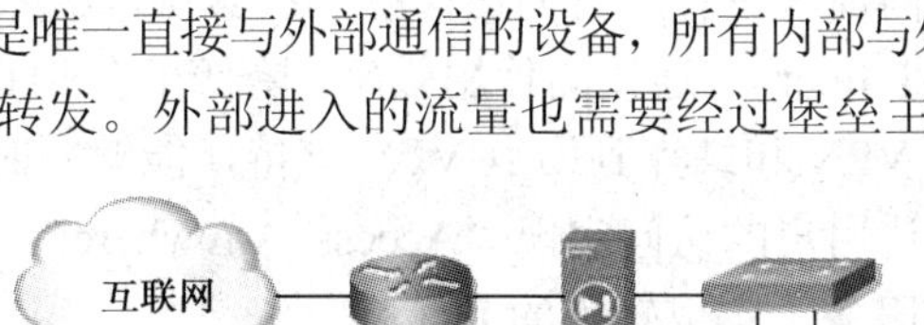

图 3.20　屏蔽主机的双宿主堡垒主机方案

④ 屏蔽子网方案。屏蔽子网方案是这几种中相对较安全的方案，应用较广泛，也是现在硬件防火墙在设计上所采用的结构，它主要是利用三个接口提供不同级别的安全性和策略，即引入了 DMZ 区域。这种结构整合后一般具有 3 个接口，分别是内部主机网络接口、外部网络接口和 DMZ 接口，如果进行分解可以理解为内网过滤+DMZ+外网过滤的结构。

从结构上可以这样理解这个方案，共有三个网络区域：内部网络区域、外部网络区域和 DMZ 网络区域，如图 3.21 所示。

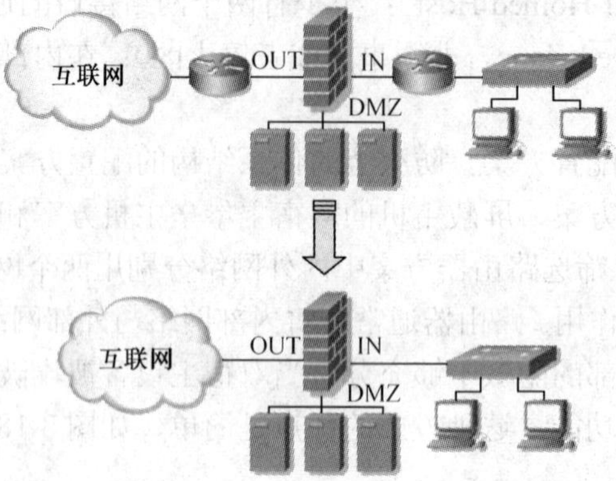

图 3.21 屏蔽子网方案

用两个包过滤路由器将这内部网络与外部网络分开。两个包过滤路由器放在 DMZ 区域网络的两端，两个路由器分别对内外网络实施不同的访问控制策略，内外网络都可以访问 DMZ 区域网络，但禁止它们穿过 DMZ 区域网络进行通信。可根据需要在屏蔽子网中安装堡垒主机，为内部网络和外部网络的互相访问提供代理服务，但是来自两个网络的访问都必须通过两个包过滤路由器的检查。对于向外网提供服务的 WWW、FTP、DNS 等服务器一般放置于 DMZ 区域内，允许内外用户都可访问。这种结构的防火墙安全性能高，具有很强的抗攻击能力，但需要的设备造价相对较高，可以在一台具备以上体系结构的防火墙设备上完成以上方案的配置。

2. 基于主机的软件防火墙介绍

（1）基于 Windows 系统的软件防火墙。

基于 Windows 系统的软件防火墙也可以分为两类：一类是个人主机的，如瑞星、天网个人防火墙；另一类是企业级软件防火墙，如 ISA、SessionWall-3 及思科基于 NT 系统的 Centri Firewall 等，其中 ISA 是由微软设计的软件防火墙产品能与其操作系统很完美结合。

ISA Server 2006 软件是由微软公司设计的企业级应用层防火墙，ISA Server 已经在不同行业、企业中得到使用。首先，ISA Server 2006 具有应用层过滤功能，能够基于应用层、访问内容和用户账户等对访问请求进行严格的访问控制；其次，ISA Server 提供了强大的内容缓存功能，从而提高了企业 Internet 连接的使用效率，降低了企业 IT 成本；第三， ISA Server 中提供了集成的远程访问 VPN 和站点到站点 VPN 支持，能够同时实现高效、安全、可靠的虚拟专用网络服务，从而让用户的访问实现“Access Anywhere”；最后，ISA Server 提供了高效的性能和可靠稳定的服务，实现轻松的 IT 管理。

（2）基于 Linux 系统的软件防火墙。

如果对 Linux 较熟悉，最好的选择是用其自身提供的 iptables，它可以完全满足个人及中小企业的需要。这方面也可以找相关的专题书籍进行此项目的学习。

（3）基于 Linux 内核的系统防火墙软件。

MikroTik RouterOS 软件是一种路由操作系统，并通过该软件将标准的 PC 变成专用的路由器，在软件的开发和应用上不断地更新和发展，软件经历了多次更新和改进，使其功能在不断增强和完善。特别在无线、认证、策略路由、带宽控制和防火墙过滤等功能上有着非常突出的功能。

SmoothWall 是欧洲成功的 OpenSource 项目之一，它可以把一台普通的 486 以上的机器配置成为功能完备、稳定的路由器防火墙，并且已经拥有很多用户。SmoothWall 支持 ISDN，ASDL/Cable 和多网卡等网络设备。它可以基于 Web 的管理和支持 SSH、DHCP 等。个人、中小企业、网吧使用版本 2.0 就可以了，3.0 为企业版需要注册激活。这个软件是基于 Redhat Linux 操作系统下的，本身自带 Redhat Linux 简版。SmoothWall 不是软路由，是防火墙。NAT 只是内带的功能而已，但功能的确很完备。

与这两款软件能完成同类功能的软件还有几种，可以很容易在网上获得相关的教程。

3．基于主机的软件防火墙选择功能介绍

对于一些小企业或企业分支及办事处的网络由于资金与管理人员的原因往往需要配置基于主机的软件防火墙，这为企业节约资金的同时也能减少对网络管理人员的要求。

（1）选择 1 - ISA Server 软件。选择 ISA Server 的理由是，它能与 Windows 操作系统完美的结合，许多功能实现集成化。对于一般中小企业、分支及办事处较为适合，特别适合于对 Windows 操作系统较熟悉的网络管理人员选用。这可以减少由于不同公司产品在配置与管理上的差异。另外它可以安装于现有的服务器主机上完成防火墙及相关的功能，企业不必再投入新的防火墙产品。缺点是也要考虑软件成本的问题。

（2）选择 2 - Linux 系统及 Iptables。Linux 系统无论从经济与性能上考虑都是不错的选择，但是想要熟练掌握 Linux 系统的配置与管理是较难的，特别是对那些已经习惯于 Windows 操作系统的用户来说，当然如果已经对 Linux 较熟悉，那么这个选择就是有远见的，这会使企业和网络管理人员都能从中受益。

（3）选择 3 - RouterOS 或 SmoothWall 软件。对于中小型办公企业来说，如果考虑经济投入和管理维护的方便，选择这类软件将为企业提供方便。因为这类软件可以安装于硬件配置一般的主机上，能充分利用淘汰的计算机，对这样的主机配置 2 或 3 块网卡，安装此类软件就可以实现路由和防火墙的功能。这类软件与硬件防火墙的主要区别是，硬件防火墙是建立在专用硬件平台上的，而这类软件是安装在通用的计算机硬件平台上；只是一些专用的处理由软件完成了。

3.2.3　设计防火墙防护功能

1．基于主机防火墙软件设计对网络的防护

在本学习情境中的异地办事处的网络中，是利用一台主机实现防火墙功能，下面利用基于主机防火墙软件设计对网络的防护。企业现有网络节点 100 个左右，内部通过三层交换机进行连接，并通过路由器连接到互联网，路由器进行了简单的过滤，现加入一个主机实现防火墙功能，具体如图 3.22 所示。

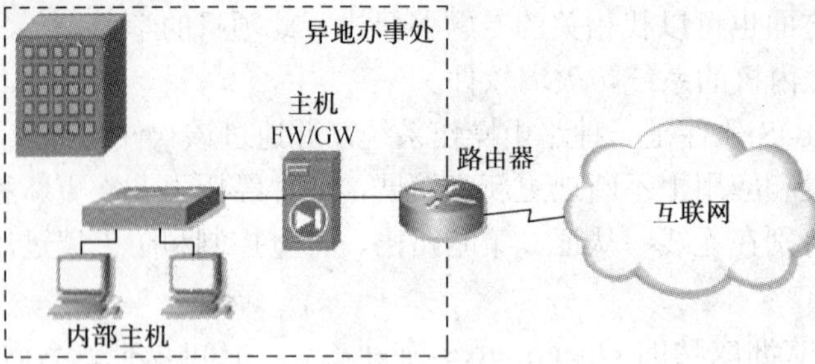

图 3.22 基于主机软件防火墙的网络结构

2. 软件的具体实现方式设计

关于 ISA 2006 的配置与实现可以在网络上或课程网站获取相关的专题介绍和微软中国网站的视频教程（如 ISA Server 2006 勇攀高峰系列教程等）。同样关于 RouterOS 的安装与配置也有很详细的资料和教程，这里不再详细介绍了，但是推荐利用虚拟机进行后面的同类任务的实现。下面以 SmoothWall 软件在虚拟机下的安装与配置为例进行设计。之所以选择 SmoothWall 软件的理由是它是基于 Linux 内核的，代表了防火墙技术发展的一个新思路。

可以到 SmoothWall 软件的官方网站 http://www.smoothwall.org/获取软件及相关帮助。获取其 ISO 格式的光盘映像文件后，进行安装。

如果是学习 Smoothwall 软件的安装与配置，可以在虚拟机下完成安装与配置；如果是应用于本任务中的防火墙方案中，则应选择一台一般配置的计算机即可，建议安装 3 块网卡，有光驱。实际安装与在虚拟机下的基本相同，但是在虚拟机下安装与学习会更方便，下面的设计在虚拟机中实现。

虚拟机的建立如图 3.23 所示，有三个网卡。分别对应内网接口、外网接口和 DMZ 接口，虚拟机的各网络接口配置如 3.24 图所示。选择新建虚拟机，完成建立向导后在编辑虚拟机设置中再添加两块网卡。

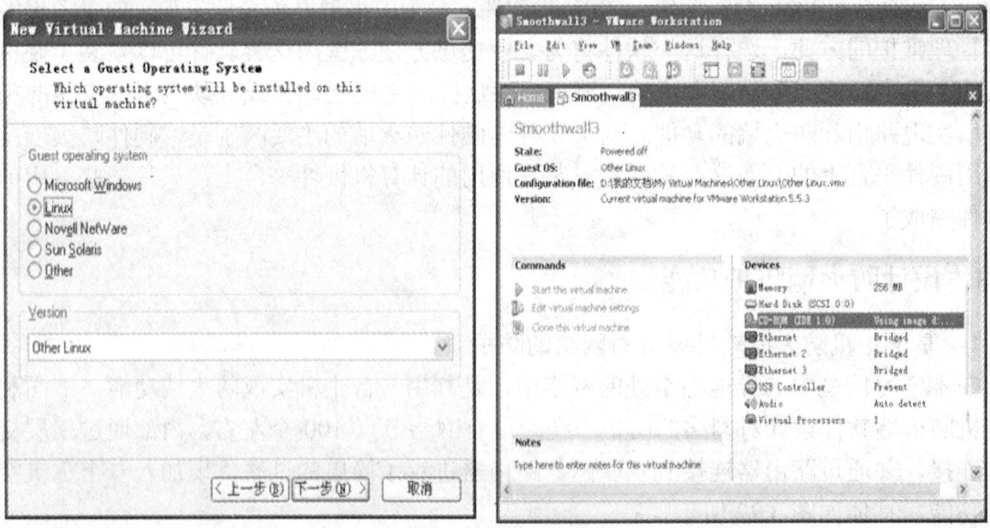

图 3.23 虚拟机的建立

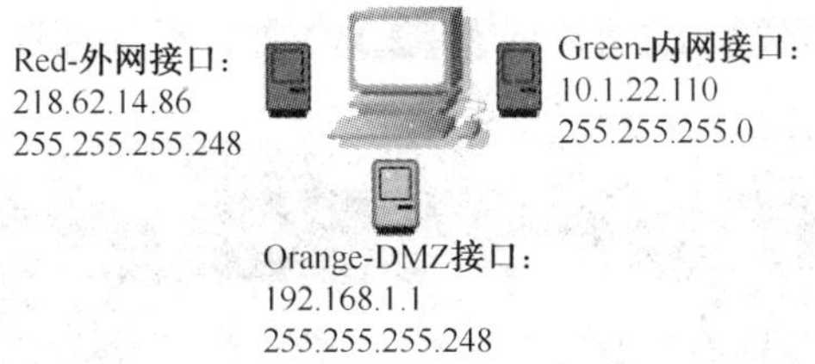

图 3.24　软件防火墙主机各接口配置

3.2.4　利用防火墙软件实施防护

1．基于主机防火墙软件 SmoothWall 的安装

设置已经建立的虚拟机，在 CD-ROM 配置项目中使用 ISO 映像文件，如图 3.25 所示，然后启动此虚拟机。ISO 映像文件可以利用 WinISO 软件制作，也可将 ISO 映像文件直接刻录到光盘以支持光盘的引导系统并启动安装。

安装过程非常简单，安装界面与 Linux 相似，在出现欢迎安装后会要求输入产品序列号，正确输入后，如果计算机或虚拟机用的是 SCSI 硬盘驱动，这里选择自动搜索。接下来出现安装方式的选择，这里选择 CD-ROM。在安装过程中 SmoothWall 将硬盘分区并格式化，要确保硬盘没有有用的数据，如图 3.26 所示。

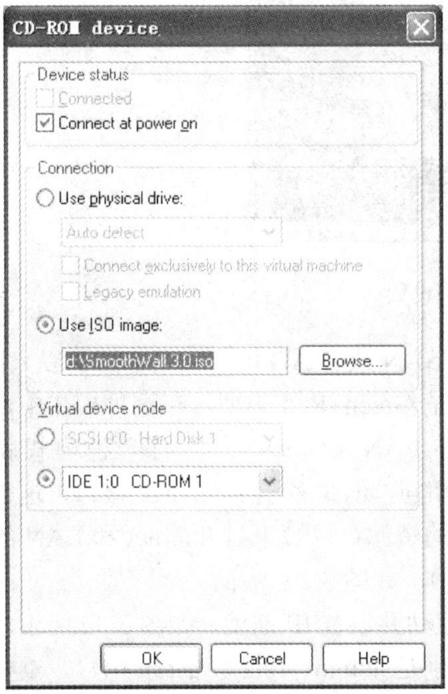

图 3.25　指定虚拟机的光驱使用 ISO 格式光盘映像文件

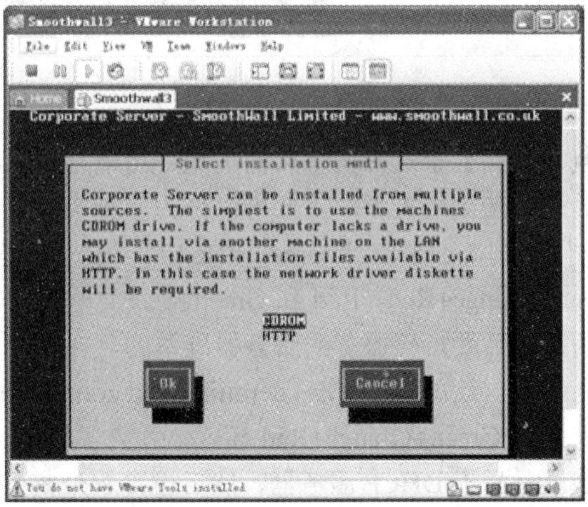

图 3.26　选择安装介质

在接下来的安装过程中，会提示配置网络，选择搜索即可。如果计算机或虚拟机已经安装了三块网卡，会依次对三个网卡进行搜索与配置，分别为 Green、Orange、Red 接口，第一块网卡被定义为 Green-interface（这里配置其 IP 地址为 10.1.22.110），配置一个与内网主机同网段的 IP 地址及掩码，如图 3.27 所示。接下来会提示键盘设置等，完成后出现配置菜单，这里选择网络（Networking），如图 3.28 所示。

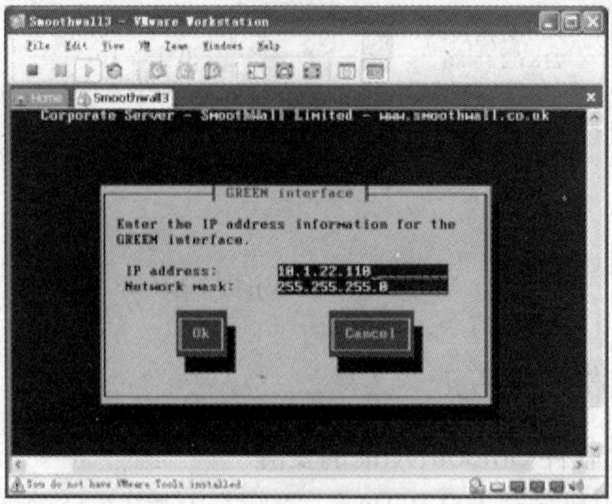

图 3.27　配置内网接口 IP 地址

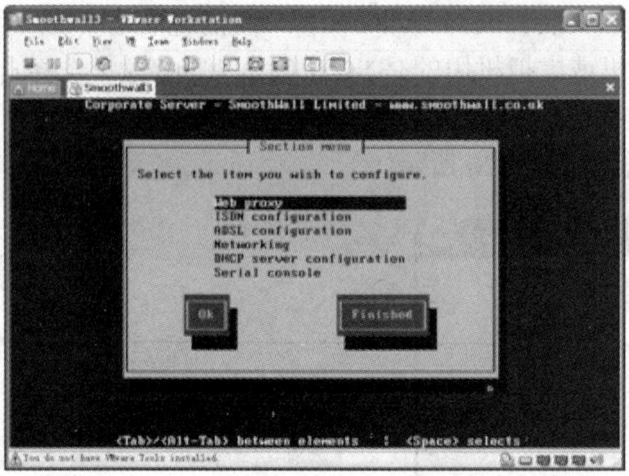

图 3.28　网络接入类型设置

系统会要求选择网络接口类型，可以是以太网、ISDN 或者 ADSL。这里选择了以太网，然后选择防火墙类型，主要可以分为两种类型，一种是 Green+Red 类型，在这种模式中，一个网络接口是连向 Internet（Red），另一个是连向 LAN（Green）；还有一种模式就是 Green+Orange+Red，Red 和 Green 接口类型和前一种相同，但是多了个 Orange 接口，这是专门为那些需要特殊服务的服务器准备的，在这个区域的资源可以被来自 Internet 和 LAN 的链接所控制，这就是 DMZ（demilitarized zone 非军事区），如图 3.29 所示。

选择 Green+Orange+Red 模式，并为各接口网卡驱动并设置 IP 地址，如图 3.30 所示，下一步就是配置 DHCP 服务器，然后设置三个密码，分别是 admin、root 和 setup 用户。重要的用户就是 admin 用户，用来设置基于 Web 的管理界面；root 用户用于登录到 SmoothWall 系统内后 Linux 命令进行配置与管理；setup 用户用来更改一些防火墙配置，如将 Green-Red 改为 Green+Orange+Red。安装完成后要求重新启动。默认情况下，防火墙配置为禁止所有的来自红色区域的连接请求。这就意味着任何来自 Internet 的链接默认情况下都是被拒绝的，除非有来自绿色区域的连接要求。

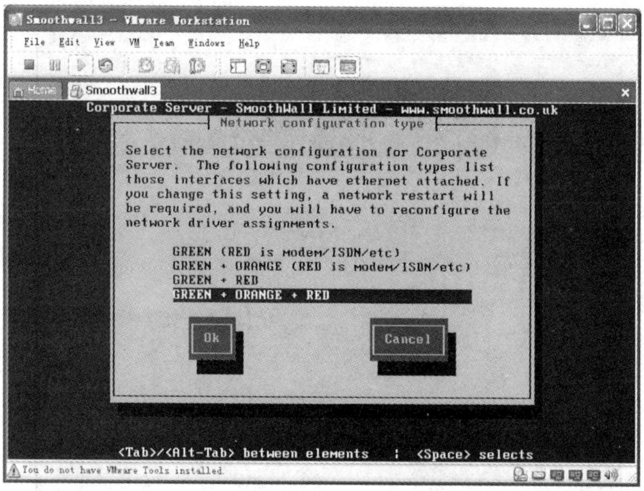

图 3.29　网络配置类型选择 Green+Orange+Red

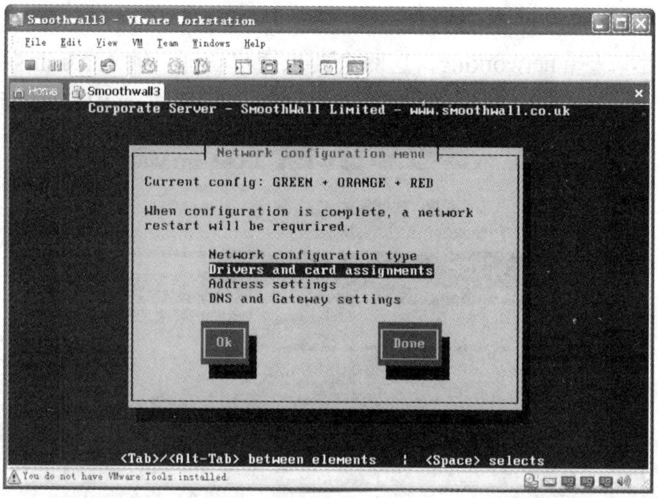

图 3.30　网络的具体配置菜单中的网络接口的驱动与配置

2. 配置防火墙软件 Smoothwall

对 Smoothwall 软件的配置主要有三种方式，一种是基于命令行，另一种是基于菜单式，第三种是基于 Web 方式。基于 Web 方式与配置硬件防火墙类似，下面介绍基于 Web 的配置。可以通过输入 http://IP:81 和 https://IP:441 来进行基于 Web 的管理，如图 3.31 所示。基于 Web 界面的 SmoothWall 防火墙软件有着非常丰富的选项。可以将它配置成一个代理服务器，或者 DHCP 服务器，或者为绿色区域服务的某些特别端口的包转发服务器等等。作为一个代理服务器，可以设置一些高级选项，如用户端认证和延迟等等。这些功能对小公司或者家庭用户来说是很有用的，但是对于大型企业来说，是有自己特定的代理服务器的。可以为 DHCP 服务器配置地址范围、WINS 服务器和静态 IP 地址。也可以选择动态 DNS，提供为远程连接服务的 SHH 程序和时间服务器。SmoothWall 甚至可以支持 Snort，来实现入侵检测系统的功能。通过 Green 接口所配置的 IP 地址进行连接。

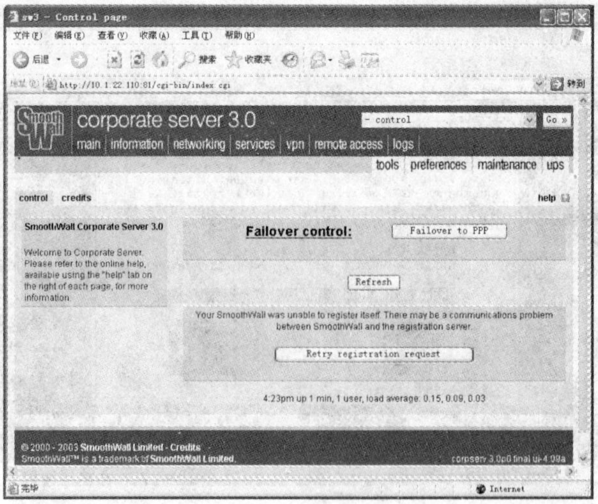

图 3.31　对 SmoothWall 防火墙的 Web 配置页面

3．配置防火墙简单的包过滤规则

登录 Web 界面后，选择 networking，这时会要求用户认证，输入 admin 用户名及安装过程对应的密码即可进行配置。如图 3.32 所示，是对 192.168.3.0 网段进行 IP block 即 IP 包的拦截设置。

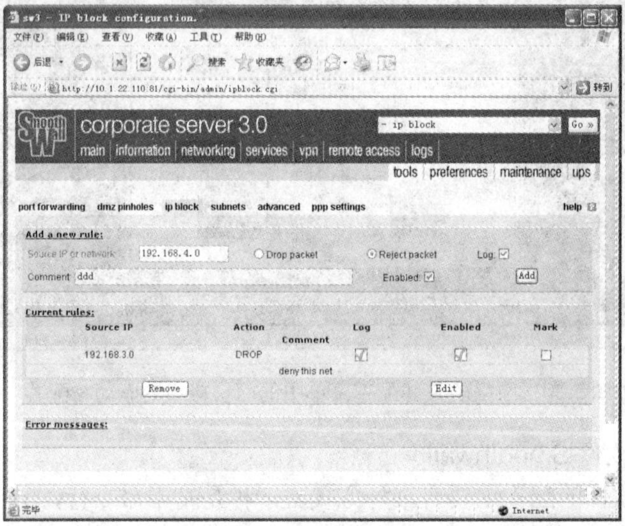

图 3.32　过滤规则的配置

SmoothWall 通过使用 Linux 2.4 内核和 netfilter（netfilter/iptables 是与 2.4.x 版本 Linux 内核集成的 IP 信息包过滤系统。如果 Linux 系统连接到因特网或 LAN、服务器或连接 LAN 和因特网的代理服务器，则该系统有利于在 Linux 系统上更好地控制 IP 信息包过滤和防火墙配置）来进行包检测。它有一个内建的 VPN 网络，这样就尽可能安全地通过互联网在外部和内部网络之间建立起一个私有网络。选择服务项可以配置 IDS 等功能。如图 3.33 所示，SmoothWall 集成了 Snort 软件的 IDS 功能，可以将 IDS 规则文件进行上载到 SmoothWall 中去实现 IDS 功能，关于 IDS 将在后续内容中学习。

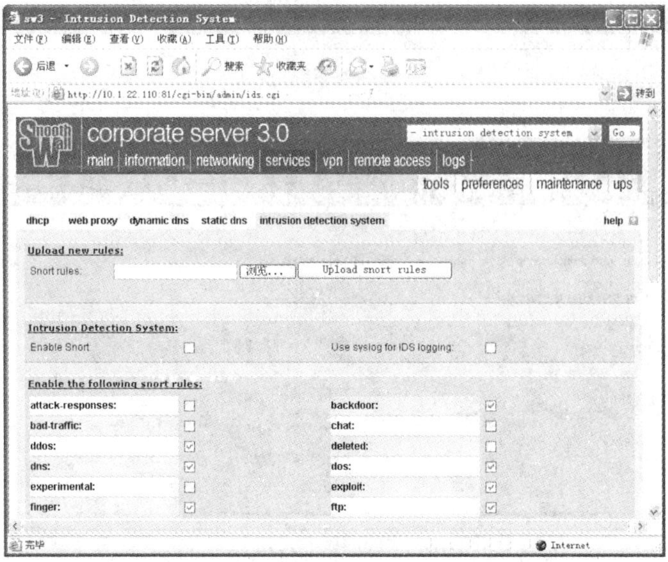

图 3.33 入侵检测功能模块的设置

SmoothWall 也提供在线升级功能，基本 Web 方式升级为管理带来了方便。另外 SmoothWall 提供快速开始、安装向导和管理指南手册，对于学习 SmoothWall 及防火墙技术很有帮助。当然，SmoothWall 这个软件是为小企业用户设计的，这不是一个全功能的防火墙产品，有些功能还有待完善，没有办法满足那些大型的商业需要。但是对于要求不高的小型企业来说是一个不错的选择。对于学习者可以在 VMware 下实现对 SmoothWall 的安装与配置实验，对于掌握防火墙技术有很大的帮助。

4．具体配置 SmoothWall 防火墙功能

下面通过两种方式配置 SmoothWall，实现通过 SmoothWall 防火墙功能。

（1）命令行方式实现屏蔽 Telnet 访问，即禁止对 TCP 协议的 23 端口数据转发。

通过 root 用户登录系统，并执行如下命令（与 Linux 一样的命令与格式，也要区分大小写），在特权模式下执行完命令后，需要重新启动，如图 3.34 所示。

```
[root@sw3 root]# iptables -A FORWARD -p tcp --dport 23 -j DROP
```

（2）基于 Web 方式配置禁 ping 命令。

登录 Web 界面后会，选择 Networking 后，选择 advanced 项，勾选 Block ICMP ping 即可。最后选择 Save 保存设置，如图 3.35 所示。

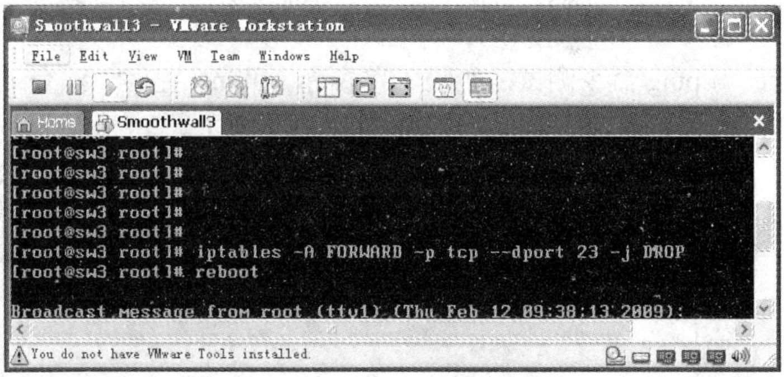

图 3.34 基于命令行的 Iptables 配置

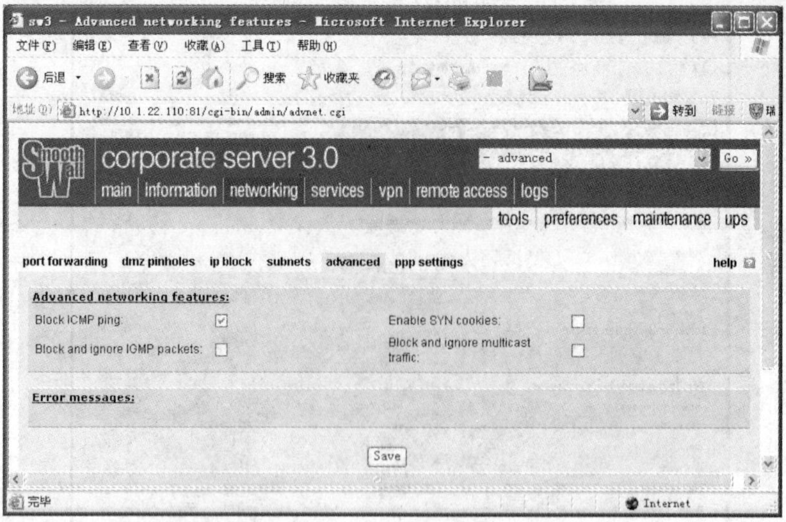

图 3.35　配置禁止 ping 的 ICMP 协议通信

3.2.5　进行防护效果检测

如果要测试 SmoothWall 可以开启相应的日志或 IDS 功能，在服务 Services 项下选择 intrusion detection system 项，选择 Enable Snort 来启用 Snort 入侵检测，防火墙的日志和 IDS 日志中都留下了记录，包括攻击的类型、攻击者的 IP 和时间日期，如图 3.36 所示。

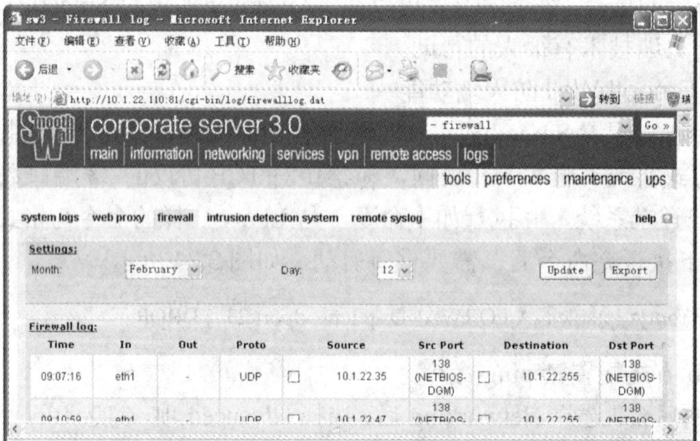

图 3.36　利用日志记录检查防护结果

对上面的 Telnet 与 ping 命令测试，如图 3.37 所示，Telnet 已经无法登录，ping 在配置之前是通的，如果在高级设置中选中 Block ICMP ping 则不通了。

SmoothWall 内部提供了防火墙的策略模块，并已经安装，也可以更新，可以在 maintenance 项目下的 modules 可以进行配置。

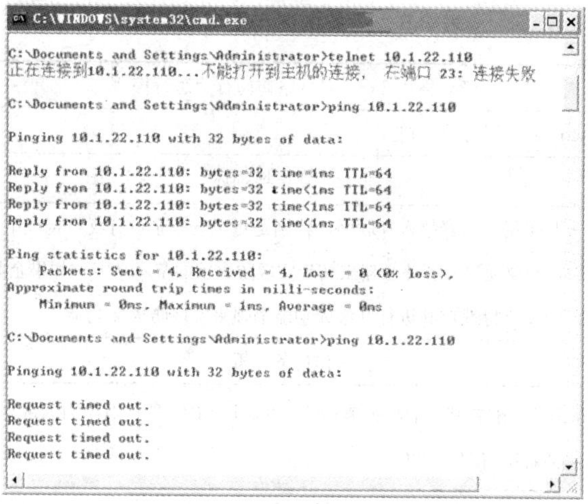

图 3.37　防火墙所设置功能的检测

3.2.6　知识技能要点测评

这是本学习情境中的第二个工作任务，主要以防火墙体系结构的相关知识的学习为主，并能灵活选择基于主机的防火墙软件产品，配置简单的实施环境。要求达到的目标是：能够深入理解防火墙的体系结构，并能在主机上利用软件实施防火墙功能配置，并能进行正确的检查。

表 3.4　知识技能要点测评表

学习情境 3——知识技能要点测评表			
序号	测评要点	具体目标	测评权重
1	知识理解	理解防火墙的体系结构的相关知识，掌握基于主机的防火墙的选择与配置流程	20
2	工具及软件使用	能利用适当的软件在主机上实现防火墙功能。来保护小型网络的安全	40
3	操作标准与规范	对主机中防火墙软件的配置标准且规范	20
4	检验方法与措施	能够采用正确的方法对防火墙软件的配置结果进行检查，并能说明检查结果	20

3.3　工作任务 3——利用 SDM 配置 Cisco 路由器防火墙功能

3.3.1　工作任务描述

本工作任务是针对企业分支机构或中小企业网络而设计的一种防火墙方案，利用特定厂商设备的特点来实现安全特性，如防火墙功能等。因为多数小型企业网络都配置了路由器。本工作任务是针对思科路由器平台 IOS 新增安全特性，引入一种新的解决方案。通过在思科路由器中加入安全特性来实施对网络访问行为的控制，此解决方案也适用于大型企业中的不同子网中路由器的安全配置方案。具体工作任务描述与实施流程如表 3.5 所示。

表 3.5 任务描述与实施流程表

学习情境 3——对网络访问行为进行控制
任务名称：利用 SDM 配置 Cisco 路由器防火墙功能
企业工作情境描述
对于一般的企事业单位来说，多是采用路由器接入互联网，特别是对于一些企业分支机构或中小企业。因为采用硬件防火墙的经济成本较高。从需求的角度考虑，建议通过配置路由器来初步实现防火墙的基本功能，如果企业原有路由器是思科的 IOS 路由器，则可以通过思科对路由器加入的安全特性对其进行升级或功能增强来实现防火墙功能
工作任务分析
在这个工作任务中要在 Cisco 路由器上配置基本的防火墙功能，并利用 SDM 软件对路由器进行配置，并将推荐的配置应用于路由器中去。所以本任务重在培养灵活解决问题的能力
任务目标
1．学习思科路由器 IOS 中集成的防火墙特性集功能； 2．能在路由器上配置常用防火墙功能； 3．学会思科路由器 IOS 安全特性的配置，能利用 SDM 软件配置路由器的防火墙功能，尽可能在最小的经济投入下实现对企业网络的基本防护
学习场景简化
对学习情境中的企业分支部分的路由器进行防火墙功能的配置，结构如图 3.38 所示。本任务在路由器上配置实现防火墙功能。要求利用 SDM 软件进行配置。也可以在模拟路由软件上实现本次任务
工具及软件选用
1．路由器模拟软件 DynamipsGUI 或实际硬件路由器及配置中的工具软件； 2．SDM 软件； 3．虚拟机 VM
任务实施流程
1．知识准备：阅读引导文本中关于 Cisco 路由器 IOS 防火墙等安全特性的知识或在网上查找相关资料； 2．工具及软件选用：建立虚拟机，并在虚拟机中安装 Windows 2003 操作系统，路由器模拟软件 DynamipsGUI 设计网络图，如条件允许也可以利用真实设备进行设计； 3．规划设计小型企业网络中的 Cisco 路由器的防火墙特性及网络场景； 4．实现路由器上防火墙特性的配置，分为两种类型：两接口配置与三接口配置； 5．利用 SDM 和命令行进行配置与检查； 6．检查、测试 IOS 防火墙实现的效果
参考资料手册
1．利用互联网搜索相关知识； 2．教材中的引导文本； 3．关于本部分的视频教程

本工作任务中的关键配置设备是网络中的路由器，在路由器上配置更深层次的防火墙功能，以实现对访问的更多的控制。这样的好处是可以有效利用现有设备，节省了经济上的投入。当然也可以用于大型网络中不同局域网中路由器配置以实现访问控制功能。具体工作任务实施如图 3.38 所示。

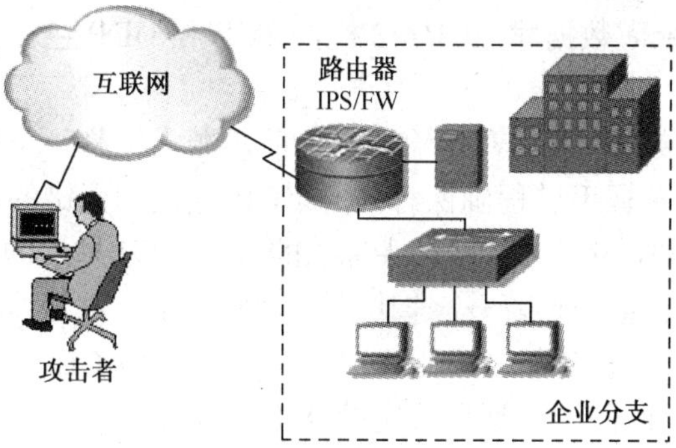

图 3.38　Cisco 路由器 IOS 防火墙网络方案

3.3.2　引导文本

1．Cisco IOS 防火墙介绍

思科的 IOS 防火墙是针对其路由器系统 IOS（Internet Operation System 网间操作系统）开发的 Cisco IOS Firewall Feature Set，即防火墙特性集，是对原有访问控制列表 ACL 的增强，因为原有的 ACL 是基于包过滤技术进行进行访问控制，在思科的 IOS 防火墙特性集中增加的是基于状态检测的防火墙技术，也称为状态包过滤。它是思科 ACL 的一种，也将其称为 CBAC（Context-Based Access Control）即基于上下文的访问控制列表。CBAC 技术通过检查三层或更高层的数据包内容来提供比 ACL 更高级别的安全性。同时在 Cisco IOS 防火墙特性集中还包括了认证代理与 IPS 功能。

思科的 IOS 防火墙特性集是一套专门针对防火墙功能的附加软件包，并且可以加载到多个 Cisco 路由器平台上，特别是针对中低端系统的路由器，如 Cisco 1600、1700、2500、2600 和 3600 等。这为使用此类设备的中小企业提供了一个经济简捷的选择，通过 IOS 升级即可获得防火墙功能。

2．Cisco IOS 防火墙特性

注：以下资料来源于思科 Cisco IOS 防火墙特性文档及相关网站。

Cisco IOS 安全服务包括一系列特性，能使管理人员将一台 Cisco 路由器配置为一个防火墙。Cisco IOS 防火墙特性集给现有的 Cisco IOS 安全解决方案增加了更大的深度和灵活性。这些新的特性包括：基于上下文的访问控制（CBAC）、Java 阻断、Denial of Service（服务拒绝）检测/预防、审计踪迹、实时告警、支持 ConfigMaker 等。

CBAC 可以针对通过周边（如专用企业网和 Internet 之间）的所有通信流量，给内部用户提供安全的、基于每种应用的访问控制；Java 阻断提供针对未识别的恶意 Java 小程序的保护；Denial of Service（服务拒绝）检测/预防提供防御和保护路由器资源免受常见攻击、检查数据包包头和丢掉可疑的数据包；审计踪迹详细说明事务、记录事件印迹、源主机、目的主机、端口、持续时间和传输的总字节数；实时告警记录在发生服务拒绝攻击或出现其他预配置条件时的告警；ConfigMaker 提供了一种基于 Win95/WinNT 向导的网络配置工具，为网络设计、寻址和防火墙特性集实现提供逐步的指导。

3．CBAC 的工作原理

CBAC 是一个适用于 IP 通信的并基于每个应用的控制机制，包括标准 TCP 和 UDP Internet 应用程序、多媒体应用程序（包括 H.323 应用程序、CU-SeeME、VDOLive、Streamworks 及

其他应用程序）以及 Oracle 数据库。CBAC 检查 TCP 和 UDP 包，并跟踪它们的“状态”或连接状态。

TCP 是一个面向连接的协议。在传输数据之前，源主机与一个目的主机协商连接，通常被称为“三次握手”。这种握手过程确保有效的 TCP 连接和无错的传输。在连接建立期间，TCP 穿过几个“状态”或阶段（由数据包头标识的）。标准和扩展的访问控制列表（ACL）从包头状态来决定是否允许通信通过一个连接。

CBAC 通过检查整个数据包了解应用程序状态信息，给 ACL 功能增加了检查功能。CBAC 利用这种信息创建一个暂时的、对话期特定的 ACL 入口，从而允许回返通信进入可靠网络。这种暂时的 ACL 有效地在防火墙中打开了一个大门。当一个对话期结束时，ACL 入口被删除，大门关闭。标准和扩展的 ACL 不能创建暂时的 ACL 入口，因此直至目前，管理员一直被迫针对信息访问要求衡量安全风险。利用标准或扩展的 ACL，难以确保为回返通信流量选择通道。

CBAC 比目前的 ACL 解决方案更加安全，因为它根据应用类型决定是否允许一个对话通过防火墙，并决定是否为回返通信流量从多个通道进行选择。在 CBAC 之前，管理员仅通过编写基本上使防火墙的永久性 ACL，就能够许可先进的应用通信，因此大多数管理员选择拒绝所有这类应用通信。现在，有了 CBAC，通过在需要时打开防火墙和其他时候关闭，就能够安全地许可多媒体和其他应用通信。例如，如果 CBAC 被配置成允许 Microsoft NetMeeting，那么当一个内部用户初始化一次连接时，防火墙允许回返通信。但是，如果一个外部 NetMeeting 来源与一个内部用户初始化连接时，CBAC 将否决进入，并撤销数据包。

从一个更加技术的观点来看，CBAC 使用几个加强机制：

① 数据包检查监视数据包控制通道，识别控制通道中的应用专用指令，检测和预防应用级攻击。

② 通过检查的包将被转发，而 CBAC 创建一个状态表来维护对话状态信息。如果状态表存在，表明数据包属于一个有效对话，仅回返通信流量将被许可通过防火墙。此特性负责监视定义的对话。

③ 当对话结束时，状态表被删除。在 UDP（一种非连接的服务）情况下，CBAC 通过根据地址/端口配对检查包来决定 UDP 对话，相应地中止 UDP“对话”访问。

④ CBAC 根据状态表中的信息，动态地创建和删除每一个路由器接口的访问控制列表入口。这些入口在集成的防火墙中创建暂时的“开口”，允许有效地回返通信流量进入网络。与状态表相似，动态 ACL 在对话结束时不被保存。

4. CBAC 适用于何处

CBAC 是根据每个接口配置的。CBAC 可被配置用于控制源于防火墙的双向通信；但是，大多数客户将 CBAC 用于仅源于一方的通信（单向）。将 CBAC 配置为一个单向控制，其中客户对话是在内部网内启动的，必须穿过防火墙才能访问一个主机。例如，一个分支办事处可能需要跨一个广域网连接或 Internet 访问企业服务器。CBAC 根据需要打开连接，并监视回返通信流量。当一个防火墙双方都需要保护时，CBAC 适合作为一个双向解决方案。这种配置的一个例子是在两个合作伙伴公司的网络之间，其中某些应用程序通信被限制在一个方向，其他应用程序在另一个方向。

5. 有关 CBAC 的其他说明

对于每一个连接，CBAC 都为状态表和动态 ACL 跟踪及分配内存。如果只有一个 ACL

组被配置在某一给定的方向，那么 CBAC 的内存消耗少于每连接 600 字节（跨所有平台）。一个应用程序对话可能包括多个 TCP/UDP 连接。例如，一个 NetMeeting 对话包括多达 7 个 TCP/UDP 连接。

CBAC 和加密可以在同一接口上使用。但是，CBAC 不能检查加密的数据包的内容。当路由器也是加密点时，CBAC 和加密可以协同工作－CBAC 可以在加密以前检查数据包。

CBAC 可以与快速交换和过程交换一同工作，在 Cisco 1600 和 2500 系列路由器平台上提供一流的性能。

6. 思科原有 IOS 中的 ACL 特性与 CBAC 对比

思科原有 IOS 中的 ACL 的特点是，在没有 CBAC 之前，ACL 多是基于网络层进行过滤，至多是对传输层的检查，如对源和目的 IP、端口号。ACL 可以应用于防火墙但是不能用于动态协商端口的应用，并且定义的规则也是固定的，永久地打开端口允许流量，这是不安全的。另外要知道的是 ACL 默认是以拒绝结束的，如果在接口下没有配置 ACL，默认允许所有连接。

CBAC 是在 ACL 之后进行的检查，如果 ACL 已经拒绝则数据被丢弃，CBAC 不再检查。CBAC 可以指明要检查的协议、接口、方向及检查位置等。CBAC 支持在 OSI 会话层和应用层的流量检查，支持所有基于 TCP、UDP 的应用的检查，特别是 TCP 协议包头的标志位等信息的检查，也支持应用层许多常用协议的检查。

对于 DoS 类攻击，CBAC 采用超时时间和阈值来管理会话，如通过 TCP 和 UDP 会话的总数量、同一主机的半开会话数量、一定时间内的 TCP 半开会话数量。如果超出设定的值，CABC 向连接的两端发送 RST 复位包，当 TCP 半开会话数量也可以临时阻塞所有新建立的连接请求（SYN=1）。

7. 思科 IOS 防火墙基于 CBAC 的配置

思科 IOS 防火墙基于 CBAC 的配置的流程及相关命令如下。

（1）指定检查的内外接口。

（2）定义接口上的 ACL。

例：配置允许对主机 10.1.22.1 的 HTTP 访问与 ICMP 通信，拒绝其他基于 IP 协议的访问并进行日志：

```
Router(config)#access-list 110 permit tcp any host 10.1.22.1 eq 80
Router(config)#access-list 110 permit icmp any any 10.1.22.1
Router(config)# deny ip any any log
```

（3）配置审核与警告。

启用审计，并设置为向 Syslog 发送日志消息：

```
Router(config)#ip inspect audit-trail
```

启用实时警告：

```
Router(config)#no ip inspect alert-off
```

开启日志，并定义日志服务器地址：

```
Router(config)#logging on
Router(config)#logging host 10.1.22.3
```

注：日志及 TFTP 服务器软件可以使用 Tftpd32 或 3CDaemon，如图 3.39 所示是两个软件

的运行界面，使用较简单。其中日志服务器开启的是 UDP 协议的 514 端口号，开启 Syslog Server 后，可以在命令行下执行“netstat -an”查看到 UDP 协议的 514 端口已经打开。其他服务对应的传输层协议及服务端开启的端口号如下：TFTP 服务器采用 UDP 的 69 端口号；FTP 服务器采用 TCP 的 21 作为控制端口号，20 作为数据传输端口号；DHCP 服务器采用 UDP 的 67 端口号，DHCP 客户端为 68。服务开启的端口号可参见 C:\Windows\system32\drivers\etc\services 文件中的说明，IP 协议号可参见此目录下的 protocol 文件。

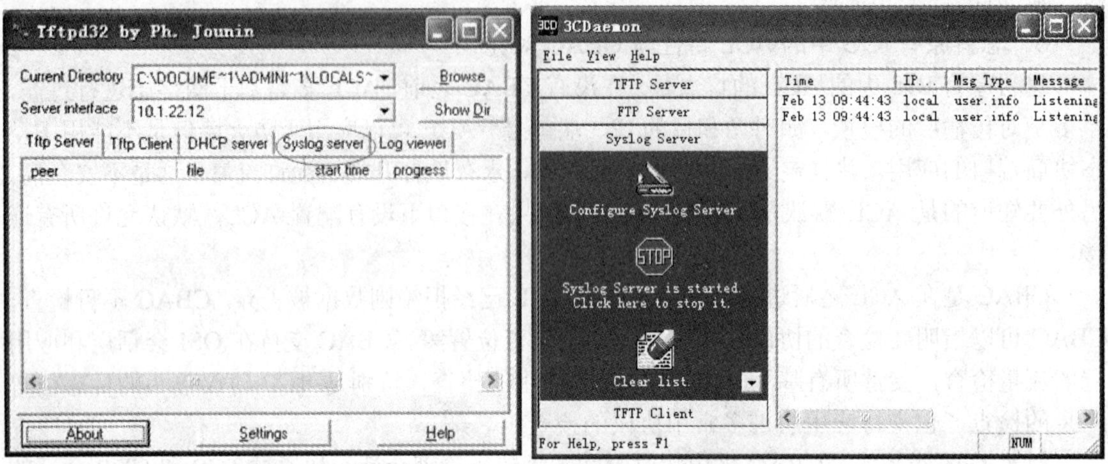

图 3.39 日志软件 Tftpd32 和 3Cdaemon 的界面

（4）设置全局超时时间和阈值。此处主要是针对 DoS 攻击的特点，这种攻击会产生大量的半开连接的会话。简单地说，对于 TCP 就是不完整的三次握手，对于 UDP 就是没有返回的数据流量。可以在全局模式下定义半开会话数量，当达到设定的值时 CBAC 开始删除半开会话，默认值为 500，命令如下：

```
Router(config)#ip inspect max-incomplete high 600
//当半开连接达到阈值 600 时删除半开会话，上限；
Router(config)#no ip inspect max-incomplete high
//恢复阈值的默认值 500；
Router(config)#ip inspect max-incomplete low 300
//当半开连接达到阈值 300 时 CBAC 停止删除半开会话，下限；
Router(config)#no ip inspect max-incomplete low
//恢复停止删除半开会话阈值的默认值 400；
Router(config)#ip inspect one-minute high 600
//当一分钟时间内半开连接达到比值 600 时删除半开会话，上限；
Router(config)#no ip inspect one-minute high
//恢复比值的默认值 500；
Router(config)#ip inspect one-minute low 300
//当一分钟时间内半开连接达到比值 300 时停止删除半开会话，下限；
Router(config)#no ip inspect one-minute low
//恢复停止删除半开会话比值的默认值 400 ；
Router(config)#ip inspect tcp max-incomplete host 60 block-time 3
//当一台主机半开连接达到 60（范围 1～250）时开始删除半开会话，并持续删除主机的连接 3 分钟；
```

```
Router(config)#no ip inspect tcp max-incomplete host
//恢复主机删除半开会话阈值的默认值 50；
```

（5）定义 inspect 检测规则。通过 inspect 检测规则的定义，可以使 CBAC 知道对哪些 IP 数据流量和应用层协议进行检测。检测规则要指明应用层协议，必要时要指明 TCP 和 UDP 及相关选项。Router(config)#ip inspect name inspection-name protocol [alert {on|off}] [audit-trail {on|off}] [timeout seconds]

```
例如：Router(config)#ip inspect name CEYFW1 ftp alert on audit-trail on timeout 300
```

可选择的协议 protocol 有：tcp、udp、icmp、smtp、esmtp、cuseeme、ftp、ftps、http、h323、netshow、rcmd、realaudio、rpc、rtsp、sip、skinny、sqlnet、tftp、vdolive 等。这里的阈值 alert、audit-trail 及 timeout 要优于全局模式下的设置。具体的应用协议也可以进行更详细的设置，如设置 Java 检测“ip inspect name inspection-name http java-list”配合访问控制列表可以限制或信任来自不同站点的 Java 程序等。

（6）把 ACL 与 inspect 应用于接口。

定义的 inspect 检测规则和 ACL 要应用于特定的接口：

```
Router(config-if)#ip inspect inspection-name {in | out}
例如：Router(config)#interface fa0/0
Router(config-if)#ip inspect CEYFW1 in
Router(config-if)#ip access-group 110 in
```

3.3.3 设计路由防火墙防护功能

1. 思科 IOS 防火墙在企业中的应用设计－两接口的路由防火墙

在中小企业的实际应用中，对于那些采用思科路由器作为接入互联网的设备的企业网络，一般多采用两个接口进行连接，一个与互联网一端连接，另一个是连接到内部网络的交换机上。如图 3.40 所示，对一个企业分支的结构进行简化。以实现对防火墙功能的配置。

经过简化后，图中有两个网络，一个是 10.2.2.0 作为内部网络连接到路由器的 F0/0 接口上，另一个为外部网络，地址为 100.1.1.0，接口 F0/1 地址为 100.1.1.1。路由器两端各用一台计算机模拟网络，A 主机为内部网络，B 主机为外部网络。分别利用命令行和 SDM 配置防火墙实现如下功能。

内到外：允许所有内部主机到外部网络的 TCP 和 UDP 访问、允许所有基于 ICMP 协议的通信、拒绝其他所有流量。

外入内：外部进入的访问中，只允许外部网络主机访问 S1 服务器 10.2.2.3 的 Web 和 ICMP 通信、拒绝其他所有流量。

后续的配置任务都可以在路由器模拟软件 DynamipsGUI 中实现。图中的计算机可以利用虚拟机来模拟实现，把虚拟机设置为仅主机模式。

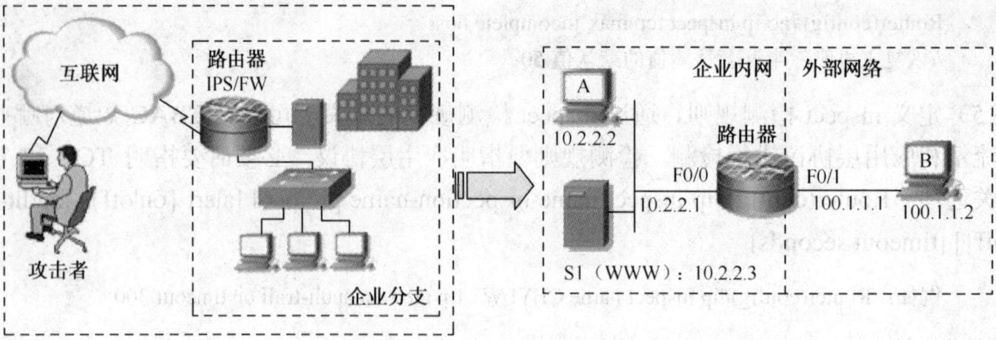

图 3.40　企业网络结构转换到两接口的内外网络连接结构

2．思科 IOS 防火墙在企业中的应用设计－三接口的路由防火墙

在中小企业的实际应用中，有些企业或分支需要对外部提供服务，如 FTP、Web 等，这时需要配置防火墙的 DMZ 接口。DMZ 接口（F1/0）用于连接服务器。另两个接口分别与互联网和内部网络相连接。如图 3.41 所示，对一个企业分支的结构进行简化。以实现对防火墙功能的配置。

经过简化后，图中有三个网络，一个是 10.2.2.0 作为内部网络连接到路由器的 F0/0 接口上；另一个为外部网络，地址为 100.1.1.0 连接到路由器 F0/1 接口；还有一个是 DMZ 区域路由器接口 F1/0 地址为 192.168.1.0 网络，其中的服务器地址为 192.168.1.2，其提供 WWW 服务。分别利用命令行和 SDM 配置防火墙实现如下功能。

内到外：允许所有内部主机到外部网络的 TCP 和 UDP 访问、允许所有基于 ICMP 协议的通信、拒绝其他所有流量。

外入内：外部进入的访问中，只允许外部网络主机访问 S1 服务器 10.2.2.3 的 Web 和 ICMP 通信、拒绝其他所有流量。

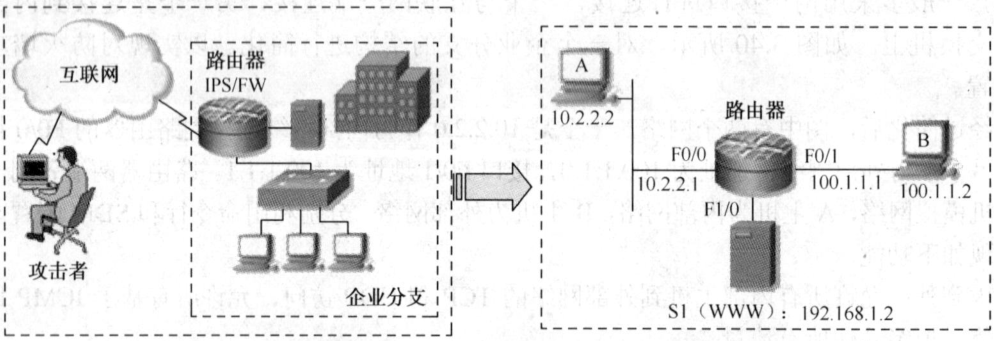

图 3.41　企业网络结构转换到三接口的内、外和 DMZ 的网络连接结构

3.3.4　利用路由防火墙实施安全防护

1．两接口的思科 IOS 防火墙的防护实施

根据要实现的功能的要求，可简化为允许内部与外部建立 TCP、UDP 和 ICMP 的连接通信，拒绝内部其他所有流量；仅允许外部网络主机访问 S1 服务器 10.2.2.3 的 80 端口和 ICMP 通信、拒绝外部到内部的其他所有流量。下面是对路由器配置的两种方式：基于命令行方式和利用 SDM 软件配置实现。

（1）基于命令行方式实现。

① 配置 CBAC 检测 TCP 和 UDP 协议数据：

```
Router(config)# ip inspect name INtoOUT TCP
Router(config)# ip inspect name INtoOUT UDP
```

② 定义内到外的访问控制规则 ACL，允许内到外的访问：

```
Router(config)# access-list 110 permit ip 10.2.2.0 0.0.0.255 any
Router(config)# access-list 110 deny any any
```

③ 应用于内接口的入方向：

```
Router(config)# interface F0/0
Router(config-if)# ip inspect INtoOUT in
Router(config-if)# ip access-group 110 in
```

④ 对于由外部网络进入的流量仅允许访问内部的 10.2.2.3 的 Web 服务和 ICMP 协议的通信：

```
Router(config)# ip inspect name OUTtoIN TCP
Router(config)# access-list 111 permit icmp any host 10.2.2.3
Router(config)# access-list 111 permit tcp any host 10.2.2.3 eq www
Router(config)# access-list 111 deny ip any any
```

⑤ 将 ACL 与检测规则应用于外部接口的进入方向：

```
Router(config)# interface F0/1
Router(config-if)# ip inspect OUTtoIN in
Router(config-if)# ip access-group 111 in
```

（2）利用 SDM 软件实现。

首先要对路由器进行配置，为了使 SDM 能够登录，具体参见前面的 VPN 部分的预配置，或参见 SDM 安装目录下的 Help.htm 文件进行配置。

登录过程中可能会出现一些问题，多是因为 Java 运行环境（安装 J2RE）和 IOS 版本（选择支持防火墙特性集的 IOS，可以到思科公司网站下载）原因引起的，可以进行相应的更改。

按图 3.42 所示对路由器进行相应的接口地址进行配置，可以利用路由器模拟软件实现，设置 A 计算机中安装 SDM 软件，路由器模拟软件中要选择桥接 PC。

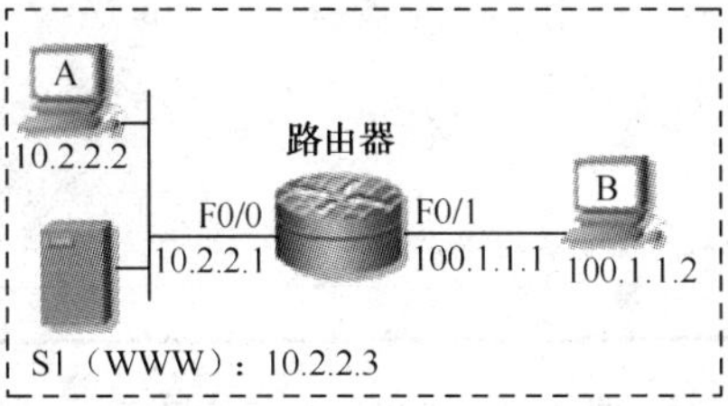

图 3.42　SDM 软件安装于 A 主机

出现如图 3.43 所示的情况可能原因有两个：一个是路由器 IOS 的版本低，不支持防火墙特性集，下载最新的即可以，另一个就是 Java 运行环境引起的，建议安装 J2RE 的 Java 运行环境，不要安装 Java Runtime Environment（java 运行时环境）6.0Update，更不要同时安装这两者，否则会出现路由器无法用 SDM 登录，或登录后防火墙及 IPS 等功能集不可用的情况。

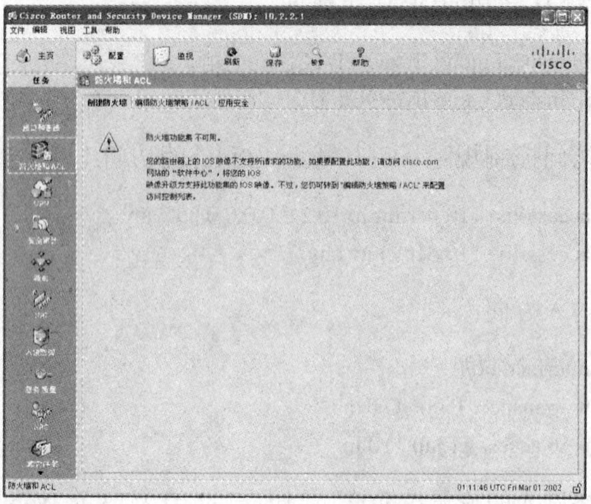

图 3.43　无法进行配置的错误提示

注意：本教材中全部实验都可以基于 c3660-jk9o3s-mz.124-17a.BIN 的思科路由器操作系统完成，包括前面的 VPN 和后面的 IPS 实验等。

正确连接及 IOS 版本支持防火墙特性集时会出现如图 3.44 所示的界面。这里的配置向导中有两个选项，基本防火墙是指两个接口 IOS 防火墙配置，不允许配置 DMZ 区；高级防火墙是指三个接口 IOS 防火墙配置，允许配置 DMZ。

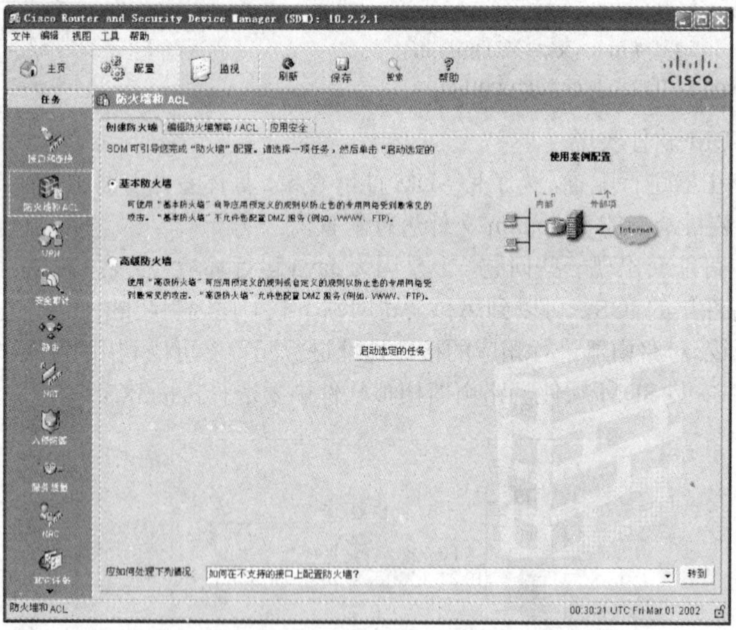

图 3.44　正确连接后的界面

选择基本防火墙配置，启动选择的任务，配置两个接口 IOS 防火墙，具体任务要求参见前面的命令行实现方式，并按图 3.42 所示接口及地址进行设置。

启动后出现配置向导，如图 3.45 所示，选择下一步后，定义内外接口。按图 3.42 所示，指定外部接口（非受信）接口为 F0/1，选择内部（受信）接口为 F0/0 后选择下一步。

图中还有一个附选项，是不允许从外部接口进行 SDM 访问，如果不选择，下一步会出现提示，路由器将不允许从外部利用 SDM 访问路由器。

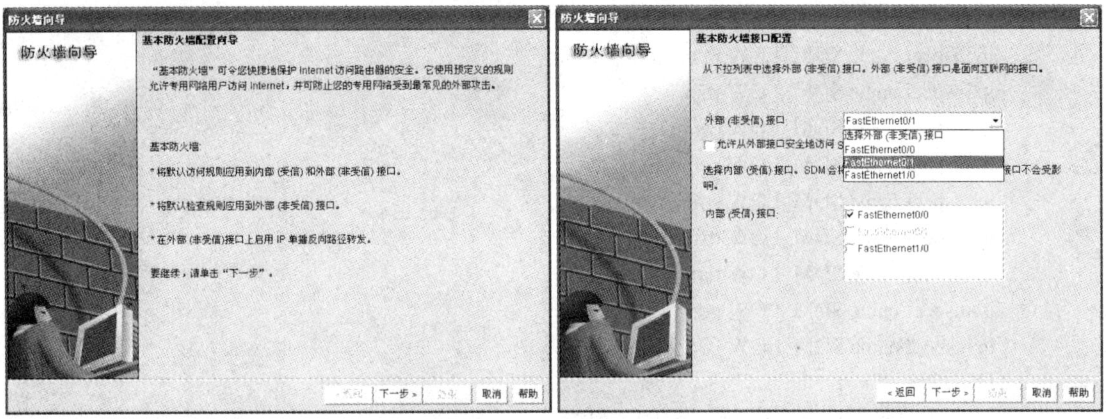

图 3.45　选择防火墙的外部接口

出现图 3.46 所示的对话框，选择结束后，SDM 会向路由器发送命令，对此路由器的配置已经完成。

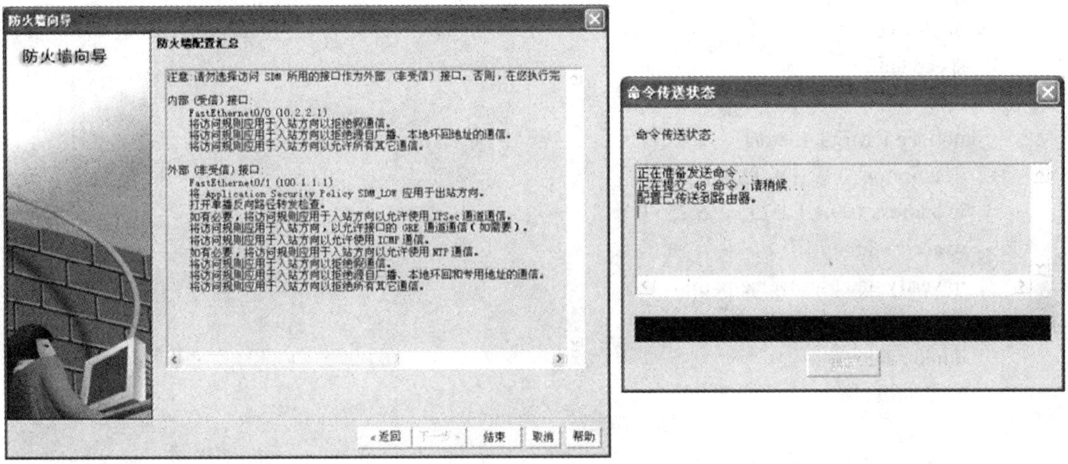

图 3.46　结束配置并对路由器发送命令

通过命令行模式登录路由器检查基本防火墙特性加入的命令：

```
Router#show run
Building configuration...
hostname Router
!
ip inspect name SDM_LOW cuseeme
ip inspect name SDM_LOW dns
ip inspect name SDM_LOW ftp
ip inspect name SDM_LOW h323
ip inspect name SDM_LOW https
```

```
ip inspect name SDM_LOW icmp
ip inspect name SDM_LOW imap
ip inspect name SDM_LOW pop3
ip inspect name SDM_LOW netshow
ip inspect name SDM_LOW rcmd
ip inspect name SDM_LOW realaudio
ip inspect name SDM_LOW rtsp
ip inspect name SDM_LOW esmtp
ip inspect name SDM_LOW sqlnet
ip inspect name SDM_LOW streamworks
ip inspect name SDM_LOW tftp
ip inspect name SDM_LOW tcp
ip inspect name SDM_LOW udp
ip inspect name SDM_LOW vdolive
!
username cey privilege 15 password 0 cey123
!
interface FastEthernet0/0
 description $FW_INSIDE$
 ip address 10.2.2.1 255.255.255.0
 ip access-group 100 in
 duplex auto
 speed auto
!
interface FastEthernet0/1
 description $FW_OUTSIDE$
 ip address 100.1.1.1 255.255.255.0
 ip access-group 101 in
 ip verify unicast reverse-path
 ip inspect SDM_LOW out
 duplex auto
speed auto
!
interface FastEthernet1/0
 ip address 192.168.1.1 255.255.255.0
 duplex auto
 speed auto
!
ip http server
ip http authentication local
no ip http secure-server
ip forward-protocol nd
!
access-list 100 remark auto generated by SDM firewall configuration
access-list 100 remark SDM_ACL Category=1
access-list 100 deny    ip 100.1.1.0 0.0.0.255 any
access-list 100 deny    ip host 255.255.255.255 any
```

```
access-list 100 deny     ip 127.0.0.0 0.255.255.255 any
access-list 100 permit ip any any
access-list 101 remark auto generated by SDM firewall configuration
access-list 101 remark SDM_ACL Category=1
access-list 101 deny     ip 10.2.2.0 0.0.0.255 any
access-list 101 permit icmp any host 100.1.1.1 echo-reply
access-list 101 permit icmp any host 100.1.1.1 time-exceeded
access-list 101 permit icmp any host 100.1.1.1 unreachable
access-list 101 deny     ip 10.0.0.0 0.255.255.255 any
access-list 101 deny     ip 172.16.0.0 0.15.255.255 any
access-list 101 deny     ip 192.168.0.0 0.0.255.255 any
access-list 101 deny     ip 127.0.0.0 0.255.255.255 any
access-list 101 deny     ip host 255.255.255.255 any
access-list 101 deny     ip host 0.0.0.0 any
access-list 101 deny     ip any any log
!
control-plane
!
line con 0
line aux 0
line vty 0 4
 login local
 transport input telnet
!
end
Router#
```

图 3.47 是对防火墙和 ACL 配置的查看，分别从内部到外部的发送通信和返回通信。可以根据需要进行相应的设置。当然也可以在编辑防火墙服务中选择添加访问控制允许插入新的控制规则，如允许外部网络访问内部的 10.2.2.3 的 WWW 服务和 ICMP 通信，具体可参见命令行配置。

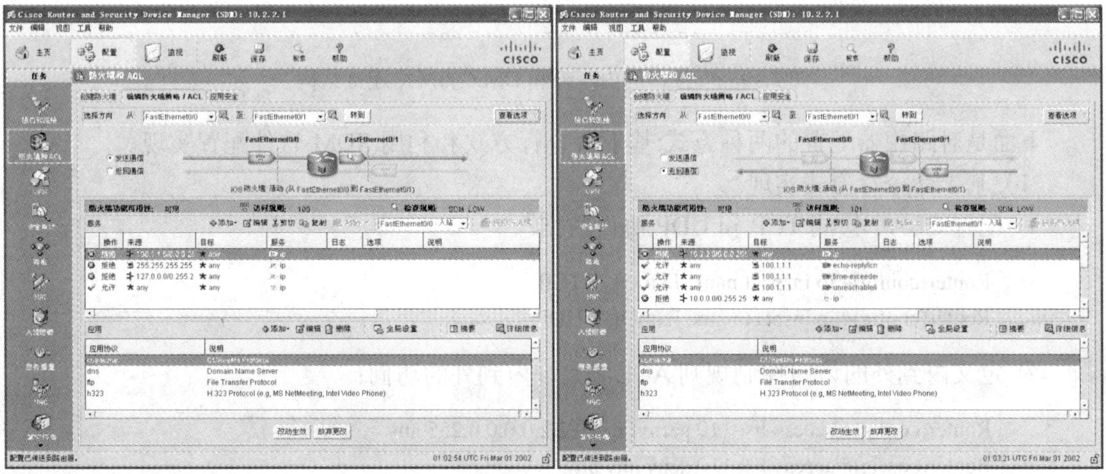

图 3.47　防火墙和 ACL 配置的查看

选择全局设置，可以查看到全局配置下的超时时间和各阈值，这里多是默认值。可以与前面的命令行配置对比。也可以选择应用安全来定义相关的应用层检查策略，如图 3.48 所示，可以对 URL 设置过滤等。

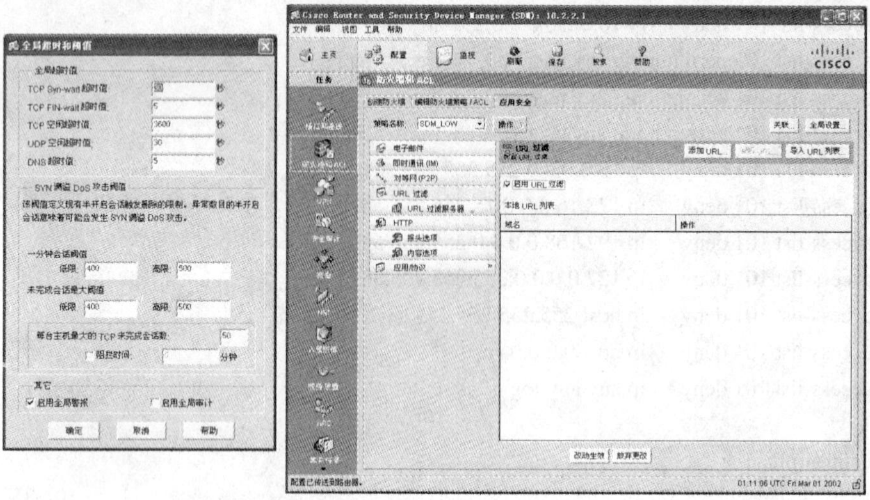

图 3.48 查看到全局配置下的超时时间和各阈值

2. 三接口的思科 IOS 防火墙的防护实施

根据要实现的功能的要求，可简化为允许内部与外部建立 TCP、UDP 和 ICMP 的连接通信，拒绝内部其他所有流量；仅允许外部网络主机访问 S1 服务器 192.168.1.2 的 80 端口和 ICMP 通信、拒绝外部到内部的其他所有流量，如图 3.49 所示。

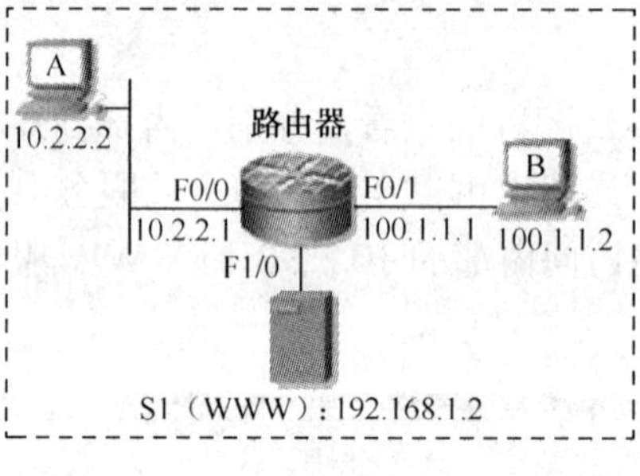

图 3.49 三接口的内、外和 DMZ 的网络连接结构

下面是对路由器配置的两种方式:基于命令行方式和利用 SDM 软件配置实现。

（1）基于命令行方式实现。

① 配置 CBAC 检测 TCP 和 UDP 协议数据:

```
Router(config)# ip inspect name INtoOUT TCP
Router(config)# ip inspect name INtoOUT UDP
```

② 定义内到外的访问控制规则 ACL，允许内到外的访问:

```
Router(config)# access-list 110 permit ip 10.2.2.0 0.0.0.255 any
Router(config)# access-list 110 deny any any
```

③ 应用于内接口的入方向:

```
Router(config)# interface F0/0
Router(config-if)# ip inspect INtoOUT in
Router(config-if)# ip access-group 110 in
```

④ 对于由外部网络进入的流量仅允许访问内部的 192.168.1.2 的 Web 服务和 ICMP 协议的通信：

```
Router(config)# ip inspect name OUTtoIN TCP    //定义预检测由外到内的TCP流量;
Router(config)# access-list 111 permit icmp any host 192.168.1.2
Router(config)# access-list 111 permit tcp any host 192.168.1.2 eq www
Router(config)# access-list 111 deny ip any any
```

⑤ 将 ACL 与检测规则应用于外部接口的进入方向：

```
Router(config)# interface F0/1
Router(config-if)# ip inspect OUTtoIN in
Router(config-if)# ip access-group 111 in
```

⑥ 与两接口的区别在于要对 DMZ 接口，这里是 F1/0 进行单独的 ACL 配置。

下面是对外部访问 S1 的 Web 和 ICMP 通信的允许的列表：

```
Router(config)# access-list 112 permit icmp any host 192.168.1.2
Router(config)# access-list 112 permit tcp any host 192.168.1.2 eq www
Router(config)# access-list 112 deny ip any any
```

下面是对服务器 S1 对 ICMP 的返回的控制列表（对上面的一个映像）：

```
Router(config)# access-list 113 permit icmp host 192.168.1.2 any
Router(config)# access-list 113 deny ip any any
Router(config)# interface F1/0
Router(config-if)# ip access-group 112 out
Router(config-if)# ip access-group 113 in
```

（2）利用 SDM 软件实现。

同两接口中利用 SDM 的过程相似，只是在 SDM 登录后选择高级防火墙配置，启动选择的任务，配置三个接口 IOS 防火墙，具体任务要求参见前面的命令行实现方式，并按图 3.50 所示接口及地址进行设置。

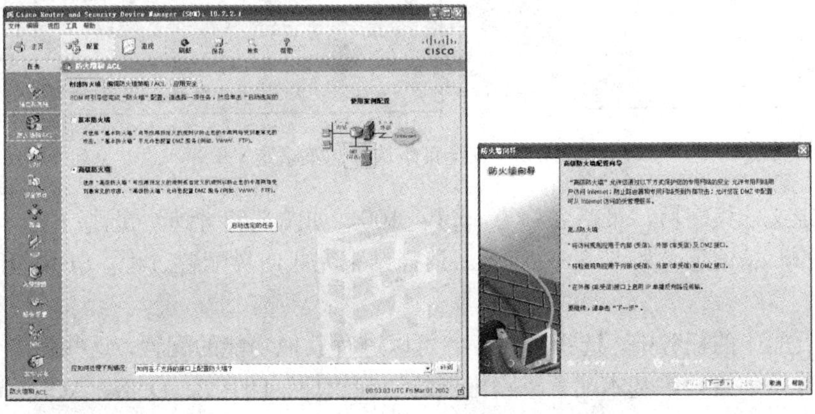

图 3.50　高级防火墙配置

如图 3.51 所示，选择内部、外部和 DMZ 接口分别为路由器 F0/0、F0/1 和 F1/0 接口。这也是高级配置与基本配置的主要区别之处。根据任务要求，DMZ 的主机 192.168.1.2 对内外同时提供 WWW 服务，这里定义 DMZ 允许来自互联网的访问（默认 DMZ 区不允许外网访问）。选择添加，可以定义 DMZ 服务配置，定义主机地址和服务类型，服务类型可以单击文本框旁边的按钮选择，也可以根据端口输入。

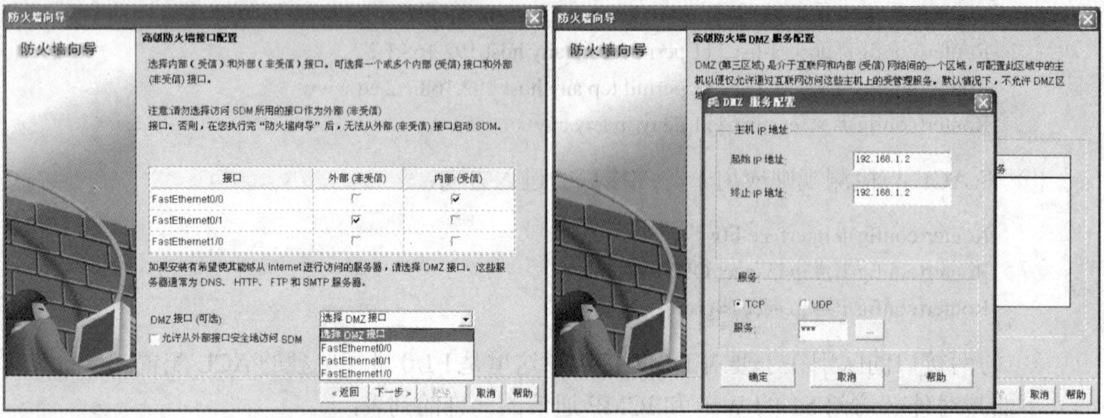

图 3.51　接口选择与 DMZ 地址分配

设置完 DMZ 区域后就利用 SDM 提供的默认安全策略，可以选择不同的级别，也可以自定义安全策略。如图 3.52 所示，是定义了对 TCP 和 UDP 的检查，可以进一步设置告警及检查和超时值等。

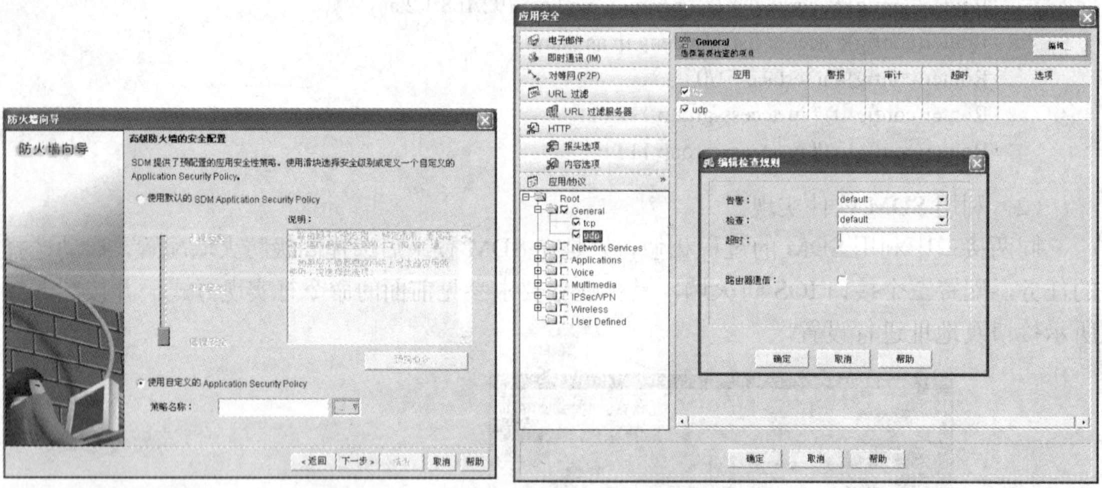

图 3.52　安全策略选择与策略定义

确定自定义的策略后，策略名称为 appfw_100，如图 3.53 所示。选择下一步，显示向导的配置过程的汇总信息，如图 3.53 所示。选择结束完成向导配置过程，SDM 开始向路由器发送命令。

在配置页面中的任务中，选择其他任务可以进行其他功能的配置，这些功能包括：时间、日志、SNMP 网络管理等基本配置、路由器的访问管理、DHCP、DNS、ACL、URL 过滤、AAA 等的配置，如图 3.54 所示。记录到缓冲器的配置命令是：logging buffered 4096 debugging。

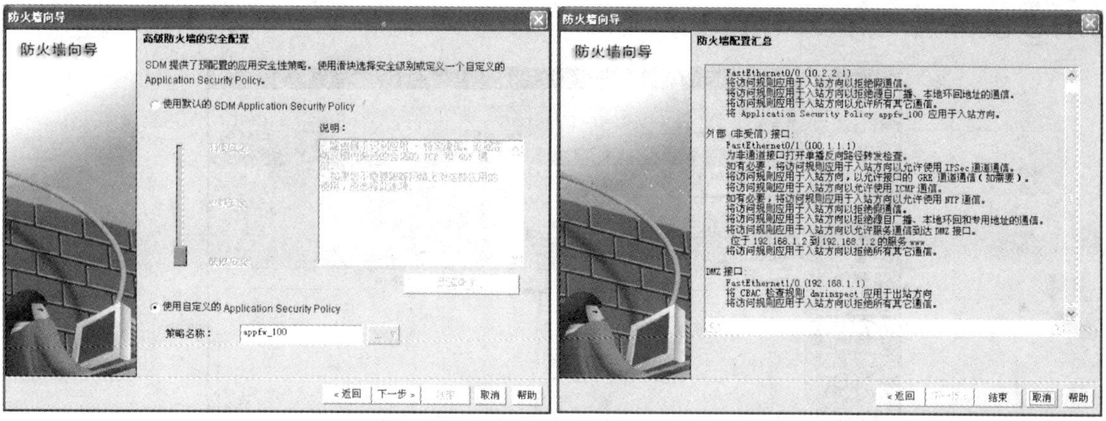

图 3.53　完成策略配置与命令传送到路由器

图 3.54　SDM 中其他功能的配置

3.3.5　进行防护效果检测

1．对两种类型的 IOS 防火墙的防护的检测

对两接口和三接口的 IOS 防火墙的配置进行防护的检测时，可以利用内部主机 A 与外部主机 B 之间互相访问，如利用 ping 命令测试，得到的结果应该是在 A 主机 ping B 主机有返回（echo-reply），但 B 主机 ping A 主机有返回是目的地址不可达信息（unreachable），这种不可达是因为访问控制管理上的不可达，而不是网络目的地找不到或网关误配置造成的。

在三接口的任务中可以对 3 台主机进行互相访问的测试，结果应该是 A 和 B 都可以访问 S1 的 WWW 服务，并能 ping 通 S1，但是 A 与 B 的互相访问与两接口的防火墙的检测结果是一样的。

当然这种配置的结果就是为了实现内网可以主动连接外网，但外网不能主动发起对内网的连接；内网和外网主机都可以与 DMZ 接口中的 WWW 服务器 S1 进行基于 HTTP 协议和 ICMP 协议的通信。

也可以通过开启日志功能在 SDM 的性能监视中或在日志服务器中（要开启日志服务器，并设置日志服务器地址才可以）查看到检测的日志信息。根据设定的日志级别可以得到相关的日志记录信息，如图 3.55 所示。

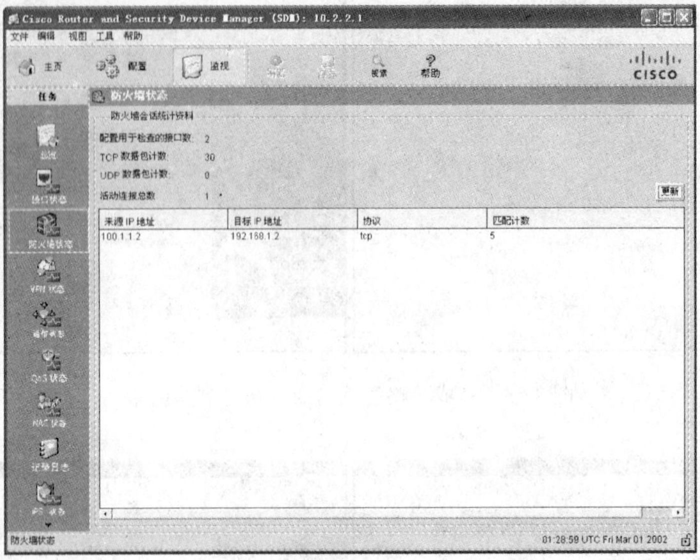

图 3.55　SDM 的性能监视与日志查看

2．基于命令行对两种类型的 IOS 防火墙配置的检查

显示检查、接口配置、会话和统计信息：

```
Router#show ip inspect name inspection-name
Router#show ip inspect config
Router#show ip inspect interfaces
Router#show ip inspect session [detail]
Router#show ip inspect statistics
Router#show ip inspect all
例如：Router#show ip inspect session
Router#show ip inspect sessions
Established Sessions
Session 65560434 (100.1.1.2:1036)=>(192.168.1.2:80) tcp SIS_OPEN
```

3．对两种类型的 IOS 防火墙配置的调试

```
Router#debug ip inspect function-trace
Router#debug ip inspect object-creation
Router#debug ip inspect object-deletion
Router#debug ip inspect events
Router#debug ip inspect timers
Router#debug ip inspect detail
Router#debug ip inspect protocol
```

以上是常用调试命令与针对特定协议的调试命令。

4. 对三接口路由器的配置检查

```
Router#show run
Building configuration...
!
hostname Router
!
ip inspect name appfw_100 tcp
ip inspect name appfw_100 udp
!
username cey privilege 15 password 0 cey123
!
interface FastEthernet0/0
 description $FW_INSIDE$
 ip address 10.2.2.1 255.255.255.0
 ip access-group 100 in
 ip inspect appfw_100 in
 duplex auto
 speed auto
!
interface FastEthernet0/1
 description $FW_OUTSIDE$
 ip address 100.1.1.1 255.255.255.0
 ip access-group 102 in
 ip verify unicast reverse-path
 duplex auto
 speed auto
!
interface FastEthernet1/0
 description $FW_DMZ$
 ip address 192.168.1.1 255.255.255.0
 ip access-group 101 in
 ip inspect appfw_100 out
 duplex auto
 speed auto
!
ip http server
ip http authentication local
no ip http secure-server
ip forward-protocol nd
!
access-list 100 remark auto generated by SDM firewall configuration
access-list 100 remark SDM_ACL Category=1
access-list 100 deny   ip 192.168.1.0 0.0.0.255 any
access-list 100 deny   ip 100.1.1.0 0.0.0.255 any
access-list 100 deny   ip host 255.255.255.255 any
access-list 100 deny   ip 127.0.0.0 0.255.255.255 any
```

```
access-list 100 permit ip any any
access-list 101 remark auto generated by SDM firewall configuration
access-list 101 remark SDM_ACL Category=1
access-list 101 deny     ip any any log
access-list 102 remark auto generated by SDM firewall configuration
access-list 102 remark SDM_ACL Category=1
access-list 102 deny     ip 192.168.1.0 0.0.0.255 any
access-list 102 deny     ip 10.2.2.0 0.0.0.255 any
access-list 102 permit icmp any host 100.1.1.1 echo-reply
access-list 102 permit icmp any host 100.1.1.1 time-exceeded
access-list 102 permit icmp any host 100.1.1.1 unreachable
access-list 102 permit tcp any host 192.168.1.2 eq www
access-list 102 deny     ip 10.0.0.0 0.255.255.255 any
access-list 102 deny     ip 172.16.0.0 0.15.255.255 any
access-list 102 deny     ip 192.168.0.0 0.0.255.255 any
access-list 102 deny     ip 127.0.0.0 0.255.255.255 any
access-list 102 deny     ip host 255.255.255.255 any
access-list 102 deny     ip host 0.0.0.0 any
access-list 102 deny     ip any any log
!
line vty 0 4
 login local
 transport input telnet
!
end
Router#
```

5. 在外部主机上访问 DMZ 服务器

下面是在虚拟机模拟环境下的测试。在外部主机（100.1.1.2）上分别利用 ping 和 WWW 访问 DMZ 接口上的 WWW 服务器，IP 地址为 100.1.1.1。测试的结果如图 3.56 所示，ping 显示为无法到达，但可以访问 WWW 页面。

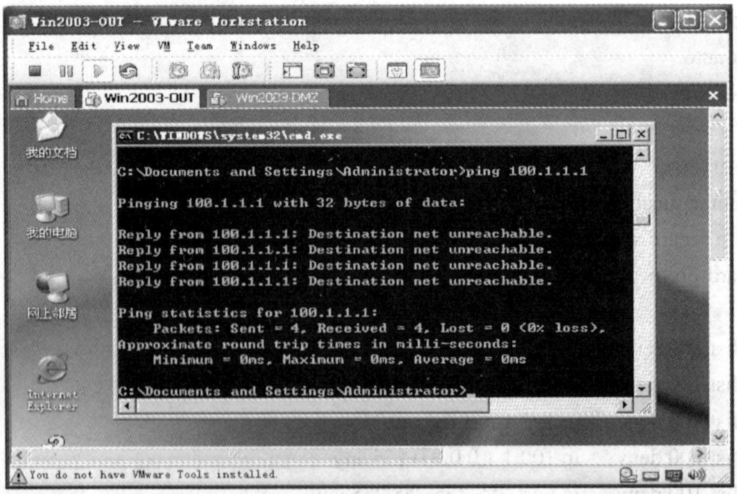

图 3.56　外部主机上访问 DMZ 服务器的 ping 测试

6. 在内部主机上访问 DMZ 服务器和访问外部主机

在内部主机 10.2.2.2 上分别访问 DMZ 的 WWW 服务器和 ping 外部的主机 100.1.1.2。如图 3.57 所示，都是可以访问与连通的。

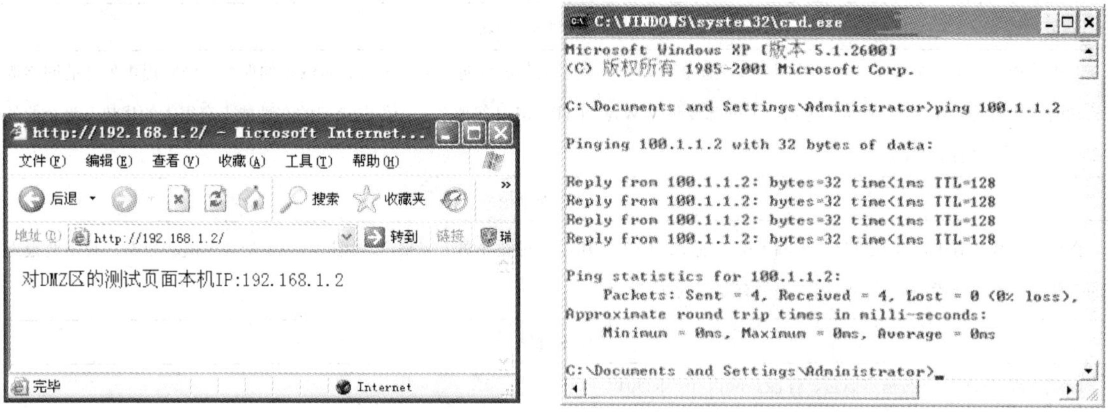

图 3.57 在内部主机上访问 DMZ 服务器的 ping 测试

3.3.6 知识技能要点测评

这是本学习情境中的第三个工作任务，主要以思科公司的路由器的 IOS 中集成的防火墙功能特性集的知识为主，学习基于路由器实现防火墙功能特性，配置简单的实施环境。要求达到的目标是：能够深入理解思科的路由器防火墙提供的功能特性，在路由器上利用 SDM 软件配置实施防火墙功能，并能进行正确的检查，具体信息如表 3.6 所示。

表 3.6 知识技能要点测评表

学习情境 3——知识技能要点测评表			
序号	测评要点	具体目标	测评权重
1	知识理解	理解 Cisco IOS 防火墙特性，掌握基于 CBAC 上下文的访问控制的防火墙的功能配置流程	30
2	工具及软件使用	能利用 SDM 软件在思科路由器上配置实现防火墙功能，来保护中小型企业网络的安全	30
3	操作标准与规范	对路由器中防火墙功能的配置标准且规范	20
4	检验方法与措施	能够采用正确的方法对路由器中防火墙功能的配置结果进行检查，并能说明检查结果	20

3.4 工作任务 4——利用硬件防火墙对企业访问行为进行控制

3.4.1 工作任务描述

本工作任务是中等以上规模企业中硬件防火墙的方案，利用特定厂商硬件防火墙设备的特点来实现安全特性，了解硬件防火墙功能、参数及选择等。此解决方案也适用于大中型企业中的安全防护。具体工作任务描述与实施流程如表 3.7 所示。

表 3.7　任务描述与实施流程表

学习情境 3——对网络访问行为进行控制
任务名称：利用硬件防火墙对企业访问行为进行控制
企业工作情境描述
对中等规模以上的企业事业单位的网络安全防护手段中，较多采用硬件防火墙技术实施对网络的保护，同时提供外部的网络服务功能，如通过 DMZ 接口连接服务器，为外部提供 WWW、FTP、Mail 等服务。硬件防火墙的在性能上有很大的优势，为企业的安全防护能提供有力帮助
工作任务分析
在这个工作任务中，要在硬件防火墙上配置基本的防火墙功能，对硬件防火墙来说，通过命令行配置一般较复杂，且需要很大的工作量，所以一般的硬件防火墙都提供有专门的配置软件
任务目标
1．学习硬件防火墙的基本概念、性能、功能相关的知识； 2．能在硬件防火墙上配置基本的防火墙功能； 3．学会硬件防火墙的功能与配置，能利用现有的硬件防火墙配置对企业网络的保护，掌握硬件防火墙的配置方法与技巧
学习场景简化
对学习情境中的企业总部的硬件防火墙进行配置，实现对多数常见攻击的防护，结构如图 3.58 所示。本任务在图中的网络环境中通过对防火墙配置实现对网络的保护，并能进行相应防护效果的检测
工具及软件选用
1．硬件防火墙设备（可根据现有条件选择）或利用 PIX 模拟软件进行模拟配置； 2．思科的 ASDM 软件
任务实施流程
1．知识准备：阅读引导文本中关于硬件防火墙的选择分类等知识或在网上查找相关资料； 2．工具及软件选用：本任务中建议使用硬件防火墙产品实现，也可以利用 PIX 模拟软件进行模拟； 3．规划设计企业硬件防火墙防护功能及网络结构； 4．在硬件防火墙安装与配置，可以利用 ASDM 进行配置； 5．检查、测试硬件防火墙的配置方法
参考资料手册
1．利用互联网搜索相关知识； 2．教材中的引导文本； 3．关于本部分的视频教程

本工作任务中的关键配置设备是网络中防火墙，合理选择硬件防火墙，并进行网络的防护方案的设计以实现对大吞吐量的连接进行访问控制，硬件防火墙的优点是主要体现在性能及功能上，一般用于有一定经济接受能力的园区网络中以实现访问控制功能。具体工作任务实施如图 3.58 所示。

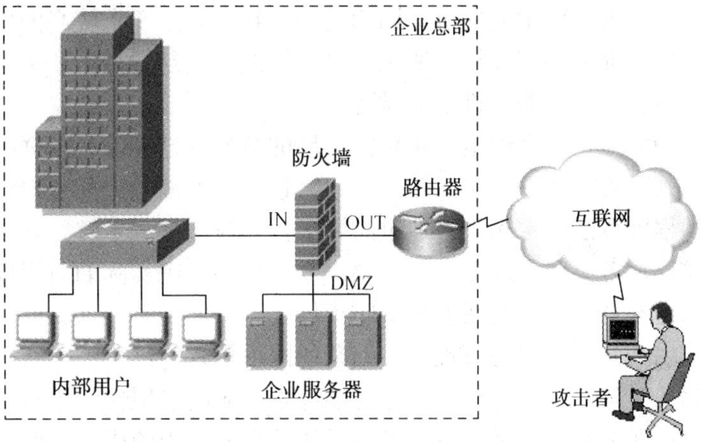

图 3.58　应用于大中型企业的硬件防火墙

3.4.2　引导文本

1．硬件防火墙产品简介

在大中型企业网络的实际应用中，对于防火墙设备几乎是必选的，因为这会为管理者和网络的使用者减少由于各种网络攻击带来的麻烦。防火墙从形式上可分为软件防火墙和硬件防火墙。对于一个企业来说，如果内部上网节点超过 200 时，建议考虑使用基于硬件的防火墙设备，当然这不是仅根据节点数就可以确定的，要综合考虑安全性的需求及性能要求等多方面因素，来决定是否使用硬件防火墙。

目前市场上可见的硬件防火墙产品不下百余种，Cisco（思科）、H3C（华三通信）、Juniper、天融信（TOPSEC）、联想网御、华为赛门铁克（华赛）、启明星辰、CHECKPOINT、瑞星（RISING）、安氏领信、紫光（UNIS）、东方龙马（OLM）等。目前国内企事业单位的选择以国产为主，如天融信、启明星辰、联想网御、华为、安氏领信等厂商。那么，什么是硬件防火墙呢？

防火墙一般是部署于内部网络、DMZ 区域和外部网络之间对数据进行检查控制高级设备。它又分为一般硬件级别防火墙和专用芯片的硬件防火墙两种。一般硬件级别的防火墙多是利用通用平台进行设计的，如基于 X86 体系，与 PC 主要区别是操作系统在设计上多采用专用操作系统进行设计的，这类产品在性能上介于软件防火墙与专用硬件防火墙之间。专用芯片硬件防火墙，是指在专门设计的硬件平台，其搭建的软件也是专门开发的，并非流行的操作系统，因此可以达到较好的安全性能保障。通俗地讲，硬件防火墙是指把防火墙程序做到芯片里面，由硬件执行这些功能，可以减少 CPU 的负担的这样一种防火墙。硬件防火墙是保障内部网络安全的一道重要屏障，它的安全和稳定，直接关系到整个内部网络的安全。

2．硬件防火墙产品的选择

硬件防火墙产品选择的前提是要考虑企业网络的现有条件、环境及需求，当然性能指标是要首先考虑的，主要的衡量指标包括吞吐量、转发率、延迟、缓冲能力和丢包率等。一般网络在选择时多是从以下几个方面考虑：安全性、高效性、配置便利性与管理的难易度等。为了保证所选择的硬件防火墙不会成为网络瓶颈，所以一定要考虑其各项参数，及其与其他设备协同工作的能力等。对硬件防火墙进行选择时可以从以下 5 个方面考虑。

（1）硬件防火墙自身的安全性。防火墙的作用及位置的关键性直接关系到整个内部网络的安全，产品自身则成为关键中的关键。因为它的一端与安全要求较高的内部网络连接，另一端则与风险很高的外部网络相连接。所以产品自身的安全是选择中要最先考虑的。其自身的安全性主要有是否有安全漏洞、性能瓶颈等。

（2）硬件防火墙的数据处理性能。硬件防火墙的数据处理性能是根据防火墙对网络数据的处理能力来进行判断的，如吞吐量、转发率、丢包率、缓冲能力和延迟等。这些性能指标往往与硬件电路和程序算法决定相关，通过这些参数的对比可以了解一款硬件防火墙产品的硬件性能。这些建议参考第三方评测数据结果。当然也要考虑实际的应用场合，不同规模的企业可以根据需求选择百兆、千兆或万兆级防火墙。

（3）硬件防火墙的易配置性与管理性。繁杂的网络管理与维护，给网络管理人员增加了很多的工作。因此在对防火墙的选择时也尽可能考虑产品的易用性。不易配置与管理的防火墙产品增加了安全管理员的工作量，也无形中增加了企业人力的成本。便捷的配置与成熟的管理策略为管理带来方便，也能避免错误配置，因为合理配置防火墙是网络安全的关键。同时也要考虑产品兼容性及与其他产品的协调性。

（4）产品的售后及相应服务。防火墙在网络设备中算高档产品，在经济投入上也较大，选择大厂商会为后期的售后及相应服务提供保障，因此要考虑产品厂商在售后及相应服务上的信誉度。

（5）防火墙的其他功能。防火墙除了具备基本功能外，一般也具有内容过滤、入侵检测、用户认证、虚拟专用网 VPN、日志/监控等功能。但是并不是所加的功能越多越好，这可能给防火墙的安全带来漏洞同时也会对其性能产生一定的影响，因此要慎重考虑。

总之，在对防火墙的选择上要根据实际需求来选择，关键是选择真正适合自己的防火墙。好的产品还要用好，合理的配置才是关键。

3．衡量防火墙的相关参数指标

（1）防火墙的吞吐量。吞吐量也称包转发率，是指在不丢包的情况下单位时间内通过防火墙的数据包数量。一般是以每秒数据包转发率（单位为兆数据包每秒，即 Mbps，数据包的大小是不定的，多以最小数据包 64 字节为单位计算），网络中的数据是由一个个数据包组成，防火墙对每个数据包的处理要耗费资源，因此这是测量防火墙性能的重要指标。主要由防火墙内网卡及程序算法的效率决定，尤其是程序算法，会使防火墙系统进行大量运算。真正采用硬件设计完成的才能达到标称的吞吐量。

（2）防火墙并发连接数。防火墙并发连接数，一般也称为会话数，是防火墙能够同时处理的点对点连接的最大数目，它反映出防火墙设备对多个连接的访问控制能力和连接状态跟踪能力，这个参数的大小直接影响到防火墙所能支持的最大信息点数。目前企业级防火墙可以达到几万到几十万个并发连接。

（3）DMZ。DMZ 即非军事化区，是允许外部访问的服务器单独接在该区的防火墙端口，使整个需要保护的内部网络接在信任区端口后，是在内部网络和外部网络之间增加的一个子网，用于企业把自己的 WWW、FTP、Mail 等服务器放置于 DMZ 接口区内，为企业向外网提供访问。

（4）网关。在两个设备之间提供转发服务的系统。网关是互联网应用程序在两台主机之间处理流量的应用层设备，通常应用于防火墙中。

（5）SSL。SSL（Secure Sockets Layer）是由 Netscape 公司开发的一套 Internet 数据安全协议，当前版本为 3.0。它已被广泛地用于 Web 浏览器与服务器之间的身份认证和加密数据传输。SSL 协议位于 TCP/IP 协议与各种应用层协议之间，为数据通信提供安全支持。

（6）防火墙端口数量。一般防火墙至少要有 2 端口，与路由器串联，一进一出的两个端口，为了提供 DMZ 区域的服务功能，多采用 3 端口以上的设计，一个与外部网络连接、一个与内部网络连接、还有一个是 DMZ 端口用于提供服务器区。当然也有 3 端口以上的配置，如 DMZ 区域设置了多个端口以连接多台服务器。一般防火墙还有其他的配置接口等。

4．Cisco 的 PIX 防火墙简介

（1）PIX 系列产品分类。思科公司的硬件防火墙主要以 Cisco PIX Firewall 501、506E、515E、525、535 及防火墙服务模块。关于 Cisco PIX Firewall 501 防火墙的特性可以参见思科网络上的产品说明，下面做以简介。其产品外观如图 3.59 所示，前面板为 Link/Act（连通/工作）、Power（电源）、VPN 隧道、速度等指示灯。后面前板主要有 4-port 10/100 switch（RJ-45）接口、配置口 Console port（RJ-45）、10BaseT（RJ-45）、电源连接口、安全锁插槽。

PIX 系列中不同型号产品应用于不同网络范围：

PIX501 用于小型办公室，设计用于小型办公室 SOHO，支持 3500 个并发连接、支持 10Mbps 纯文本吞吐量、133MHz 处理器、16MB RAM、提供了一个 10BaseT Ethernet 外部接口和 4 个 10/100 交换接口、支持 3Mbps 的 3DES 加密数据的吞吐量、支持思科的统一客户端协议、支持 5 个 VPN 连接等。

PIX506 设计用于小型分支机构或远程办公室，支持 10000 个并发连接、支持 20Mbps 纯文本吞吐量、300MHz 处理器、32MB RAM、提供了两个 10BaseT Ethernet 外部接口、支持 16Mbps 的 3DES 加密数据的吞吐量、支持 25 个 VPN 连接等。

PIX515 设计用于中小型商业用，支持 128000 个并发连接、支持 188Mbps 纯文本吞吐量、433MHz 处理器、64MB RAM、提供 6 个接口、支持 failover、支持 63Mbps 的 3DES 加密数据的吞吐量、支持 2000 IPSec tunnels 等。

PIX525 设计用于企业，支持 280000 个并发连接、支持 360Mbps 纯文本吞吐量、600MHz 处理器、256M RAM、提供 8 个接口、支持 failover、支持 70Mbps 的 3DES 加密数据的吞吐量、支持 2000 IPSec tunnels 等。

PIX535 设计用于企业或服务提供商、支持 500000 个并发连接、支持 1.7Gbps 纯文本吞吐量、1GHz 处理器、1GBRAM、最大提供 10 个接口、支持 failover、支持 96Mbps 的 3DES 加密数据的吞吐量、支持 2000 IPSec tunnels 等。

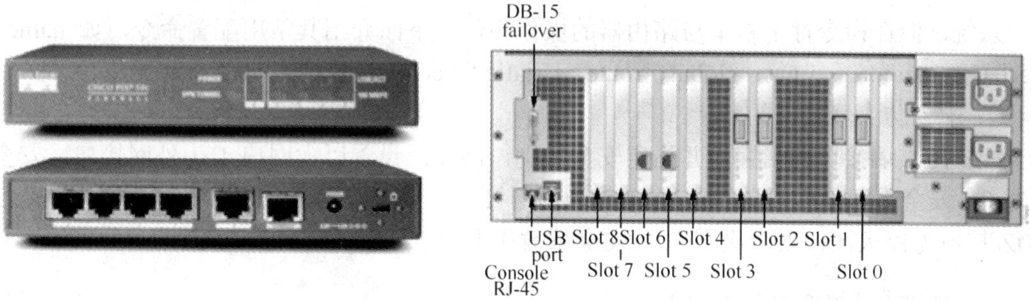

图 3.59　PIX Firewall 501 和 PIX Firewall 535

FWSM（Firewall Services Module），防火墙服务模块主要用于多层交换设备，如 Catalyst 6500 Switch、Cisco 7609 Internet Router，提供 PIX Firewall 软件 6.0 版的功能集，也提供软件 6.2 版的一些功能集。设计用于高端企业或服务提供商、运行在 Catalyst 6500 Switch、Cisco 7609 Internet Router 上、基于 PIX Firewall 技术、支持 1000000 个并发连接、每秒支持 100000

对连接、支持 5Gbps 纯文本吞吐量、1GHz 处理器、1GB DRAM、支持 100 个 VLAN、支持 failover 等。FWSM 功能卡安装到 Catalyst 6500 交换机的方式，如图 3.60 所示。

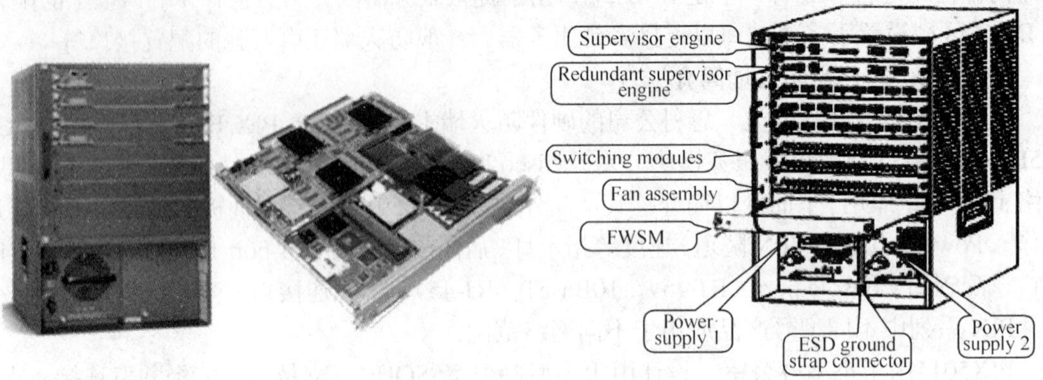

图 3.60　防火墙服务模块

（2）PIX 系列产品特性。PIX 系列产品在性能与功能上是完善的，采用了 ASA 算法。

优点：网络性能高、提供丰富的基于 IPSec 的 VPN 服务软件。

缺点：基于命令行进行配置、无法根据用户名或工作组实施安全策略配置。

对于硬件防火墙接口网络设计与简介。

① 内部区域：指企业内部网络或者是企业内部网络的一部分。它是互联网络的信任区域，即受到了防火墙的保护。

② 外部区域：指 Internet 或者非企业内部网络。它是互联网络中不被信任的区域，当外部区域想要访问内部区域的主机和服务，通过防火墙，就可以实现有限制的访问。

③ 停火区：停火区 DMZ 是一个隔离的网络，或几个网络。位于停火区中的主机或服务器被称为堡垒主机。

对于多接口的防火墙产品可以根据实际情况定义各接口所处的区域或安全性，也可以定义具体的网络对象。防火墙分别接到了内网、通过路由器接到互联网、DMZ 接口，用于连接企业的公共服务器。

（3）PIX 防火墙常用配置命令。思科 PIX 防火墙在操作系统上采用了与其路由器不同的操作系统，但在命令行上基本与路由器的操作相仿。下面介绍其常用配置命令，如 nameif、interface、ip address、nat、global、route、static 和 conduit 及相关的查看命令。

① 配置防火墙接口的名字。

配置防火墙接口的名字，并指定安全级别，例如：设置以太网口 1 为外网接口，安全级别为 0，安全系数最低设置以太网口 2 为内网接口，安全级别为 100，安全系数最高，设置 DMZ 接口为停火区，安全级别 50，安全系数居中。

```
nameif ethernet0 outside security  0
nameif ethernet1 inside security  100
nameif dmz security  50
```

② 接口配置。

配置以太口参数：

```
interface ethernet0 auto
```

```
interface ethernet1 100full shutdown
```

③ 配置内外网卡的 IP 地址。

```
ip address outside 100.1.1.1 255.255.255.248
ip address inside 10.2.2.1 255.255.255.0
```

④ 配置 NAT 功能。

指定要进行转换的内部地址：

```
nat (if_name) nat_id local_ip [netmask]
```

其中（if_name）表示内网接口名字，nat_id 用来标识全局地址池，使它与其相应的 global 命令相匹配，local_ip 表示内网被分配的 IP 地址。例如，0.0.0.0 表示内网所有主机可以对外访问。[netmark]表示内网 IP 地址的子网掩码，0 可以代表 0.0.0.0。

⑤ 指定外部地址范围。

global 命令把内网的 IP 地址翻译成外网的 IP 地址或一段地址范围。

global (if_name) nat_id ip_address - ip_address [netmark global_mask]

其中（if_name）表示外网接口名字，nat_id 用来标识全局地址池，使它与其相应的 nat 命令相匹配，ip_address-ip_address 表示翻译后的单个 IP 地址或一段 IP 地址范围。[netmark global_mask]表示全局 IP 地址的网络掩码。

⑥ 设置指向内网和外网的静态路由。

```
route outside 0 0 100.1.1.2 1
```

⑦ 把内部地址翻译成一个外部全局地址。

```
static (internal_if_name，external_if_name) outside_ip_address inside_ ip_address
```

⑧ 允许数据流从具有较低安全级别的接口流向具有较高安全级别的接口。

```
static 和 conduit 命令将一起使用，来指定会话的建立：
conduit  {permit | deny}  protocol   global_ip port[-port]   foreign_ip [netmask]
```

⑨ PIX 配置实例。

```
Nameif ethernet0 outside security 0
Nameif ethernet1 inside security 100
Enable password cey123
Hostname PIX525
interface ethernet0 auto
interface ethernet1 auto
ip address outside 100.1.1.1 255.255.255.252
ip address inside 10.2.2.1 255.255.255.0
global (outside) 1 100.1.1.3
nat (inside) 1 0.0.0.0 0.0.0.0 0 0
static (inside, outside) 100.1.1.4 10.2.2.3 netmask 255.255.255.255 0 0
conduit permit icmp any any
conduit permit tcp host 100.1.1.5 eq www any
conduit permit udp host 100.1.1.5 eq domain any
route outside 0.0.0.0 0.0.0.0 100.1.1.2 1
```

```
aaa-server TACACS+ protocol tacacs+
aaa-server RADIUS protocol radius
snmp-server community public
no snmp-server enable traps
telnet timeout 5
```

⑩ 检查防火墙的相关维护命令。

查看端口状态：show interface

查看静态地址映射：show static

查看接口 IP 地址：show ip

查看 NAT 转换情况：show xlate

确定连通性：ping outside | inside ip_address

关于 PIX 的配置可以利用 PEMU 的 PIX 防火墙进行模拟实验，思科除了 PIX 系统防火墙产品外还有 ASA 自适应安全设备，如 ASA 5200 等。后面以 ASA 5200 为例进行设计与实施。

3.4.3 设计企业硬件防火墙防护功能

利用 ASA 5200 设计对企业网络的保护。下面是某园区网络的防火墙部署方案，具体设计如图 3.61 所示。

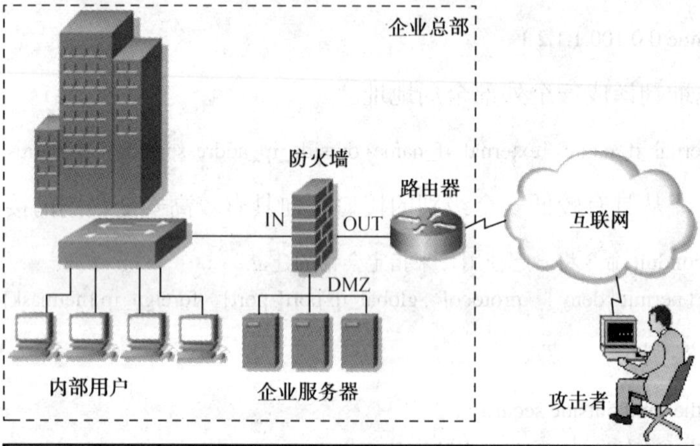

防火墙定义	具体接口	地址配置	连接设备
外部 OUT 接口	GigabitEthernet0/0	10.10.10.254	与外部相连接的路由器
内部 IN 接口	GigabitEthernet0/1	10.0.3.253	内部核心交换机
DMZ 接口	GigabitEthernet0/2	192.168.1.1	企业服务器

图 3.61 ASA 5200 硬件防火墙设计对企业网络的保护及接口配置

3.4.4 利用硬件防火墙实施企业内部网络保护

针对上面的设计进行配置 ASA5200。首先进行基本配置，然后利用 ASDM 软件进行配置。此软件在设备的随机光盘中有，也可以在思科网站或其他网站下载。

（1）通过命令行进行基本的配置。

进入全局模式：

```
asa5200#configure terminal
```

新建一个用户、密码和定义级别：

```
asa5200(config)# username ceysln password cey123 privilege 15
```

进入内部接口、添加 IP 地址、管理口设个名字、激活接口：

```
asa5200(config)# interface gigabitEthernet 0/1
asa5200(config-if)# ip address 10.0.3.253 255.255.255.0
asa5200(config-if)# nameif inif
asa5200(config-if)# no shutdown
```

开启 HTTP 服务、在管理口设置可管理的 IP 地址并进行保存：

```
asa5200(config)# http server enable
asa5200(config)# http 192.168.4.0 255.255.255.0 inif
asa5200(config)# wr m
```

（2）通过 ASDM 进行配置。ASDM 安装完成后要有 Java 运行环境的支持，与 SDM 使用非常相似，经过上面的命令行配置后，启动 ASDM 就可以登录 ASA 5200 进行配置了，如图 3.62 所示。

图 3.62　利用 ASDM 连接防火墙进行配置

关于具体的配置可以与 SDM 配置作为参考，配置项目与 SDM 的配置设置很相似，如图 3.63 所示。

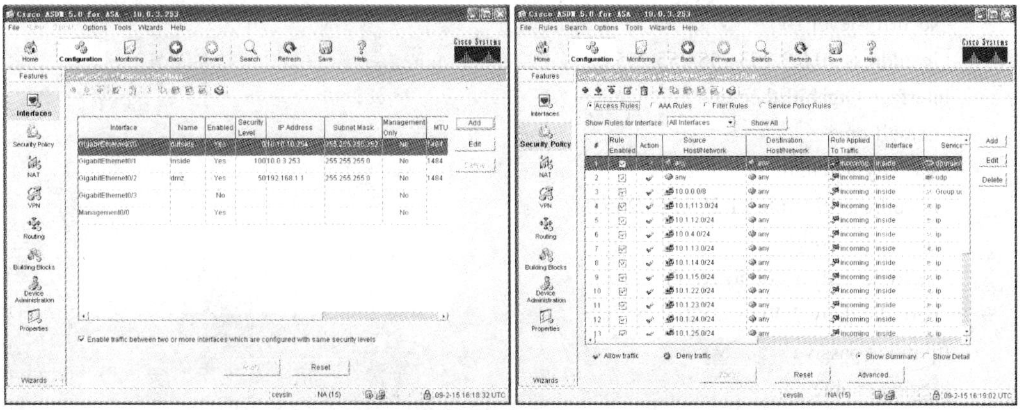

图 3.63　连接防火墙后的配置

3.4.5 进行防护效果检测

ASA 5200 的配置检查可以利用 Show 等命令进行查看，也可以在 ASDM 中进行。下面是在 ASDM 中进行的状态查看，如图 3.64 所示。选择 Monitoring 监视下的 Logging 日志项目，选择日志缓冲、启动日志，启动后选择 View，可以查看到日志的缓存信息。

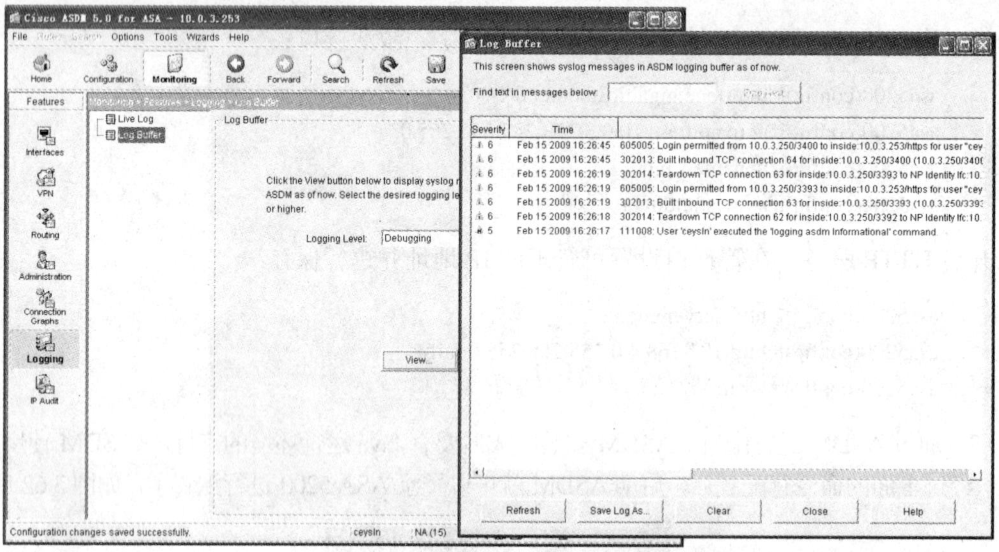

图 3.64　通过硬件防火墙日志功能进行检查

利用 Show 命令查看到的主要信息的简化：

```
asa5520# show run
hostname asa5520
dns-guard
interface GigabitEthernet0/0
 nameif outside
 security-level 0
 ip address 10.10.10.254 255.255.255.252
interface GigabitEthernet0/1
 nameif inside
 security-level 100
 ip address 10.0.3.253 255.255.255.0
interface GigabitEthernet0/2
 nameif dmz
 security-level 50
 ip address 192.168.1.1 255.255.255.0
time-range work1
 periodic daily 13:00 to 16:00
 periodic daily 7:30 to 11:20
ftp mode passive
logging enable
logging monitor debugging
logging trap debugging
```

```
logging host inside 10.0.3.110
route outside 0.0.0.0 0.0.0.0 10.10.10.253 1
route inside 10.0.0.0 255.0.0.0 10.0.3.254 1
username ceysln password U6v1nWo7/I1sjSXI encrypted privilege 15
http server enable
http 10.0.3.0 255.255.255.0 inside
http 10.0.3.252 255.255.255.255 inside
```

本任务中某职业技术学院的网络整体方案，如图 3.65 所示。

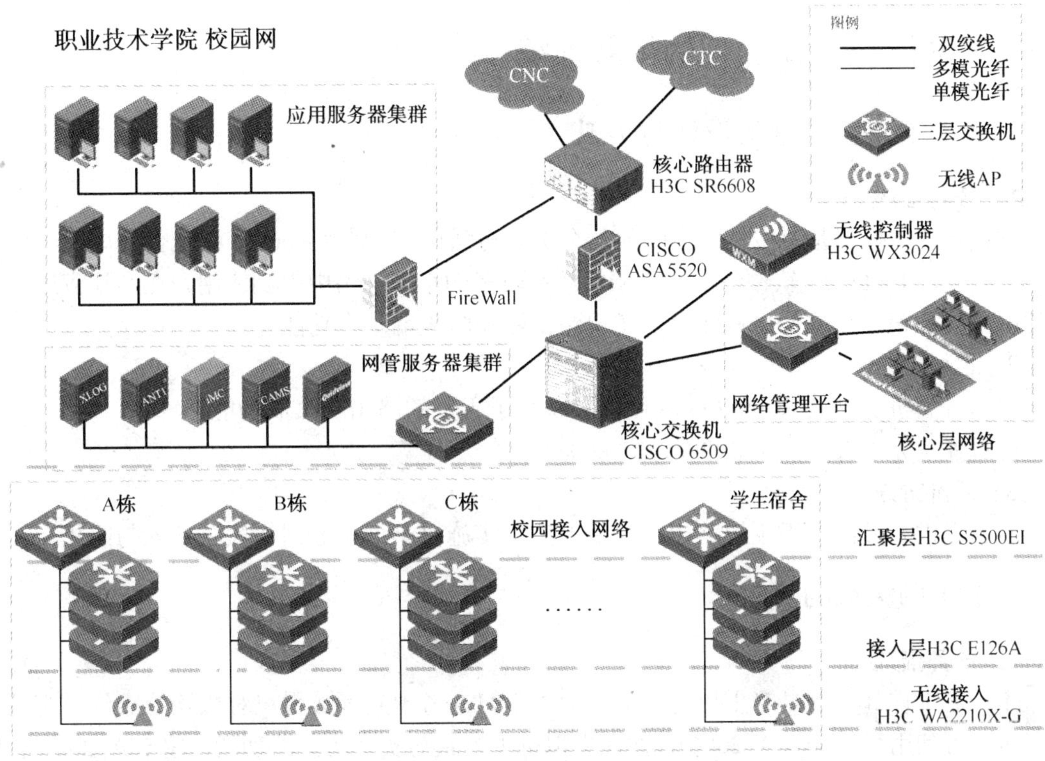

图 3.65　某职业技术学院的网络整体方案

3.4.6　知识技能要点测评

这是本学习情境中的第四个工作任务，主要是对硬件防火墙功能特性及性能指标加以介绍，通过本任务来学习基于硬件防火墙的配置实施对企业网络的安全防护。要求达到的目标是：能够深入理解一款硬件防火墙的功能特性及参数指标，能在硬件防火墙上利用 ASDM 软件配置实施安全防护功能，并能进行正确的检查，具体如表 3.8 所示。

表 3.8　知识技能要点测评表

学习情境 3——知识技能要点测评表			
序号	测评要点	具体目标	测评权重
1	知识理解	理解硬件防火墙功能特性及相关的参数指标和术语，掌握硬件防火墙的配置方法与技巧	20

续表

学习情境 3——知识技能要点测评表			
2	工具及软件使用	能利用 ASDM 软件在 ASA 硬件防火墙上配置安全防护功能。来保护企业网络的安全	40
3	操作标准与规范	对路由器中防火墙功能的配置标准且规范	20
4	检验方法与措施	能够采用正确的方法对路由器中防火墙功能的配置结果进行检查，并能说明检查结果	20

3.5 针对同类工作任务的拓展训练

3.5.1 小型企业防火墙的设计与实现

1．任务描述

本拓展工作任务是对主机防火墙的一个扩充与强化，是利用 RouterOS 软件在虚拟机中的配置与实现，RouterOS 软件路由防火墙已经在较多的小型网络中得到应用，在实际应用中可以利用一台配置一般的计算机即可以实现路由器和防火墙基本功能。

2．目标

在一台主机上安装 RouterOS 软件以实现基于主机的路由防火墙功能；

通过任务完成具备同类软件的实施能力。

3．评价方法

能够提供有效的基于主机路由防火墙方案，实施对小型企业网络安全接入与防护。

3.5.2 ISA 防火墙的实施

1．任务描述

本拓展工作任务也是对主机防火墙的深入学习，考虑到多数用户对微软的操作系统较熟悉，所以可利用微软的 ISA 2006 软件在虚拟机中配置与实现防火墙功能，将 ISA 2006 软件安装于 Windows 2003（建议 SP2 版本以上）操作系统中，以实现对中等规模网络对防火墙功能的需求，同时它可以实现缓存以及与域功能的结合。在实际应用中需要将其安装配置于服务器主机中，以确保其性能的发挥，另外 ISA 2006 优于硬件防火墙的一点是，它可以更好地进行应用层面的控制。

2．目标

在 Windows 2003 系统主机上安装 ISA 2006 软件以实现基于主机的防火墙功能；

通过任务完成具备常用防火墙功能及配置的迁移能力。

3．评价方法

能够提供有效的基于主机防火墙方案，实施对中等规模企业网络安全接入与控制。

3.6 利用网上搜索完成网络安全相关标准调研并形成报告

利用网上搜索完成网络安全相关标准的调查并形成报告，报告需要包含的要点：

1. 网络与信息安全标准国际组织及相关标准

2. 网络与信息安全标准国内组织及相关标准

3. 中国信息安全测评中心测评认证标准

（1）信息安全产品分级评估

（2）中国信息安全测评中心信息系统测评

（3）测评国家标准

（4）测评国际标准

（5）相关法规

4. 常见信息安全相关标准

（1）美国可信计算机安全评价标准（TCSEC）

（2）欧洲 ITSEC

（3）加拿大 CTCPEC

（4）美国联邦准则（FC）

（5）联合公共准则（CC）

（6）ISO 安全体系结构标准：ISO 7498—2 和 ISO 17799

（7）中华人民共和国国家标准 GB 17895—1999《计算机信息系统安全保护等级划分准则》

……

3.7 习题与实训

3.7.1 习题

1. 试说明防火墙的主要技术有哪些？

2. 防火墙可以对流经它的数据进行控制，对于不经过它的访问行为，一般不能进行控制。（　　）

A. 正确　　　　B. 错误

3. 为了防止局域网外部用户对内部网络的非法访问，可采用的技术是（　　）。

A. 防火墙　　　B. 网卡　　　C. 网关　　　D. 网桥

4. 关于防火墙的功能，以下（　　）描述是错误的。

A. 防火墙可以检查进出内部网的通信量

B. 防火墙可以使用应用网关技术在应用层上建立协议过滤和转发功能

C. 防火墙可以使用过滤技术在网络层对数据包进行选择

D. 防火墙可以阻止来自内部的威胁和攻击

5. 防火墙是否可以防范病毒，为什么？

6. 包过滤技术、电路级网关和应用级网关分别工作在 OSI 模型的哪几层上？

7. 防火墙有哪些主要的技术？

8. 什么是 NAT 技术，它有几方面的作用？分别是什么？

9. 防火墙有几种典型配置方案？

10. 说明硬件防火墙的外观及各接口的功能。

3.7.2 实训

1. 在思科模拟软件下完成 ACL Telnet 实验。
2. 在思科模拟软件下完成 NAT 实验。
3. 完成一个代理软件的安装、设置与使用。
4. 学会一种硬件防火墙的设置，如 PIX 系列等。
5. 学会一种系统软件防火墙的设置，如 SmoothWall 等。
6. 学会一种应用软件防火墙的设置，如 ISA、瑞星个人防火墙等。
7. 完成此学习情境中的拓展训练。

学习情境 4　对入侵进行检测、审计与防护

4.0　总体介绍

什么是 IDS（Intrusion Detection System，入侵检测系统），为什么需要入侵检测呢？IDS 系统一般放置在网络中的关键点采用旁路侦听模式对网络中的流量进行采集、分析与判断，对已经发生的入侵或攻击行为采取发现、报警和日志等功能。之所以需要入侵检测系统是因为防火墙不是万能的，也不是无懈可击的，它也存在着漏洞，当入侵或攻击行为已经产生时就要有一种机制控制来发现这些行为并报警或日志等，这较适合用于事后的处理需求。

那么什么又是 IPS（Intrusion Prevention System，入侵防御系统）呢？IPS 一般放置在防火墙和网络的设备之间，采用在线模式。如果检测到攻击，可以对攻击采取适时行动的入侵防御系统。IPS 会在这种攻击扩散到网络的其他地方之前阻止这个恶意的通信。相比之下，IDS 只是存在于网络之外起到报警的作用，而不是在网络前面起到防御的作用。

如果把防火墙比作门卫，那么入侵防御系统 IPS 就是进门后检查证件的保卫人员，而入侵检测系统 IDS 就是在内部巡逻的保卫人员。

4.0.1　情境描述

企业局域网可能经常遭受各种各样的攻击，这些攻击可能来自于外部网络，也可能来自于内部网络；可能是已知的攻击方式，也可能是新的攻击方式。对于防火墙来说，它能根据事先设定好的规则对流经它的流量加以检查和控制，但对于来自内部网络的不经过防火墙的攻击或新的攻击行为，它就无法检查和控制了，这时就需要 IDS 和 IPS 技术来解决这样的问题，因为利用 IDS 和 IPS 可以编辑或更新攻击检测规则。

4.0.2　总体目标

- ◆ 学会入侵检测系统产品及功能、构成、分类及部署方法；
- ◆ 能对入侵检测的术语加以解释，知道 IDS 的部署条件；
- ◆ 对 IDS 的工作原理及各组件之间如何协同工作熟悉，并能合理选择 IDS 的安放位置；
- ◆ 通过拓展训练和后期学习中的经验积累能为中小型企业网络提供经济有效的入侵检测与防护措施。

4.0.3　内容描述

在本学习情境中设计了 3 个工作任务，第一个工作任务的引导知识较多是对入侵检测知识的介绍与用软件简单的实现 IDS 功能；第二个工作任务知识较少，也是关于入侵检测的内容，通过对 Snort 的 IDS 实现进行了重点设计，对 IDS 的底层实现有更深入的理解；第三个工作任务是在对入侵防御知识的介绍后，设计在思科路由器上实现 IPS 入侵防御功能，利用

SDM 配置基于思科路由器 IOS 的 IPS 功能，并对其进行相应配置。

4.0.4 情境教学条件

整体教学环境要求

◆ 建议此处的工作任务在具有局域网及网络安全设备的实训室完成，并保证所有实训用计算机可以访问互联网；
◆ 建议实训用计算机使用 Windows XP 操作系统，并安装有虚拟软件，并建立一个虚拟机安装 Windows 2000 系统；
◆ 建议实训用计算机硬件配置足够，特别是内存建议 2GB。

工具及软件要求

◆ SessionWall-3/eTrust Intrusion Detection 入侵检测软件；
◆ Snort 及部署 IDS 的相关软件（数据库软件、Snort 控制台等）；
◆ 路由器模拟软件 DynamipsGUI、路由器配置软件及路由器 IOS；
◆ SDM 软件、基本特征集（在 Cisco 网站下载的文件名 128MB.sdf）或在 SDM 安装目录下查找此文件；
◆ 虚拟机软件 VMware。

特定的硬件设备要求

◆ 硬件路由器（可用路由器模拟软件 DynamipsGUI 替代）、实际路由器配置中的工具软件；
◆ 根据实验条件选择 IDS/IPS 硬件设备。

参考资料及视频建议

◆ 关于 Snort 的专门教材；
◆ WOLF 的录屏视频；
◆ 关于本部分的视频教程。

4.0.5 学习情境 4 整体网络场景

学习情境 4 整体网络场景如图 4.0 所示。

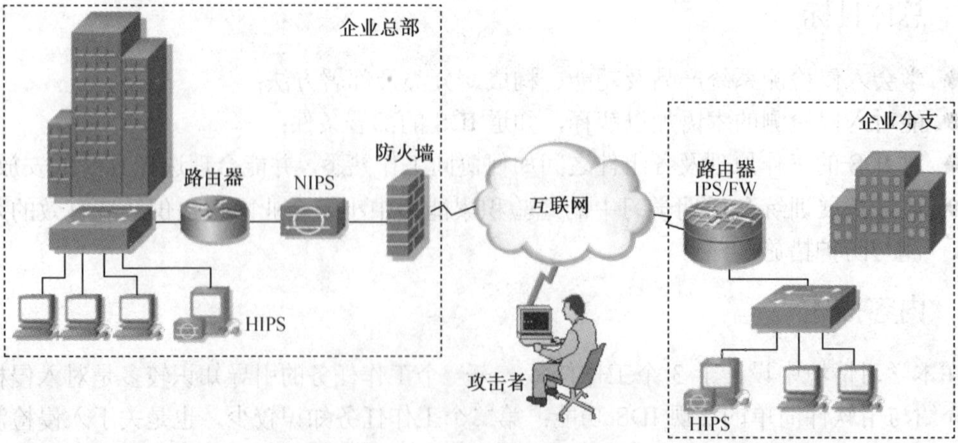

图 4.0 入侵检测与防护网络场景

4.1 工作任务 1——基于 SessionWall 入侵检测功能配置

4.1.1 工作任务描述

本工作任务以对入侵检测知识的理解为主，同时完成一个简单的工作任务。利用入侵检测软件来完成对入侵检测功能的实施。具体工作任务描述与实施流程如表 4.1 所示。

表 4.1 工作任务描述与实施流程表

学习情境 4——对入侵进行检测、审计与防护
任务名称：基于 SessionWall 入侵检测功能配置
企业工作情境描述
单纯凭借防火墙对网络及其中的主机来进行防护并不是全面的安全策略，在实际的企业应用中可以通过设置日志服务器、IDS 设备来对无法防范的攻击行为加以记录。这时可以在关键主机上安装日志或入侵检测模块来对此加以记录
工作任务分析
在这个工作任务中以主机为主的入侵检测，介绍入侵检测的相关概念与原理，本任务注重知识的理解，从任务实现上来看这是本学习情境中的简单任务，利用 SessionWall 实现 IDS 功能。所以本任务以学习知识为主
任务目标
1. 学习 IDS 的基本概念、功能及构成相关的知识； 2. 学习 IDS 系统的部署方法及技术要点； 3. 学会基于 IDS 软件的配置，能利用 SessionWall 软件实现对企业网络的入侵行为的记录与报警
学习场景简化
在企业网络中的关键主机上配置入侵检测系统是较常用的方式，结构如图 4.1 所示。本任务在此网络环境中通过对 IDS 知识的学习后在主机上安装入侵检测软件，配置实现对主机入侵行为的记录与报警
工具及软件选用
1. 安装有 Windows 2000 系统的虚拟机软件； 2. SessionWall 软件
任务实施流程
1. 知识准备：阅读引导文本关于 IDS 的原理及相关概念或查找 IDS 相关资料； 2. 工具及软件选用：安装有 Windows 2000 系统的虚拟机、SessionWall 软件； 3. 规划设计主机中的 IDS 方案； 4. 设置虚拟机 Windows 2000 系统的内存，CPU 要使用一个，然后安装 SessionWall 软件； 5. 定义 IDS 日志规则及警报规则； 6. 测试规则，并检查 IDS 日志及警报记录
参考资料手册
1. 利用互联网搜索相关知识； 2. 教材中的引导文本； 3. 课程网站上的关于本部分的视频教程

本工作任务是对 IDS 原理充分理解的基础上完成一个简单的任务，即通过在主机中安装 IDS 软件，并进行配置来加强对原理的理解。如果要对整个交换式局域网络进行检测，则要在交换机配置端口镜像功能，将主干的通信流量镜像到安装有 IDS 软件的主机所连接的端口，这与学习情境 1 中交换机的配置类似。具体工作任务实施图如图 4.1 所示。

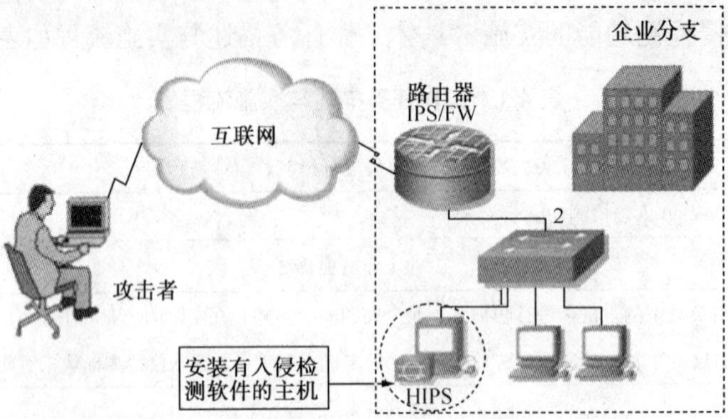

图 4.1　工作任务 1——局域网 IDS 设置场景

4.1.2　引导文本

1．入侵检测系统 IDS 定义

入侵检测（Intrusion Detection）是对入侵行为的发觉。它通过从计算机网络或计算机系统的关键点收集信息并进行分析，从中发现网络或系统中是否有违反安全策略的行为和被攻击的迹象，对系统的运行状态进行监视，发现各种攻击企图、攻击行为或者攻击结果，以保证系统资源的机密性、完整性和可用性。进行入侵检测的软件与硬件的组合便是入侵检测系统 IDS（Intrusion Detection System）。

入侵检测技术 IDS 是对防火墙的合理补充，入侵检测技术能够帮助系统对检测出网络攻击，包括安全审计、监视、攻击识别和响应，提高了信息安全基础结构的完整性。它从计算机网络系统中的若干关键点收集信息，并分析这些信息。入侵检测被认为是防火墙之后的第二道安全闸门，在不影响网络性能的情况下能对网络进行监测。

2．入侵检测系统 IDS 存在与发展的必然性

网络攻击的破坏性、损失的严重性；日益增长的网络安全威胁；单纯的防火墙无法防范复杂多变的攻击。

防火墙是有缺陷的，它是网络边界的设备、自身可以被攻破、对某些攻击保护很弱、不是所有的威胁都来自防火墙外部。

入侵是很容易的，入侵教程和工具软件很容易从互联网获取。

3．入侵检测系统产品及功能

近几年入侵检测系统的快速发展，许多公司已投入到这一领域。如国外的 Snort（共享）、ISS、Axent、NFR、Cisco 等公司，国内的启明星辰、联想网御、H3C、东软、中软、绿盟 XFOCUS 等，推出了各自相应的软硬件 IDS 产品。但目前，入侵检测系统相应的标准并不完善，对 IDS 进行标准化工作的主要有两个组织：Common Intrusion Detection Framework（CIDF）和 IETF 的 Intrusion Detection Working Group（IDWG），但仍没有广泛接受的标准出

台。并且由于 IPS 产品的出现更使得 IDS 产品成为两难的境地，但无论是 IDS 还是 IPS 它们的根本原理与功能是确定的：监测并分析用户和系统的活动；核查系统配置和漏洞；评估系统关键资源和数据文件的完整性；识别已知的攻击行为；统计分析异常行为；操作系统日志管理，并识别违反安全策略的用户活动。

4．入侵检测系统功能构成

入侵检测系统包括三个功能部件：信息收集、信息分析和结果处理。

（1）信息收集。入侵检测的第一步是信息收集，收集内容包括系统、网络、数据及用户活动的状态和行为，需要在计算机网络系统中的若干不同关键点（不同网段和不同主机）收集信息尽可能扩大检测范围，从一个数据源来的信息有可能看不出疑点。入侵检测很大程度上依赖于收集信息的可靠性和正确性，要保证用来检测网络系统软件的完整性，特别是入侵检测系统软件本身应具有相当强的坚固性，防止被篡改而收集到错误的信息。

① 信息收集的来源：系统或网络的日志文件、网络流量、系统目录和文件的异常变化和程序执行中的异常行为。

② 系统或网络的日志文件：攻击者常在系统日志文件中留下踪迹，因此，充分利用系统和网络日志文件信息是检测入侵的必要条件；日志文件中记录了各种行为类型，每种类型又包含不同的信息，如记录“用户活动”类型的日志，就包含登录、用户 ID 改变、用户对文件的访问、授权和认证信息等内容；显然，对用户活动来讲，不正常的或不期望的行为就是重复登录失败、登录到不期望的位置以及非授权的企图访问重要文件等。

③ 系统目录和文件的异常变化：网络环境中的文件系统包含很多软件和数据文件，包含重要信息的文件和私有数据文件经常是黑客修改或破坏的目标；目录和文件中的不期望的改变（包括修改、创建和删除），特别是那些正常情况下限制访问的，很可能就是一种入侵产生的指示和信号；入侵者经常替换、修改和破坏他们获得访问权的系统上的文件，同时为了隐藏系统中他们的表现及活动痕迹，都会尽力去替换系统程序或修改系统日志文件。

（2）信息分析。对收集到的信息的分析方法主要有：模式匹配、统计分析、完整性分析（往往用于事后分析）。

① 模式匹配：模式匹配就是将收集到的信息与已知的网络入侵和系统误用模式数据库进行比较，从而发现违背安全策略的行为。一般来讲，一种攻击模式可以用一个过程（如执行一条指令）或一个输出（如获得权限）来表示。该过程可以很简单（如通过字符串匹配以寻找一个简单的条目或指令），也可以很复杂（如利用正规的数学表达式来表示安全状态的变化）。

② 统计分析：统计分析方法首先给系统对象（如用户、文件、目录和设备等）创建一个统计描述，统计正常使用时的一些测量属性（如访问次数、操作失败次数和延时等）；测量属性的平均值和偏差将被用来与网络、系统的行为进行比较，任何观察值在正常值范围之外时，就认为有入侵发生。

③ 完整性分析：完整性分析主要关注某个文件或对象是否被更改；这经常包括文件和目录的内容及属性；在发现被更改的、被安装木马的应用程序方面特别有效。

（3）结果处理。入侵检测性能关键参数：误报（false positive）、漏报（false negative）。

误报（false positive）：如果系统错误地将异常（非入侵行为）活动定义为入侵，就会产生误报。这主要是因为定义的规则过于严格。

漏报（false negative）：如果系统未能检测出真正的入侵行为，就是漏报。漏报往往是检测速度不够或定义的规则不全面等原因引起的。

5. 入侵检测系统 IDS 的分类

（1）入侵检测系统按照数据来源分类可分为主机型和网络型。

① 主机型入侵检测系统 HIDS（Host-based IDS）。系统获取数据的依据是系统运行所在的主机，保护的目标也是系统运行所在的主机。主机型入侵检测系统往往以系统日志、应用程序日志等作为数据源，当然也可以通过其他手段（如监督系统调用）从所在的主机收集信息进行分析。主机型入侵检测系统保护一般是所在的系统。基于主机的 IDS 应用程序适合检测下列行为：指向本地主机的端口扫描、重复失败的登录企图、主要用户账户的建立和修改、文件许可权的改变、账户权限的提升、服务被启动或停止、系统重启动。

② 网络型入侵检测系统 NIDS（Network-based IDS）。系统获取的数据是网络传输的数据包，保护的是网络的运行。网络型入侵检测系统的数据源则是网络上的数据包。往往将一台主机的网卡设于混杂模式（Promiscuous Mode），监听所有本网段内的数据包并进行判断。一般网络型入侵检测系统担负着保护整个网段的任务。

网络型 IDS 的优点主要是简便：一个网段上只需安装一个或几个这样的系统，便可以监测整个网段的情况。且往往利用单独的计算机做这种应用，不会给运行关键业务的主机带来负载上的增加。但由于现在网络的日趋复杂和高速网络的普及，这种结构正受到越来越大的挑战。一个典型的例子便是交换式以太网。

③ HIDS 与 NIDS 的区别与组合。

◆ 网络 IDS：侦测速度快、隐蔽性好、视野更宽、较少的监测器、占资源少。

◆ 主机 IDS：视野集中、易于用户自定义、保护更加周密、对网络流量不敏感。

◆ 混合型 IDS：网络 IDS 和主机 IDS 共同存在，互相补充。

（2）按系统各模块的运行方式入侵检测系统可分为集中式和分布式。

① 集中式：系统的各个模块包括数据的收集分析集中在一台主机上运行；

② 分布式：系统的各个模块分布在不同的计算机和设备上。

（3）按照分析方法（检测方法）入侵检测系统可分为异常检测模型和误用检测模型。

① 异常检测模型（Anomaly Detection ）：首先总结正常操作应该具有的特征（用户轮廓），当用户活动与正常行为有重大偏离时即被认为是入侵。

② 误用检测模型（Misuse Detection）：收集非正常操作的行为特征，建立相关的特征库，当监测的用户或系统行为与库中的记录相匹配时，系统就认为这种行为是入侵。

6. 入侵检测系统的部署

（1）部署入侵检测的网络环境。

入侵检测系统的几个部件往往位于不同的主机上。一般来说会有三台机器，分别运行事件产生器、事件分析器和响应单元。在安装 IDS 时，关键是选择数据采集部分所在的位置，因为它决定了“事件”的可见度。

对于主机型 IDS：其数据采集部分当然位于其所监测的主机上。

对于网络型 IDS：其数据采集部分则有多种可能，NIDS 的位置必须要看到所有数据包，它可以分为如下情况：共享媒介 Hub、交换环境、隐蔽模式、千兆网。

分布式结构 IDS：Sensor、Console，即把信息的收集与信息的分析与处理分开。

① 共享式以太网中入侵检测系统的部署。如果网段用总线式的集线器相连，则可将其简单地接在集线器的一个端口上即可，因为集线器或说共享式连接设备是以广播方式转发数据

的，如图 4.2 所示（当然采用集线器连接的网络已经很少了）。

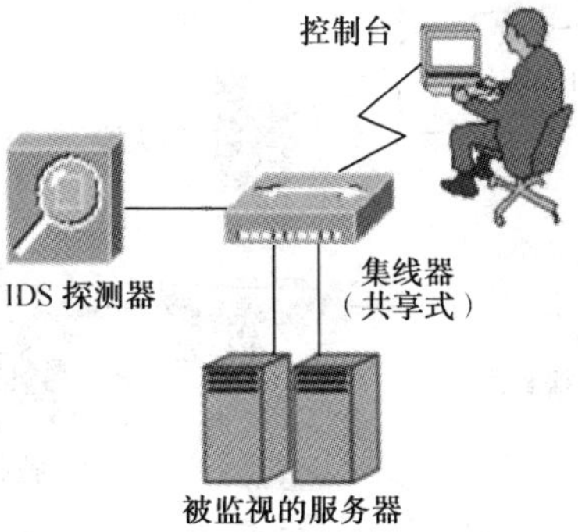

图 4.2　共享式以太网中入侵检测系统的部署

② 交换式以太网中入侵检测系统的部署。对于交换式以太网，问题则会变得复杂。由于交换机不采用共享媒介的办法，传统的采用一个探测器 Sensor 或嗅探器 Sniffer 来监听整个子网的办法不再可行。可用以下方法解决。

◆ 多数交换机上有一个用于调试的端口(Span Port)或通过端口镜像实现(Port Monitor)，任何其他端口的进出信息（经过设置后）都可从此得到。如果交换机厂商把此端口开放出来，用户可将 IDS 系统接到此端口上。

优点：无须改变 IDS 体系结构。

缺点：采用此端口会降低交换机性能，如图 4.3 所示。

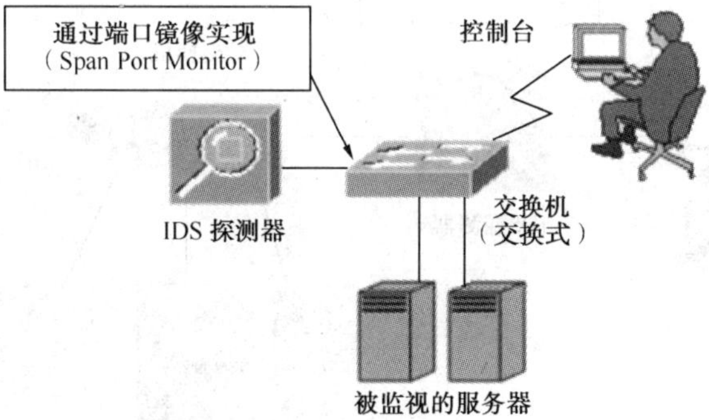

图 4.3　交换式以太网中入侵检测系统的部署

◆ 把入侵检测系统放在交换机内部或防火墙内部等数据流的关键入口、出口。

优点：可得到几乎所有关键数据。

缺点：必须与其他厂商紧密合作，且会降低网络性能。

◆ 采用分接器（Tap），将其接在所有要监测的线路上。

优点：在不降低网络性能的前提下收集了所需的信息。

缺点：必须购买额外的设备（Tap）。

若所保护的资源众多，IDS 必须配备众多网络接口。

如图 4.4 所示，此方式相当于把图 4.2 中的集线器换作分接器，如果要分别监测两个交换机上的数据，可以把分接器放于两个交换机与路由器相连接的部分。

◆ 唯一在理论上没有限制的办法就是采用主机型 IDS，即每台需要检测的主机上都安装基于主机的入侵检测系统。

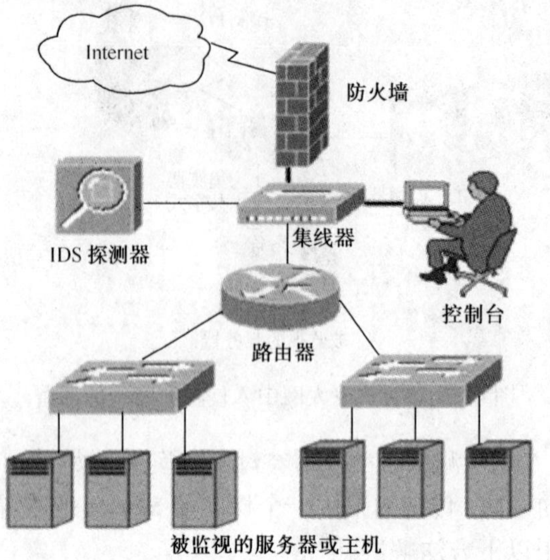

图 4.4　采用分接器的 IDS 网络

③ 部署隐蔽模式的入侵检测系统。隐蔽模式是指把 IDS Sensor 不设置 IP 地址，这样入侵者就很难查觉到有 IDS 的存在了，如图 4.5 所示。

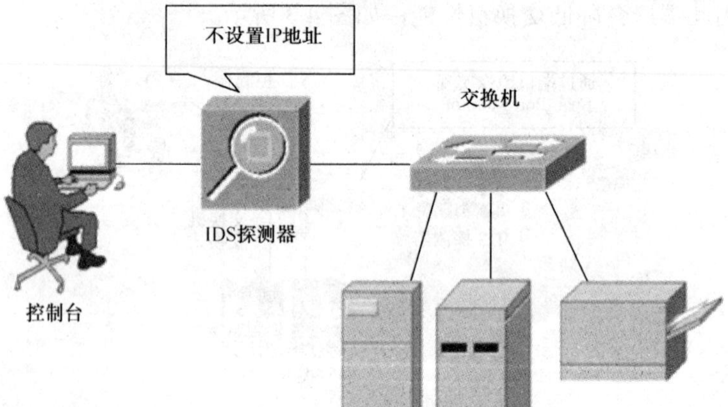

图 4.5　部署隐蔽模式的入侵检测系统

（2）部署入侵检测的原理与条件。

① 网络监听。其实入侵检测的原理与前面介绍的协议分析技术在原理上都是网络监听技术，利用监听工具俗称嗅探器（Sniffer）就可以实现协议数据的监听。网络监听技术与扫描技术类似，也是一把双刃剑。因为，对于网络管理人员可以用来监听网络的流量情况，开发网络应用的程序员可以监视程序的网络情况并实现测试，但对于黑客可以用来其刺探网络情况。

② 部署入侵检测对网卡工作模式的要求。正常情况下，网卡应该只接收目的 MAC 地址与自己相匹配的数据帧和目的 MAC 地址为广播地址（FFFF-FFFF-FFFF），即广播帧，当然也包括特定的多播数据帧。

网卡完成收发数据包的工作，两种接收模式：混杂模式和非混杂模式。

◆ 混杂模式：不管数据帧中的目的地址是否与自己的地址匹配，都接收下来；

◆ 非混杂模式：只接收目的地址相匹配的数据帧，以及广播数据包和多播数据包。

为了监听网络上的流量，需要将检测主机的网卡设置为混杂模式。

7. 如何对网卡的工作模式进行设置

要实现对网络中的数据包的抓取，主要把网卡设置为混杂模式。如何设置呢？主要是通过底层的程序或者说是底层驱动来实现。一般有如下两类。

（1）UNIX 系统提供了标准的 API 支持：Packet Socket 和 BPF。如 Libpcap 是 Linux 下的一个抓包工具库，它支持 BPF。

（2）Windows 平台上通过驱动程序来获取数据包：驱动程序、WinPcap。而 WinPcap 是一个重要的抓包工具，它是 Libpcap 的 Windows 版本。

WinPcap 包括三个部分：

第一个模块 NPF（Netgroup Packet Filter），是一个虚拟设备驱动程序文件。它的功能是过滤数据包，并把这些数据包原封不动地传给用户模块，这个过程中包括了一些操作系统特有的代码；

第二个模块 Packet.dll 为 Win32 平台提供了一个公共的接口。不同版本的 Windows 系统都有自己的内核模块和用户层模块。Packet.dll 用于解决这些不同。调用 Packet.dll 的程序可以运行在不同版本的 Windows 平台上，而无须重新编译；

第三个模块 Wpcap.dll 是不依赖于操作系统的。它提供了更加高层、抽象的函数。

在 Windows 系统中安装 WinPcap 前后，分别利用“ipconfig /all”检查“Node Type”项的变化。

8. 入侵检测响应策略与机制

（1）制定响应策略应考虑如下 4 个要素。

① 系统用户：入侵检测系统用户可以分为网络安全专家或管理员、系统管理员、安全调查员。这三类人员对系统的使用目的、方式和熟悉程度不同，必须区别对待。

② 操作运行环境：入侵检测系统提供的信息形式依赖其运行环境。

③ 系统目标：为用户提供关键数据和业务的系统，需要部分地提供主动响应机制。

④ 规则或法令的需求：在某些军事环境里，允许采取主动防御甚至攻击技术来对付入侵行为。

（2）响应策略：弹出窗口报警、E-mail 通知、切断 TCP 连接、执行自定义程序、与其他安全产品交互（如 Firewall、SNMP Trap 等）。

（3）自动响应：压制调速（撤销连接、回避、隔离）、SYN/ACK、RESETS。

（4）蜜罐 Honeypot：一个高级的网络节点在使用“压制调速”技术的情况下，可以采用路由器把攻击者引导到一个经过特殊装备的系统上，这种系统被称为蜜罐。蜜罐是一种欺骗手段，它可以用于错误地诱导攻击者，也可以用于收集攻击信息，以改进防御能力。蜜罐能收集的信息量由自身能提供的手段以及攻击行为数量决定。关于蜜罐技术的实施网上有很好的教程。

9. 入侵检测系统部署结构

（1）基于网络的入侵检测系统：由遍及网络的传感器（Sensor）组成，传感器会向中央控制台报告。传感器通常是独立的检测引擎，能获得网络分组、找寻误用模式，然后告警。

（2）传统的基于传感器的结构：传感器（通常设置为混杂模式）用于嗅探网络上的数据分组，并将分组送往检测引擎。检测引擎安装在传感器计算机本身，网络分接器分布在关键任务网段上，每个网段一个。

（3）分布式网络节点结构：为解决高速网络上的丢包问题，1999 年 6 月出现的一种新的结构，将传感器分布到网络上的每台计算机上。每个传感器检查流经其自身的网络分组，然后传感器相互通信，主控制台将所有的告警聚集、关联起来。

10．入侵检测系统安放的位置

（1）网络主机。在非混杂模式网络中，可以将入侵检测系统安装在主机上，从而监测位于同一交换机上的机器间是否存在攻击现象。

（2）网络边界。入侵检测系统非常适合于安装在网络边界处，如防火墙的两端、拨号服务器附近以及到其他网络的连接处。由于这些位置的带宽都不是很高，所以入侵检测系统可以跟上通信流的速度。

（3）广域网核心。针对广域网核心攻击也时有发生，在广域网的骨干地段安装入侵检测系统也很重要。

（4）服务器群。服务器种类不同，通信速度也不同。对于流量速度不是很高的应用服务器，安装入侵检测系统是非常好的选择；对于流量速度快但又特别重要的服务器，可以考虑安装专用入侵检测系统进行监测。

（5）局域网中枢。入侵检测系统通常都不能很好地应用于局域网，因为它的带宽很高，入侵检测系统很难保证不丢包、不能完成重新构造数据包的工作。一般用于检测简单攻击目标。

4.1.3 设计 SessionWall 软件的入侵检测功能

1．软件介绍

随着新技术的出现，IDS/IPS 产品也层出不穷，就目前来看，SessionWall 软件在国内的实际应用并不多见。但作为防火墙与入侵检测产品的经典之作，SessionWall 是很好的学习工具，因为掌握了它的实现技术，对于到其他同类产品的迁移能力来说，是理想的选择。SessionWall-3/eTrust Intrusion Detection 是由 CA 出品的网络管理和防止黑客入侵的软件，基于网络的，内置大量黑客规则，有效阻挡黑客和病毒的攻击。可以随时监控网络内的所有机器。并能抓拍和还原网络内机器的 Internet 浏览页面，捕捉所有电子邮件和其中附件，随时按（端口/协议/流量/应用/）阻断网络内机器的网络活动。

2．任务设计

直接 setup 完成启动就可以了，支持 Windows 98 和 Windows NT/2000，不支持 Windows XP 以后的操作系统，不支持多核处理技术。一般要求安装在网络入口处，如这样的网络结构：互联网—企业网内部路由器—企业网内部防火墙—交换机。在防火墙和交换机中间加一个分接器 Tap（或 Hub），然后从分接器上引出根网线到装有入侵检测软件机器上，如果网络内是通过 Hub 连接的，则可以装到任意一台机器上进行监控；如果是代理服务器，直接安装到代理服务器上即可，不用设置；如果是企业级应用，在路由器和交换机之间的连接端口利用交换机的镜像功能把互联网入口的端口数据镜像到任意空的交换机端口上，然后用网线连接到装有入侵检测的机器网卡上即可。这里介绍的是 IDS 功能，这个软件的防火墙功能也很强大，所以在这里一起进行设计与部署。

当然此软件也可对一台主机实现 IDS 功能，实现起来也很简单，进行软件安装与配置后即可实现此功能。这里仅就 ICMP 协议进行一个任务设计，利用 ping 命令测试效果。

3. 任务部署

如果没有 Windows 2000 操作系统的主机实验环境，可以利用 VMware 软件安装 Windows 2000 操作系统；如果计算机为多核处理器，要在虚拟机中设置使用 1 个处理器，虚拟网卡采用桥接模式。并在此虚拟机的 Windows 2000 中完成 IDS 实验，此主机即为安装入侵检测软件的主机，如图 4.6 所示。

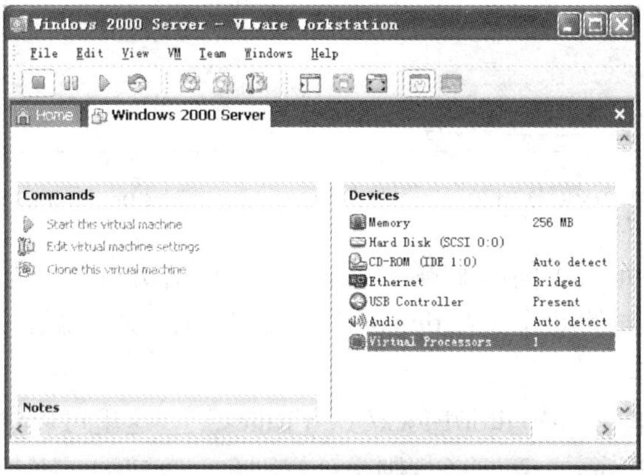

图 4.6　安装 IDS 软件的 Windows 2000 虚拟机的配置

就目前的小型企业网络可按如下结构进行 IDS 功能的部署，安装有 SessionWall-3/eTrust Intrusion Detection 入侵检测软件的主机连接到交换机的端口 1，如图 4.1 所示，防火墙的内网接口连接到交换机的端口 2，在交换机上配置端口镜像功能，端口 1 为镜像的目的端口，端口 2 为镜像的源端口，并且进行双向的流量镜像。

4.1.4　利用 SessionWall 软件实施入侵检测

1. SessionWall-3 软件的安装

通过大量地减少实施安全、高效的网络系统所需要的时间和技术，提高了网络建设水平。SessionWall-3 可以全自动地识别网络使用模式、网络使用具体细节，并可以识别大量基于网络的入侵、攻击和滥用。关于 SessionWall-3/eTrust Intrusion Detection 软件的技术与功能可以在网上获取帮助。

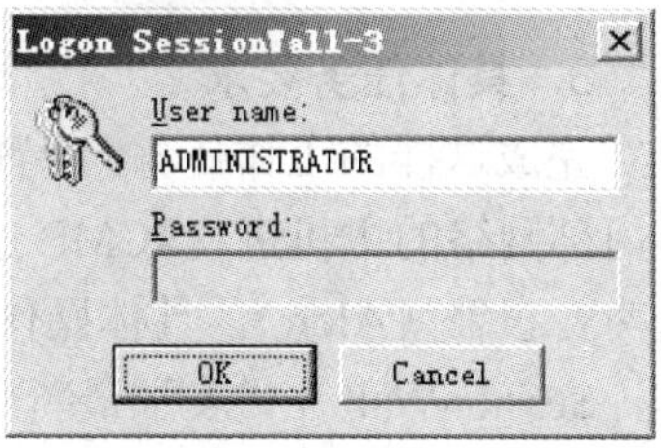

图 4.7　登录 SessionWall 的系统用户

首先进行 SessionWall-3 软件的安装，安装完成后会要求重新启动计算机（不支持双核或多 CPU，可以设置 MSCONFIG：BOOT.INI→高级选项→/NUMPROC=1，重新启动后，即可安装）。重启后要求软件 SN 序列号。设置 SessionWall，启动 SessionWall 后要求输入用户名，使用默认的管理员账户即可，如图 4.7 所示。

2. SessionWall-3 软件的设置

选择 settings 菜单→“definitions”可以定义网络对象，用于定义规则时选择控制的双方。可以是任意内网、外网、主机、网络、地址范围、域、工作端用户、组及排除。如图 4.8 和图 4.9 所示；选择 Add→HOST，可以定义一个主机地址。

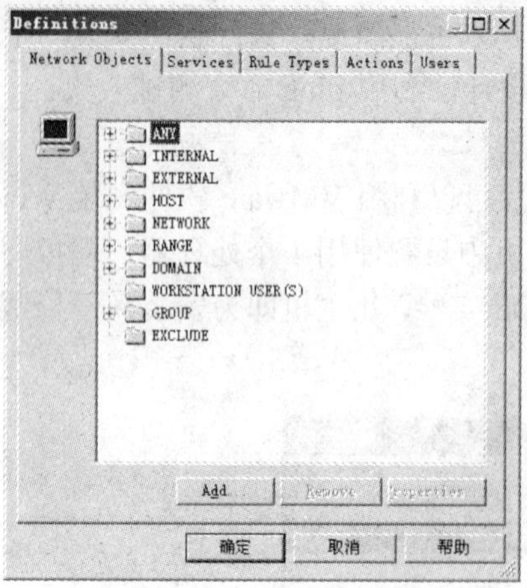

图 4.8　定义规则中的网络对象

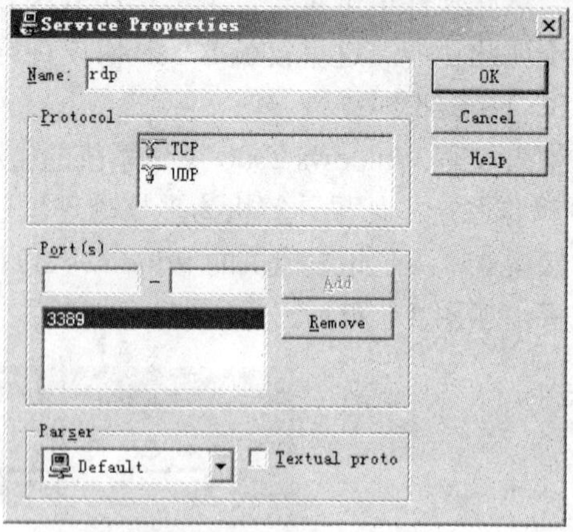

图 4.9　定义规则中的协议和端口

也可以根据端口号定义不同的服务（Services）、根据访问的行为或结果定义不同的规则（Rule Types）、定义不同的动作（Actions：日志、阻止、发消息等）、定义符合条件的用户（Users）。

选择 Functions 菜单→“Monitor/Block/Alert Rules...”，这里可以定义监视、阻止或警告规则。如图 4.10 和图 4.11 所示，第一条规则是：规则名、客户端、服务端、类型阻止（行为）、时间、描述及符合条件的用户等。可以双击进行相应的修改。

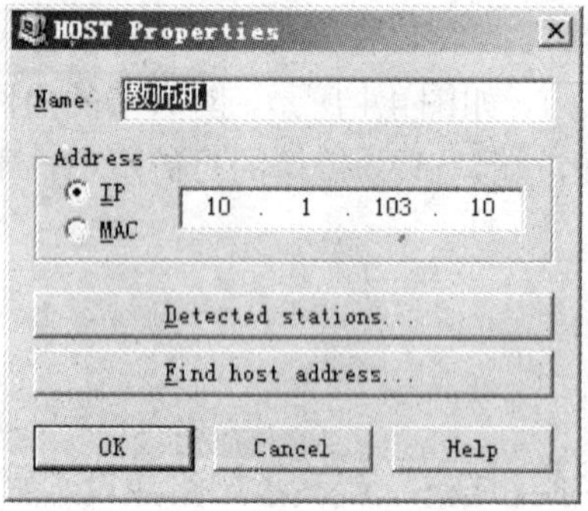

图 4.10　定义检测规则的主机 IP

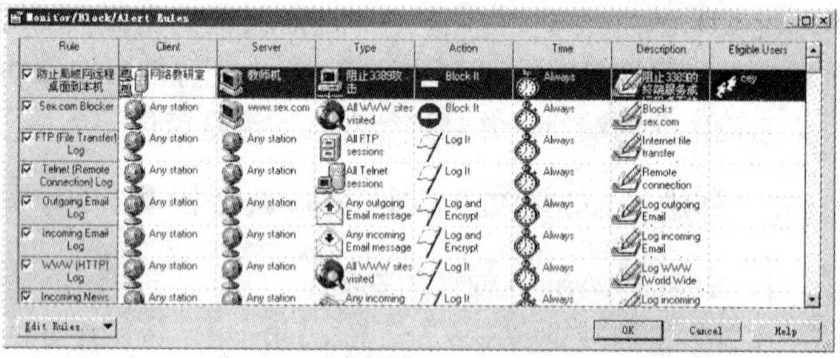

图 4.11　修改检测规则

3. 具体任务要求

完成这样的工作任务：配置主机上的 SessionWall 的入侵检测功能实现当外部网络的主机对内部网络的主机进行 ICMP 连通测试时，SessionWall 软件进行记录（Log），并通过系统发出声音报警（Alert）。具体操作过程参照前两步骤独立完成。

SessionWall-3 代表了最新一代的 Internet 和 Intranet 保护技术，提供了网络使用智能水平、访问控制、用户和网络透明度、性能、灵活性、适应性和易用性。SessionWall-3 克服了对强大的 UNIX 主机的需要，也排除了非路由防火墙软件所引起的开销。另外，SessionWall-3 包括了会话日志查看工具，可被用于内容审计、提供有关电子通信手段滥用方面的有力证据。使用了最新企业版 SessionWall-3，远程管理、监视和保护大规模的分布式网络将成为可能。SessionWall-3 的多数功能应该划分到入侵检测一章进行讲解，因为它的防火墙功能与入侵检测功能相比要弱一些。之所以在这里讲是想使学习者对入侵检测有个初步的认识。

4.1.5 进行入侵检测效果的检测

1. 入侵模拟

选择一台与测试目标主机（按任务要求配置完成的主机）不在同一网段的主机 ping 目标主机（当然也可以实训主机主动 ping 公网的一台主机）。

2. 检查日志记录

进行入侵模拟后应该看到日志中有记录，仔细分析日志记录是否与任务要求匹配。

3. 检测报警

进行入侵模拟后应该马上听到声音报警，图 4.12 为 eTrust Intrution Detection 中的状态查看。

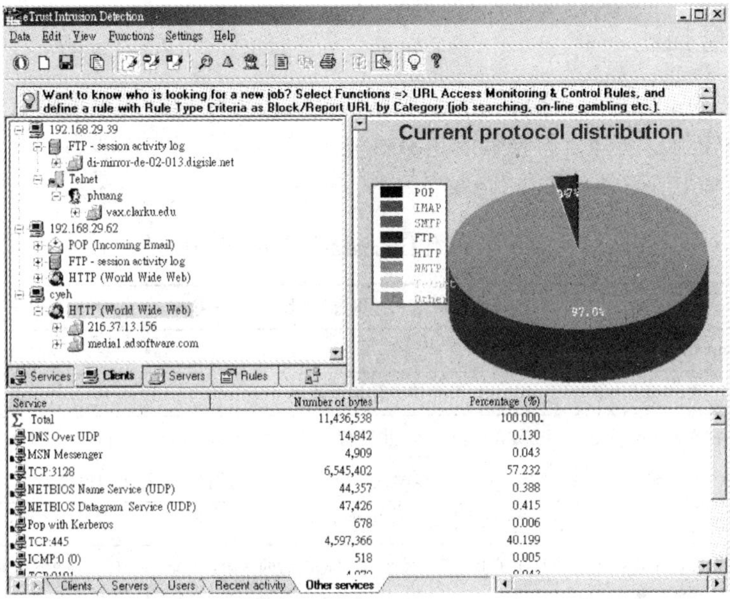

图 4.12 状态查看

4.1.6 知识技能要点测评

通过一个最简单的工作任务理解基于主机或小型网络中入侵检测技术的实现过程。要求达到的目标是：能够理解入侵检测技术，并能利用虚拟机软件中的 Windows 2000 操作系统进行入侵检测技术的部署与实施，完成后进行正确的检查，具体如表 4.2 所示。

表 4.2 知识技能要点测评表

学习情境 4——知识技能要点测评表			
序号	测评要点	具体目标	测评权重
1	知识理解	理解入侵检测技术相关知识，掌握入侵检测技术的应用，熟悉入侵检测技术的操作流程	40
2	工具及软件使用	能正确在虚拟机软件中的 Windows 2000 操作系统中部署与实施入侵检测	20

续表

学习情境 4——知识技能要点测评表			
序号	测评要点	具体目标	测评权重
3	操作标准与规范	对入侵检测工作任务配置操作有效并符合标准与规范	20
4	检验方法与措施	能够采用正确的方法对入侵检测工作任务结果进行检查，并能说明检查结果	20

4.2 工作任务 2——基于 Snort 入侵检测功能配置

4.2.1 工作任务描述

本工作任务利用应用较广泛的 Snort 软件实施入侵检测功能，重点是对底层实施的深入学习，任务操作较为复杂些，但强调的是 IDS 实施能力及底层实施能力。具体工作任务描述与实施流程如表 4.3 所示。

表 4.3 工作任务描述与实施流程表

学习情境 4——对入侵进行检测、审计与防护
任务名称：基于 Snort 入侵检测功能配置
企业工作情境描述
针对企业网络的各种攻击在不断变化，对攻击的检测方式也有待提高，凭借简单的工具软件很难解决此类问题，此时需要灵活性强的软件来实现入侵检测功能。通过软件的配置可以解决对新的入侵行为的检测、记录与报警
工作任务分析
这个工作任务是在前面的工作任务已经对相关概念与原理有了理解以后的进阶，与前一个任务注重知识的理解不同，这个工作任务注重的是解决此类需求的实施能力。所以本任务以深入配置 IDS 为主。利用 Snort 软件加以配置实施
任务目标
1．深入理解 IDS 的功能及相关的知识； 2．学会利用 Snort 软件及附加软件配置 IDS 系统方法； 3．学会利用 Snort 规则文件定义对不同协议的数据包的检测、记录与报警
学习场景简化
在企业网络中的关键主机上配置入侵检测系统是较常用的方式，网络结构如图 4.13 所示，与前一个任务的环境一致，只是实施方法不同。本任务在此网络环境中，利用 Snort 软件在主机上配置入侵检测，可以对主机或网络的入侵检测、记录与报警。要对网络配置 IDS 需要配置交换的端口镜像功能
工具及软件选用
1．虚拟机； 2．Snort 软件； 3．Snort 附加软件及数据库软件等
任务实施流程
1．知识准备：阅读引导文本关于 IDS 的原理及相关概念，或查找 IDS 相关资料； 2．工具及软件选用：安装有 Windows 2000 系统的虚拟机、SessionWall 软件；

续表

任务实施流程
3．规划设计主机中的 IDS 方案；
4．设置虚拟机 Windows 2000 系统的内存，CPU 要使用一个，然后安装 SessionWall 软件；
5．定义 IDS 日志规则及警报规则；
6．测试规则，并检查 IDS 日志及警报记录
参考资料手册
1．利用互联网搜索相关知识；
2．教材中的引导文本；
3．课程网站上的关于本部分的视频教程

本工作任务是对 IDS 实施的深入，利用 Snort 的灵活及深入底层的设计，实现对企业网络或主机实现入侵检测功能，可以在主机中安装 Snort 软件（许多防火墙与路由器中已经集成了此软件模块），以实施 HIDS 和 NIDS 功能。NIDS 的实现也要配置交换机中的端口镜像功能。具体工作任务实施图如图 4.13 所示。

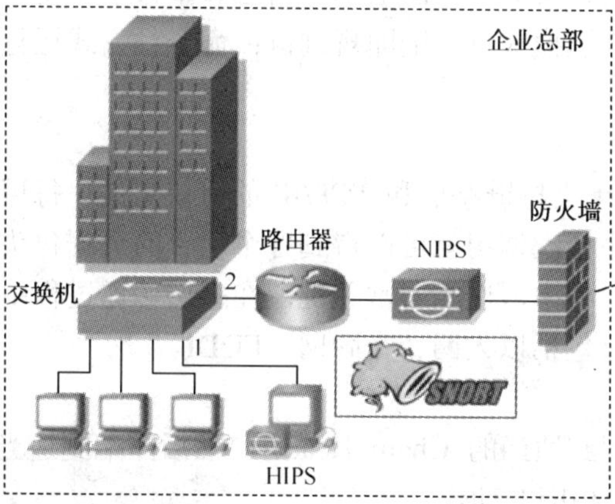

图 4.13　基于 Snort 入侵检测任务网络场景

4.2.2　引导文本

入侵检测软件有很多，其中有商业的 IDS 软件和硬件，也有免费的共享软件，下面对 Snort 入侵检测软件进行介绍，因为它是一个免费的软件，并且功能强大，许多防火墙中已经集成了此功能模块。

1．Snort 的特点

Snort 是一个强大的轻量级的网络入侵检测系统。它具有实时数据流量分析和日志 IP 网络数据包的能力，能够进行协议分析，对内容进行搜索/匹配；它能够检测各种不同的攻击方式，对攻击进行实时报警。此外，Snort 具有很好的扩展性和可移植性。还有，这个软件是自由软件。

所谓轻载（或轻量级）是指该软件在运行的时候只占用极少的网络资源，对原有网络性能影响很小。

Snort 是一个轻量级的入侵检测系统，Snort 虽然功能强大，但是其代码极为简洁、短小，其源代码压缩包只有大约 110KB。Snort FOR WIN32VER2.1.2 只有 1.86MB。

Snort 的可移植性很好，Snort 的跨平台性能极佳，目前已经支持 Linux、Solaris BSD、IRIX、P-UX、Windows 2000 等系统。

Snort 的功能非常强大：Snort 具有用实时流量分析和日志 IP 网络数据包能力。能够快速地检测网络攻击，及时地发出报警。Snort 报警机制很丰富，如日志、用户指定文件、UNIX 套接字、向 Windows 发消息、发送邮件、还可以与其他工具结合共同完成声音报警、记录入数据库、结合防火墙协同工作。

Snort 扩展性能好，对新的攻击反应快。Snort 有足够的扩展能力，它能使用一种简单的规则描述语言。如 Log tcp any any -> 192.168.3.0/24 80；把任何访问网络 192.168.3.0/24 的 80 端口作记录。基本的规则只包含四个域：处理动作（LOG）、协议（TCP）、方向、端口。

遵循公共通用许可证 GPL，Snort 遵循公共通用许可证 GPL，所以任何企业、个人、组织都可以免费使用它作为 NIDS。

2. Snort 一个轻量的网络 IDS

Snort 是一个基于简单模式匹配的 IDS，源码开放，跨平台（C 语言编写，可移植性好）利用 Libpcap（Windows 下可以是 WinPcap）作为捕获数据包的工具。它的设计原则注重性能、简单、灵活；包含三个子系统：网络包的解析器、检测引擎、日志和报警子系统；内置了一套插件子系统，作为系统扩展的手段；采用模式特征链即规则链；命令行方式运行；也可以用作一个 Sniffer 工具。

3. 提供全面的网络协议数据包解析

结合网络协议栈的结构来设计，Snort 支持链路层和 TCP/IP 的协议定义，每层上的数据包都对应一个函数，按照协议层次的顺序依次调用就可以得到各个层上的数据包头，从链路层，到传输层，直到应用层，在解析的过程中，性能非常关键，在每层传递过程中，只传递指针，不传实际的数据。支持链路层协议包括以太网、令牌网、FDDI。

4. Snort 规则链处理过程

二维链表结构，匹配过程：首先匹配到适当的 Chain Header；然后匹配到适当的 Chain Option；最后满足条件的第一个规则指示相应的动作。

5. Snort 日志和报警子系统

当匹配到特定的规则之后，检测引擎会触发相应的动作。日志记录动作，三种格式：解码之后的二进制数据包、文本形式的 IP 结构、Tcpdump 格式。如果考虑性能，应选择 Tcpdump 格式，或者关闭 logging 功能。报警动作包括：Syslog、记录到 Alert 文本文件中、发送 WinPopup 消息等。

6. 关于 Snort 的规则

Snort 的规则比较简单，规则结构：

- 规则头：alert tcp !10.1.1.0/24 any -> 10.1.1.0/24 any；
- 规则选项：（flags：SF；msg：“SYN-FIN Scan”；）
- 针对已经发现的攻击类型，都可以编写出适当的规则来；
- 规则与性能的关系：先后的顺序；
- content option 的讲究：许多 cgi 攻击和缓冲区溢出攻击都需要 content option；
- 不断更新的规则文件：现有大量的规则可供利用，Snort 网站即可下载。

7. Snort 规则示例

示例 1：log tcp any any - > 10.1.1.0/24 79　　　//对源协议为 TCP 地址和端口任意，目的

为 10.1.1.0/24 网络的 79 端口的访问进行日志记录。

示例 2： alert tcp any any - > 10.1.1.0/24 80（content:"/cgi-bin/phf";msg: "PHF probe! ";） //对源协议为 TCP 地址和端口任意，目的为 10.1.1.0/24 网络的 80 端口，并且包含“/cgi-bin/phf”内容的访问进行警报，并发出警报消息“PHF probe!”。

示例 3： alert tcp any any - > 10.1.1.0/24 6000:6010（msg:"X traffic";） //对源协议为 TCP 地址和端口任意，目的为 10.1.1.0/24 网络，目的端口为 6000 到 6010 端口的访问进行警报，并发出警报消息“X traffic”。

示例 4： alert tcp !10.1.1.0/24 any - > 10.1.1.0/24 6000:6010（msg:"X traffic";） //对源协议为 TCP 地址不在 10.1.1.0/24 网络内，并且源端口任意，目的为 10.1.1.0/24 网络，目的端口为 6000 到 6010 的访问进行警报，并发出警报消息“X traffic”。

4.2.3 设计 Snort 软件的入侵检测功能

1. 构建 Snort 网络入侵检测系统的五个主要部分

第一：安装 Snort 程序；

第二：要进行底层驱动 WinPcap 的安装；

第三：为了方便安装一个控制台来设置 Snort 程序（IDSCENTER），建议安装；

第四：数据库用于存储日志（MySQL Database），可选；

第五：安装一个 PHP 的基于 Web 的 Snort 的远程管理平台（ADODB 及 ACID），可选。

2. 任务设计

在 Windows 2000 中配置 Snort，为了做到实时监控及记录，安装 MySQL 数据库做入侵记录，用 MySQL 建立一个名为 Snort 的数据库，要借助于 MySQL Front 来创建 Snort 数据库，同时用 CREAT_MySQL 建立所需的记录数据用的多个表，用 IIS 通过 PHP ACID 与 Snort 数据库连接，也可以用 IDSCENTER 构造想要的 IDS 效果。下面利用 Snort 结合相关软件，在 Windows 下完成一个 NIDS 的工作任务，网络以图 4.14 为参考。

3. 构建 Snort 网络入侵检测系统软件部署

（1）获得 Snort 程序。可以免费从 Snort 的站点获得源代码：www.snort.org，选择 DOWNLOAD 项，选择 BINAR...，选择相应的操作系统的 Snort。这时要选择的是 Win32，因为要在 Windows 上设计 NIDS，后面的其他附加软件可以通过互联网搜索或到本课程网站下载。

（2）构建完整的 Snort-NIDS 的附加软件。

- Snort2.1.2（for Win32 的更新）：IDS 主程序。
- Snort Rules（Snort 压缩包中有，Snort2.1.2 装完 Snort Rules 就有了）：常用的 IDS 规则集。
- WinPcap（WinPcap_3_01_a.exe）：WinPcap 是一个重要的抓包工具，它是 Libpcap 的 Windows 版本。

注意： Snort 的版本与 WinPcap 的配合上有 BUG。建议选用此版本。

- MySQL mysql-4.0.18-win：Snort 很好和 MySQL 相处。
- MySQL mysqlfront：可以用来操作 MySQL 数据库的软件。
- create_mysql（Snort 压缩包中有）：用于创建 Snort 数据库表。
- PHP php-4.0.6-Win32：使 IIS 也能运行 PHP 网页。

◆ ADODB 1.1.2：一个高性能的数据库（组件）。

◆ ACID 0.9.6b6：一个 PHP 网站，已经和 MySQL 的 Snort 数据库做好了关联。

◆ IDSCENTER Snort idscenter1.1：Snort 管理控制台，可以说是对 Snort 的 GUI。

4.2.4　利用 Snort 软件实施入侵检测

1. 安装与配置 Snort

（1）安装 Snort（必须安装项）。安装 Snort2.1.2，解压用到的软件，双击即可以开始安装，与通用的软件安装没多少区别，只是在选择同意许可协议后，会提示选择入侵检测的日志记录如何保存，可以不保存到数据库，也可以选择保存到 MySQL 或者是将日志保存到 Oracle 数据库中去。日志要保存到数据库中，则需要安装数据库软件客户端，如图 4.14 所示。

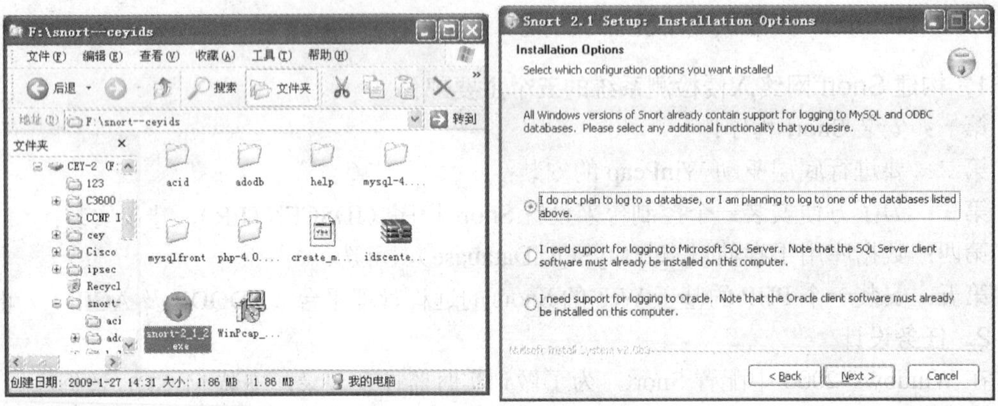

图 4.14　安装 Snort 软件主程序

Snort 使用日志的记录方式：推荐使用数据库-MySQL，也可选择别的数据库或不记入日志。当然，为了简化任务可以选择不安装数库，日后再改成数据库。下一步会要求选择 Snort 安装的组件，默认即可。Snort 的默认安装路径一定要记住。继续 Snort 的安装，复制完文件后，会弹出成功对话框，确定即可，提示 Snort 安装成功，要求安装 WinPcap，并提示要手动编辑“Snort.conf”文件，以确保 Snort 主程序能正确地找到规则文件（Rules）和典型（Classification）文件，如图 4.15 所示。

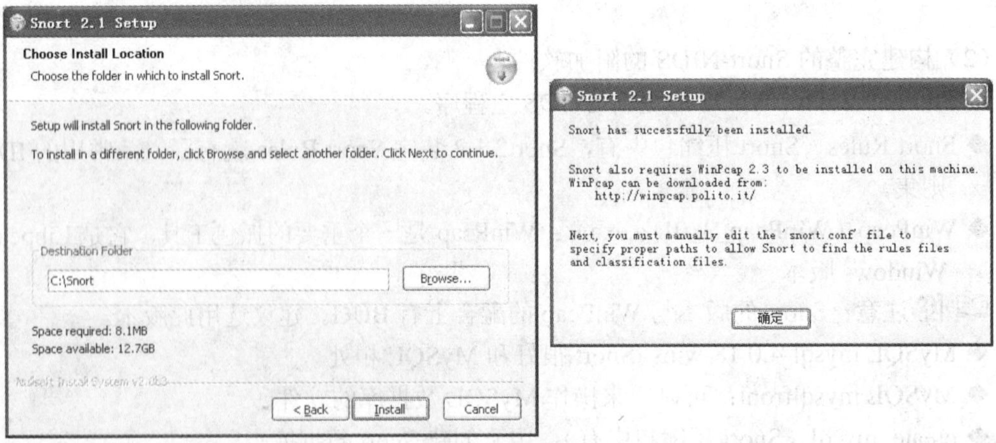

图 4.15　安装组件与完成后的提示

（2）配置 Snort：Snort 被安到了 C:\Snort 目录下，把 etc 目录下的所有文件复制到 bin 目录下，Snort.exe 就在 bin 目录下，在 Snort 目录下新建两个文件夹 php 和 adodb，如图 4.16 所示。

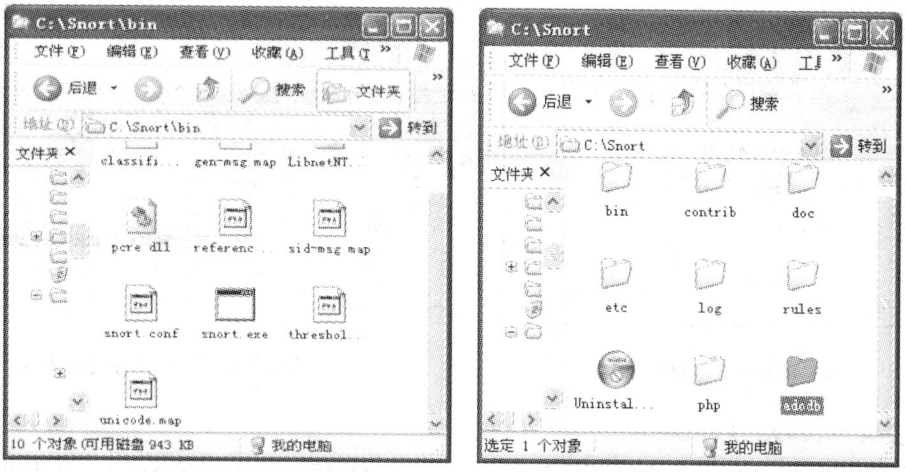

图 4.16　Snort 安装目录

用写字板打开并编辑 C:\Snort\bin 目录下的 Snort.conf 配置文件。

找到"var HOME_NET any"语句，如果想监测所有网络，假设主机的 IP 为 10.0.0.20，则改为 10.0.0.0/24；如果只想监测本机则改为 10.0.0.20/32，不改动则默认是监测所有的网络；在 Snort.conf 中查找以下语句（引号以内）："output database：log，mysql，user=snort dbname=snort host=localhost"；如果有同样的语句，就删除掉该句前的注释符"#"，没有就添加这条语句；Snort.conf 文件中的每个 INCLUDE *.rules 文件都必须写上完整的路径。如下例所示：include c:\snort\rules\exploit.rules，如图 4.17 所示，在此文件中可以找到对应字段。

注：修改后最好设置其属性为只读。

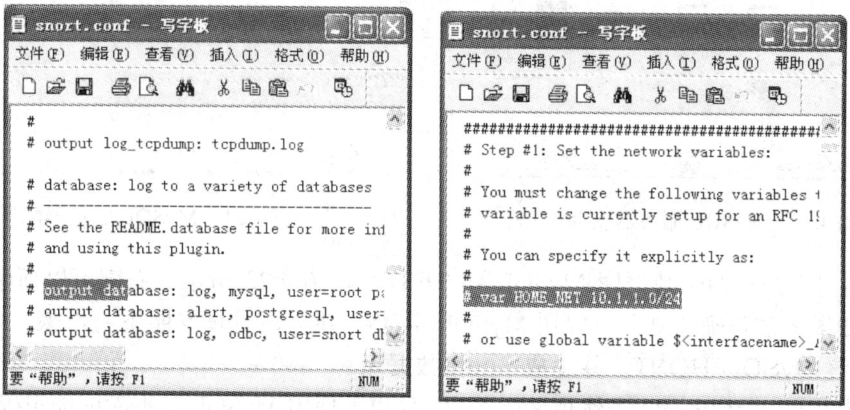

图 4.17　编辑配置文件

2. 安装 WinPcap

建议这一步最好在 Snort 的安装之前完成（针对当前 Snort 版本，必须安装项）。

WinPcap 是一个重要的抓包工具。WinPcap 安装很简单只要选择同意、下一步就可以了，WinPcap 包括三个部分模块：NPF（Netgroup Packet Filter）、packet.dll、Wpcap.dll。安装完成后可以在系统信息中查看到其运行情况，如图 4.18 和图 4.19 所示。

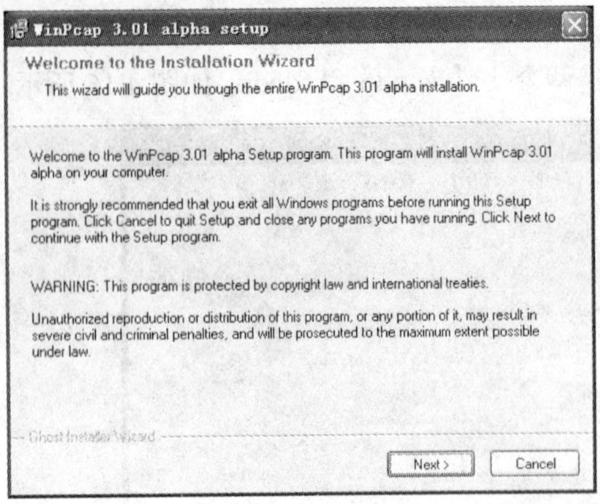

图 4.18　WinPcap 包过滤的底层驱动安装

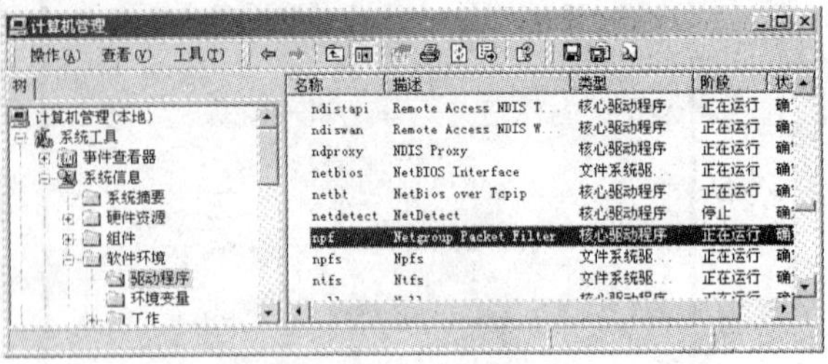

图 4.19　WinPcap 包过滤的底层驱动查看

3．安装 MySQL Database

MySQL 服务器和客户端程序安装很容易（可选安装项，如果安装 Snort 主程序时选择日志方式为不记录到数据库，此步可以省略），默认安装到 C:\MySQL 目录下，进入 C:\MySQL\BIN 打开 MySQL 管理器 winmysqladmin.exe。执行后任务栏上会有图标出现，右键选择 SHOW ME。要求输入用户名和密码，正确情况下应该显示如下 YES OK……配置 MY.INI 文件（位于系统目录下），如图 4.20 和图 4.21 所示。

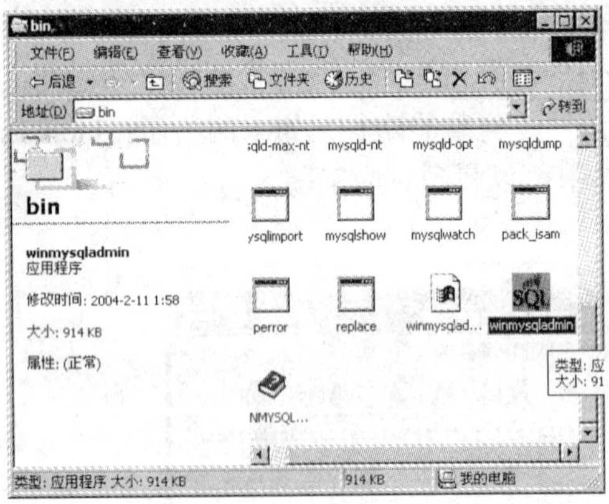

图 4.20　MySQL 服务器安装

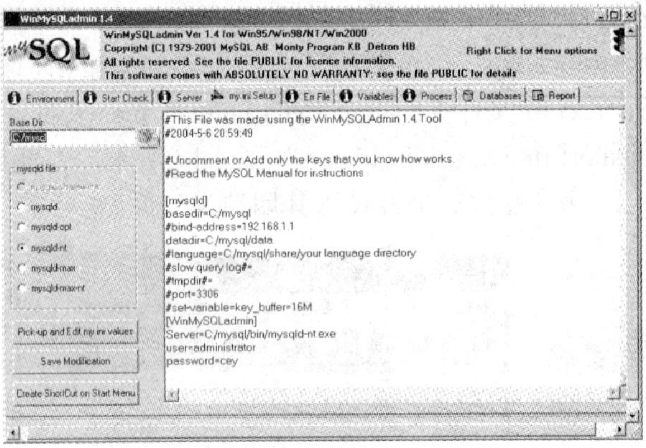

图 4.21　MySQL 服务器配置

默认情况下只有两个数据库 MySQL 和 TEST，如图 4.22 所示。右键可以新建立数据库（Snort），如果无法正确建立，可以用 MySQLFRONT 建立，具体参照下一步骤。

4．配置 MySQLFRONT，并生成 Snort 数据库

此步是为上一步服务的，当然也是可选项，如果不使用 MySQL 数据库或能正确建立 Snort 数据库，则本步骤可以省去。

如果要建立数据，则右键单击主机名就可以出现 CREAT DATABASE 并选择。建立好 Snort 数据库后选择 QUERY、LOAD SQL、选择 CREATE_MYSQL.SQL，选择打开、选择 RUN（F9）执行。即可按 Snort 日志记录格式生成数据库，如图 4.23 所示。

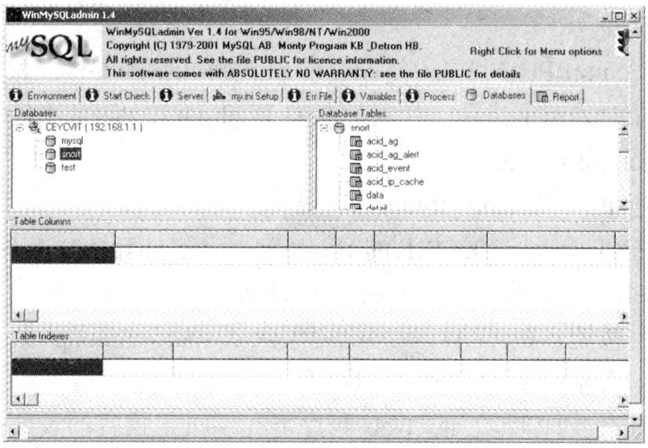

图 4.22 管理 MySQL 数据库

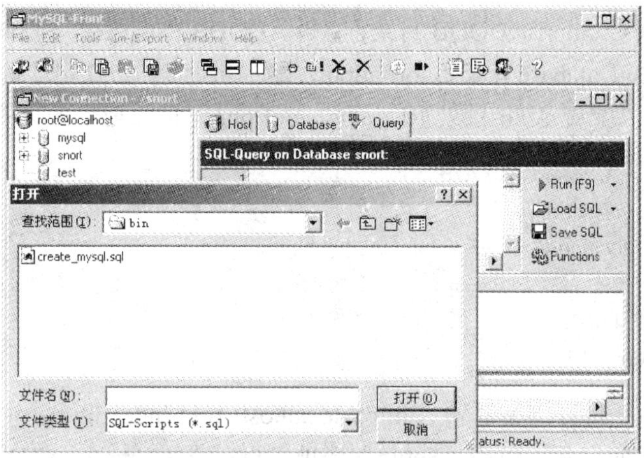

图 4.23 生成 Snort 记录数据

5. 利用 create_mysql 在 Snort 中生成 Acid 的库表

执行后即可生成 Snort 所需的表。本步骤当然也是可选项，如果不使用 MySQL 数据库或能正确建立 Snort 数据库，则本步骤可以省去，如图 4.24 所示。

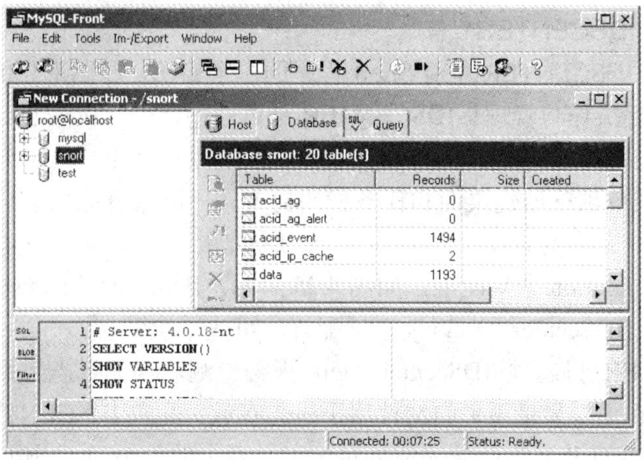

图 4.24 创建 Snort 数据库表

6．安装及配置 PHP

将 PHP 解压到 C:\Snort\PHP 目录。复制文件 php.ini-dist 到本机的根目录，并将它改名为 php.ini。本机的根目录是 c:\windows。用写字板打开 php.ini，修改以下两个变量：

（1）max_execution_time = 60；

（2）session.save_path = "\Temp" folder.

配置 PHP 运行在 NT Server/2000/XP 的 IIS4/5 环境下：打开管理工具中的 Internet 管理工具；右键单击默认 Web 站点，选择属性；在主目录活页下，单击“配置”按钮，选择应用程序映射；单击“添加”按钮，在可执行程序框内添入 c:\snort\php\php.exe；在下面的扩展名框中添入.php；选择脚本引擎；单击“确定”即可。

当然此步骤是为了使 PHP 编写的 Web 程序能在主机上执行而安装的软件。建议首次实验不安装。

7．安装与配置 ADODB 及 Acid

解压 ADODB 到 C:\Snort\ADODB 目录，编辑 ADODB.INC.PHP，找到$ADODB_Database，输入修改为$ADODB_Database = 'C:\Snort\adodb'; 解压并移动 Acid 到默认的 Web 站点目录下 C:\Inetpub\wwwroot\。配置 Acid 目录下的 acid_conf.php，只需要修改以下变量：

```
$DBlib_path = "C:\Snort\ADODB";
$alert_dbname = "snort";
$alert_host = "localhost";
$alert_port = "";
$alert_user = "snort";
$alert_password = "";
```

重新启动计算机，打开浏览器输入 http://localhost/Acid/Index.html。注意：第一次打开时，会看到一个配置错误的提示，单击“Setup”选项，再单击“Create ACID AG”，来完成配置。返回浏览器输入“http://localhost/Acid/Index.html”，一会儿就可以看到警告信息。完成了以上步骤，每次开机 Snort 都会自动开始进行入侵检测，用户可以通过在浏览器 URL 中输入“http://localhost/Acid/Index.html”来查看网络事件。

此步骤与上一步是关联的，是为了网络管理员以 Web 方式进行远程查看管理 Snort 程序而设计的一个 Web 程序，此程序是用 PHP 编写的。建议首次实验不安装。

8．安装与配置 IDSCENTER1.1

前面已经说过，IDSCENTER 是对 Snort 程序的一个 GUI，即图形化的操作窗口，可以配置 Snort，并对其进行操作与管理。IDSCENTER 是可选的，但建议安装此软件简化烦琐的程序。同所有的软件安装类似，IDScenter-Installation 安装过程如下：欢迎向导→许可协议→选择安装路径→启动菜单项→创建桌面和任务栏快捷方式→准备开始安装→开始安装→查看帮助并启动 IDScenter→完成安装。

IDScenter-Configuration 全局配置，如图 4.25 所示；IDScenter- Network Variables 网络变量，如图 4.26 所示；IDScenter- Options 选项配置，可先采取默认。

配置 IDSCENTER 日志项 IDScenter-Alert 报警检测，当无日志数据库时，要建立一个 alert.ids（在 C:\Snort\LOG 目录下）的文件用于日志存放；配置 IDSCENTER 报警，以声音方式进行通知。IDSCENTER 各步配置完成要单击工具栏上的“Apply”加以保存。至此相关程序的安装已经完成，可以尝试开始启动 Snort 了，单击工具栏上的“Snort Start”来测试，如

图 4.27 和图 4.28 所示。

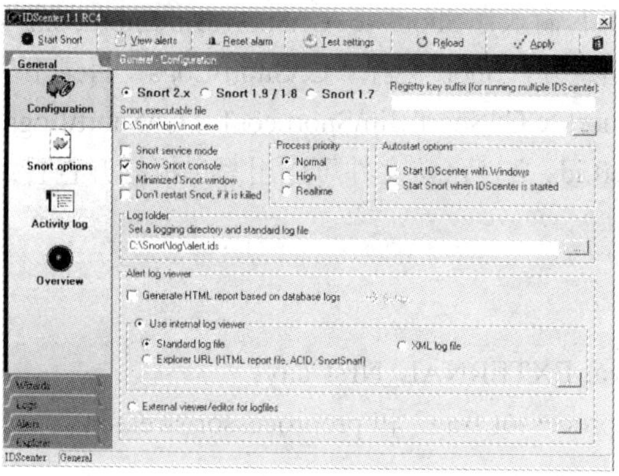

图 4.25　IDScenter-Configuration 全局配置

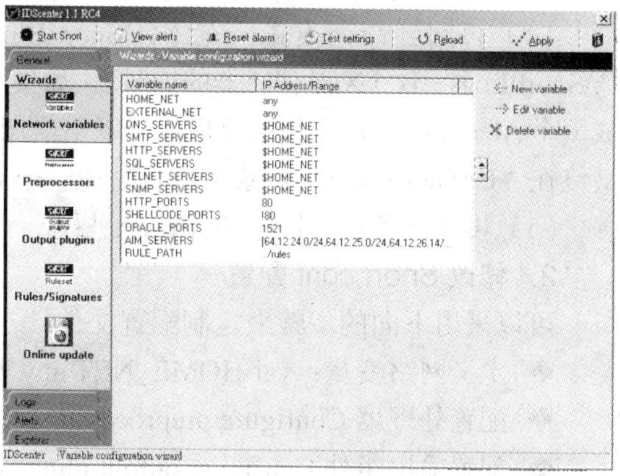

图 4.26　IDScenter- Options 选项

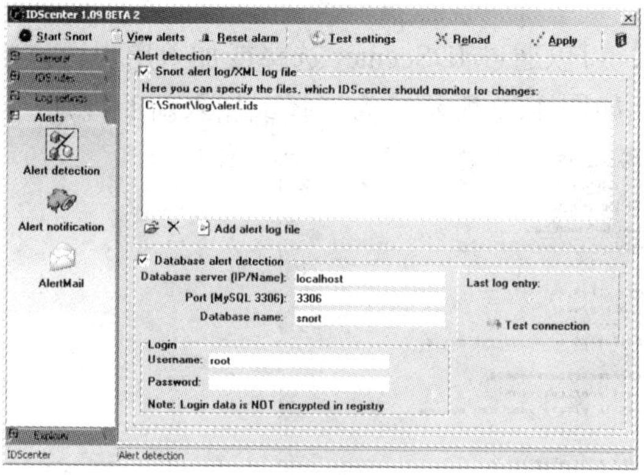

图 4.27　警报检测文件的设置

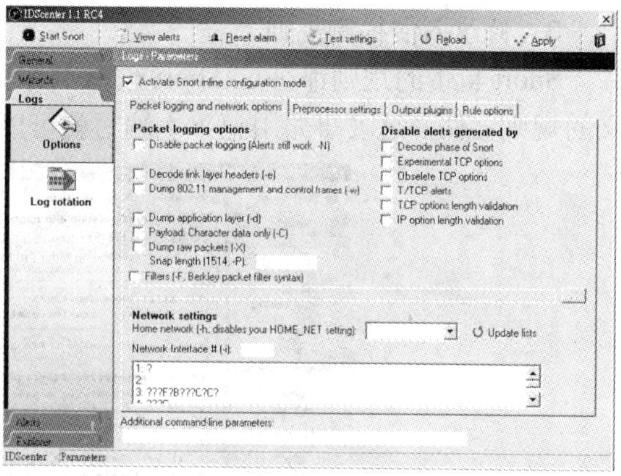

图 4.28　日志选项中设置在线配置模式

整个的安装实施过程都很烦琐，如果实施过程中遇到问题可以通过网络获取视频讲解录像。

9．完成任务的关键配置

完成以上的软件的安装与配置流程，接下来将针对本工作任务进行具体的实施。任务的关键在于规则文件的编写：

（1）利用写字板编写一个.rule 的规则文件，并放置在 bin 目录下；

（2）在文件中加入下面的语句：alert ICMP any any -> 10.2.2.0/24 any（msg:“ICMP TEST”;）;

（3）得用其他主机对安装有 Snort 的主机进行 ping 通信的测试；

（4）检查 Snort 的主机是否有警报记录；

（5）对.rule 的规则文件进行调整后重复以上步骤。

4.2.5　进行入侵检测效果的检测

1．在命令行下调试与测试 Snort

（1）在命令模式下进入“C:\ Snort \bin”目录，输入 Snort－W，会看到列出的很多适配器，可以在上面安装入侵检测的传感器，这些适配器分别编号为：1，2，3 等；

（2）在“C:\Snort\Bin>”模式下输入：snort -v －ix（X 是传感器的编号，笔者选用了本机作为传感器，输入了 snort -v －i1）；打开浏览器，随便访问一些网址，目的是为了生成一些网络流量，在 Windows 的命令窗口中你将会看到所有连接的具体信息；

（3）在任务管理器中关掉这个进程；

（4）再回到命令模式，在“C:\Snort\Bin>”下输入：Snort -c C:\Snort\Bin\Snort.conf -l C:\Snort\Logs - ix（X 是传感器的编号），如果不出意外，Snort 会在“C:\Snort\Logs”目录下生成一个 Alert.ids 文件，系统报错后改为以下语句：Snort -c C:\Snort\Bin\Snort.conf -l C:\Snort\Logs；最终在“C:\Snort\Logs”目录下成功生成一个 Alert.ids 文件，该文件可以用写字板打开查看；

（5）再在任务管理器中关掉这个进程。

2. 修改 Snort.conf 配置

可以采用下面的步骤来定制配置文件：

- ◆ 定义网络变量：var HOME_NET any 和 var EXTERNAL_NET any；
- ◆ 配置处理器 Configure preprocessors：preprocessor frag2 和 preprocessor stream4。
- ◆ 配置输出组件 Configure output plugins；
- ◆ 定制规则集 Customize your rule set：include $RULE_PATH/bad-traffic.rules。

3. 修改入侵检测规则

Snort 自带的规则都在 C:\Snort\rules 目录下，可以通过 IDScenter 选择或加入用户自己定义的规则文件，这要事先用记事本编写就可以。如图 4.29 所示，为选择或加入新的规则。

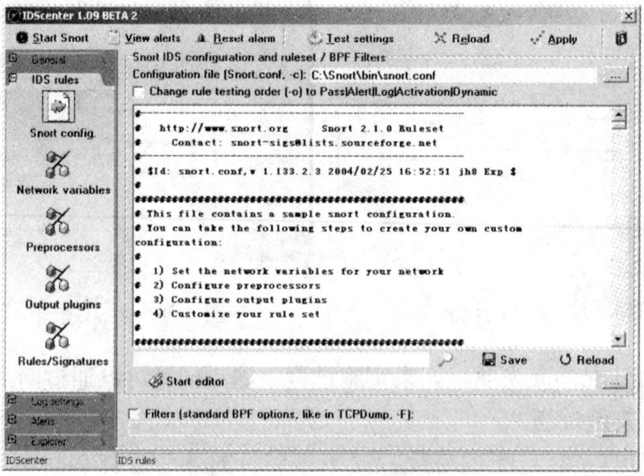

图 4.29　配置文件的加载与修改

在 IDSCenter 中的 IDS Rules 项下的 Rules/ Configuration 中可以指定一个规则文件分类，Snort 将按此文件定义的入侵检测规则进行检测，如图 4.30 所示。

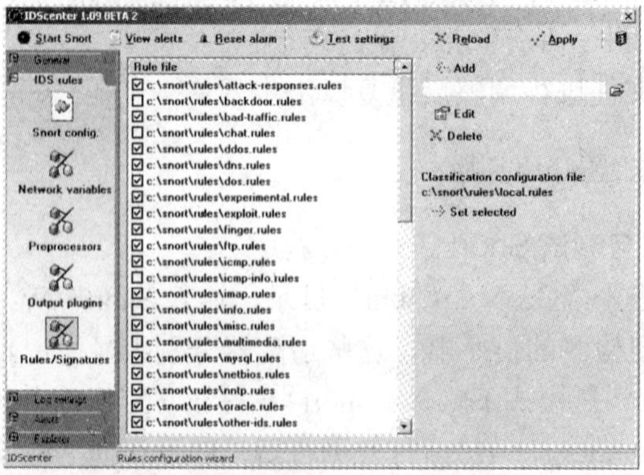

图 4.30　典型配置规则文件的选择

4. IDSCenter 设置的故障调试

在设置 IDSCenter 控制台时，由于步骤的烦琐，可能会出现一些错误或遗漏，又如何知道是哪里出了问题呢？认为配置完成后，可以单击 IDSCENTER 工具栏上的“Apply”加以应用与保存。如果有错误或遗漏项目，在 General 下的 Overview 中的 Configuration errors 下边的文本框中会有相应的提示，可以参照进行调试故障，如图 4.31 所示。

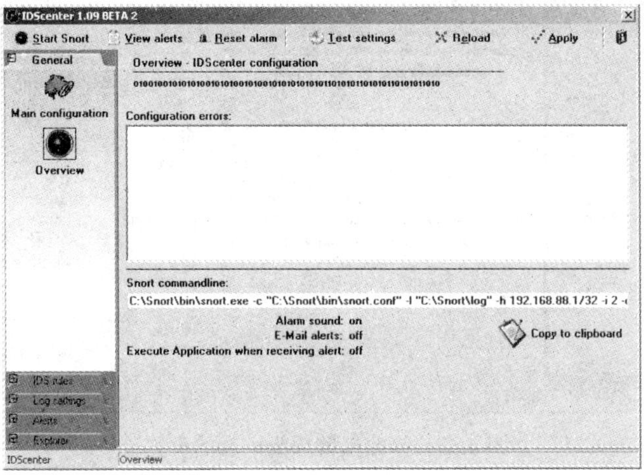

图 4.31 调试故障

5. 修改数据库输出组件

设置 IDSCenter 控制台的 IDS Rules 项下的 Configure output plugins，可以对 Snort 的输出进行配置，如数据的连接信息的修改与配置，如图 4.32 所示。

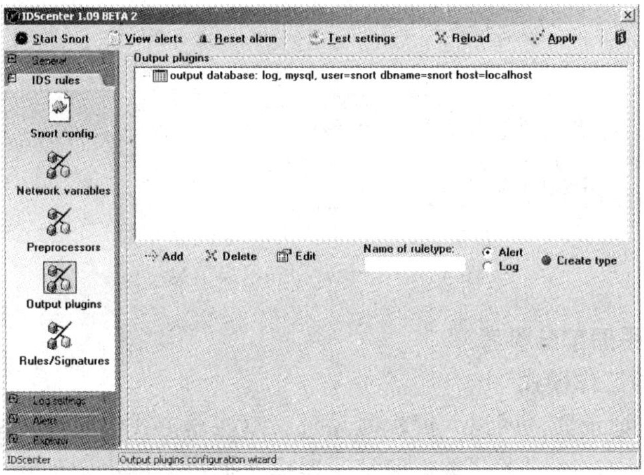

图 4.32 修改数据库输出组件

6. 修改报警项为声音的设置

当发生定义好的入侵条件的事件时，并且定义为 Alert，Snort 通过 IDSCenter 调用这个声音文件报警。定义声音如图 4.33 所示。

7. 查看警报和日志信息

Snort 能正常运行后，利用 IDSCenter 可以查看，按事先指定的规则集检测到的警报和日志信息，如图 4.34 所示，至此表示本工作任务完成。

完成以上的配置后，对设置的规则文件中定义的报警规则进行测试。例如，在规则文件中定义了对 ICMP 通信进行报警，可以利用 ping 测试，如果正确配置则会发出相应的声音警报，并记录到日志中。

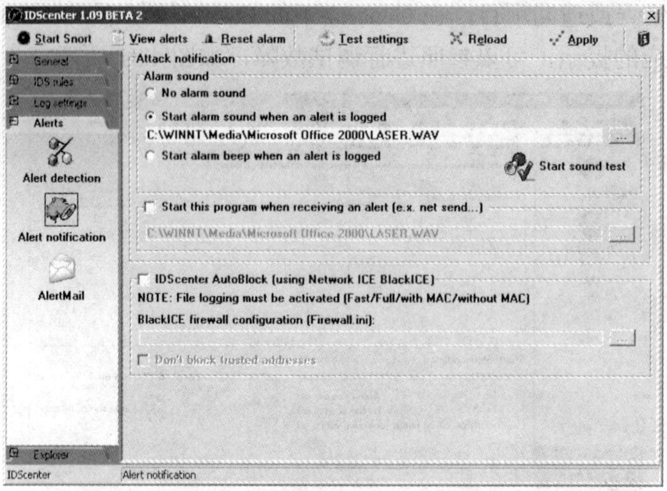

图 4.33　修改报警项为声音的设置

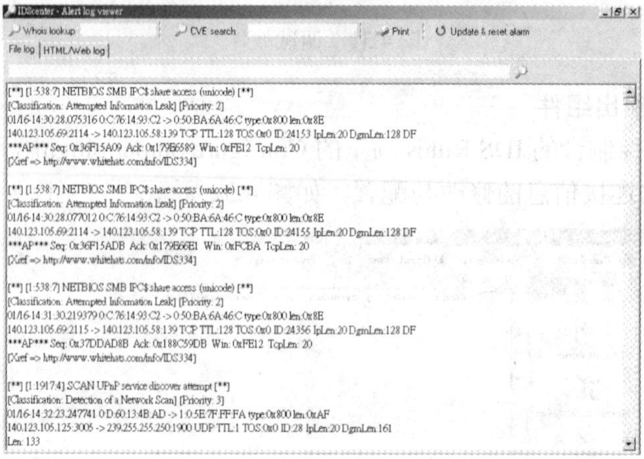

图 4.34　查看警报和日志信息

附：Snort 使用手册部分参考

1. Snort 有三种工作模式

嗅探器、数据包记录器、网络入侵检测系统。嗅探器模式仅仅是从网络上读取数据包并作为连续不断的流显示在终端上。数据包记录器模式把数据包记录到硬盘上。网路入侵检测模式是最复杂的，而且是可配置的。可以让 Snort 分析网络数据流以匹配用户定义的一些规则，并根据检测结果采取一定的动作。

2. 编写 Snort 规则

Snort 使用一种简单的，轻量级的规则描述语言，这种语言灵活而强大。在开发 Snort 规则时要记住几个简单的原则。

下面是一个规则范例：

```
alert tcp any any -> 192.168.1.0/24 111 (content:"|00 01 86 a5|"; msg: "mountd access";)
```

第一个括号前的部分是规则头（rule header），包含的括号内的部分是规则选项（rule options）。规则选项部分中冒号前的单词称为选项关键字（option keywords）。注意，不是所有规则都必须包含规则选项部分，选项部分只是为了对要收集或报警、或丢弃的包的定义更加严格。组成一个规则的所有元素对于指定的要采取的行动都必须是真的。当多个元素放在一起时，可以认为它们组成了一个逻辑与（AND）语句。同时，Snort 规则库文件中的不同规则可以认为组成了一个大的逻辑或（OR）语句。

3. Snort 规则动作

规则的头包含了定义一个包的 who、where 和 what 信息，以及当满足规则定义的所有属性的包出现时要采取的行动。规则的第一项是“规则动作”(rule action)，“规则动作”告诉 Snort 在发现匹配规则的包时要干什么。在 Snort 中有五种动作：alert、log、pass、activate 和 dynamic。

◆ alert-使用选择的报警方法生成一个警报，然后记录（log）这个包；

◆ log-记录这个包；

◆ pass-丢弃（忽略）这个包；

◆ activate-报警并且激活另一条 dynamic 规则；

◆ dynamic-保持空闲直到被一条 activate 规则激活，被激活后就作为一条 log 规则执行。

下面这个例子创建一条规则，记录到系统日志和 MySQL 数据库。

```
ruletype redalert
{
type alert output
alert_syslog: LOG_AUTH LOG_ALERT
output database: log, mysql, user=snort dbname=snort host=localhost
}
```

4. Snort 使用在线帮助

各参数可参照文档 Snort.DOCSoftware。

```
Snort-2_1_0.exe ( http://www.snort.org/dl/binaries/win32/snort-2_1_0.exe )
Snort- http://www.snort.org/
IDScenter- http://www.engagesecurity.com/products/idscenter/
WinPcap- http://winpcap.polito.it/
```

4.2.6 知识技能要点测评

通过一个工作任务理解网络入侵检测技术的实现过程。这个工作任务要求达到的目标是：能够运用入侵检测技术，正确部署与实施 Snort 入侵检测，满足企业网络对入侵检测技术的需求，以最低成本完成工作任务，并能进行正确的检查，具体如表 4.4 所示。

表 4.4 知识技能要点测评表

学习情境 4——知识技能要点测评表			
序号	测评要点	具体目标	测评权重
1	知识理解	深入理解入侵检测技术相关知识，掌握 Snort 入侵检测的应用，熟悉 Snort 入侵检测技术的操作流程	20

续表

学习情境 4——知识技能要点测评表			
序号	测评要点	具体目标	测评权重
2	工具及软件使用	能正确在 Windows 操作系统中部署与实施 Snort 入侵检测，特别是 NIDS 的配置	30
3	操作标准与规范	对 Snort 入侵检测工作任务配置操作有效并符合标准与规范	30
4	检验方法与措施	能够采用正确的方法对入侵检测工作任务结果进行检查，并能说明检查结果	20

4.3 工作任务 3——配置 Cisco 路由器 IOS 入侵防护功能

4.3.1 工作任务描述

本工作任务以对入侵检测知识的理解为主，同时完成基于路由器上实现 IDS 功能的工作任务。基于思科路由器的安全特性实现 IDS 基本配置任务。具体工作任务描述与实施流程如表 4.5 所示。

表 4.5 工作任务描述与实施流程表

学习情境 4——对入侵进行检测、审计与防护
任务名称：配置 Cisco 路由器 IOS 入侵防护功能
企业工作情境描述
目前企业对 IDS 入侵检测的认识还不够，所以应用也不是很广泛，很少使用专用的 IDS 设备，并且新的 IPS 入侵防御系统的出现使得用户对这两种产品一直持观望态度，虽然此类产品已经在一些大的园区网络中得到应用，但并没有成熟的解决方案，但是作为一种主流技术，其发展是必然的，基本的实现原理不会有太大的变化
工作任务分析
这个工作任务是在前面的工作任务已经对 IDS 有了理解以后，进一步理解 IPS，并且利用 Cisco 的路由器中提供的基于 IOS 的入侵防御特性配置实现 IPS 功能
任务目标
1．理解 IDS 与 IPS 的功能及区别； 2．学会部署 IPS 系统关键技术及 IPS 的安装位置； 3．学会利用 Cisco 的路由器中提供的基于 IOS 的入侵防御功能进行 IPS 配置，利用给定的特征文件实施 IPS
学习场景简化
在企业网络中的关键主机上配置入侵防御系统与入侵检测系统是有区别的，结构如图 4.35 所示，IDS 一般采用旁路，而 IPS 是在线式的安装，以实现检测与防护。本任务在此网络环境中，利用 Cisco 的路由器中提供的基于 IOS 的入侵防御功能进行 IPS 配置
工具及软件选用
1．SDM 软件； 2．路由器模拟软件 Dynamips GUI
任务实施流程
1．知识准备：阅读引导文本关于 IDS 与 IPS 的对比及技术要点，或查找 IPS 相关资料； 2．工具及软件选用：路由器模拟软件 Dynamips GUI、SDM 软件；

续表

任务实施流程
3. 规划设计 Cisco 路由器基于 IOS 的 IPS 方案； 4. 利用 SDM 软件配置 Cisco 路由器或模拟路由器的 IPS 功能； 5. 掌握 IPS 功能模块的升级及调试方法； 6. 测试规则，并检查 IPS 实现效果
参考资料手册
1. 利用互联网搜索相关知识； 2. 教材中的引导文本； 3. 课程网站上的关于本部分的视频教程

本工作任务是在 Cisco 路由器上实施入侵防护 IPS 功能的配置，以实现在线模式的入侵检测与防护功能，这适用于企业或分支网络中的路由器，以实现对主干流量的检测与防护功能，为防火墙提供辅助，以减轻其负担，并为其提供日志及审计功能。具体工作任务实施图如图 4.35 所示。

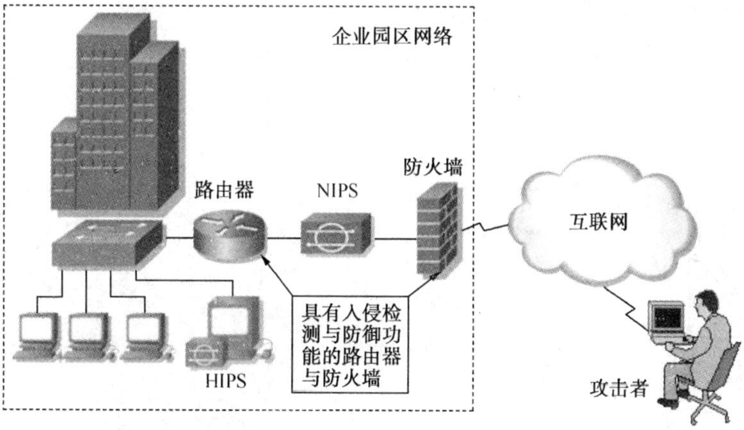

图 4.35　Cisco 路由器 IOS 入侵检测与防御网络场景

4.3.2　引导文本

1．入侵检测与入侵防护比较

前面的工作任务主要是对入侵检测技术 IDS 的知识与实施方法的介绍，这里将对入侵检测 IDS 与入侵防护 IPS 进行相关知识的综合介绍，并加以区别。最后通过在思科路由器或 PIX 防火墙上利用 SDM 配置 IPS 完成入侵防护功能的规划与配置。

IDS 与 IPS 都具有对攻击进行识别的能力，如对网络与主机资源的非法访问或攻击等，也都可以将发现的攻击行为进行日志及报警并发送到管理控制台。主要区别在于：

（1）IDS 类似于 Sniffer Pro 等协议分析或嗅探软件的功能，放置于网络关键点进行协议数据检查，一般采取旁路方式进行协议数据的分析（如利用端口镜像在交换机上分流共享到网络关键入口的协议数据），将获得的协议数据与攻击特征库相比较，以确定是否发生攻击行为。当确认发生网络攻击后，IDS 可采取的动作主要是日志、报警或向管理控制台发送消息，较高级的是能与防火墙联动对正在进行的攻击进行阻断。

（2）IPS 是以串联方式放置在防火墙后，或串入网络主干对关键区域的流量进行入侵防护，一般采取在线方式，所有流经 IPS 的数据流量，IPS 都可以加以控制，以终止对网络的攻击行为。将流经的协议数据与攻击特征库相比较，识别针对网络的攻击，并能终止攻击的继续进行，根据预先设定对此类攻击进行记录，对同样的攻击做出快速准确的判断与阻止。

2. IDS 与 IPS 对检测到的攻击所采取的行动

对所接收到的或流经的协议数据 IDS 或 IPS 都要进行检查，如果匹配特征库中的某条时，就会根据设定进行如下可能的行动（可以是一个或多个组合动作）。

日志（Log）：记录到系统日志或指定的数据库中去，如上一个工作任务；

报警（Alert/Alarm）：可以利用向管理人员发出声音、邮件或消息等报警信息；

重置（Rest）：对一些面向连接的协议如 TCP，发送复位协议数据包；

丢弃（Drop）：将协议数据包丢弃；

阻止（Block）：拒绝源地址的数据流量通过。

IDS 属于被动设备，因为数据流量不经过 IDS 设备。当检测到攻击时 IDS 发出警报给管理人员。IDS 可以选用的动作主要是：对后续的攻击数据流量通过安全设备或路由器；或由 IDS 向攻击的源发送 TCP 协议的复位数据包，如图 4.36 所示。

IPS 属于主动设备，所有数据流量流经 IPS 设备，一般 IPS 有多个接口（一般至少要有两个接口，流量的入口与出口）。IPS 可以拒绝攻击流量的通过；可以把警报发到管理工作站，如图 4.37 所示。

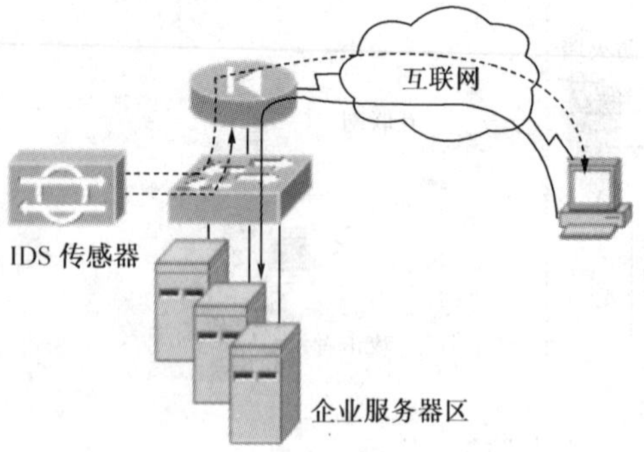

图 4.36 IDS 设备的位置

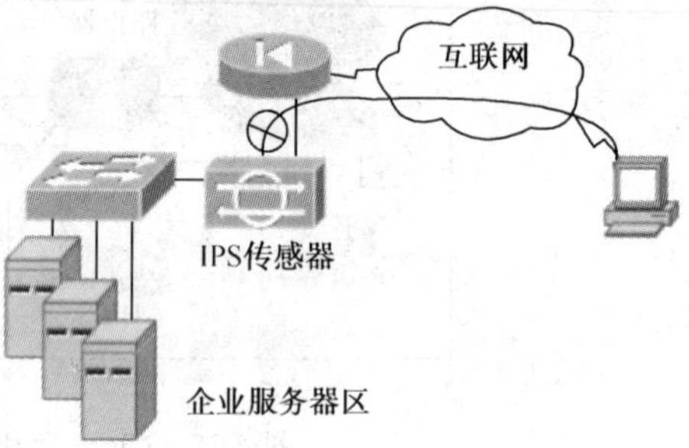

图 4.37 IPS 设备的位置

3. IDS 与 IPS 的组合

IPS 可以主动阻断认为是攻击的流量，但不应该阻断合法的数据流量，只是阻断确认为攻击的流量，这需要进行调整以免网络连接的中断。而 IDS 可以对 IPS 进行有效的补充，可以检测 IPS 是否工作，除认为是正常流量外对其他流量认为是可疑流量并进行报警，可以对 IPS 没有阻止的可能是攻击的数据流量进行标识。

国内产品专家对两种产品的研讨如下：IDS 入侵检测系统侧重于全面检测、记录与警报，而 IPS 则更擅长深层防御与精确阻断。从应用角度来看，低风险企业往往关注风险控制，对检测与监控和风险管理要求不高，此类企业选择 IPS 产品即可；对金融、电信等高风险行业，不仅关注风险控制，而且关注风险管理，这样的企业既需要 IDS，也需要 IPS；对于一些监管机构/部门来说，往往更关注风险管理的检测与监控，监督风险控制的改进状况，因此 IDS 是比较合适的产品。由于各行业客户不同的应用环境和实际需求，IDS 和 IPS 在国内都呈现出繁荣发展的现状，因此二者之间的关系并非简单的升级和替代，长期来看，IDS 和 IPS 将出现共同发展、和平共存的局面。

目前国内在信息安全行业中 IDS 与 IPS 产品较成熟的企业有启明星辰、联想网御和 H3C，国外产品有 Cisco、Juniper NetScreen、MCAFEE、RadWare DefensePro 等。关于网络产品的信息可以查阅 www.it168.com 产品介绍部分。

4. IDS 与 IPS 对攻击的检测手段

第一种是基于攻击签名的（Signature-based）检测方式，IDS 或 IPS 设备厂商提供攻击签名数据库，并可以从厂商处获得对新的攻击检测条目的更新，这种方式与杀毒软件所采取的方式类似。这种方式可能会产生错误报告，如正常的测试或访问行为可能会被认为是攻击，如利用带有-t 参数的 ping 命令测试网络连通性是可能会产生误报。这种方式是对已知攻击有效，需要一个攻击的特征文件，并要不断升级。

第二种是基于策略的（Policy-based）检测方式，策略的定义与描述要先创建。这种方式下，入侵检测系统分为入侵检测设备与管理控制端两部分，入侵检测设备负责数据的收集和分析，记录日志信息，发现入侵行为时报警，安全管理端接收和处理报警信息，根据报警的相关设定按相应的策略采取行动，如与防火墙联动，并形成对此行为的新的规则库（可以是添加的访问控制到防火墙上，以后就可以由防火墙直接拦截）。这种方式下需要对入侵检测与网络管理进行策略的协调，也需要一个策略数据库。

第三种是基于异常的（Anomaly-based）检测方式，在这种方式下要先定义哪些是正常的流量，即需要定义一个用户的活动范围，对超出此范围的情况发出警报。当然这需要构建一个准确的特征文件。这种方式的优点是能够检测未公布的攻击行为。但是这种方式的缺点也很明显，因为用户的活动有很大的随机性，可能新的访问方式或行为被认为是攻击而产生报警。这种方式下需要一个用户正常行为的特征文件。

还有一种被称为蜜罐的（Honeypot）检测方式，这种方式要先设置一台主机，这台主机尽可能多开启服务，用于引诱攻击者对这台主机进行扫描或探测，对攻击者起到一个陷阱的作用，并与关键设备隔离，这样可以使网络管理者发现企图对网络发起攻击的源头。这种方式下需要在网络关键位置部署一台陷阱主机。

5. 思科的 IDS 和 IPS 设备介绍

下面对思科的 IDS 与 IPS 产品及解决方案加以介绍，思科 IDS 与 IPS 产品的实现主要是通过路由器、防火墙和专用的思科 IPS 4200 系统探测器完成。

（1）基于思科路由器 IOS 的入侵防御系统 IPS。思科路由器 IOS 的 IPS 功能提供了一个在线的数据包检测方案，在不影响路由器的性能的情况下提供对恶意流量识别、分类并阻止的能力。由 IOS 将报警发送到路由器内部缓存、日志服务器或控制台。这对于中小型企业的网络提供了一种基本的流量监视，并能终止恶意的流量对内部的攻击。

（2）防火墙集成 IDS 与 IPS 功能。思科在 PIX 防火墙和自适应安全设备 ASA 内集成了在线的入侵检测与入侵防御功能。PIX 的 5.2 以上版本支持入侵检测功能，ASA 通过 AIP-SSM 模块提供此功能。

（3）专用硬件 IDS 或 IPS。专用的硬件可能是配置在路由器上的模块，可以提供给思科的 2600 和 3700 系列路由器，或用于多层交换机，如安装到思科 Catalyst6500/7600 的插槽中的模块来提供 IDS 与 IPS 功能。

思科的 IPS 4200 系列探测器可以提供探测、分类和阻止各种攻击威胁的能力，如思科的

IPS 4240 等。关于思科的同类新产品可以在网上获取相关介绍。

6．基于网络 IPS 与基于主机 IPS

基于网络 IPS 缩写为 NIPS，网络探测器安装到网段的主干，来监视多台主机的活动。

基于主机 IPS 缩写为 HIPS，每台主机上都安装有管理软件的代理程序。思科安全代理 CSAs 对主机进行防御并报告给管理控制台。HIPS 为每个主机提供检测与防御，HIPS 不需要特殊的硬件。Cisco 的 IPS 网络部署方案如图 4.38 所示。

在 NIPS 中，探测器是网络入侵检测分析设备，专用于入侵检测分析。一个探测器连接到网段来监视多台主机，并提供保护；与 HIPS 不同，NIPS 增加主机不必增加探测器，并且在一个网段添加探测器很容易。

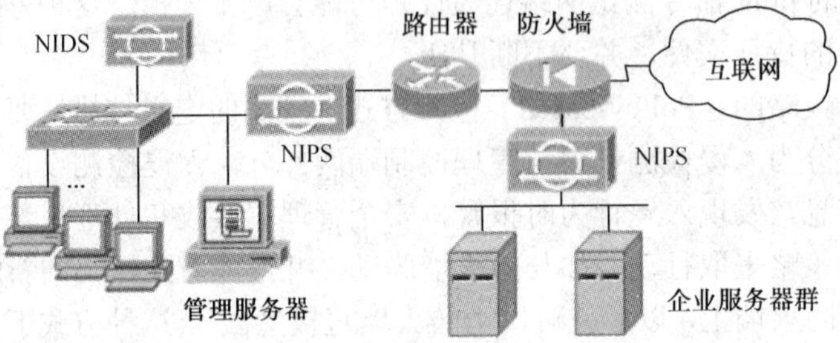

图 4.38　Cisco 的 IPS 网络部署方案

4.3.3　规划基于思科 IOS 的 IPS

1．思科 IOS 入侵防护系统 IPS 介绍

思科 IOS 的 IPS 是带 IPS 功能的路由器，即可升级支持 IPS 功能 IOS 的路由器。而 IPS 探测器是专门的 IPS 系统，如 Cisco IPS 4200 产品。思科路由器较新版本的 IOS 可以支持 IPS 功能，作为一个在线式的 IPS 探测器，可以监控并检测到 1600 多种常见攻击，允许管理员手工修改已有的特征库或新建特征库来处理新发现的攻击行为。它可以检查穿越路由器的每个数据包，并与特征库进行模式匹配来发现异常流量，当发现异常时，IOS 的 IPS 对攻击可以采取复位、丢弃或报警等方式对异常数据包进行处理，并且可以通过 Syslog 或安全设备事件交换 SDEE（思科用于在 IPS 客户端与 IPS 服务器端之间进行消息交换的协议）等方式进行报告。可以配置 IOS 中的 IPS 功能来启用、禁用或设置特定的特征库。

一般建议在路由器上同时启用 IOS 防火墙和 IPS 功能以达到整体策略的部署。当然启用 IPS 功能对路由器的性能有影响，这主要与特征库的数量有关。思科的 IOS 在 12.3（8）T 之前，在 IOS 软件中内建了 132 个特征，当然也可以到思科网站下载新的特征库文件。另外，思科 IOS 的 IPS 可以使用 SDF 即特征定义文件来设置，IOS 的 IPS 通过读取 SDF 文件来识别每个特征。在 SDM 配置工具的安装目录下可以找到两个特征文件，128MB.sdf、256MB.sdf 和 attack-drop.sdf 这几个文件。在 12.3（8）T 之后的 IOS 路由器的闪存内已经有 attack-drop.sdf 这个文件了。

思科 IOS 的 IPS 可以使用内建的特征库或使用 SDF 文件，也可以同时使用两种方式组合。而 SDF 文件分为静态与动态两种，如 attack-drop.sdf 为静态的，而 128MB.sdf 和 256MB.sdf 是动态加载到内存中的，可以对某一个特征进行调整或禁用。

2. 利用 SDM 配置 IOS 的 IPS 的规划

在如图 4.39 所示的路由器上配置 NIPS，利用 SDM 配置 IOS 的 IPS 的规划如下。

在如图 4.39 所示的网络中的路由器 R1 上配置 IPS 功能。首先要配置图中路由器的基本功能，在一台计算机 A 上安装 SDM 软件（当然也可以使用 CiscoWorks IPS MC 配置 IPS 功能），如果没有足够的硬件路由器可以利用路由器模拟软件进行模拟，建议选用 3660 的路由器，需要注意的是选择较新版本的 IOS，并且在配置上把 3660 路由器的内存改为 128MB。使用 SDM 安装目录下的 128MB.sdf（推荐给内存大小为 128MB 的路由器使用）的特征定义文件作为 IPS 检测用。在 A 主机上利用 SDM 连接路由器 R1 并进行相应的配置，以实现利用 128MB.sdf 特征定义文件进行入侵防护，并配置检测报告方式为 Syslog 或 SDEE，配置完成后尝试进行修改特征。路由器与主机地址信息如图 4.39 所示。

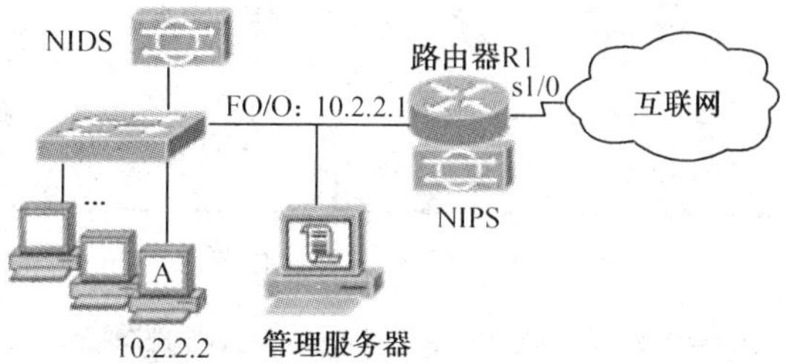

图 4.39　路由器与主机地址信息

4.3.4　利用 SDM 软件实施入侵检测与防护

1. 利用 SDM 配置 IOS 的 IPS 的过程

在图 4.39 中所示的路由器 R1 上配置 NIPS，利用 SDM 配置 IOS 的 IPS 的步骤如下。

步骤 1：对路由器进行基本的配置，利用一台安装有 SDM 的计算机 A 登录路由器 R1；

步骤 2：启动 IPS 规则向导，开始 IPS 的配置；

步骤 3：选择 IPS 要检测的接口；

步骤 4：指定 IPS 的 SDF 文件的位置；

步骤 5：结束配置向导，并利用 SDM 把配置命令发送到路由器中去；

步骤 6：编辑 IPS 策略；

步骤 7：查看全局设置，并进行修改；

步骤 8：签名查看、设置与修改。

步骤 9：对路由器进行基本的配置，利用一台安装有 SDM 的计算机 A 登录路由器 R1，如图 4.40 所示，说明路由器的内存不足，无法开启 IPS 功能。根据 SDM 的提示，路由器至少具有 128MB 内存才能运行 IPS。这时需要更大内存的路由器或增加路由器的内存。如果是利用路由器模拟软件 DynamipsGUI，在路由器配置中的内存要大于 128MB，或修改已经生成的路由器的批处理文件，把“-r 96”改为“-r 128”或更大。

步骤 10：具备 IPS 功能和开启条件的路由器，利用 SDM 登录后选择入侵防御后，显示如图 4.41 所示。选择启动 IPS 规则向导可以开始 IPS 的配置。单击后出现提示信息“SDM 将打开预订，使路由器获取 SDEE 事件”，说明 IPS 会把检测到的警报等利用 SDEE 协议送到路由器。并且会要求进行验证。

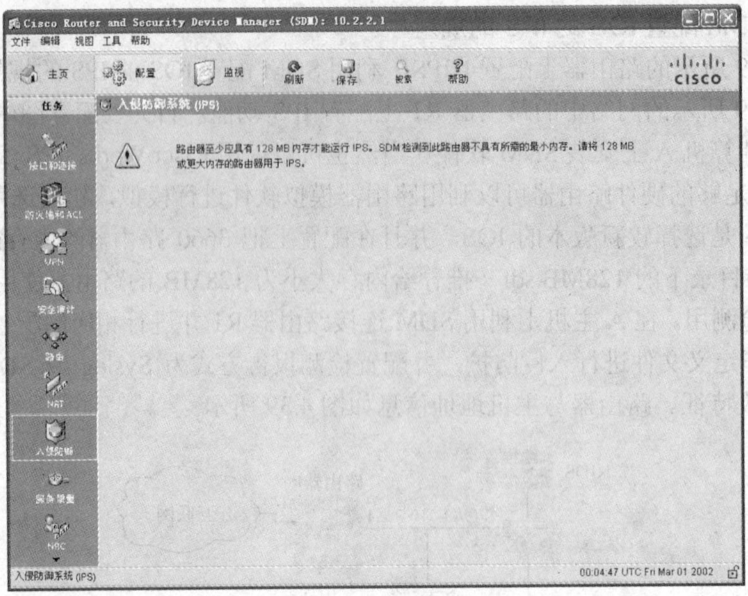

图 4.40　IPS 配置对内存要求

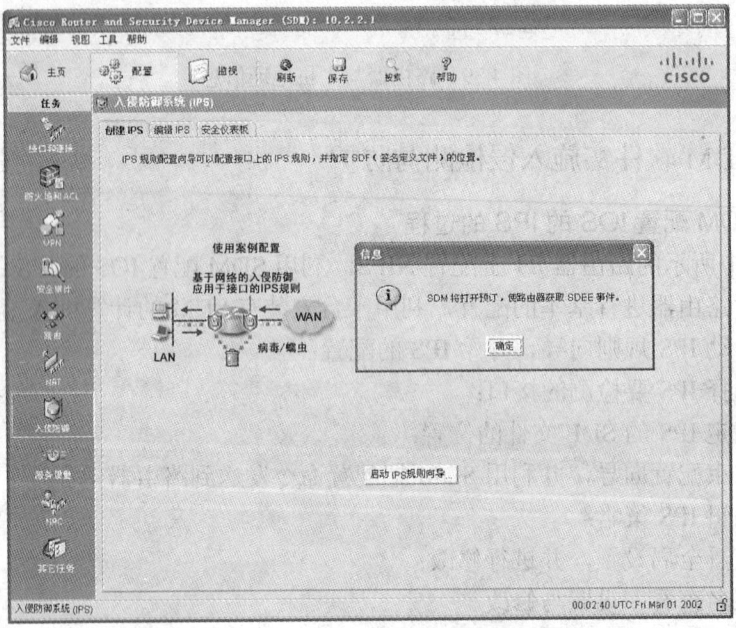

图 4.41　启动 IPS 规则向导及提示

正确输入用户名和口令后，如图 4.42 所示。IPS 策略向导会提示 IPS 规则配置向导可以配置在接口上的 IPS 规则，如图 4.43 所示，并指定 SDF 文件的位置，需要指明检测的方向，也可以指明对特定的通信进行检测。

步骤 11：选择 IPS 要检测的接口，根据前面规则的图，这里可以选择 FastEthernet0/0 为出站接口，Serial1/0 为入站接口，如图 4.44 所示。

步骤 12：指定 IPS 的 SDF 文件的位置。在选择 SDF 文件位置时，选择“添加”，在添加签名位置处，可以选择指定 SDF flash 或使用 URL 指定 SDF（可以是 FTP、HTTP 或 TFTP），如图 4.45 所示。

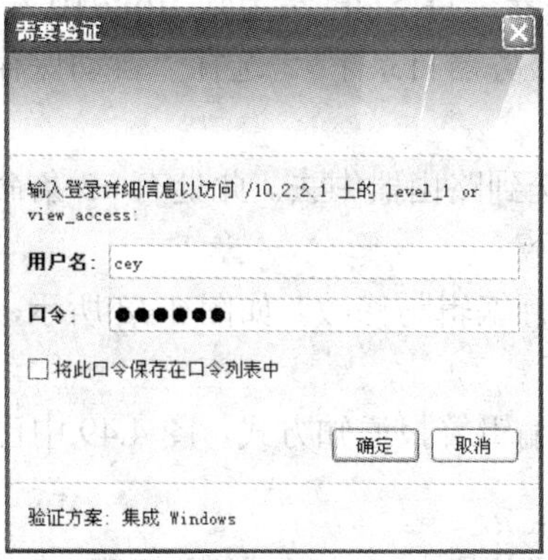

图 4.42　登录的用户验证

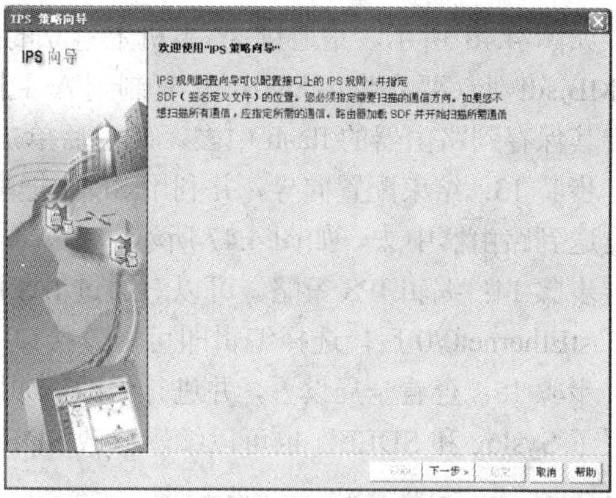

图 4.43　IPS 策略向导

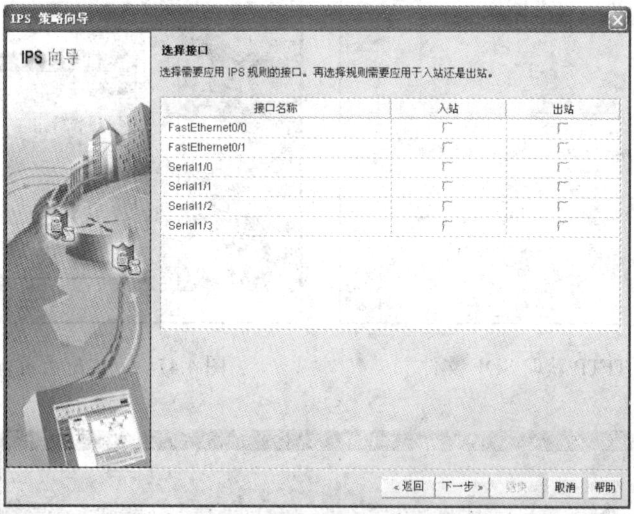

图 4.44　设置 IPS 入站与出站接口

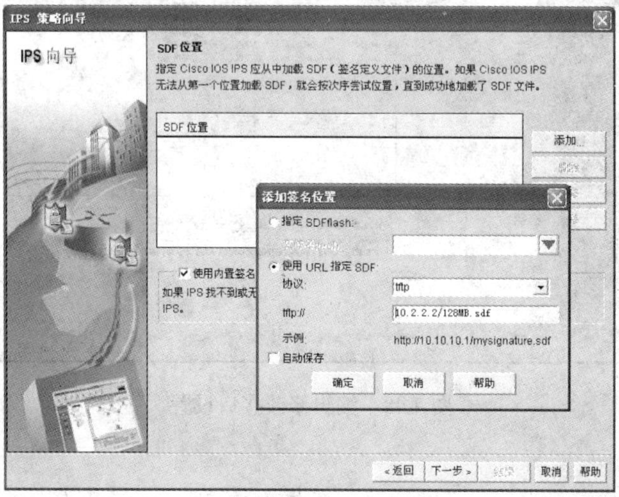

图 4.45　SDF 文件的选择

如图 4.46 所示，是通过 A 主机上建立的 TFTP 服务器，将 SDF 指定到 tftp://10.2.2.2/128MB.sdf 处（要先将 128MB.sdf 复制到 A 主机的 TFTP 服务器目录下）。选择“自动保存”，会将其保存到路由器的 flash 中去，确定后单击“下一步”。

步骤 13：结束配置向导，并利用 SDM 把配置命令发送到路由器中去。此处有 13 条命令被发送到路由器中去，如图 4.47 所示。

步骤 14：编辑 IPS 策略。可以对通过 IPS 配置向导进行编辑与修改。如图 4.48 所示，选择 FastEthernet0/0 后，选择编辑即可修改接口。

步骤 15：查看全局设置，并进行修改。如图所示可以编辑警报通知方式，图 4.49 中已经启用了 Syslog 和 SDEE，也可以编辑修改 SDF 位置。

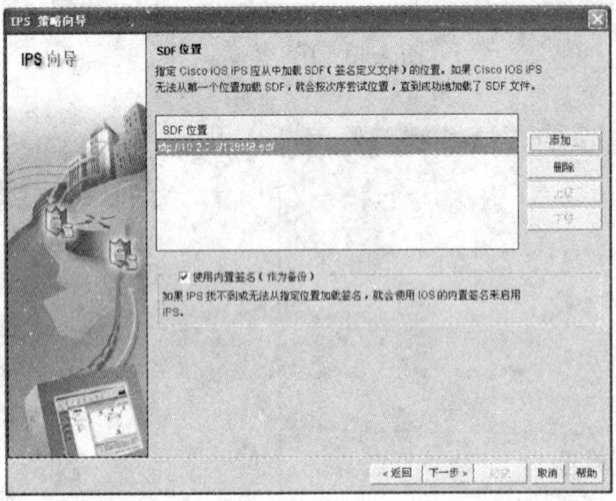

图 4.46　通过 TFTP 获取 SDF 文件

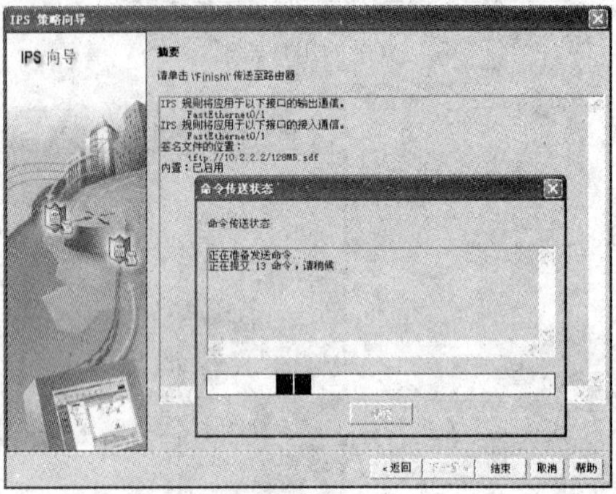

图 4.47　完成配置并向路由器发送命令

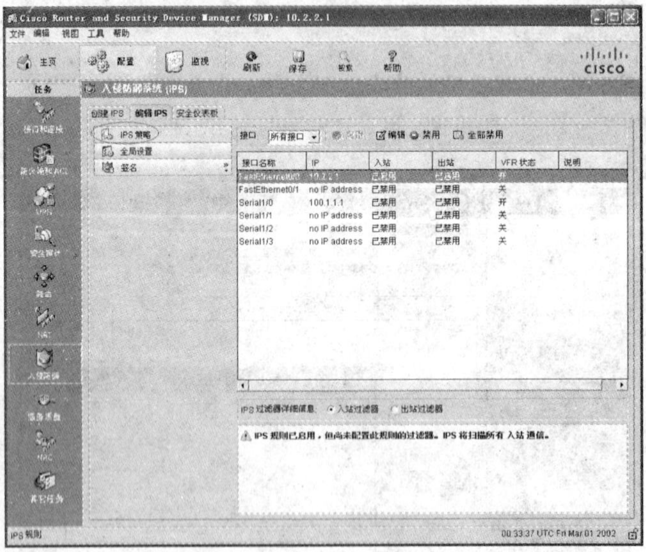

图 4.48　编辑修改接口设置

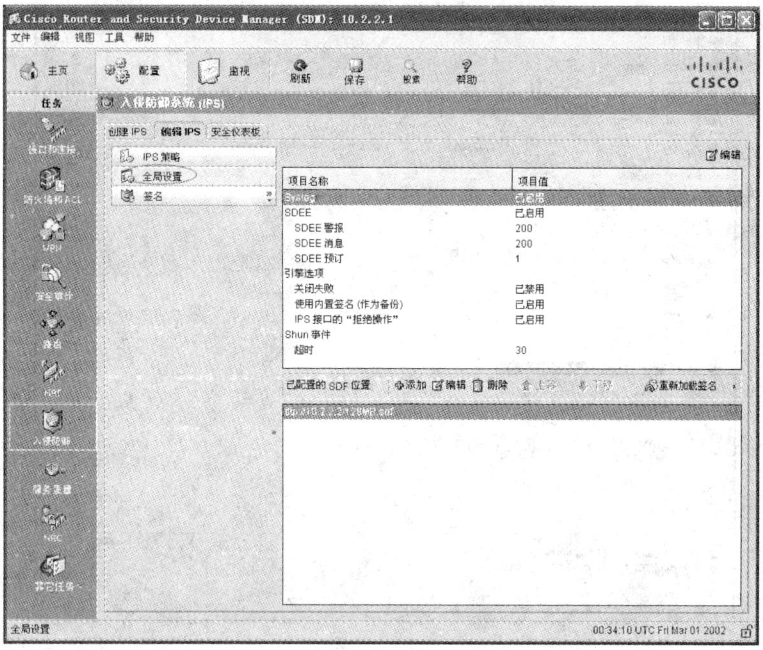

图 4.49　日志服务与 SDEE 的控制

步骤 16：签名查看、设置与修改。如图 4.50 所示，可以编辑选定的签名。

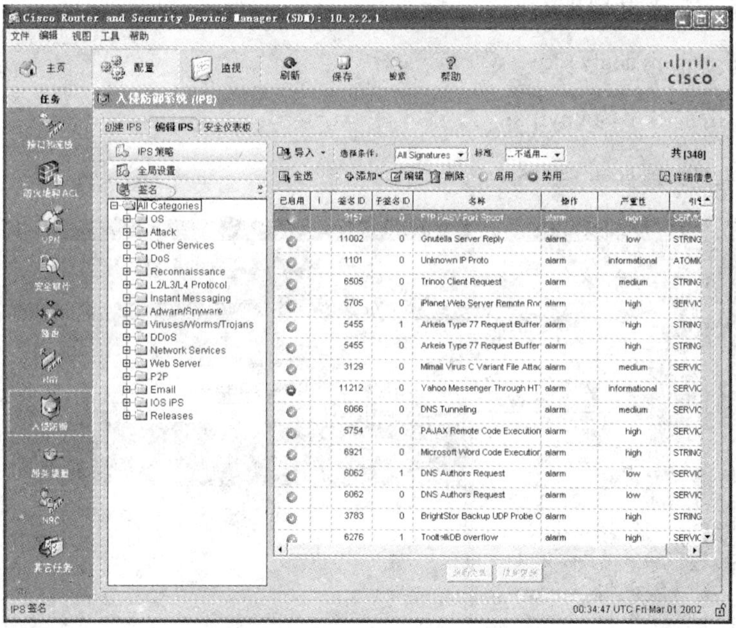

图 4.50　签名文件的查看与编辑

对选定的签名，选择编辑，在出现的编辑签名窗口中即可以进行修改，修改前单击前面的绿色方形，变为红色菱形，要恢复单击此红色菱形即可，如图 4.51 所示。

也可以对一类签名进行控制，如禁用、删除等，还可以使用导入或添加签名等操作。修改或编辑完成后选择下面的改动生效即可，如图 4.52 所示。

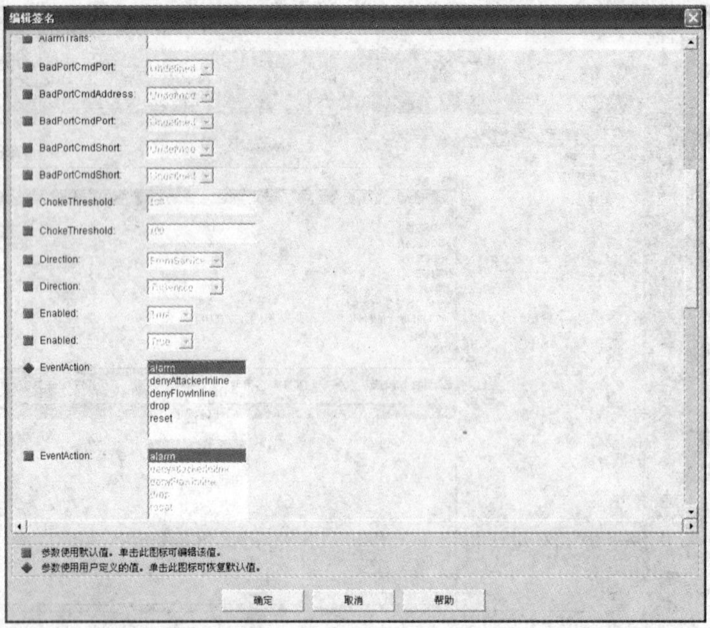

图 4.51　修改检测与防御规则

2. 基于命令方式配置 IOS 的 IPS

（1）设置报告方式为 SDEE：

```
R1(config)#ip ips notify sdee
```

（2）为 IPS 指定名字为 ceyips：

```
R1(config)#ip ips name ceyips
```

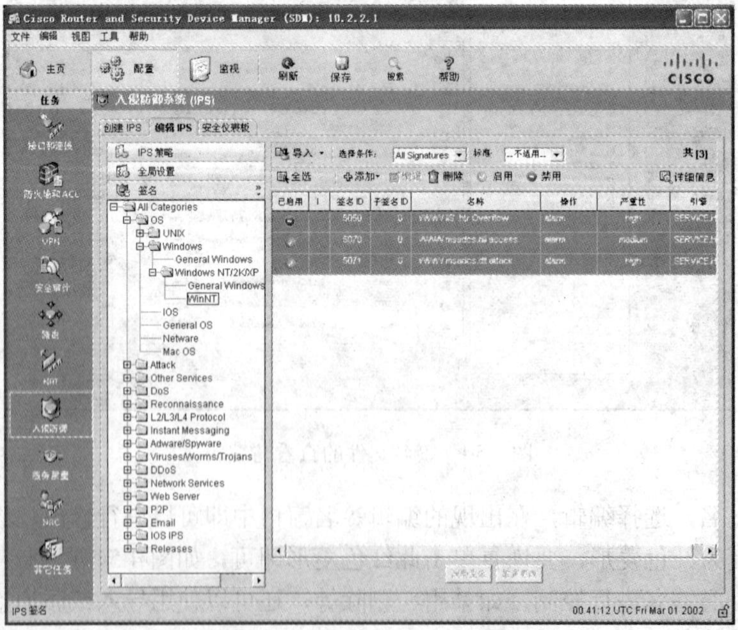

图 4.52　对一类签名规则的修改

（3）指定特征定义文件的位置（此处假设在闪存中有 128MB.sdf 文件）：

```
R1(config)#ip ips sdf location flash:128MB.sdf
```

（4）进入 IPS 检测接口，指定方向（入站和出站）：

```
R1(config)#interface FastEthernet 0/0
R1(config)#ip ips WORD in
R1(config)#ip ips WORD out
```

（5）设置 IOS 将分片传输的数据包模拟重组成完整的数据包，用来识别和过滤一些攻击包：

```
R1(config)#ip virtual-reassembly
```

（6）检查当前加载 signatures 的位置：

```
R1#show running-config | include ip ips sdf
R1#show ip ips signatures
```

（7）从其他位置加载新的 signatures 到 flash 位置：

```
R1(config)#copy tftp://10.2.2.2/mysignatures.xml ips-sdf
```

4.3.5 进行入侵检测与防护效果的检测

1．思科路由器 IOS 的 IPS 故障安全处理

思科路由器 IOS 的 IPS 有 fail-open 能力，当 IPS 失效后，所有流量可通过。使用命令 ips fail closed，可以改变 IPS 行为，发生故障后，丢弃所有数据包。路由器 IOS 的 IPS 可以配置多个特征集的备份位置，如 TFTP、Flash、HTTP 等，如果在任何位置都找不到特征集文件，则会启用 IOS 内置特征集数据库。如果之前使用命令 no ip ips sdf builtin，明确不允许使用内置特征集数据库，则会执行故障安全，默认为 fail-open（每分钟产生对应信息：%IPS-5-PACKET_UNSCANNED：IPS-fail open-packets passed），不建议将其修改为 fail-close（每分钟产生对应信息：%IPS-5-PACKET_DROP: IPS-fail closed-packets dropped）。如果某个特征无法加载，路由器忽略对应特征的扫描，其他特征继续工作。

2．检查修改某个特征触发的动作

可以利用 SDM 或 CiscoWorks IPS MC 进行修改。其中动作设置包含：报警、丢弃、重设、拒绝攻击者、拒绝数据流。

3．利用 SDM 查看 IPS 的 SDEE 消息

利用 SDM 连接到路由器后，即可查看 IPS 的 SDEE 消息。

4．CLI 方式查看 IPS 配置

```
R1# show runnning-config | begin ips
```

检查 IPS 是否配置正确：

```
R1# show ip ips configuration
```

检查特征库配置：

```
R1# show ip ips signature
```

检查 IPS 接口配置：

```
R1# show ip ips interface
```

可以用与 show 相对应的 clear 命令禁用 IPS 系统。也可以用 debug 命令来排错或者检查思科 IOS 入侵防护系统。

```
R1# debug ip ips icmp
```

4.3.6 知识技能要点测评

通过本工作任务理解网络入侵检测技术与入侵防御的实现过程。这个工作任务要求达到的目标是：能够区别 IDS 与 IPS 技术，正确部署与实施基于思科路由器的入侵防御 IPS 系统，满足企业网络对入侵防御技术的需求，以最低成本完成工作任务，并能进行正确的检查，具体如表 4.6 所示。

表 4.6 知识技能要点测评表

学习情境 4——知识技能要点测评表			
序号	测评要点	具体目标	测评权重
1	知识理解	对比理解入侵检测技术与入侵防御技术的功能区别，掌握路由器中入侵防御的功能	20
2	工具及软件使用	能正确在思科路由器 IOS 中配置与实施 IPS 入侵防御功能	30
3	操作标准与规范	对入侵防御工作任务配置操作有效并符合标准与规范	30
4	检验方法与措施	能够采用正确的方法对入侵防御工作任务结果进行检查，并能说明检查结果	20

4.4 针对同类工作任务的拓展训练

4.4.1 华为 3COM 入侵防护系统硬件产品

1．任务描述

本拓展工作任务是对 H3C 硬件 IPS 产品选型与组网方案的网上学习。通过产品厂商网站了解其硬件产品的选配、功能特性、组网方案，通过产品的相关手册了解产品的具体功能、安装配置方法等。

2．目标

- ◆ 能够为中小企业网络提供入侵检测与防护解决方案，并能合理进行 IPS 设备选型；
- ◆ 学习不同产品特点、产品规格、组网应用、选配信息；
- ◆ 通过任务完成具备 IPS 设备的实施能力。

3．评价方法

能够提供有效的 IPS 方案，对中小型企业网络安全检测与防护。

4.4.2 思科入侵检测硬件产品

1．任务描述

本拓展工作任务是对 Cisco 硬件 IDS/IPS 产品选型与组网方案的网上学习。通过产品厂商网站了解其硬件产品的选配、功能特性、组网方案，通过产品的相关手册了解产品的具体功能、安装配置方法等。

2．目标

◆ 能够为中小企业网络提供入侵检测与防护解决方案，并能合理进行 IPS 设备选型；

◆ 学习不同产品特点、产品规格、组网应用、选配信息；

◆ 通过任务完成具备 IPS 设备的实施能力。

3．评价方法

能够提供有效的 IDS/IPS 方案，对中小型企业网络安全检测与防护。

4.5 完成入侵检测及防护功能的同类工具软件介绍

1．免费的入侵检测系统产品

Snort：www.snort.org 和 SHADOW：www.nswc.navy.mil 是两款免费的入侵检测软件。

2．商业入侵检测系统产品

（1）CyberCop Monitor。NAI，Network Associates 公司出品的产品与 Sniffer 同属一家，此公司由 Network General 公司与以做反病毒产品为专业的 Mcafee Associates 公司合并而成的。

（2）SessionWall-3/eTrust Intrusion Detection（eTrust ID）。CA（Computer Associates）公司的 SessionWall-3/eTrust Intrusion Detection。

（3）Kane Security Monitor（KSM）。

（4）Cisco 公司的 NetRanger。

（5）OmniGuard/Intruder Alert。

（6）ISS 的 RealSecure。ISS（Internet Security System）公司的 RealSecure 与 NetRanger 和 CyberCop 类似。

（7）天眼入侵检测系统。

（8）其他入侵检测系统。

NID-100/200（NFR Security）、SecureNet Pro（Intrusion.com）、NetProwler（Symantec）。国内的主要产品：金诺网安、鹰眼网络入侵检测仪、紫光入侵检测系统、清华比威、国腾道亨安全检测仪、华强 IDS、启明星辰、中软、安氏中国、东软集团、方御入侵检测等。技术在不断进步，新的产品不断产生。

4.6 企业调研并完成调查报告

深入企业对网络安全需求进行调研并形成调查报告。

1．企业网络的规模与整体方案；

2．企业网络中现有的安全技术及产品；

3．企业对网络安全管理人员的要求；

4．目前企业对网络安全防护的需求；

5．企业在网络安全上的投入力度。

4.7 习题与实训

4.7.1 习题

1．入侵检测系统按数据来源可以分为基于（　　）和（　　）型两种。

A．主机，网络　　B．主机，服务器

C．网络，服务器　　D．服务器，客户机

2．入侵检测系统包括三个功能部件，以下不属于这三个部件的是（　　）。

A．信息收集　　B．信息分析　　C．结果处理　　D．病毒查杀

3．对于已经发生的入侵行为，可以采用的技术是（　　）。

A．IDS 入侵检测技术　　B．杀毒技术

C．防火墙技术　　D．VPN 技术

4．为了防止入侵，可以采用的技术是（　　）。

A．IDS 入侵检测技术　　B．杀毒技术

C．防火墙技术　　D．VPN 技术

5．入侵检测系统包括三个功能部件是什么？

6．在 IDS 中什么是误报？什么是漏报？

7．网卡的工作模式主要是哪两种？

8．如何使网卡在混杂模式下工作？

9．什么是 CIDF？它的作用是什么？

10．IDS 有几种分类方式？如何分类？

4.7.2 实训

1．为一个企业的主干网络设计一个 IDS 系统，应该如何设计，画图说明。

2．使用 Snort 部署一个基于主机或网络的 IDS 系统。

3．基于 SessionWall 设置一个主机或网络的 IDS 系统。

4．设计一个基于 Cisco 或 H3C 的网络产品的 IDS/IPS 系统。

5．完成此学习情境中的拓展训练。

学习情境 5　对主机部署与实施安全防护

5.0　总体介绍

当今主流的计算机操作系统多数已经具备了网络操作系统的功能了，例如，当前用户较多的 Windows XP 操作系统，它们为用户使用提供了应用环境，其中非常主要的一项功能就是联网功能，试想用户坐在一台无法联网的计算机前将是多么不方便，这是因为网络给用户提供了资源和交流的平台。

网络操作系统的设计者们充分考虑了用户的需求，这为用户带来了很多方便，但是，很多事情都具有两面性：一方面，方便的同时也可能带来了新的麻烦，那就是主机操作系统的网络安全问题；另一方面，就是设计者在设计操作系统这么复杂的软件或其他应用软件和程序时都不能确保其绝对的安全，也就是说任何程序都可能存在安全上的缺陷。因此，操作系统的安全在网络安全中举足轻重。对于承载网络中关键业务的服务器来说更是如此。

5.0.1　情境描述

对于一个企业来说，网络中的大部分安全管理与维护工作是针对网络中的主机的。主机安全防护工作主要是对操作系统和安装运行于其中的各种服务及应用软件的安全与防护。由于操作系统及应用软件本身的漏洞、缺陷或计算机病毒等因素使得主机存在很多安全上的问题。这就要求用户或网络安全的管理者采取相应的技术手段来加以弥补与防护。因此，本部分的主要工作任务是：采用对操作系统进行增强与改进的技术来提高操作系统的安全性并对主机的安全加以防护。

5.0.2　总体目标

- 对基于主流操作系统的主机采取增强与改进的技术，对主机进行整体上的安全加固，如利用系统本身的功能进行补丁升级、策略设置、服务最小化等加以实施；
- 能正确安装和使用计算机杀毒软件；
- 清楚杀毒软件不是万能的，可以查杀多数计算机病毒，但不是全部病毒；
- 能利用工具盘对杀毒软件无法清除的病毒进行手动处理，并对中毒后的系统及数据加以修复。

5.0.3　内容描述

在本学习情境中设计了 3 个工作任务：第一个工作任务是对主流操作系统的主机进行全面的安全防护加固，主机的维护工作是网络管理工作中工作量最大的，通过本工作任务旨在将一些方法与措施应用到主机中；第二个工作任务是对主机及网络部署病毒防范措施，重点是形成一种对计算机病毒能正确处理的方法和能力；第三个工作任务是对病毒的手动处理，重点是灾后处理及相关工具的使用，并能对系统及数据进行修复。

5.0.4 情境教学条件

整体教学环境要求

◆ 保证实训用计算机可以访问互联网；

◆ 建议实训用计算机使用 Windows XP 操作系统；

◆ 建议实训用计算机硬件配置足够，特别是内存建议 1GB 以上，以便于虚拟机运行；

◆ 建议在实训用计算机的 Windows XP 操作系统内安装 VMware Workstation 软件，并创建虚拟机安装 Windows 2003 操作系统，作为病毒的练习环境。

工具及软件要求

◆ 一款常用的杀毒软件，如瑞星、江民等；

◆ 一张具有 PE 功能的系统维修光盘及数据恢复软件；

◆ 制作系统启动光盘的软件 EasyBoot 或相关软件；

◆ 进程和端口查看与管理工具软件；

◆ 微软 Windows XP SupportTools。

特定的硬件设备要求

◆ U 盘；

◆ 系统维修工具光盘。

参考资料及视频建议

◆ 利用网络查询各工作任务所涉及的文档与教程；

◆ 关于本部分工作任务的视频教程。

5.0.5 学习情境 5 整体网络场景

学习情境 5 整体网络场景如图 5.0 所示。

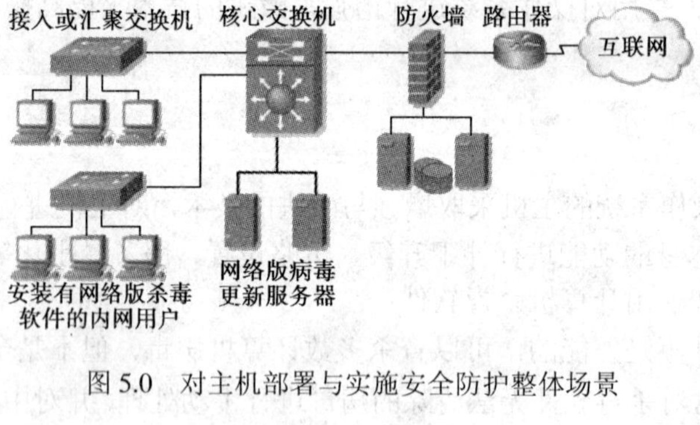

图 5.0 对主机部署与实施安全防护整体场景

5.1 工作任务 1——主机系统的安全防护

5.1.1 工作任务描述

本工作任务是对主机系统安全防护的多方面介绍，通过对主机进行加固以实现对其的安全防护，同时学习主机安全防护的主要技术与方法。具体工作任务描述与实施流程如表 5.1

所示。

表 5.1 工作任务描述与实施流程表

学习情境 5——对主机部署与实施安全防护
任务名称：主机系统的安全防护
企业工作情境描述
在一个企业内网经常会发生一些网络攻击事件，其中一部分就是发生在内部网络的主机，需要对内网的主机进行全面的防护与加固。主机安全控制系统用户能否进入，以及进入后能访问哪些资源，包括操作系统安全、应用程序安全、数据安全、用户安全等
工作任务分析
通过对此类攻击事件的资料查阅及分析，发现攻击对象多数为 Windows 系统。其中尤其普通用户使用的计算机风险更大。关闭一些服务和端口、限制用户的访问权限、加固操作系统等方法能够有效提高主机的安全性
任务目标
1．通过网络获取最新的补丁包，能够正确安装； 2．能为使用计算机的用户设置账号和密码，达到相应的技术规范； 3．根据需要部署网络服务，关闭无用的服务和端口； 4．熟悉常用的安全策略，应用到主机后，并设置审核事件
学习场景简化
将企业局域网进行简化，使其足以完成本次实验。此工作任务可在实训室完成：实训用计算机通过交换机连接在一起组成局域网，完成主机的安全设置后进行检验。本任务主要针对安装 Windows 操作系统的主机，设置完成后进行扫描、测试。本任务也可在虚拟机下进行实训
工具及软件选用
1．端口扫描软件 nmap； 2．netstat 命令； 3．建议使用虚拟机进行练习
任务实施流程
1．知识准备：阅读引导文本或查找主机安全防护的相关资料； 2．明确主机安全防护技术的设计与实施； 3．针对主机的安全增强与改进的措施； 4．明确主机文件系统的安全； 5．主机安全的检测
参考资料手册
1．利用互联网搜索相关知识； 2．相关软件的操作说明； 3．教材中的引导文本； 4．相关视频教程

5.1.2 引导文本

1．操作系统中的漏洞

用户所使用的操作系统往往是采用系统推荐的默认安装项进行的，但是这些安装项中有些功能或组件对用户并不都是必要的，反而会因某些组件的添加带来安全隐患和漏洞。对于一般的网络用户或 IT 管理人员，可能对此不熟悉并在操作系统中安装了那些组件。一旦这些组件出现漏洞，如果不及时加以修补，就可能成为攻击者入侵的通道。

还有一些操作系统中的漏洞和缺陷是由系统软件设计或开发软件自身的特点造成的，如微软 Windows 操作系统中的 DCOM RPC 远程缓冲区溢出漏洞，缓冲区溢出漏洞可以使蓄意的攻击取得机器的控制权甚至是最高管理权限。缓冲区溢出漏洞被认为是 Windows 操作系统非常危险的漏洞之一。

从原理或概念上来说，缓冲区是内存中存放数据的地方。在系统中某个程序将数据放到计算机内存中的一个位置时，由于内存空间的不足会引发缓冲区溢出。而这种溢出如果被人为地利用则可能带来攻击，攻击者写一个超过缓冲区长度的字符串，然后植入到缓冲区，而再向一个有限空间的缓冲区中植入超长的字符串可能会出现两个结果：一是过长的字符串覆盖了相邻的存储单元，引起程序运行失败，严重的可导致系统崩溃；另外就是利用这种漏洞可以执行任意指令，甚至可以取得系统管理级权限。大多造成缓冲区溢出的原因是程序中没有仔细检查用户输入数据及参数。如果溢出到管理权限命令运行的内存区域，则攻击程序即可控制主机的管理权限。

通常对操作系统中存在的漏洞，可以使用端口扫描工具或是漏洞扫描工具来进行检查和判断，对发现的问题及时加以修正，并删除或关闭操作系统上不必要的功能、网络服务与通信端口，制定有效的安全解决方案。

2. 主机中的服务与端口

什么是 TCP/IP 协议的端口呢？如果把一台主机比作一幢建筑，地址比作是 IP 地址，那么它的门就可以比作端口号。一般主机有一个地址即可，但是为了提供不同的通道往往有很多个门，同样对应一台主机某一个 IP 地址的端口也可以有很多个，这些端口可能提供的是由内向外的连接（里边的人出门），也可能提供的是由外到内的连接（外面的人进门）。门多了方便的同时也可能带来安全上的隐患，同样主机对外提供的服务多了，也就是说开放的端口多了时，也增加了被攻击和利用的概率。

一个具体 IP 地址的端口可以有 65536 个，这是由于 TCP/IP 协议中 TCP 协议头部字段中的端口号标识字段占了 16 位二进制数。一般所说的端口号是用十进制来表示的，并将其称为端口号（Port），其范围是从 0～65535，因此理论上也就可以提供 65536 种网络通信应用。

主机中的具体服务是由 IP＋Port 来定位的。如果一台主机配置了 2 个 IP 地址，则可以提供的 IP＋Port 标识将增加为原来的 2 倍，当然这不能从数量上来计算，而要从需求上考虑。如果用一台主机提供两个网站的 WWW 服务，都用默认的 80 端口号作为标识，此时就要考虑用这样的标识——IP1＋80 和 IP2＋80 来区分了。

其实端口号是传输层的标识，它也可分别由传输层 TCP 和 UDP 协议来区分，如同一个 IP 地址可能开启两个 53 号端口，一个是 TCP 协议的 53 号端口、一个是 UDP 协议的 53 号端口。

IP 地址可以帮助网络中数据包进行互联网络中的路由选择，并把其传送到目的主机，但是一般的操作系统可以支持多程序同时运行，那么目的主机应该把接收到的数据包传送给众多同时运行的进程中的哪一个呢？因此要通过一种方式加以区分，这时就要用到端口号了：当目的主机接收到数据包后，将根据报文首部传输层的目的端口号，把数据发送到相应端口，而与此端口相对应的那个进程将会领取数据并等待下一组数据的到来。端口的开启是由操作系统和其上的程序开启和管理的，关闭了开启此端口的程序也就关闭了对应开启的端口。如停止 IIS 中的 Web 站点，默认会关闭 TCP 协议的 80 端口，可以在停止前后利用“Netstat - an”命令查看效果；或者当在主机中运行 TFTP 软件时，UDP 的 69 端口号会打开。当然 80 端口也可能是由木马程序打开的。

从协议数据堆栈和软件角度来说端口其实就是队，操作系统为不同的进程分配了不同的队，数据包按照目的端口被操作系统推入相应的队中，等待被相应的进程读取。在某种情况下，这个队也是有可能溢出的，不过操作系统允许各进程指定和调整自己队的大小。

一般来说提供服务主机端开启静态的端口，用于等待连接请求；发送连接请求的客户端也要开启端口来进行双向的通信，但一般是由操作系统和客户端程序动态分配和管理的，可以利用协议分析软件捕获一组 HTTP 通信的协议数据来分析。其中会有这样的对应——目的 IP：目的端口号←→源 IP：源端口号的协议数据。每个 TCP 通信连接都必须由一端（通常为客户端）发起请求，通常是随机选择大于 1023 的端口号。

端口号可分为 3 大类：

（1）公认端口（Well-known Ports）：端口号从 0～1023。这些端口用于一些特定的服务。例如，80 端口默认是用于 HTTP 通信提供服务的。

（2）注册端口（Registered Ports）：端口号从 1024～49151。这些端口用于一些服务，或用于客户端连接时动态使用，也可能被病毒木马程序利用。大多系统处理动态端口从 1024 开始。

（3）动态和/或私有端口（Dynamic and/or Private Ports）：端口号从 49152～65535。理论上，不应为服务分配这些端口。系统通常从 1024 起分配动态端口，例外的是 SUN 的 RPC 端口从 32768 开始。

一个通信连接中源端口与目的端口并不是相同的，如客户端访问 Web 服务器时，服务器使用的是 80 端口，而客户端的端口则是系统动态分配的大于 1023 的随机端口。

开启的端口可能被攻击者利用，如利用扫描软件，可以扫描到目标主机中开启的端口及服务，因为提供服务就有可能存在漏洞。入侵者通常会用扫描软件对目标主机的端口进行扫描，以确定哪些端口是开放的。从开放的端口，入侵者可以知道目标主机大致提供了哪些服务，进而寻找可能存在的漏洞。因此对端口的扫描有助于了解目标主机，从管理角度看，扫描本机的开放端口也是做好安全防范的前提。

查看端口的相关工具有：Windows 系统中的 netstat 命令、fport 软件、activeport 软件、superscan 软件、Visual Sniffer 软件等，此类命令或软件可用来查看本地所开放的端口。

可以在网上查看各种服务对应的端口号和木马后门常用端口来判断系统中的可疑端口，并通过软件查看开启此端口的进程。

确定可疑端口和进程后，可以利用防火墙来屏蔽此端口，也可以通过选择本地连接→TCP/IP→高级→选项→TCP/IP 筛选，启用筛选机制来过滤这些端口；对于 Windows 系统主机，如不对外提供服务也可以进行过滤设置。对于网络中的普通客户计算机，可以限制对外的所有的端口，不必对外提供任何服务；而对于服务器，则把需要提供服务的端口，如 WWW 端口 80 等开放，不使用的其他端口则全部关闭。可以利用端口查看工具检查开启的非业务端口。

一些端口常常会被攻击者或病毒木马所利用，如端口 8080、21、22、23、25、80、110、111、119、135、137、138、139、161、177、389、3389 等。关于常见木马程序所使用的端口可以在网上查找到。

3. 计算机病毒、蠕虫、木马和后门

关于计算机病毒的细节将在下一个工作任务中进行详细学习，这里所要介绍的是病毒、蠕虫、木马和后门这几个常被使用的概念的区别。从国际标准来说，蠕虫、木马和后门也都可以归属为计算机病毒，因为多数杀毒软件都会对他们进行查杀和处理。不同之处在于其表现形式、特征和破坏性上。之所以单独加以命名，也是因为原本对计算机病毒概念在范围界定上受限，是由于时间和新技术的变化而引起的。下面分别从这几者的主要区别加以分析。

蠕虫（Worm）是病毒中的一种，因为它具有计算机病毒的传播性、隐蔽性、破坏性等特征。但与一般计算机病毒不同，它是主要通过网络传播的恶性病毒，可能会对网络产生攻击或被攻击者所利用。一般的计算机病毒需要通过传播受感染的驻留文件来进行复制，而蠕虫不使用驻留文件即可在系统之间进行自我复制；普通病毒的传染能力主要是针对计算机内的文件系统而言，而蠕虫病毒的传染目标是网内的所有计算机，如利用计算机中的网络共享端口或系统漏洞进行传播。感染蠕虫的系统可自行传播，在网络中的计算机间进行大量复制、传播，可能导致局域网中的交换设备超负荷运行，并最终导致停机。最明显的特征是交换机的所有指示灯同步闪烁，此时重新启动交换机可以临时解决，但要彻底解决还要从源头入手，关闭联网设备，查找全部感染蠕虫的主机，分别进行查杀。局域网中的文件共享、电子邮件、恶意网页、服务漏洞等，都成为蠕虫传播的途径。蠕虫病毒可以在短时间内大范围扩散蔓延到整个互联网，并且蠕虫具有很强的主动攻击性和突然爆发，短时间内可以耗尽主机资源及网络带宽，导致主机和网络崩溃。影响较大的蠕虫病毒有尼姆达、震荡波及其变种等。有些蠕虫病毒还会盗取主机用户的上网账号和密码信息，如熊猫烧香病毒等。

木马的概念来源于特洛伊木马，传说是关于希腊与特洛伊之间的一场战争，希腊久攻特洛伊不下，就放下一个里面藏有士兵的大木马在城外，并退离城外隐藏。特洛伊人以为希腊不战而退，便把此木马当作战利品拉回城内，并进行庆祝。但是晚上木马中的希腊士兵偷偷出来后，打开了特洛伊城门，从而帮助希腊部队取得胜利。计算机中的木马就是由人为的扫描、伪装并注入的控制程序，木马往往来源于网上的可疑文件或程序、网站、邮件等。它是具有欺骗性的文件，是一种基于远程控制的黑客工具，具有隐蔽性和非授权性的特点。木马的主要目标是窃取用户的信息。特洛伊木马有灰鸽子、网银大盗等。

所谓的后门技术是找到或者利用一些已知的漏洞。后门可能是由编程人员有意留的，也可能是由程序设计时的缺陷所致，而木马是为了控制或者创造一些漏洞，使攻击者可以实施其所想达到的控制目的。

一些常用的杀毒软件定义木马病毒的名称前缀为 Trojan、蠕虫病毒的名称前缀是 Worm 等。

4. 用户账户与密码安全

账户与密码的使用通常是许多系统预设的防护措施。事实上，有许多用户的密码是很容易被猜中的，或者使用系统预设的密码、甚至不设密码。用户应该要避免使用不当的密码、系统预设密码或是使用空白密码，也可以配置本地安全策略要求密码符合安全性要求。

5. 操作系统补丁包

补丁包（Service Packs）是微软发布的产品更新的集成。补丁包可能包含系统稳定性、安全以及其他方面的更新。建议为微软的相关产品下载和安装最新的补丁包，以确保软件是最新的。例如，Windows XP Service Pack 3 发布日期是 2008 年 4 月 29 日，包含了 Windows XP Service Pack 2（SP2）中的所有修补程序。

6. 系统中文件访问权限的设置

NTFS（New Technology File System）是安全性很高的文件系统，当多人使用一台微机时，若希望每人仅能访问自己的资料，而对同一机器上的他人资料不能或仅能有权限地访问某些资料，此时在该机上可实施 NTFS 文件系统，用户自己设权限。

在默认情况下，当用户拥有了对目录的权限后，便有了对该目录下文件同样的操作权限，即权限的继承性。如果分配某种权限给父文件夹，则其下面的子文件和子文件夹就会自动地继承该父文件夹的权限。用户也可以阻止这种继承性，从而使新文件和文件夹将不继承父文件夹的权限。可以把权限分配给文件夹或文件，使每个文件都可能设置有基本权限和高级权限，以实现对文件系统详细的访问控制。

7. 网络中主机及用户管理的安全考虑

对于互联网或企业局域网来说，要想实现全面的安全并提供有效的审计，则要对企业上网计算机进行安全准入控制。通过联网计算机安全准入控制系统平台，可以有效控制联网用户的上网行为，提供主动的管理策略。通过强制策略实现对所有网络终端的规范管理和准入控制，能够规范合法用户和限制非法用户对企业网和因特网的访问。

同时也可以控制联网用户软件的滥用，特别是联网用户软件的非法使用。如国内很多企业及个人上网用户随意从互联网获取软件进行安装使用，并且这些软件许多来自不安全的站点，可能随软件包携带有病毒木马程序，这也是内网安全最大的隐患，这些都可以利用准入控制软件主动进行进程监控与管理。当然这些要想得到真正的实施需要有相关政策的支持。

对于安全性要求较高的企业用户，建议遵循如下两条原则：

- ◆ 尽可能不访问不可信的网站（从工作需求角度考虑），并减少从其下载应用软件及程序的次数，慎重打开邮件中的附件和浏览不信任的网站中的网页，同时安装杀毒软件并及时更新；
- ◆ 关闭主机中不使用的服务及端口，可以利用防火墙软件实现控制。

总之，网络安全管理中没有一劳永逸，需要不断地加以完善，因为新的应用不断出现和未知漏洞的存在，以及没有及时修补的漏洞，网络中用户随意从网上下载与安装的程序都可能被攻击者和病毒程序所利用。正确的网络安全防护观念并不是不断地购置网络安全产品，更重要的是制定网络安全策略并认真实施，同时进行有效的入侵预防，并且及时做好漏洞修补等安全维护工作，当然这也需要得到企业管理者的重视！

5.1.3 主机安全防护技术的设计与实施

针对一台仅安装了操作系统的主机而言，需要做很多工作才能安全地使用，常规操作如下：

1. 安装杀毒软件与防火墙；
2. 安装 Service Pack 并及时进行更新补丁的安装；
3. 对系统用户进行管理与保护；
4. 根据系统应用，关闭不需要的服务与端口；
5. 设置一些安全策略，并对产生的安全事件进行审计；
6. 根据需要为相应的用户设置权限；
7. 定期对主机系统进行安全检测与扫描。

5.1.4 针对主机的安全增强与改进的措施

1. 服务包 Service Pack 及补丁更新

Service Pack 有助于使 Windows XP 保持最新状态，并且可以扩展和更新计算机的功能。可以使用 Windows Update 或 Microsoft 下载中心获取 Windows XP Service Pack 3（SP3）。

（1）检查 Windows Update 上的更新。

访问 Microsoft 网站：http://windowsupdate.microsoft.com，单击“快速安装（推荐）”。如果所使用的计算机符合条件，Windows XP SP3 将成为其中一个自动被选中的更新。单击“安装”。查看并接受最终用户许可协议（EULA）。Windows XP SP3 将被下载到计算机上，并且 Windows XP Service Pack 3 安装向导将指导此安装。

（2）从 Microsoft 下载中心获取最新的 Windows XP Service Pack，如果从 Windows Update 上获取该 Service Pack 时遇到问题，可以从下载中心获取独立的更新程序包。网址为：http://www.microsoft.com/downloads。下载后双击即可安装。

2. 关闭系统中不用的服务

一般关闭如下服务：Messenger、Remote Registry、ClipBook、Computer Browser、Indexing Service、DNS Client、Server、Workstation、TCP/IP NetBIOS Helper、Terminal Services、Help and Support、Print Spooler。

不要运行不必要的服务，尤其是 IIS，如果不需要它，就不要安装。IIS 存在许多安全上的问题，有几点在配置时值得注意：

（1）操作系统补丁版本不低于 SP3，确保最新；

（2）不在默认路径运行 Web；

（3）以下 ISAPI 应用程序扩展可被删掉：.ida .idq .idc .shtm .shtml .printer。

关掉大部分没有使用的服务后，系统的资源占用率有了大幅度的下降，系统运行也更加顺畅、安全。

关闭服务的方法是依次单击“开始→设置→控制面板→管理工具→服务”，如图 5.1 所示。以关闭 DHCP Client 服务为例，选中后单击鼠标右键，选择“停止”，服务即关闭。如果想使此服务不跟 Windows 系统一起启动，需单击鼠标右键服务名称并选择“属性”菜单，在“常规”选项卡中把“启动类型”改成“手动”，再单击“停止”按钮，如图 5.2 所示。

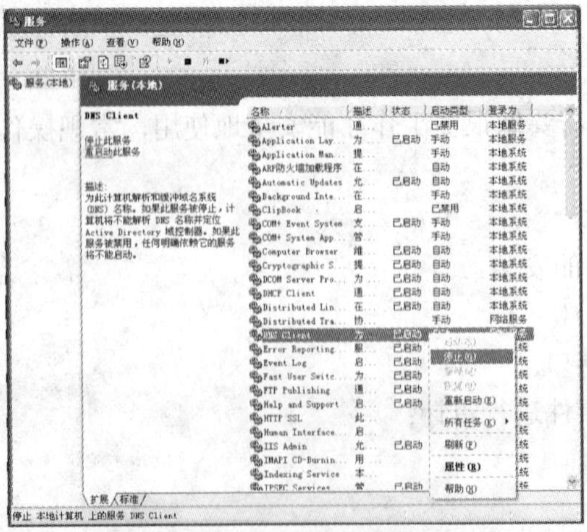

图 5.1 服务窗口控制台

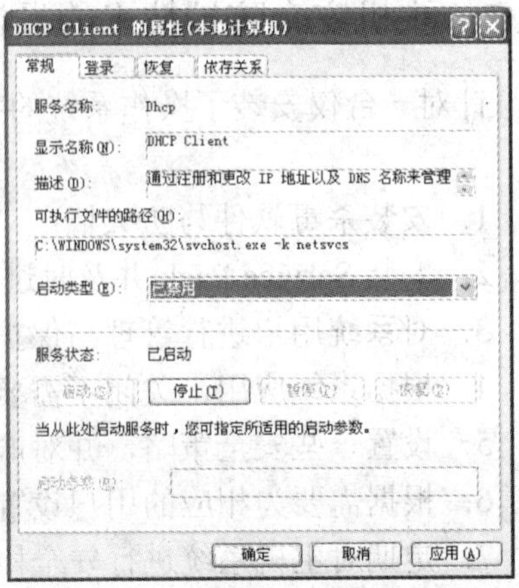

图 5.2 设置启动类型

3. 增强用户认证和访问控制

物理安全环境是很重要的，很多用户会忽略这点。普通用户的计算机难以做到，但可以通过设置开机口令的方式增强计算机的安全性。开机后按照提示进入 BIOS SETUP，SUPERVISOR PASSWORD 是计算机管理员设置进入 BIOS 的密码，USER PASSWORD 是开机密码。设置如图 5.3 所示，退出前要保存。不同的计算机不尽相同，要灵活应用。

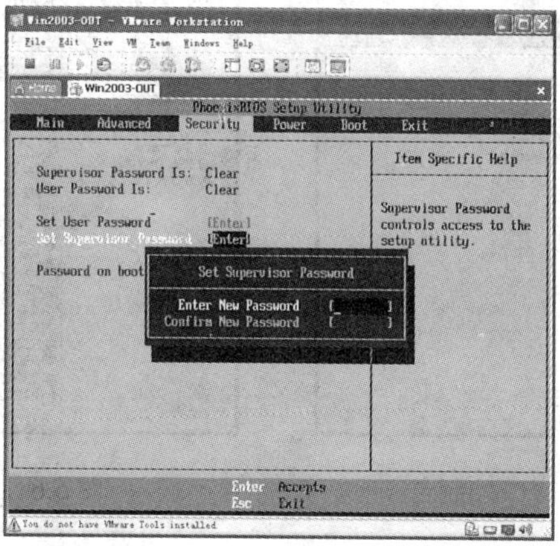

图 5.3　BIOS 密码设置

黑客入侵的常用手段之一就是试图获得 Administrator/Root 账户的密码。每台计算机都有一个账户拥有 Administrator/Root（管理员）权限，但不一定是“Administrator/Root”这个名称。所以，可以创建另一个拥有全部权限的账户，然后停用 Administrator/Root 账户。要为所有账户设置足够复杂的密码。

为了增强计算机的安全性，应该使用具有强保密性的密码。对网络登录和计算机的管理员账户尤为重要。强密码应该至少有七个字符的长度；包含大小写字母、数字和符号字符；在第二到第六个位置中至少应有一个符号字符；和以前的密码有明显的不同；尽可能不包含名字或用户名；不能是普通的单词或名称。

Guest 账户即来宾账户，它可以访问计算机，但受到限制。Guest 也经常被黑客利用。如果不需要用到 Guest 账户，最好禁用它。在 Windows XP 中，打开“控制面板→管理工具”，单击“计算机管理”。在左边列表中找到“本地用户和组”并单击其中的“用户”，在右边窗格中，双击 Guest 账户，选中“账户已停用”，如图 5.4 所示。

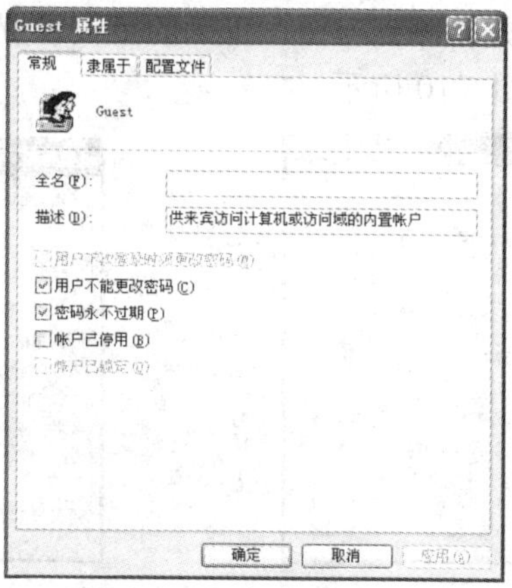

图 5.4　停用用户设置

4. 增强本地安全策略配置

利用 Windows XP 系统自带的“本地安全策略”可以使系统更安全。单击“控制面板→管理工具→本地安全策略”后进入，如图 5.5 和图 5.6 所示。常采取的策略有：禁止枚举账号、加强账户管理、指派本地用户权利、用 IP 策略限制端口、加强密码安全策略等。

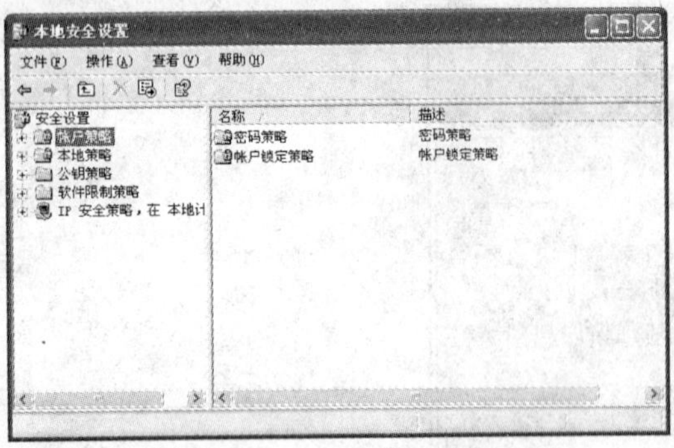

图 5.5 本地安全策略窗口控制台

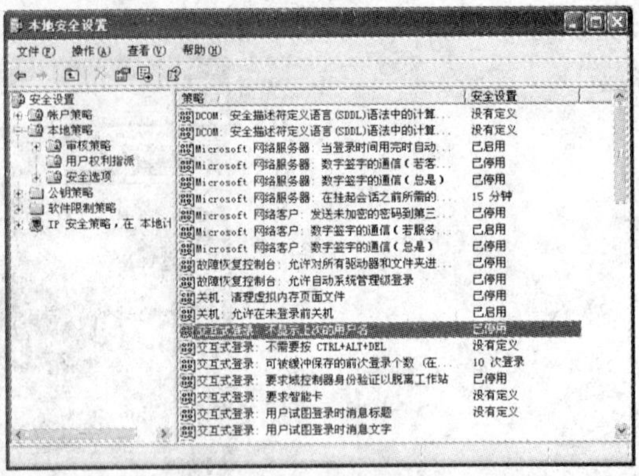

图 5.6 本地安全策略设置结果

以密码策略设置为例，操作方法是在其右侧设置视图中进行相应的设置，以使系统密码相对安全、不易破解，操作前后效果如图 5.7 和图 5.8 所示。

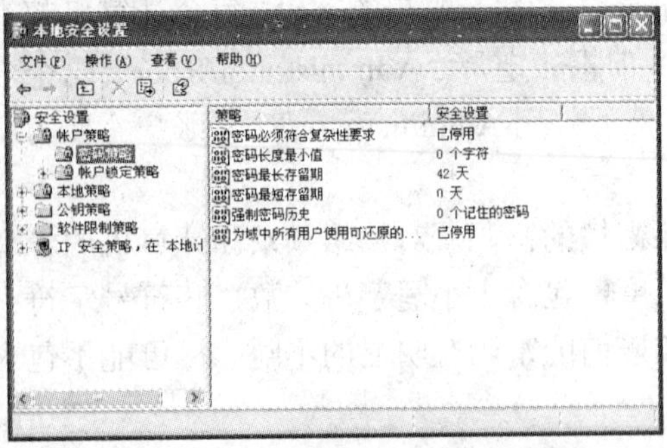

图 5.7 密码策略设置窗口控制台

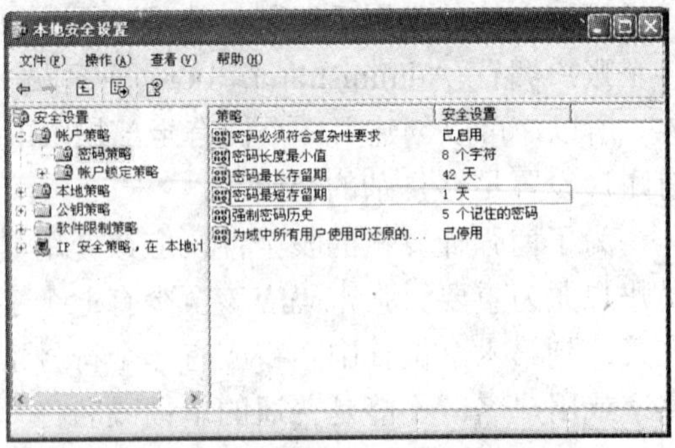

图 5.8 密码策略设置结果

5. 定义系统的安全审核

安全审核对于任何系统来说都极其重要，通过查看审核日志可获取是否发生了违反安全的事件。如果通过其他某种方式检测到入侵，正确的审核设置所生成的审核日志将包含有关入侵的重要信息，如图 5.9 和图 5.10 所示。

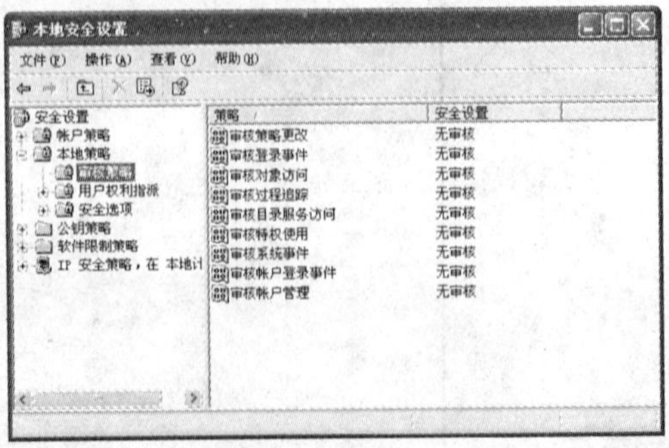

图 5.9 审核策略窗口控制台

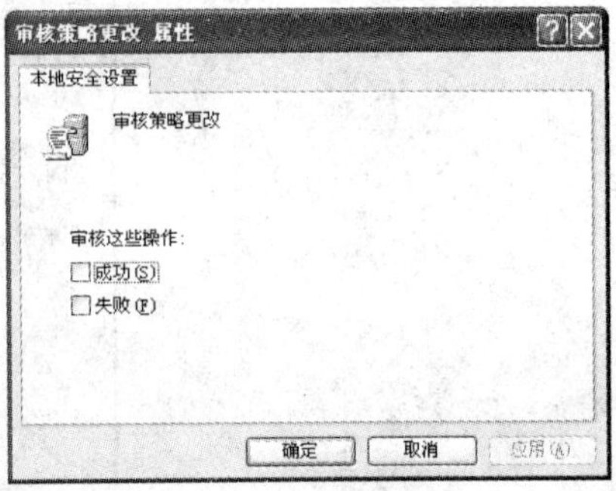

图 5.10 审核策略更改设置

网络中的各种活动和事件都可以通过事件日志来监视。通过“管理工具”下的“事件查看器”打开，也可以通过运行 Eventvwr.msc 命令打开。在事件查看器中记载错误、警告、信息、成功审核、失败审核五种事件，可以方便地监视计算机和整个网络。应用程序日志、系统日志和安全日志三种方式记录事件，应用程序日志包含由应用程序或系统程序记录的事件；系统日志包含系统组件记录的事件，预先确定由系统组件记录的事件类型；安全日志记录安全事件，如有效的或无效的登录尝试，以及与创建、打开或删除文件等资源使用相关联的事件，如图 5.11 和图 5.12 所示。

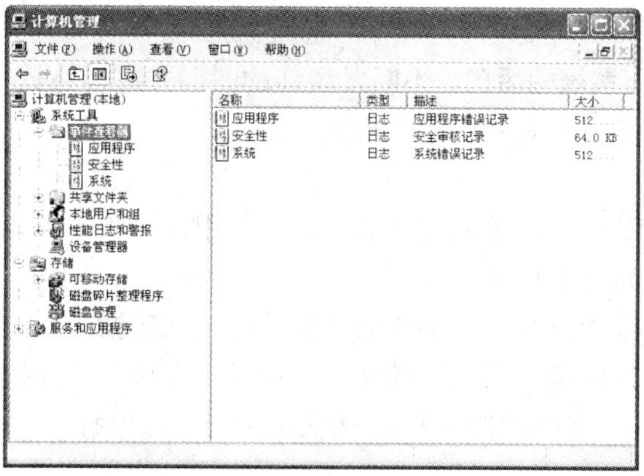

图 5.11　事件查看器窗口控制台

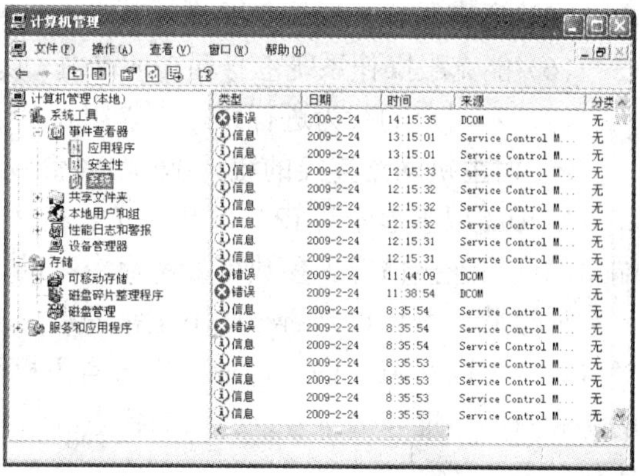

图 5.12　系统日志的查看

5.1.5　主机文件系统的安全

使用 NTFS 文件系统并创建用户组，可以在文件上设置权限。只有那些需要访问该文件的用户才能够实际地访问这些文件。NTFS 卷上分配权限的实质是为每个文件或目录设置与用户相关的访问控制列表。当用户试图访问文件或文件夹时，该文件或文件夹上的 ACL 就被询问。如果用户不在该 ACL 列表上，就会终止用户的访问；如果用户在该列表上，就会完成查对以核实该用户具有何权限。如果安装的系统原有的文件系统为 FAT32 格式可使用 Convert.exe 命令，对分区格式进行转换，因为 NTFS 支持安全设置，但 FAT32 不支持安全及文件权限的详细设置。对文件夹的权限使用示例如图 5.13 所示。

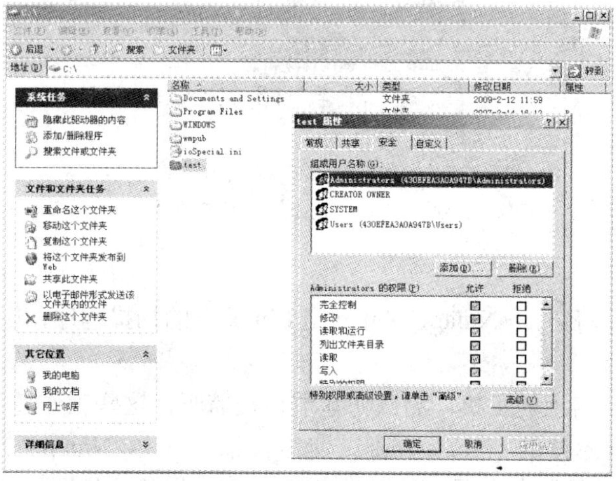

图 5.13　文件夹的权限

5.1.6 主机安全的检测

1. 主机安全系统应实现目标

对于主机来说应实现如下安全目标：

（1）把整个系统的用户根据需要分为不同级别；

（2）不同级别的用户拥有不同的权限；

（3）根据不同的用户设置不同的安全策略；

（4）可将超级用户的权限进行细化；

（5）所有用户的登录都要进行认证；

（6）能克服操作系统本身存在的漏洞，防止系统的后门，不断发现新的漏洞并进行补救；

（7）对用户的行为进行跟踪，能阻止其非法行为对系统造成损害。

2. 对主机网络连接的统计-Netstat 命令

Netstat 用于显示与 IP、TCP、UDP 和 ICMP 协议相关的统计数据，一般用于检验本机各端口的网络连接情况。参数可参考命令帮助，如图 5.14 所示。

通过此命令可以判断一些不正常的端口连接情况及异常协议的流量统计，如广播流量过多等。也可以利用“netstat –an”来查看主机系统中所开启端口的协议，以及正在进行的连接的源和目的地址和端口号、连接的状态等信息。可以根据 TCP 连接状态图来深入理解 TCP 协议的各种状态。

根据这些信息和经验可以初步判断系统中是否存在非法开启的端口等信息。

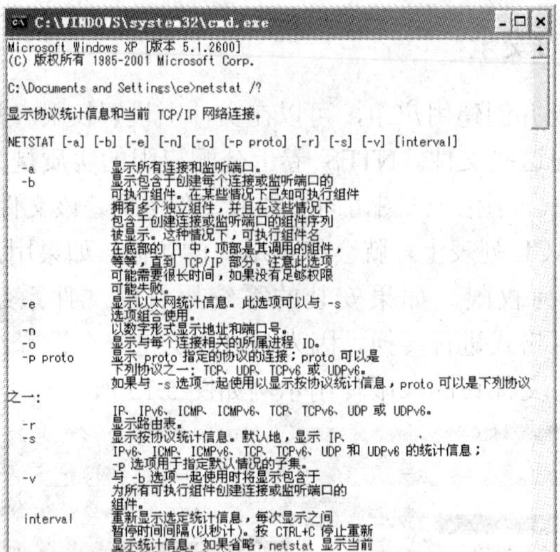

图 5.14 Netstat 命令参数

3. 扫描主机漏洞

端口扫描程序较著名的是 Nmap，Nmap 是 Linux 下的扫描程序，现在也有基于 Windows 系统下的版本。

Nmap 可以找出网络上的主机，测试哪些端口在监听，这些工作通常是由扫描来实现的。扫描网络是黑客进行入侵的第一步。通过使用扫描器（如 Nmap、X-Scan、Metasploit 3 Windows）扫描网络，寻找存在漏洞的目标主机。一旦发现了有漏洞的目标，接下来就是对监听端口的扫描。对于主机来说，扫描软件往往是一把双刃剑，即可以发起攻击也可以测试主机是否存在安全漏洞。例如，Metasploit Windows 软件在安装完成后会自带一些工具软件，如 Nmap、Netcat 等工具，并且集成了很多系统漏洞的攻击模块，建议在虚拟机系统下安装，因为其集成的攻击检测模块会被杀毒软件当作病毒处理，如图 5.15 所示。

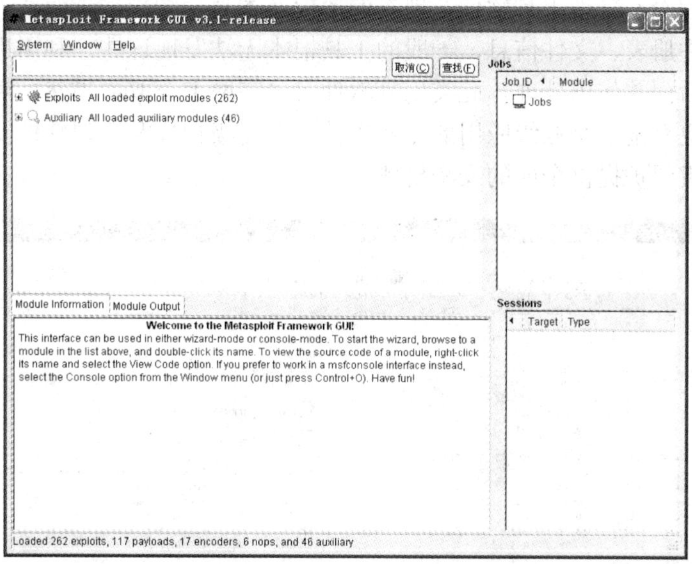

图 5.15　Netcat 扫描主机漏洞查看

Nmap 输出的是扫描目标的列表，以及每个目标的补充信息，至于是哪些信息则依赖于所使用的选项。如图 5.16 所示，是对虚拟机系统利用 Nmap 进行快速扫描，从结果中可以看到扫描的目标开启的服务端口。

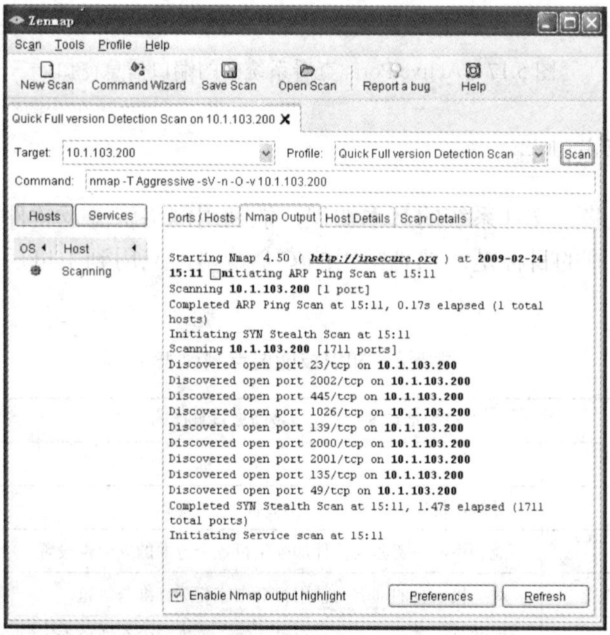

图 5.16　Nmap 扫描目标查看

4．主机安全常备工具

（1）活动端口查看工具软件 Active Ports。Active Ports 是免费易用的 TCP/IP 与 UDP 端口监视工具，能显示哪些程序打开了哪些端口，同时显示与本地 IP 连接的远程 IP 地址。可用于检测特洛伊木马和其他黑客程序，如图 5.17 所示。

（2）系统进程查看管理工具软件。现在的后门及木马功能越来越隐蔽，一般都隐藏于系统进程、端口、注册表、文件信息，一般的工具根本无法发现这些。利用进程管理工具可以查看系统中木马后门并作出处理。此类工具软件可以在网上获取。当然，对主机安全检测的软件还有很多，也有基于企业级应用的专业软件，企业级扫描及管理软件能及时更新扫描数据库，为企业主机保护提供全面的安全检测。

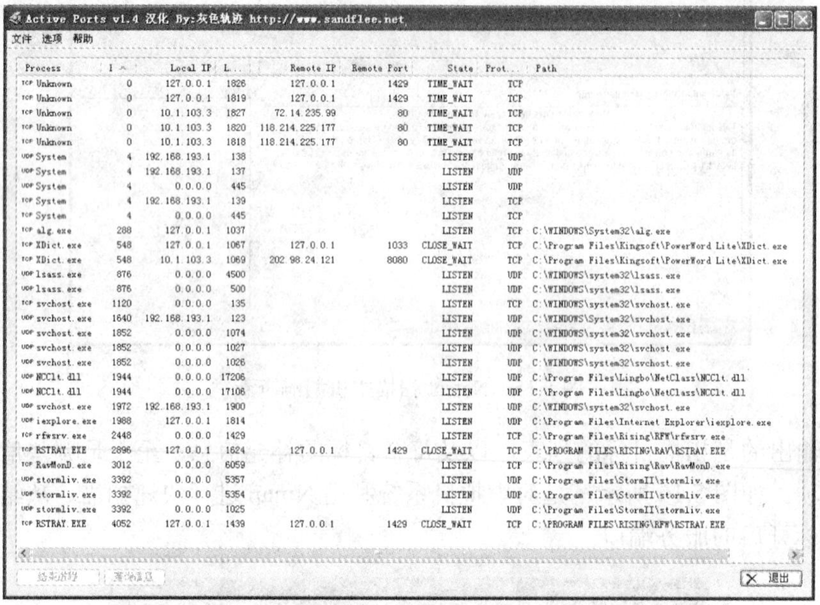

图 5.17 Active Ports 查看系统中的端口信息窗口

5.1.7 知识技能要点测评

理解本地安全策略、文件系统的基本知识，能利用网络资源及软件加强主机各个方面的安全性设置。要求达到的目标是：熟悉常用的安全策略，应用到主机后，并设置审核事件，具体如表 5.2 所示。

表 5.2 知识技能要点测评表

学习情境 5——知识技能要点测评表			
序号	测评要点	具体目标	测评权重（%）
1	知识理解	理解本地安全策略、文件系统的基本知识	20
2	任务实施	能利用网络资源及软件加强主机各个方面的安全性设置	40
3	操作标准与规范	对主机安全的部署与使用符合国家相关标准与规范	20
4	主机检测	能够采用正确的方法对网络中的主机进行安全性检查，能说明各步骤依据及改进措施	20

5.2 工作任务2——安装配置防病毒系统

5.2.1 工作任务描述

本工作任务是对主机系统进行病毒的防范，通过对计算机病毒知识的学习，学会杀毒软件工具的安装与配置，清楚杀毒软件所能提供的安全防护的有效性。具体工作任务描述与实施流程如表5.3所示。

表5.3 工作任务描述与实施流程表

学习情境5——对主机部署与实施安全防护
任务名称：安装配置防病毒系统
企业工作情境描述
在一个企业中，网络安全问题一直是很重要的，如何保障网络安全无隐患，重要的数据及文件不会受到网络病毒感染，作为网络管理人员要进行全面的部署能利用相关软件进行查杀、修复
工作任务分析
通过对此类攻击事件的资料查阅及分析，发现攻击多数情况是由于计算机蠕虫病毒、木马、文件型病毒等造成的，任务以安全使用机器的方法、病毒防治软件的安装及采取主动防御等措施来提高对病毒的防范
任务目标
1. 对计算机病毒的特点、类型、防治方法的学习与理解； 2. 学会瑞星杀毒软件2009、瑞星卡卡的安装及使用； 3. 学会特定的网络病毒的查杀方法
学习场景简化
将企业局域网进行简化，使其足以满足完成本次实验。此工作任务可在实训室完成：实训计算机通过交换机连接在一起构成局域网，完成防病毒系统部署后，进行检验。本任务仅针对安装Windows操作系统的主机，设置完成后进行扫描、测试
工具及软件选用
1. 瑞星杀毒软件2009； 2. 瑞星卡卡6.0； 3. 在实际中建议使用虚拟机进行练习
任务实施流程
1. 知识准备：阅读引导文本或查找计算机病毒相关资料； 2. 工具及软件选用：安装瑞星杀毒软件2009、瑞星卡卡6.0的安装； 3. 定义防病毒系统的病毒检测功能； 4. 利用以上工具进行病毒系统的防范设置
参考资料手册
1. 利用互联网搜索相关知识； 2. 相关软件的操作说明； 3. 教材中的引导文本； 4. 相关视频教程

5.2.2 引导文本

1. 什么是计算机病毒?

我国正式颁布实施的《中华人民共和国计算机信息系统安全保护条例》第二十八条中明确指出:"计算机病毒,是指编制或者在计算机程序中插入的破坏计算机功能或者毁坏数据,影响计算机使用,并能自我复制的一组计算机指令或者程序代码。"此定义具有法律性、权威性。

广义说,诸如蠕虫、木马后门程序和攻击程序等都可以称为计算机病毒。依据此定义,凡能够引起计算机故障,破坏计算机数据的程序统称为计算机病毒。

目前,全球已知的计算机病毒约7万余种。

2. 病毒类型

(1)按传染方式分为:引导型病毒、文件型病毒和混合型病毒三种。

(2)按连接方式或侵入方式分为:源码型病毒、入侵型病毒、操作系统型病毒、外壳型病毒四种。

(3)按破坏性分为:良性病毒和恶性病毒。

(4)按程序运行平台分为:DOS 病毒、Windows 病毒等。

3. 病毒的发展阶段

计算机病毒经历了 DOS 引导阶段、DOS 可执行阶段、伴随,批次型阶段、幽灵,多形阶段、生成器,变体机阶段、网络,蠕虫阶段、视窗阶段、宏病毒阶段、互联网阶段、Java,邮件炸弹阶段。目前计算机病毒以网络蠕虫、木马后门程序居多,并多以盗取用户个人信息为主。

4. 病毒特征

计算机病毒的主要特征表现为传染性、未经授权而执行、隐蔽性、潜伏性、破坏性和不可预见性等。

5. 病毒的主要传播方式

计算机病毒的传播方式有通过文件系统传播;通过电子邮件传播;通过局域网传播;通过互联网上即时通信软件和点对点软件等常用工具传播;利用系统、应用软件的漏洞进行传播;利用系统配置缺陷传播,如弱口令、完全共享等;利用欺骗等社会工程的方法传播。

计算机病毒的传播过程可简略示意如图 5.18 所示。

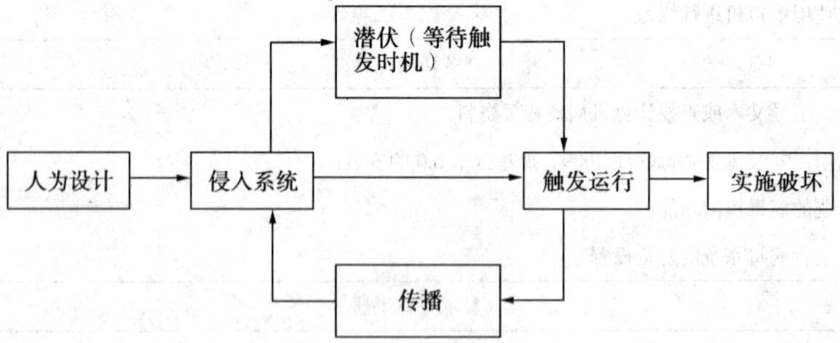

图 5.18 计算机病毒的传播过程

6. 计算机病毒的触发方式

计算机病毒的触发方式,主要有日期触发、时间触发、键盘触发、感染触发、启动触发、访问磁盘次数触发、调用中断功能触发、CPU 型号/主板型号触发等。病毒中有关触发机制的编码是其敏感部分。剖析病毒时，如果搞清病毒的触发机制，可以修改此部分代码，使病毒失效，就可以产生没有潜伏性的极为外露的病毒样本，供反病毒研究使用。

7．计算机感染病毒后的现象和计算机病毒的破坏行为

计算机病毒发作后的现象主要有：系统空间变小、异常的磁盘访问、系统引导变慢，死机现象增多或俗称的蓝屏现象、硬盘无法启动，数据丢失，系统文件丢失或被破坏、打印速度变慢或打印异常字符、系统出现异常动作、计算机屏幕出现异常画面、IE 浏览器被修改，主页被改为某个网站、无法运行注册表编辑工具、网络速度变慢或瘫痪，无法提供正常的访问服务、U 盘或硬盘分区下多了自动运行文件、启动运行项中加入了未知的程序等。

计算机病毒的破坏行为是破坏系统数据区、侵占系统内存资源、破坏文件、攻击磁盘、扰乱系统运行、干扰打印机、使系统速度变慢、扰乱屏幕显示及键盘输入、破坏 BIOS、干扰网络运行等。

8．防病毒要清楚的事实

就当前的防病毒技术的软硬件来说，还无法处理未知的病毒，包括所有已经存在但未被发现的病毒；查杀病毒后不能确保恢复被病毒感染破坏的文件；一般的防、查杀病毒软件和硬件，仅处理 70%的已知病毒，因为杀毒软件编写的复杂性对一些病毒只能进行查找但不进行处理；杀毒软件存在误报和漏报问题；杀毒软件需要经常更新、升级。所以查杀计算机病毒应遵循的原则是以防范为主，定期进行查找、不断进行更新、设置有效的备份机制、采用安全的方法进行处理。

9．来自专业病毒处理软件厂商的防病毒和网络攻击的建议

（1）安全使用机器的方法与措施。

① 用户应养成及时下载最新系统安全漏洞补丁的安全习惯，从根源上杜绝黑客利用系统漏洞攻击用户计算机的病毒。同时，升级杀毒软件、开启病毒实时监控应成为每日防范病毒的必修课。开启杀毒软件“系统漏洞检查”功能，全面扫描操作系统漏洞，及时更新 Windows 操作系统，安装相应补丁程序，以避免病毒利用微软漏洞攻击计算机，造成损失。

② 请定期做好重要资料的备份，以免造成重大损失。

③ 选择具备“网页防火墙”功能的杀毒软件，每天升级杀毒软件病毒库，定时对计算机进行病毒查杀，上网时开启杀毒软件全部监控。

④ 请勿随便打开来源不明的 Excel 或 Word 文档，并且要及时升级病毒库，开启实时监控，以免受到病毒的侵害。

⑤ 上网浏览时一定要开启杀毒软件的实时监控功能，以免遭到病毒侵害。

⑥ 上网浏览时，不要随便单击不安全陌生网站，以免遭到病毒侵害。

⑦ 及时更新计算机的防病毒软件、安装防火墙，为操作系统及时安装补丁程序。

⑧ 在上网过程中要注意加强自我保护，避免访问非法网站，这些网站往往潜入了恶意代码，一旦用户打开其页面时，即会被植入木马与病毒。

⑨ 利用 Windows Update 功能打全系统补丁，避免病毒从网页木马的方式入侵到系统中。

⑩ 将应用软件升级到最新版本，其中包括各种 IM 即时通信工具、下载工具、播放器软件、搜索工具条等；更不要登录来历不明的网站，避免病毒利用其他应用软件漏洞进行木马病毒传播。

（2）即时通信工具预防措施。

① 通过即时通信工具等途径接收的文件前，请先进行病毒查杀。

② MSN 用户提高网络安全意识，不要轻易接收来历不明的文件，即便是 MSN 好友发来的文件也要谨慎，尤其是扩展名为*.zip，*.rar 等格式的文件，当遇到有人发来以上格式的文件时请直接拒绝即可。

③ 在使用即时通信工具时，不要随意接收好友发来的文件，避免病毒从即时聊天工具传播进来。

④ 用户一定要提高警惕，切勿随意单击 MSN 等一些即时通信工具中给出的链接，确认消息来源，并克服一定的好奇心理。

（3）蠕虫类预防措施。

① 建议用户在打开邮件附件或链接前，首先确定邮件来源，并确认文件后缀名是否正确，以免被虚假后缀欺骗。

② 设置网络共享账号及密码时，尽量不要使用空密码和常见字符串，如 guest、user、administrator 等。密码最好超过 8 位，尽量复杂化。

③ 在运行通过网络共享下载的软件程序之前，建议先进行病毒查杀，以免导致中毒。

④ 接收到不明来历的邮件时，请不要随意打开其中给出的链接以及附件，以免中毒。

⑤ 在打开通过局域网共享及共享软件下载的文件或软件程序之前，建议先进行病毒查杀，以免导致中毒。

（4）利用 U 盘进行传播的病毒的预防措施。

① 在使用移动介质（如 U 盘、移动硬盘等）之前，建议先进行病毒查杀。

② 禁用系统的自动播放功能，防止病毒从 U 盘、移动硬盘、MP3 等移动存储设备进入计算机。

③ 尽量不要使用双击打开 U 盘，而是选择“右键-->”打开。

（5）网上银行、在线交易的防范措施。

① 在登录电子银行实施网上查询交易时，尽量选择安全性相对较高的 USB 证书认证方式。不要在公共场所，如网吧，登录网上银行等一些金融机构的网站，防止重要信息被盗。

② 网上购物时也要选择注册时间相对较长、信用度较高的店铺。

③ 不要随便单击不安全陌生网站；如果遇到银行系统升级要求更改用户密码或输入用户密码等要求，一定要提前确认。如果用户不幸感染了病毒，除了用相应的措施查杀病毒外，也要及时和银行联系，冻结账户，并向公安机关报案，把损失减少到最低。

④ 在登录一些金融机构，如银行、证券类的网站时，应直接输入其域名，不要通过其他网站提供的链接进入，因为这些链接可能将导入虚假的银行网站。

5.2.3 设计防病毒系统的病毒检测系统

1. 安装的病毒防治软件应具备四个特性

（1）集成性

所有的保护措施必须在逻辑上是统一的和相互配合的。

（2）单点管理

作为一个集成的解决方案，最基本的一条是必须有一个安全管理的聚焦点。也就是可以通过一台或几台计算机对整个网络中的防病毒软件集中管理。

（3）自动化

系统需要有能通过 Internet 自动更新病毒特征码数据库和其他相关信息的功能。这种自动更新的频率是由防病毒软件厂商来决定的，有的防病毒软件厂商可以达到每天升级病毒特征码数据库。

（4）多层分布

这个解决方案应该是多层次的，适当的防毒部件在适当的位置分发出去，最大限度地发挥作用，而又不会影响网络负担。常见的企业级防病毒软件主要有如下几个层次：服务器防病毒软件、客户机防病毒软件、邮件防病毒软件、网关防病毒软件和中央控管系统。

2．病毒防治软件安装位置

（1）工作站

工作站是病毒进入网络的主要途径，所以应该在工作站上安装防病毒软件。这种做法是比较合理的。因为病毒扫描的任务是由网络上所有工作站共同承担的，这使得每台工作站承担的任务都很轻松，如果每台工作站都安装最新防毒软件，这样就可以在工作站的日常工作中加入病毒扫描的任务，性能可能会有少许下降，但无须增添新的设备。

（2）邮件服务器

邮件服务器是防病毒软件的第二个着眼点。邮件是重要的病毒来源，邮件在发往其目的地前，首先进入邮件服务器并被存放在邮箱内，所以在这里安装防病毒软件是十分有效的。假设工作站与邮件服务器的数量比是 100∶1，那么这种做法显而易见节省费用。

3．常用的防病毒软件

国内常用的防病毒软件有江民、瑞星杀毒、金山毒霸等。杀毒软件在选择上建议遵循一条原则：尽量选择自己熟悉，并能正确设置和熟练使用的杀毒软件。

5.2.4　工具及软件使用

1．瑞星杀毒软件

（1）瑞星杀毒软件 2009 新功能介绍。

① 基于瑞星“云安全”（Cloud Security）计划和“智能主动防御”技术开发的新一代信息安全产品；

② 采用了全新的软件架构和最新引擎；

③ 全面优化病毒特征库，极大提高运行效率，降低资源占用率；

④ 提供集“拦截、防御、查杀、保护”为一体的个人计算机安全整体解决方案；

⑤ 木马入侵拦截——网站拦截（杀毒软件）：通过对恶意网页行为的监控，阻止木马病毒通过网站入侵用户计算机，将木马病毒威胁拦截在计算机之外；

⑥ 木马入侵拦截——U 盘拦截（杀毒软件）：通过对木马病毒传播行为的分析，阻止其通过 U 盘、光盘等入侵用户计算机，阻断其利用存储介质传播的通道；

⑦ 木马行为防御（杀毒软件）：通过对木马等病毒的行为分析，智能监控未知木马等病毒，抢先阻止其偷窃和破坏行为；

⑧ 网络攻击拦截（个人防火墙）：入侵检测规则库每日随时更新，拦截来自互联网的黑客、病毒攻击，包括木马攻击、后门攻击、远程溢出攻击、浏览器攻击、僵尸网络攻击等。

恶意网址拦截（个人防火墙）：依托瑞星“云安全”计划，每日及时更新恶意网址库，阻断网页木马、钓鱼网站等对计算机的侵害；

⑨ 出站攻击防御（个人防火墙）：阻止计算机被黑客操纵，变为攻击互联网的“肉鸡”，保护带宽和系统资源不被恶意占用，避免成为“僵尸网络”成员；

⑩ “云安全”（Cloud Security）计划：通过互联网，将全球瑞星用户的计算机和瑞星“云安全”平台实时联系，组成覆盖互联网的木马、恶意网址监测网络，能够在最短时间内发现、截获、处理海量的最新木马病毒和恶意网址，并将解决方案瞬时送达所有用户，提前防范各种新生网络威胁。每位“瑞星全功能安全软件 2009”的用户，都可以共享上亿瑞星用户的“云安全”成果。

（2）瑞星 2009 的安装。

安装前建议：安装完操作系统后，立刻进行杀毒软件的安装，对于杀毒软件的安装方式应最好首选光盘安装，如条件不允许，可采用直接从瑞星网站下载安装。

如果以上两个条件都不满足，可从本地硬盘进行安装，但前提是确保硬盘未受病毒感染。

以网络安装为例：

第 1 步，在 VMware 环境下，进入 Windows server 2003 系统，进行安装，瑞星 2009 可以从 http://www.rising.com.cn/new2008/index.html 下载；

第 2 步，与 2008 版的没有多大区别，这里不再赘述。安装后重启计算机后有个设置向导，从中可以看到瑞星把“云安全计划”引入到了瑞星 2009，同时该向导还将进行系统安全环境检查，如图 5.19 所示。

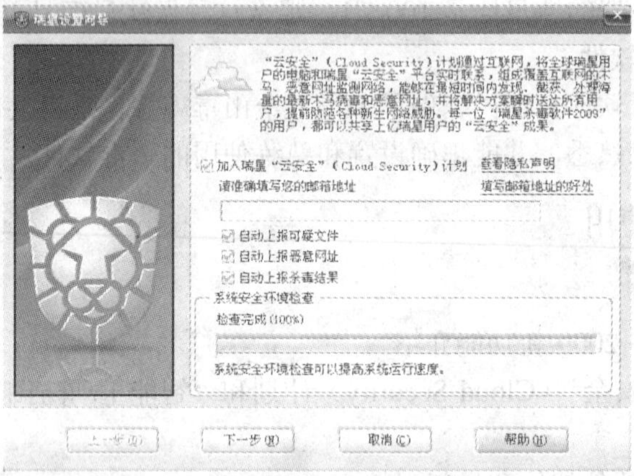

图 5.19　云安全与安全环境检查界面

第 3 步，安装完成后，即可进入瑞星 2009 主界面。

2．瑞星卡卡上网安全助手

（1）软件介绍。

“瑞星卡卡上网安全助手 6.0”版是一款基于互联网设计的全新反木马软件，拥有“木马下载拦截”、“木马行为判断和拦截”、“自动在线诊断”三大反木马功能，依托瑞星领先的“云安全”（Cloud Security）计划，可有效拦截、防御、查杀各种木马病毒，并能帮助用户自动扫描并修补系统和第三方软件漏洞，优化计算机系统。

（2）瑞星卡卡 6.0 的安装。

第 1 步，登录瑞星卡卡网站 http://tool.ikaka.com/，如图 5.20 所示；

第 2 步，单击图 5.20 中的”免费下载”按钮，出现“文件下载”对话框，选择保存位置；

第 3 步，双击下载的安装文件“kakasetupv6”，即可运行自动安装程序，出现安装界面，按中文提示即可完成瑞星卡卡的安装。

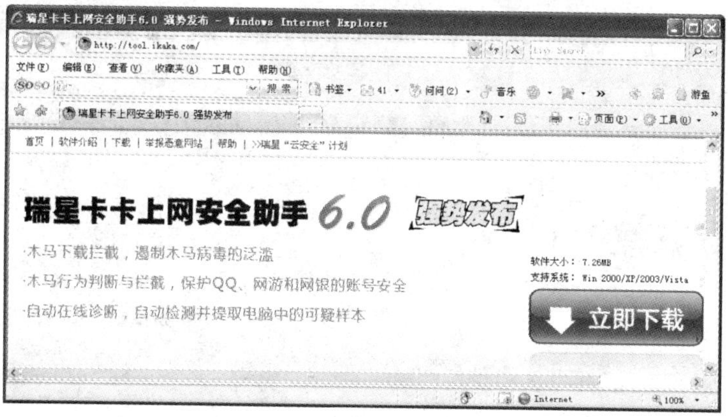

图 5.20　登录瑞星卡卡网站

3．瑞星个人防火墙

在工具软件选择中，建议同时安装瑞星个人防火墙软件，瑞星个人防火墙安装与杀毒软件的安装类似。安装后进行访问规则设置，在访问控制项中选择程序规则，可以在其中定义哪些程序可以进行网络的访问连接，如图 5.21 所示。根据实际应用需求进行设置，如对本机内向外有连接请求的程序可以进行检查后定义是否允许其访问行为。

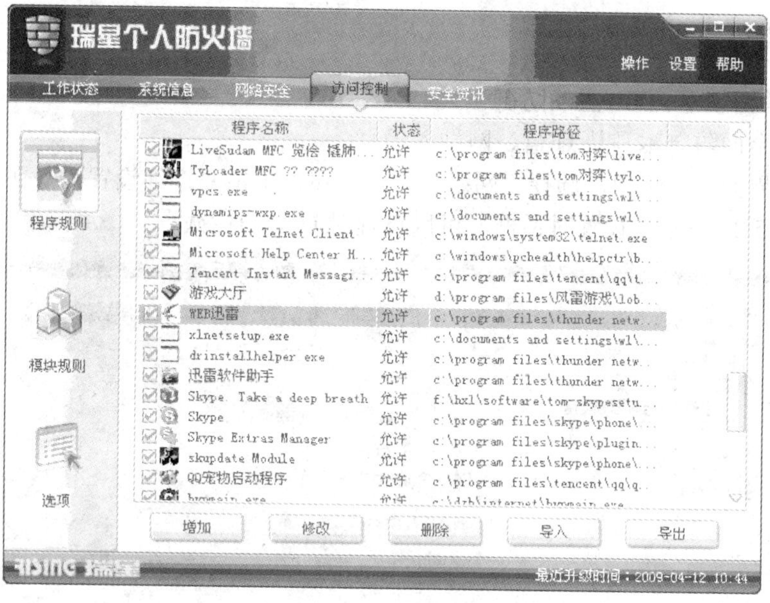

图 5.21　瑞星防火墙程序访问控制

在网络安全项目下选择 IP 规则，可以对防火墙进行详细的设置，如信任哪些地址范围默认是本地网络，可以进行添加、删除或修改规则，如图 5.22 所示。

特别是不对外提供服务的用户计算机来说，可以过滤来自外部的所有连接请求。当局域网内有用户需要互相共享文件时，可以在端口开关中定义允许 139 和 445 端口。

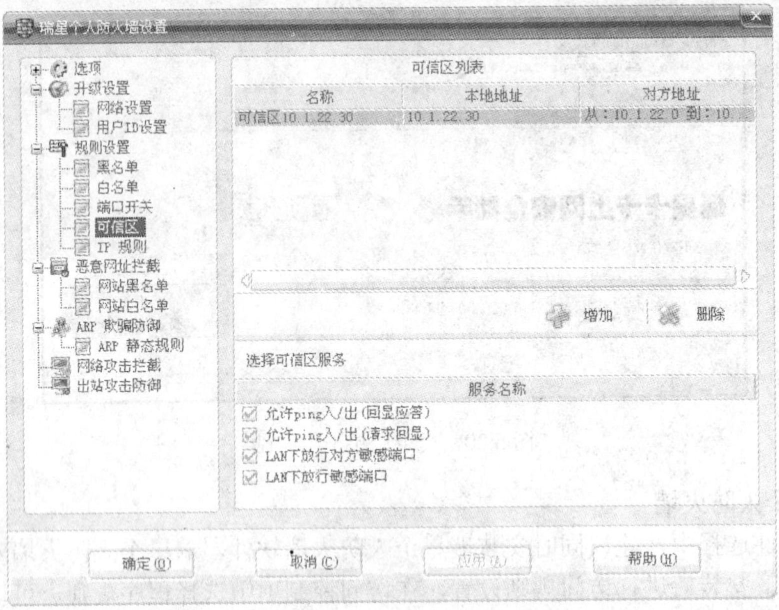

图 5.22　瑞星防火墙详细规则设置

5.2.5　防病毒软件的设置

1. 瑞星杀毒软件 2009 主动防御

（1）实现全面防御木马从 U 盘、网站入侵。

在瑞星主界面的右上角，选择“网络设置”按钮，单击“详细设置“，在“防御设置”里，出现如图 5.23 所示的设置对话框，可以设置对 U 盘的拦截。

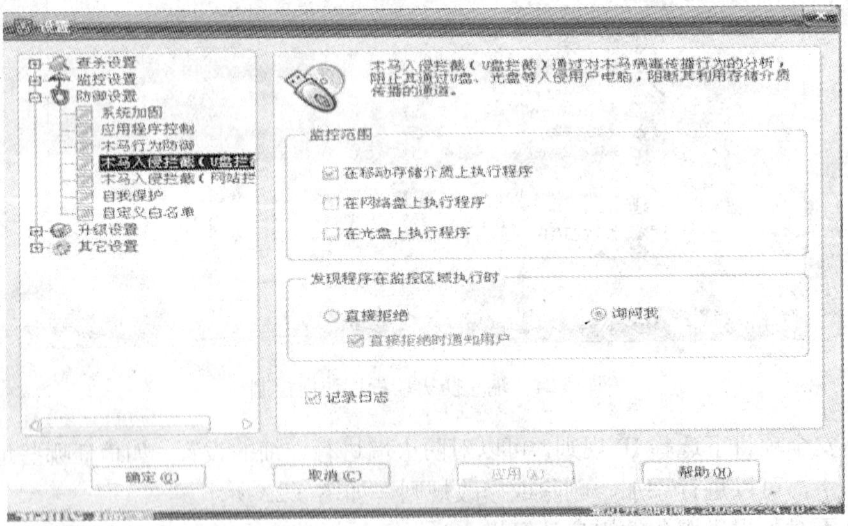

图 5.23　木马入侵拦截功能

（2）增强自我保护能力。

瑞星已经注意到了病毒木马对安全软件的破坏行为，在瑞星 2009 中增强了自我保护能力。当恶意程序企图终止或修改瑞星相关程序时，瑞星 2009 将进行自我保护并作出拦截，如图 5.24 所示。

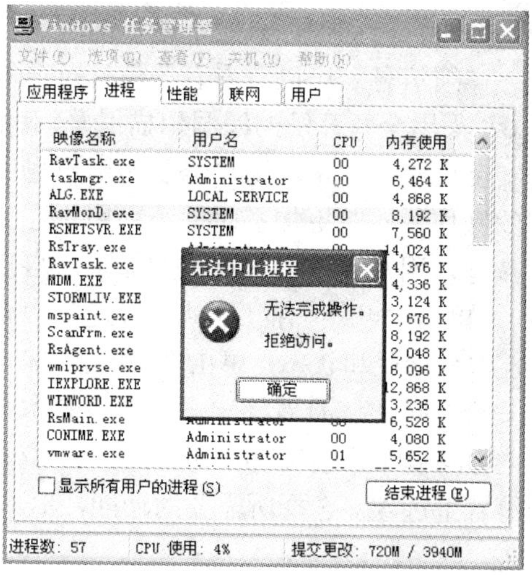

图 5.24　任务管理器无法终止瑞星相关进程

（3）自定义白名单功能。

主动防御虽好，但是会引起频繁的选择对话框等的报告，当用户确定某个程序为安全程序时或者是运行某个程序不正常时，可以将它放入“自定义白名单”中，这样就可以防止主动防御功能对该程序的影响与拦截了，如图 5.25 所示。

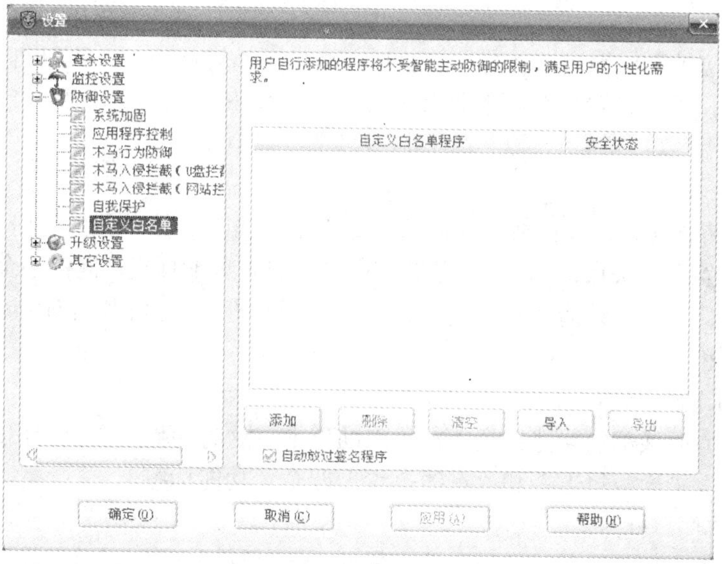

图 5.25　自定义白名单功能

2．瑞星卡卡常用功能介绍

（1）“常用”标签。

系统默认打开的是标签，可以在界面左侧看到“常用”标签下包含有首页、在线诊断、漏洞扫描与修复、扫描流氓软件、查杀流行木马、计算机使用痕迹清理和一键搞定 7 个子功能标签。

单击“在线诊断”按钮，会自动扫描系统中可疑文件，显示扫描的结果。单击“智能清理”清理可疑文件。单击“上报历史”可查看上报可疑文件的名称和时间记录。

单击“漏洞扫描与修复”按钮，自动扫描系统中存在漏洞，扫描完毕后，会列出需要修复的漏洞，单击漏洞右侧的“详细信息”可以查看有关信息及修复漏洞。

瑞星卡卡上网安全助手 6.0 采用全新开发的漏洞扫描引擎，智能检测 Windows 系统漏洞、第三方应用软件漏洞和相关安全设置，并帮助用户修复。用户也可以根据设置，实现上述漏洞的自动修复，简化了用户的操作，同时更加及时地帮助用户在第一时间弥补安全隐患。

单击“查杀流行木马”按钮，用户可以根据自己的需求，自定义扫描对象（系统关键位置、全面扫描、自定义位置），单击“开始扫描”，就会快速扫描系统中有无木马，当发现木马病毒时，会提示木马名称，木马路径和状态，单击“立即查杀”，彻底清除百万余种流行盗号木马，保证用户个人信息安全。单击“查看历史记录”查看木马查杀记录。

单击“一键搞定”按钮运行“卡卡医生”，在出现的窗口中有自动清除流行木马、自动清除流氓软件、自动修复系统等若干选项。选择所需要的功能，单击页面下方的【开始】按钮，即可轻松处理计算机安全问题。

（2）“实时防护”标签。

将鼠标移到界面顶部的功能标签“实时防护”上。这时在界面左侧会出现“本机防护”和“上网防护”两个子功能标签，选择并单击“本机防护”标签，卡卡界面右侧就会出现“本机防护”的所有功能选项，包括自动在线诊断（可以修改 E-mail（电子邮箱）地址，设置自动在线诊断频率和在线诊断扫描范围）；U 盘病毒免疫；自动修复系统漏洞（可以设置自动扫描的频率、发现漏洞时不提示，直接安装）；木马行为判断与拦截四项功能，可自主选择启用或禁用各项。

单击“上网防护”标签，该功能标签包括：不良网站访问防护，可以自定义不良网站黑名单；IE 防漏墙，可以设置是否启用溢出代码防护；木马下载拦截三项功能，可以根据自己的意愿启用或禁用各项。

（3）“高级工具”标签。

将鼠标移到界面顶部的功能标签“高级工具”上，如图 5.26 所示。这时在界面左侧出现的是卡卡上网安全助手 6.0 针对熟练计算机用户提供的高级工具集，提供了全面的实用功能，包括系统修复护、垃圾文件清理、启动项管理、进程管理、联网程序管理、服务管理、LSP 修复、文件粉碎和专杀工具。

（4）“在线求助”标签。

将鼠标移到界面顶部的功能标签“在线求助”上。这时在界面左侧会出现“卡卡安全论坛”、“瑞星知道”、“诊断日志”和“在线杀毒”四个子功能标签。

（5）“杀毒软件”标签。

将鼠标移到界面顶部的功能标签“杀毒软件”上。这时在界面左侧出现的子功能标签只有一个，也是“杀毒软件”。选择并单击该标签，可通过这个通道快速了解瑞星杀毒软件的产品信息和使用技巧，并提供瑞星杀毒软件 2009 免费 1 个月的下载使用。

（6）“防火墙”标签。

将鼠标移到界面顶部的功能标签“防火墙”上。这时在界面左侧出现的子功能标签只有一个，也是“防火墙”。选择并单击该标签，通过这个通道快速了解瑞星个人防火墙的产品信息和使用技巧，并提供瑞星个人防火墙 2009 版的下载。

（7）“软件推荐”标签。

将鼠标移到界面顶部的功能标签“软件推荐”上。这时在界面左侧会出现两个子功能标签，即“装机必备”和“软件推荐”两个。

图 5.26 “高级工具”标签

5.2.6 知识技能要点测评

理解计算机病毒的特点、类型、熟悉病毒的防治方法。要求达到的目标是：能够利用杀毒软件对计算机病毒进行检测、防治，学会基于网络的病毒防范部署。具体如表 5.4 所示。

表 5.4 知识技能要点测评表

学习情境 5——知识技能要点测评表			
序号	测评要点	具体目标	测评权重
1	知识理解	理解计算机病毒的特点、类型、防治方法	30
2	工具及软件使用	能正确利用瑞星杀毒软件 2009、瑞星卡卡的实现病毒的查杀及防范	30
3	操作标准与规范	对病毒的防范部署操作有效并符合标准与规范	20
4	检验方法与措施	能够采用正确的方法对病毒的防范部署进行检查，并能说明检查结果	20

5.3 工作任务 3——手动清除病毒及病毒主机的灾后处理

5.3.1 工作任务描述

本工作任务是手动清除病毒及病毒主机的灾后处理，重点是介绍一种病毒感染后或杀毒软件无法处理时的解决手段。具体工作任务描述与实施流程如表 5.5 所示。

表 5.5　工作任务描述与实施流程表

学习情境 5——对主机部署与实施安全防护
任务名称：手动清除病毒及病毒主机的灾后处理
企业工作情境描述
在一个企业中，单机除了要防范来自光盘、U 盘上的病毒之处，还要提防来自网络上的破坏性程序。由于多数杀毒软件是基于特征码方式来确定病毒的，不能查杀所有病毒，特别是对新病毒的查杀，要通过升级病毒特征库来实现，因此常用的杀毒软件并不能查杀全部病毒。需要手动对中毒系统进行处理。以实现动态防御与手动清除病毒相结合
工作任务分析
通过对工作情境的描述分析，采取对可疑进程及病毒、可疑端口的木马及后门程序进行手动检查并处理，利用工具软件手动清除病毒措施 ，实现病毒的灾后处理与系统修复等
任务目标
1．对可疑进程及病毒、可疑端口的木马及后门程序能够进行分析判断； 2．学会用相关命令及工具软件手动清除病毒； 3．学会病毒的灾后处理与系统修复方法
学习场景简化
将企业局域网进行简化，使其足以满足完成本次实验。此工作任务可在实训室完成：实训用计算机通过交换机连接在一起构成局域网，完成手动清除病毒后，进行检验。本任务在此网络环境中仅针对安装 Windows 操作系统的主机，设置完成后进行扫描、测试
工具及软件选用
1．协议分析软件 Sniffer Pro； 2．光盘启动的 PE 系统和 ERD 工具； 3．任务建议使用虚拟机进行练习
任务实施流程
1．知识准备-阅读引导文本或查找手动检查处理可疑进程及病毒相关资料； 2．明确计算机病毒清除方法及进程管理器的使用； 3．利用工具软件手动清除病毒； 4．对杀毒软件功能测试及理解； 5．病毒的灾后处理与系统修复
参考资料手册
1．利用互联网搜索相关知识； 2．Sniffer Pro 中文手册； 3．教材中的引导文本； 4．相关视频教程

5.3.2　引导文本

1．手动检查处理可疑进程及病毒

现在的计算机病毒更加狡猾，病毒的编制者往往利用用户的疏忽在网上的共享软件中加入病毒，并且把病毒加入计算机的系统进程中，取一个和操作系统进程相似的名字，如 WINLOGON.EXE 等，或者干脆加入系统的进程文件中，如加入 EXPLORER.EXE、IEXPLORE.

EXE 或 SVCHOST.EXE 中来。对于这样的计算机病毒如何发现它们呢？

首先要对系统进程中的正常文件熟悉，这可以到搜索引擎中进行查询。如果发现不是用户自己打开的程序的系统进程，可以结束它，然后找到病毒所在位置，查看其属性，如修改日期、创建日期及公司等信息。因为病毒往往隐藏于系统盘下系统目录中可以自动找到目录并执行。但要注意不要误删除系统文件。根据修改日期和创建日期可以大概排除再进程网上查询即可确定。

清除的办法是先在系统进程中结束可疑进程，如图 5.27 所示。有些病毒无法结束，因为它们把自己加载到系统正常的进程中去了，这时，可以用软件结束进程，如果是 WINNT 内核的系统，则提供了一个脚本调试命令可以强行结束进程，做法是查看要结束的进程名或 PID 号。

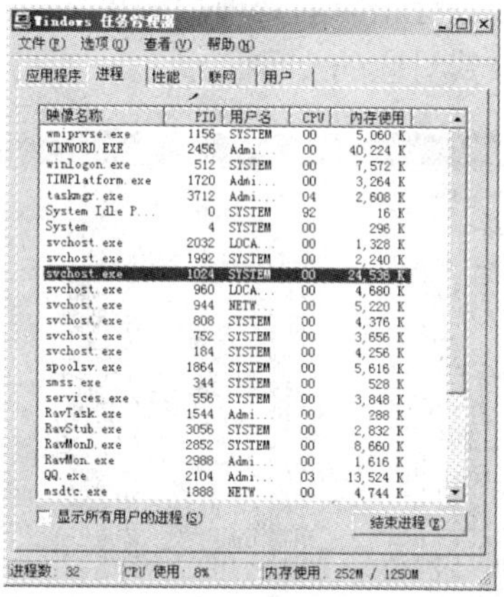

图 5.27　任务管理器中的可疑进程

进入 DOS 下，输入 C:\>ntsd －p　PID，回车后出现调试窗口输入 q 即可结束进程。在 cmd 下输入 ntsd -p 1024（要结束的进程 PID），如图 5.28 所示。进入 ntsd 的调试状态下，此时可以输入 q 来结束当前的进程，如图 5.29 所示。相关的此类病毒的查杀可以到杀毒软件的公司的官方网站上找到详细的步骤。这里就不再详细介绍了。

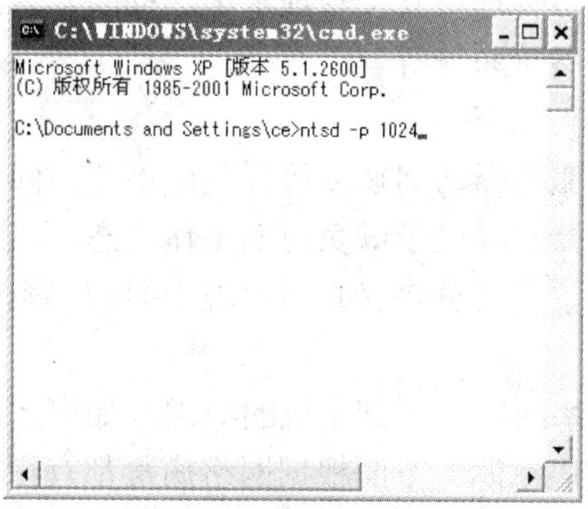

图 5.28　ntsd 结束进程

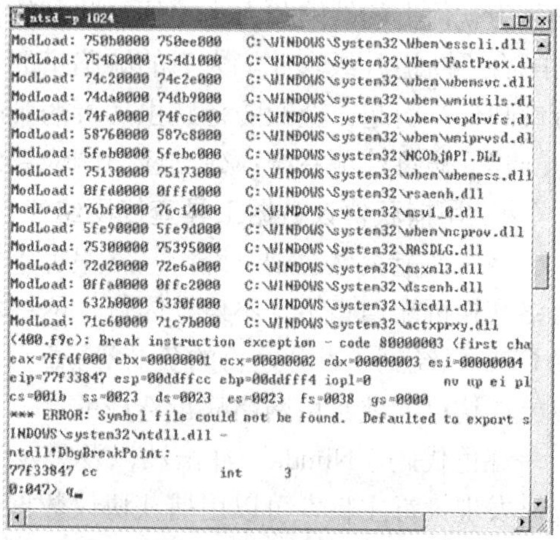

图 5.29　结束 ntsd 窗口调试进程

2. 手动检查处理可疑端口的木马及后门程序

还有一些件随蠕虫病毒或软件进入计算机中的木马或后门程序。这一类程序的主要特点是在系统中打开相应的后门，就是端口号，以备随时连接盗取数据。还有就是某些软件，如下载的所谓的共享软件，或恶意安装在系统中的一些流氓软件，如搜索工具条或专用下载软件可能就在计算机中开启并运行同时也打开了相应的端口。

对这样的木马程序或后门程序如何查找呢？首先关掉正常的网络通信程序，然后在 cmd 命令窗口中使用“netstat - an”命令查看开启的端口是否有大于 1023 的端口号。如果有状态为 ESTABLICHED 本地地址的一个大的 TCP 端口与外部的某个地址的某个端口（80 为访问外面的网页）进行了连接；如图 5.30 所示，如果有后门程序正在运行也会建立这样的连接或处于 LISTENING 监听等待状态，这时可以利用 FPORT（可在网上下载）程序，查看是哪个程序开启了本地的这个端口，并进行相应的处理。如果怀疑是木马可以先在进程中找到这个程序并结束它，确定之后再删除其对应的文件。

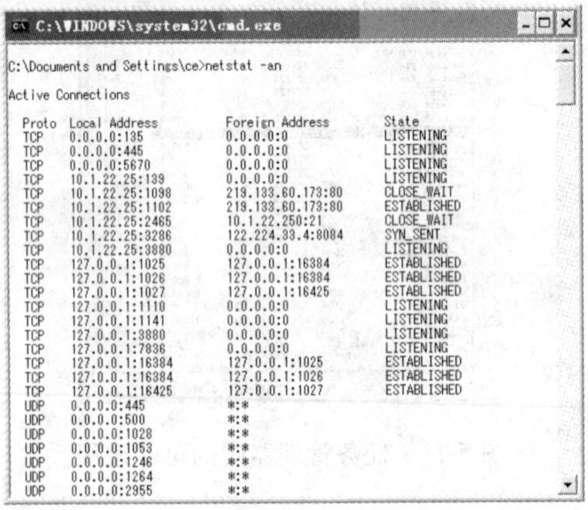

图 5.30　查看当前的 TCP/UDP 连接

3. 网络蠕虫病毒分析和防范

蠕虫和普通病毒不同的一个特征是蠕虫病毒往往能够利用漏洞，这里的漏洞或者说是缺陷分为软件上的缺陷和人为上的缺陷。软件上的缺陷，如远程溢出，需要软件厂商和用户共同配合不断地升级软件。人为的缺陷指的是计算机用户的疏忽引起，由下载的程序或打开了带毒邮件等引起。企业防范蠕虫病毒的策略是：加强网络管理员安全管理水平，提高安全意识；建立病毒检测系统；建立应急响应系统；建立灾难备份系统等。

4. 用捕获协议数据工具查找网络病毒

网络性能突然急剧下降，网络服务不能正常提供，服务器访问速度极慢甚至不能访问，网络交换机端口指示灯不停地闪烁，网络出口处的路由器已经处于满负荷的工作状态，路由器 CPU 已经到了百分之百的负荷等。重启动网络设备后没有几分钟又重新出现上面的一系列现象，这可能就是由网络病毒造成的。

红色代码、Nimda、冲击波以及震荡波都可能是阻塞网络、感染主机的原因。如何才能及时发现染毒主机？可以用捕获协议数据包工具来查找病毒源。下面根据网络病毒都有扫描网络地址的特点，介绍用捕获协议数据工具寻找病毒源的方法。

（1）安装捕获协议数据工具：这样的工具很多，如 Sniffer Pro 等。

（2）捕获协议数据包并进行分析：包中有源目的 MAC 地址、源目的 IP 地址、协议类型、源目的端口号等。如果发现某一个 IP 地址或某一个网段出现大量的广播包时就要注意了，这可能是以 UDP 的大端口为主的发包使网络阻塞。

（3）找出染毒主机或网络。确定了发出阻塞网络数据包的源头后，就可以找到目标主机或网络对其进行查杀，并根据源端口号在其上发现是哪个程序开启的这个端口号，这可以利用 Active port 软件进行查看，确定后可在安全模式下将其清除。

5.3.3 病毒处理工具软件使用

1. 计算机病毒清除方法

（1）常见的计算机病毒隐藏位置。

一般常见的计算机病毒都隐藏于系统打通的路径（目录）下，如果系统安装在 C 盘，以 XP 系统为例，默认 C:\Windows 目录（%SystemRoot%）、C:\Windows\System32 目录（%SystemRoot% \system32）、C:\Windows\System32\Wbem 目录（%SystemRoot%\System32 \Wbem），如图 5.31 所示。如果安装了其他的软件可能还会添加其他目录。在这些目录下的可执行文件和命令可以在任意路径下执行，如 C:\Windows\System32 目录下的很多命令，在开始运行处直接输入命令即可执行。

另外还有一些路径是病毒常见的隐藏位置，如系统中各分区根目录，病毒通过创建 autorun.inf 文件，将病毒文件加入到文件连接中，系统用户双击分区盘符后会自动运行此类病毒文件。还有就是系统的临时文件目录也是常见病毒的隐藏位置。

（2）检查常见的计算机病毒的方法。

检查方法可以通过查看系统中加载的进程来判断，当然首先要对正常的进程熟悉，才能确定异常的系统进程。

另外，可以对注册表查看，如在“开始\运行”下输入命令 Regedit 对[HKEY_LOCAL_MACHINE\SOFTWARE\Microsoft\Windows\CurrentVersion\Run]下是否有自动加载的可疑程序项进行查看。

具体可以利用后面讲解的软件或工具进行处理。

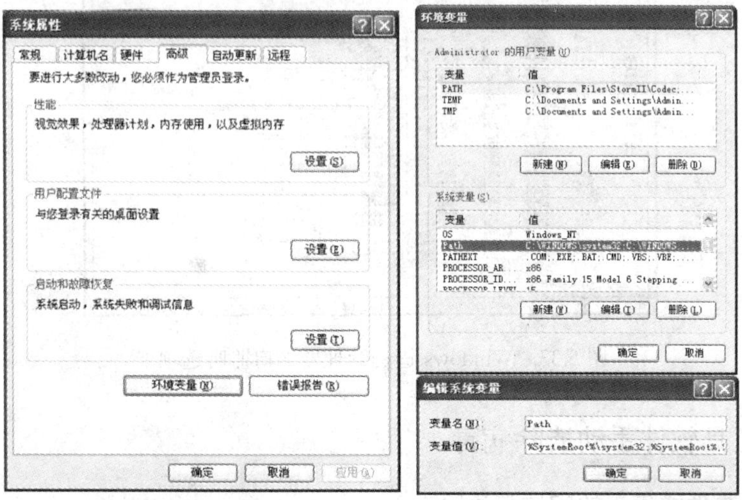

图 5.31　计算机病毒隐藏位置

2. 进程管理器

Windows 进程管理器是一款进程管理工具，如图 5.32 所示，可以对进程查询（包括进程描述和进程调用的模块信息）、对进程进行管理（可以结束、暂停、恢复或删除等操作）、对端口访问进行查询（定位各端口对应的程序，如图 5.33 所示）、系统性能等。

图 5.32　Windows 进程管理器界面

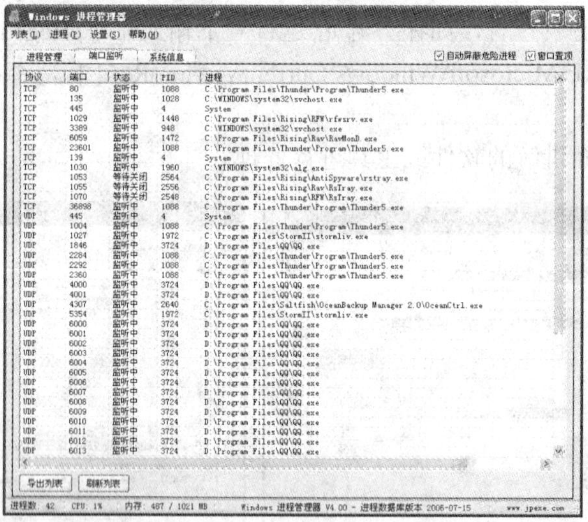

图 5.33　Windows 进程管理器端口监听选项卡

5.3.4　利用工具软件手动清除病毒

1. 可执行文件式病毒的定位与清除

（1）判断系统中是否存在病毒。

一般病毒都把自己设置为隐藏系统文件，可以在系统浏览器中选择工具→文件夹选项→

查看→显示系统文件夹内容，并在隐藏文件和文件夹下选择显示所有文件和文件夹。确定或应用后可以看到系统盘，如 C 盘下的隐藏系统文件。如图 5.34 所示，如果没有看到隐藏的系统文件，则可能是病毒修改了系统设置造成的，基本可以断定是有病毒，此时可以进一步判断，在 D 盘下执行“dir/A”命令，可以看到 D 盘根下是否有隐藏的文件，如图 5.34 所示，显示有 autorun.inf 和 feulihl.exe 文件。

利用“edit autorun.inf”命令编辑此自动运行脚本文件，可以看到，在文件中自动打开了 feulihl.exe 文件，如图 5.35 所示。即当用鼠标双击 D 盘时，系统会自动寻找 autorun.inf 文件，并运行其中指定打开的文件，此时病毒就会自动运行并加载到系统进程中去。当前多数病毒是利用这种方式通过 U 盘来传播的，即使重新安装系统，一旦双击其他盘仍会运行脚本文件，病毒程序会再次写入到注册表中去，这也就是为什么很多人即使重新安装了系统也无法彻底清除病毒的原因。

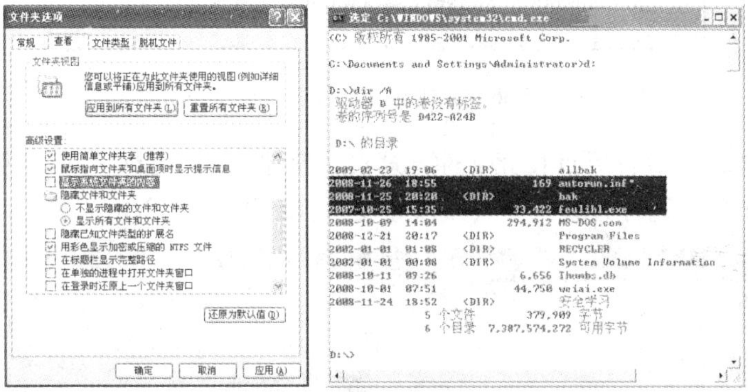

图 5.34　隐藏文件查看

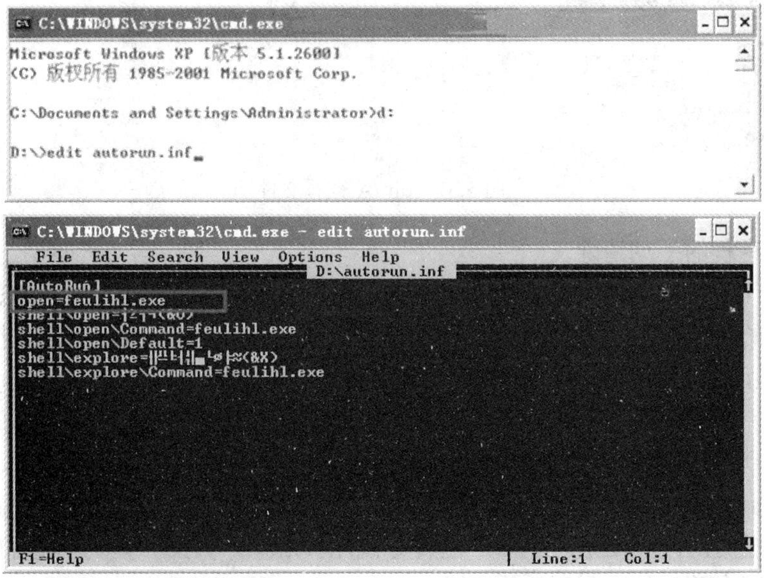

图 5.35　autorun.inf 脚本文件

（2）可执行文件式病毒的定位。

病毒在执行一次以后，为了系统每次启动都能运行，一般会将病毒程序加入注册表中的启动运行项下：[HKEY_LOCAL_MACHINE\SOFTWARE\Microsoft\Windows\Current Version\

Run]，这样每次启动系统，病毒就会自动运行了。病毒加载到注册表中的启动运行项中并将其注册项导出如图 5.36 所示。

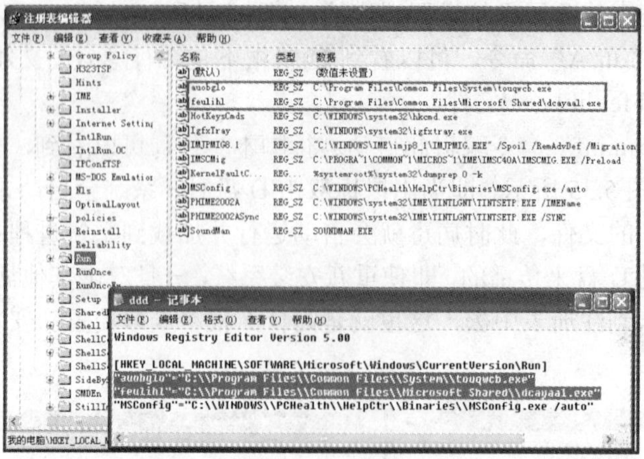

图 5.36　可执行文件式病毒的定位

通过注册表中的加载位置查找此文件，通过浏览器查找不到文件夹和文件，这时可以利用 DOS 命令“dir /A”进行查看，就会发现该文件，如图 5.37 所示。

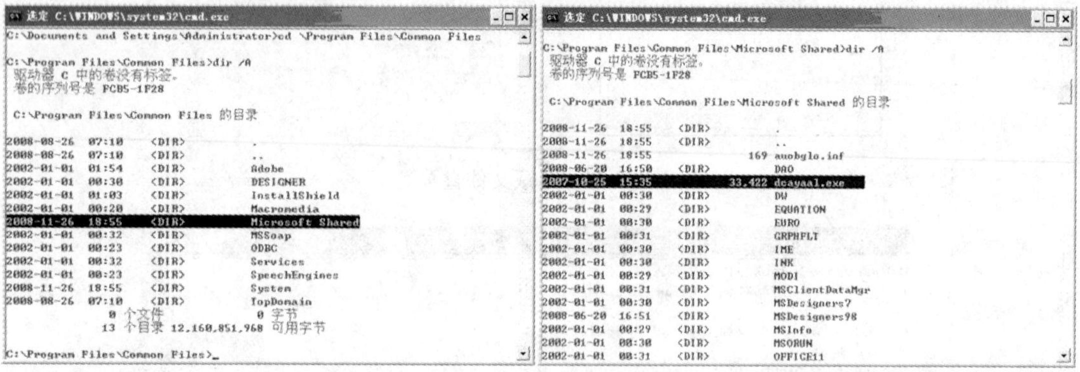

图 5.37　dir /A 查看文件

（3）病毒进程的手动清除。

打开系统任务管理器可以看到刚才定位到的两个病毒程序，选中进程，并选择结束进程，发现结束其中的一个后，由于另外一个进程没有结束，会立即启动被结束的进程，这说明这两个进程进行互相的关联与监视，需要同时结束才可以，如图 5.38 所示。此时可以利用“ntsd －p PID”命令调试并终止进程。首先要在任务管理器的查看下选择“选择列”，选中“PID 项”，找到两个可疑进程对应的 PID 号。分别打开两个命令窗口，执行“ntsd －p PID”命令，分别在弹出的两个 ntsd 调试状态下输入 q，并快速地在两个调试窗口中输入回车后，两个进程即可在短时间内被结束。当然，这种方式比较麻烦，并且不是对所有的计算机病毒都有效，建议使用专杀工具或利用维修光盘（PE＋ERD）来清除。

（4）瑞星杀毒软件对病毒的清除与病毒信息查看。

将感染此病毒的 U 盘连接到有最新更新的瑞星杀毒软件下进行查杀，可以获取到病毒的有关信息，如图 5.39 所示。瑞星对病毒名称的定义是：Worm.Win32.AvKiller.cb 为 windows 下的 PE 病毒。

图 5.38 手动清除病毒进程

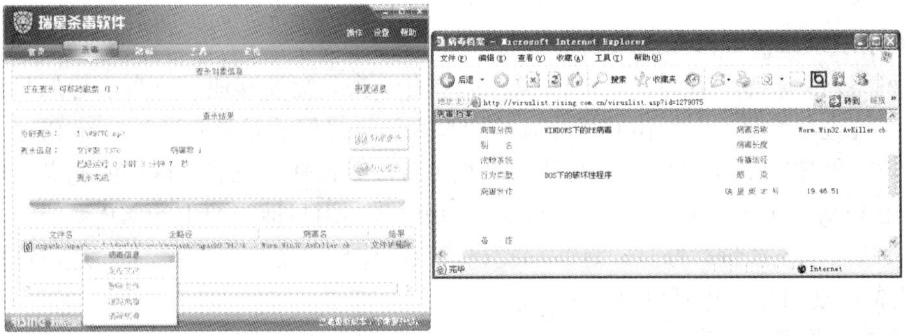

图 5.39 瑞星杀毒软件对病毒的信息查看

2. 借助软件清除病毒

确定病毒位置并结束系统进程中的文件后，要对病毒文件进行处理，首先要对注册表中的启动运行项进行修复，删除病毒文件的启动运行项，可以借助于注册表工具，也可利用命令方式对注册表进行编辑修改或 msconfig 命令进行配置修改，如图 5.40 所示。

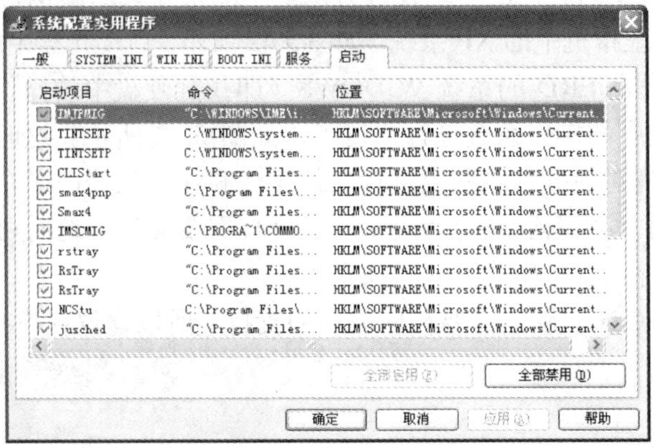

图 5.40 注册表启动项修改

对于无法结束的病毒进程，可以借助进程管理工具结束，同时可采用强行删除软件，如 KillBox 等，如图 5.41 所示，但要慎重使用，以免误删除系统文件，导致系统无法启动。当然也可以借助于微软提供的系统支持工具，如 WindowsXP 的 SupportTools 等。还有很多此类工具软件，可以在网上获取，但要注意的是一些软件工具可能自身也会带有病毒。

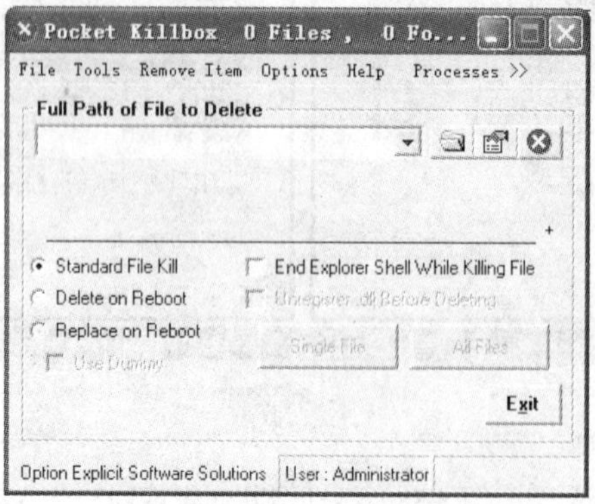

图 5.41 KillBox 软件

3. 利用系统维护维修光盘或启动 U 盘

对于网络管理者或系统维护人员来说，需要有一张光盘能够通过光盘引导加载系统，对中毒后的系统进行修复，对于微软操作系统用户来说，最好的是具有 Windows PE（Windows 预安装环境）和 ERD 的光盘，当然这要求光盘本身没有被病毒感染。这样的光盘可以自己制作，如利用 EasyBOOT 等软件。也可以在网上获取或利用目前市面上的 XP 系统的 Ghost 版光盘中的 PE 启动系统进行修复。这些功能也可以制作到一个启动 U 盘上，通过设置计算机从 USB 设备启动引导，也可以完成此功能。

4. 建立一个病毒防范的实验环境

关于病毒和系统维护维修光盘的实验可以在虚拟机下完成，以免对主机造成破坏。在虚拟机中安装 XP 系统，不要安装杀毒软件，专门用此虚拟进行病毒实验。此虚拟机通过桥接方式与主机系统连接，为了避免对主机系统造成破坏，不要在虚拟机与主机系统之间进行数据共享。

利用虚拟机系统找一些病毒，并分别进行运行，虚拟感染病毒后利用系统维修光盘进行修复。这样可以学习对不同病毒的手动处理方法。下图是建立的虚拟机 XP 系统，以及利用光盘中的 PE 系统启动虚拟机中的 XP 系统，如图 5.42 所示。启动光盘中的 PE 系统后选择开始→程序→ERD2003→设定 ERD 的系统 WIDOWS（即找到硬盘中的操作系统目录），这样 PE 与 ERD 就可以对硬盘中的操作系统进行修复了，如图 5.43 所示。这时就可以利用光盘启动的 PE 系统和 ERD 环境对硬盘中的系统进行文件操作和注册表修改了，当然也可以进行数据的转移（如主机硬盘中系统无法启动，但系统盘下有重要文件，这时可以转移到其他盘下再对系统进行修复或重新安装）和系统密码恢复了。

注意：对 SCSI 的硬盘需要相应驱动的支持，所以建议在虚拟机中配置 IDE 硬盘。

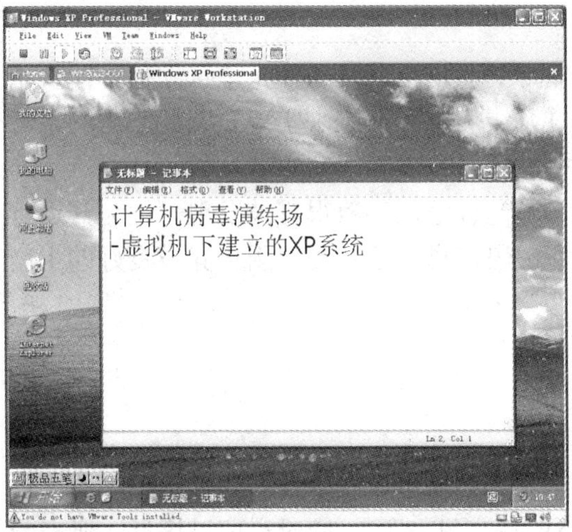

图 5.42　虚拟机 XP 系统

图 5.43　利用光盘中的 PE 系统启动虚拟机中的 XP 系统

5.3.5　对杀毒软件功能测试及理解

1. 对杀毒软件的测试安装

在已经安装杀毒软件的计算机上运行 EICAR（European Insitute for Computer Anti-Virus Research）标准防病毒测试文件，测试杀毒软件软件的运行情况。同时也可以判断杀毒软件的防御类型，如有的病毒是对内存中的文件进行监视，而有的是对内存中的代码进行监视的，当然后一种对系统资源的占用较大。EICAR 标准防病毒测试文件是全世界防病毒产品厂商达成的统一标准以验证其安装的防病毒产品。其代码如图 5.44 所示。

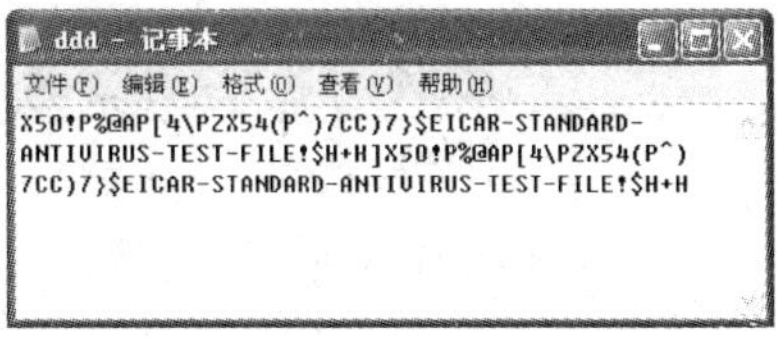

图 5.44　EICAR 代码

测试时可以把其复制到文本文件中进行测试，不同防御类型的杀毒软件会在不同的阶段检测到此病毒测试码或文件。通过这个实验也可以看出多数杀毒软件是基于特征码方式来确定病毒的，如图 5.45 所示。

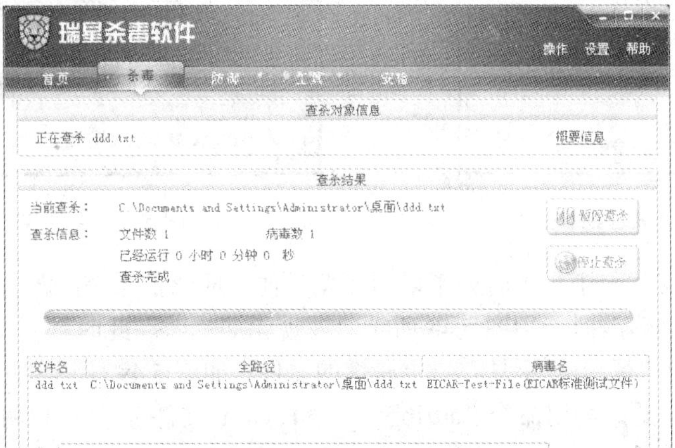

图 5.45　瑞星杀毒软件对 EICAR 代码的查杀

2．杀毒软件的局限性

由于多数杀毒软件是基于特征码方式来确定病毒的，这也就是为什么杀毒软件不能查杀所有病毒的原因，特别是对新病毒的查杀，要通过升级病毒特征库来实现。因此常用的杀毒软件不能查杀全部病毒，需要手动对中毒系统进行处理。

特别是对于隐蔽性很高且具有一定目的的病毒木马程序，一般很难被发现。因为其运行发作时无明显异常，但可在后方监视用户的账号和密码信息。这就需要用户养成良好的上网习惯，并提高安全意识，不能完全依赖于杀毒软件。

5.3.6 病毒的灾后处理与系统修复

1．利用系统维修光盘进行病毒处理与系统修复

通过前面介绍的光盘启动的PE系统和ERD工具，可以对通过硬盘启动无法删除的文件进行清除（不能准确判断的可以移动到非系统盘下的特定目录下），同时也可以进行注册表的修改。一些系统维修光盘中还提供了许多工具软件，如文件恢复软件等。

2．手动修复U盘病毒修改的文件

病毒表现，U盘内的所有文件夹都变成了隐藏的，取而代之的是“文件夹名.exe”的文件夹式图标病毒文件，杀毒后隐藏的文件夹仍不可见，在文件夹选项下显示所有文件和文件夹，并把隐藏受保护的操作系统文件去除，如图5.46所示，就可以看到U盘里的隐藏文件夹“CEY文件”了，如图5.47所示。

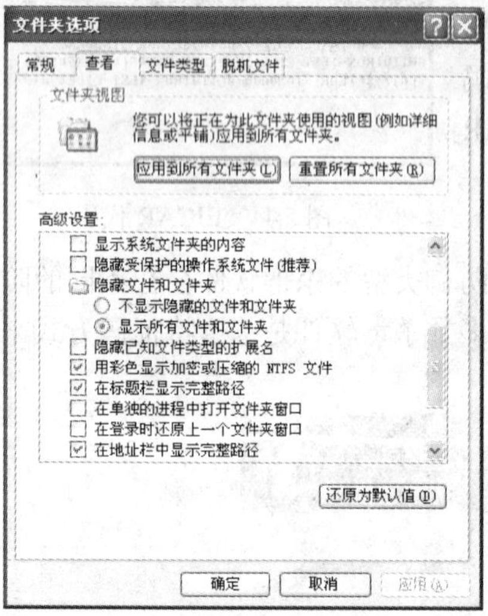

图5.46 文件夹选项设置

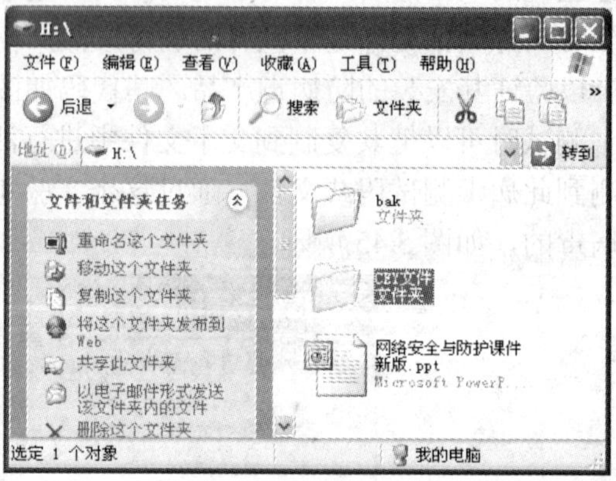

图5.47 隐藏文件夹查看

虽然可以看到文件夹了，此时为了以后浏览方便，应该把系统隐藏属性去除。选择文件夹右键属性，对属性修改时，如图5.48所示。发现无法修改。此时就要借助于命令行了。

首先利用“dir /a”命令显示具有指定属性的文件，如图5.49所示。此时就可是看到文件夹“CEY文件”了，此时利用命令“attrib －S －H CEY文件”，就可以将其系统隐藏属性去除了。

经过修改后，文件去除了系统和隐藏属性，当然也可利用命令“attrib -S -H CEY文件”加上系统隐藏属性，加以隐藏。

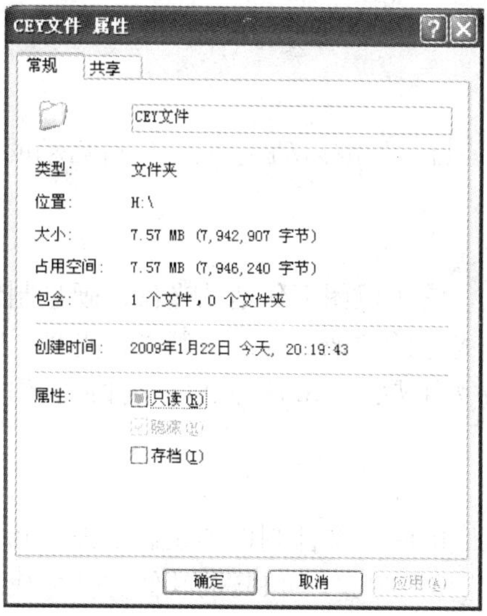

图 5.48 文件夹属性查看

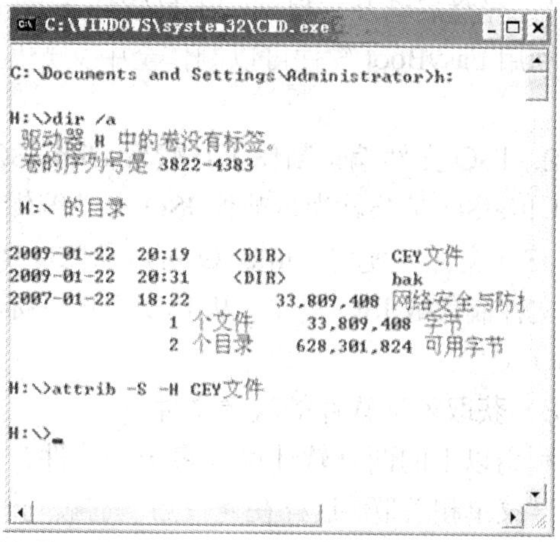

图 5.49 dir /a 命令对文件夹属性查看

5.3.7 知识技能要点测评

熟悉系统进程，知道计算机病毒清除方法。要求达到的目标是：能够利用相关工具及软件实现手动清除病毒，并能进行病毒的灾后处理与系统修复。具体如表 5.6 所示。

表 5.6 知识技能要点测评表

学习情境 5——知识技能要点测评表			
序号	测评要点	具体目标	测评权重
1	知识理解	理解手动清除病毒应用，熟悉系统进程，知道计用算机病毒清除方法	30
2	工具及软件使用	根据情况，用相关命令及工具软件手动清除病毒，并能进行病毒的灾后处理与系统修复	30
3	操作标准与规范	对手动清除病毒的操作有效并符合标准与规范	20
4	检验方法与措施	能够采用正确的方法对手动清除病毒进行检查，并能说明检查结果	20

5.4 完成病毒处理功能的同类工具软件介绍及拓展训练

有效的工具的使用可以为病毒处理提供方便，特别是当一台计算机的操作系统损坏，无法正常引导系统，但系统盘下又有很多重要的文档不能直接重新安装系统而要进行系统修复或把其中的文档复制出来后再重新安装系统，此时往往需要有一张能够启动系统的 PE 光盘或 U 盘。

Windows PE 的全称是 Windows Preinstallation Environment，即 Microsoft Windows 预安装环境，是一个基于保护模式下运行的 Windows XP Professional 的工具，只有较少核心服务的 Win32 子系统。它是可以直接光盘运行的、功能强大的、精简版 XP 系统。将 PE 镜像制作到光盘或 U 盘中，并与 ERD Commander 结合可以制作出功能强大的系统维修盘。

5.4.1　使用工具软件制作光盘系统维修启动盘

1．光盘启动及菜单制作工具软件 EasyBoot

利用 EasyBoot 软件可以制作全中文光盘启动菜单、自动生成启动文件、制作可启动的 ISO 文件。

2．ISO 文件编辑制作工具软件 UltraISO

UltraISO 是一款光盘映像 ISO 文件编辑制作工具，它可以图形化地从光盘、硬盘制作和编辑 ISO 文件。使用 UltraISO 可以从 CD-ROM 制作光盘的映像文件；将硬盘、光盘、网络磁盘文件制作成 ISO 文件；从 ISO 文件中提取文件或文件夹；编辑各种 ISO 文件；制作可启动 ISO 文件。

3．获取多种软件的映像文件

利用以上的两款软件可以将一些软件、系统或程序的映像文件制作到光盘中去，并与光盘引导菜单相关联，这样在光盘启动时就可以加载所选择的映像。如 PE 的映像文件加载后可以通过光盘将系统引导到 Windows 的操作界面下。关于此类光盘的制作教程在网上很容易就可以找到，这里就不再叙述了。建议初学者下载已经制作好的系统维修光盘的 ISO 文件进行编辑修改，再独立制作此类光盘。

5.4.2　使用工具软件制作 U 盘系统维修启动盘

下面介绍利用 UltraISO9.3 做 U 盘启动盘的步骤：

1．在一台主机中安装 UltraISO9.3；

2．获取相关的映像文件，如 PE 映像文件、Ghost 软件映像文件、系统 Ghost 备份文件等都可以在网上获取；

3．打开 UltraISO9.3 软件，选择文件→打开，找到要加载的 PE 映像文件或其他映像文件；

4．选择启动光盘→写入硬盘镜像，此时插入 U 盘，然后选择“写入方式”，建议为 USB-HDD 模式；

5．写入完成后弹出 U 盘并关闭 UltraISO 软件；

6．再次插入 U 盘，在系统的设备管理器下磁盘驱动器可以查看到此 USB 硬盘；

7．重新启动系统，并在系统 BIOS 中设置第一启动设备为 USB 设备后启动系统；

8．启动后可以测试各映像文件。

结合其他的工具软件还可以制作多种功能的系统维修盘，系统安装盘和 Ghost 光等。这样的好处是只要携带一个 U 盘即可以进行复杂的维护维修工作了。关于此部分的详细信息可以从网上获取帮助。

5.4.3　利用注册表修改桌面默认的目录

大多数计算机用户习惯于将所编辑和使用的文档存放于系统盘及桌面或我的文档（这些文件夹称为 Shell 文件夹）中，一旦系统崩溃无法正常启动，给重新安装系统带来了麻烦。另外，由于对系统盘（一般多安装于 C 盘）读写较频繁，并且虚拟内存文件也默认存在于系统盘下，当误删除了文件时，也会给文件的恢复带来麻烦，因此建议修改桌面和我的文档对应的目录，使其指向非系统分区下，如 D 分区或 E 分区等。具体操作如下：

1．打开注册表编辑器：开始→运行→输入 regedit 打开注册表编辑器；

2．在修改前先进行对注册表的备份：选择文件→导出，进行保存；

3．在左侧窗口依次打开：

HKEY_CURRENT_USER\Software\Microsoft\Windows\CurrentVersion\Explorer\Shell Folders

4．在右侧窗口里，选择“名称”和“数据”对应的默认存储路径，修改默认的路径到其他盘下（系统盘以外的分区），如在 D 分区下建立 desktop 目录，并将桌面修改为 D:\desktop，如图 5.50 中所示。

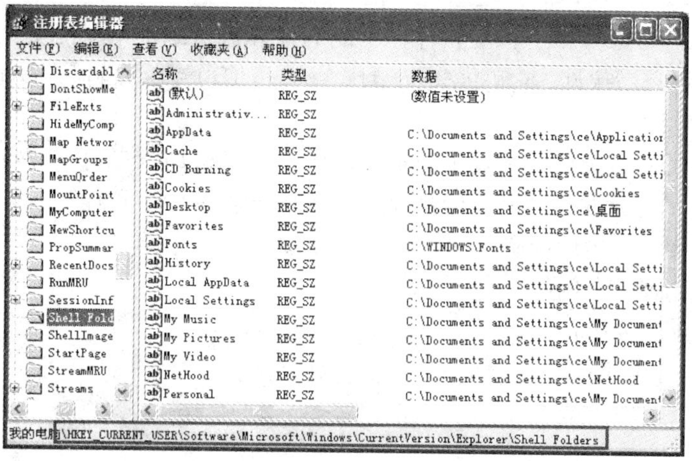

图 5.50　修改默认系统文件夹

5.5　习题与实训

5.5.1　习题

1．在使用计算机时，发现计算机每隔一段时间就会弹出一个窗口，提示还有××秒计算机将重新启动，当剩余时间为 0 时计算机自动重新启动。能够导致这种现象的原因是（　　）。

A．感染了冲击波、震荡波之类病毒　　B．计算机遭到拒绝服务攻击

C．主机箱内温度过高　　D．磁盘空间不足

2．以下关于计算机病毒的特征说法正确的是（　　）。

A．计算机病毒只具有破坏性，没有其他特征

B．计算机病毒具有破坏性，不具有传染性

C．破坏性和传染性是计算机病毒的两大主要特征

D．计算机病毒只具有传染性，不具有破坏性

3．下面针对防病毒系统的描述中，（　　）是错误的。

A．防病毒系统可以检测、清除文件型病毒、宏病毒等

B．防病毒系统检测、清除邮件病毒等

C．防病毒系统可以查杀特洛伊木马和蠕虫等病毒程序

D．防病毒系统可以防范基于网络的攻击行为

4．不属于计算机病毒防治的策略的是（　　）。

A．确认手头常备一张真正“干净”的引导盘

B．及时、可靠地升级反病毒产品

C. 新购置的计算机软件也要进行病毒检测

D. 整理磁盘

5. 计算机病毒是指能够侵入计算机系统并在计算机系统中潜伏、传播、破坏系统正常工作的一种具有繁殖能力的（　　）。

A. 语言　　B. 程序　　C. 设备　　D. 系统软件

6. 下面关于计算机病毒的叙述中，不正确的是（　　）。

A. 计算机病毒有破坏性，凡是软件作用到的计算机资源，都可能受到病毒的破坏

B. 计算机病毒有潜伏性，它可能长期潜伏在合法的程序中，遇到一定条件才开始进行破坏活动

C. 计算机病毒有传染性，它能不断扩散，这是计算机病毒最可怕的特性

D. 计算机病毒是开发程序时未经测试而附带的一种寄生性程序

7. 计算机病毒的传播途径有哪些？

8. 说明主机物理安全问题。

9. 说明主机网络安全问题。

10. 你认为目前网络安全问题最严重的是哪些方面？

5.5.2 实训

1. 在 Windows 2003 下完成安全审核和日志的实验。
2. 利用扫描软件进行扫描实验。
3. 在虚拟机里进行手动查除病毒及木马的实验。
4. 利用虚拟机针对未采取安全措施的服务器进行攻击实验。
5. 利用虚拟机针对已采取安全措施的服务器进行攻击和防护的实验。
6. 完成此学习情境中的拓展训练，制作一引导系统系统维护光盘或 U 盘。

学习情境 6　保护网络安全可靠运行的综合技术

6.0　总体介绍

企业实际应用的网络安全的技术较多，但从信息安全的角度考虑不外乎信息的机密性、完整性、可用性、真实性、可控性和可审查性等方面。为了达到数据的机密性，可以采用对称或非对称加密技术、VPN 技术或安全的通信协议等方法，对数据进行加密或对传递信息的通道进行加密；为了保证数据的完整性可以采取数字摘要技术；为了提高可用性或可靠性，对于主干设备如路由器、防火墙和核心交换机等在设计上可以采取冗余技术；对于存有重要数据的服务器或磁盘可以采取数据备份技术及 RAID；对于信息服务器和应用服务器等可以采用群集技术或负载均衡来达到高可用性和可靠性；为了实现信息的真实性可以采用数字签名或数字证书等技术；为了实现信息的可控性和对用户进行认证等可以采用防火墙技术和 AAA 技术等；为了实现信息的可审查性，可以采用日志服务或入侵检测技术等。

在企业网络及设备的运行过程中，难免会出现各种原因引起的网络服务停止及数据丢失，即影响了网络的可用性。如何保护网络持续可靠地运行，已经成为当前多数企业所追求的目标。这其中涉及了网络的不同层次的可靠性保护措施。从物理层面来说，为了保护供电系统的连续性可以使用 UPS 电源，在数据链路层对交换机的合理设计可以有效提供冗余及负载均衡，对网络层路由器进行的冗余设计，以及从应用层面对服务器的冗余设计等一系列关键措施。本部分主要介绍对企业网络进行加固的技术，并侧重于对工作任务独立实施能力的培养。

6.0.1　情境描述

对于一个企业局域网来说保护网络中数据、服务、通信及访问持续可靠地运行，为企业用户提供高可用性是一项关键措施，也是一项综合防护手段。因此在这里从不同层面对网络的可靠运行技术加以介绍，从数据层面开始到磁盘、服务器、交换与路由、用户层面和管理层面分别加以介绍。任务实施上应侧重于独立查阅资料完成工作任务。

6.0.2　总体目标

- 独立完成保障网络可靠运行的工作任务，并能独立进行实施；
- 实现不同层面的网络可靠性设计；
- 能为网络持续安全可靠运行提供解决方案；
- 重点是自学能力及独立解决问题能力的形成。

6.0.3 内容描述

在本学习情境中设计了 6 个工作任务，在内容设计上考虑了对安全技术的综合与补充，重点是对网络及数据可靠性的设计，任务的完成也主要是由学习者实现，可以利用网络进行查询来解决实际中的数据可靠性需求。第一个工作任务是对数据的备份设计；第二个工作任务是基于磁盘级的数据冗余设计与实现；第三个工作任务是对服务器级的可靠性设计，以保护服务持续可靠运行；第四个工作任务是通过交换与路由网络的设计，使网络的通信持续可靠地运行，提供高可用性设计，并加以实现；第五个工作任务是对用户的访问进行认证、授权与审计提供网络可靠运行；第六个工作任务是对 SNMP 网络管理技术的介绍与软件实现。

6.0.4 情境教学条件

整体教学环境要求

◆ 保证局域网络连接并可以访问互联网进行资料搜集；

◆ 为了确保任务完成效果，建议此处的工作任务在具有局域网及网络安全设备的实训室完成，特别是此处涉及路由器、交换机、网络存储等设备；

◆ 建议实训计算机使用 Windows XP 操作系统，内安装 VMware Workstation 软件，并创建虚拟机安装Windows 2003操作系统，并且部分实验需要多个Windows 2003虚拟机，可复制生成，但要注意复制时参数重叠，如网卡 MAC 等，所以复制后要重新添加网卡等虚拟机的部件；

◆ 建议实训计算机硬件配置足够，特别是内存建议 2GB，以便于软件运行。

工具及软件要求

◆ 数据备份和恢复软件；

◆ Windows 2003 操作系统的 ISO 镜像文件，Windows 2003 中的集群服务组件；

◆ 思科 AAA 软件 ACS 、虚拟机软件、路由器模拟软件 DynamipsGUI、路由器配置软件及路由器 IOS；

◆ 基于 SNMP 的网络管理软件 SolarWinds2002_CATV 或 HP openview。

特定的硬件设备要求

◆ 硬件路由器（可用路由器模拟软件 DynamipsGUI 替代）、路由器配置中的工具软件；

◆ 硬件交换机，RAID 设备（可用 Windows 2003 虚拟机操作系统替代）。

参考资料及视频建议

◆ 利用网络查询各工作任务所涉及的文档与教程；

◆ 关于本部分工作任务的视频教程。

6.0.5 学习情境 6 整体网络场景

学习情境 6 整体网络场景如图 6.0 所示。

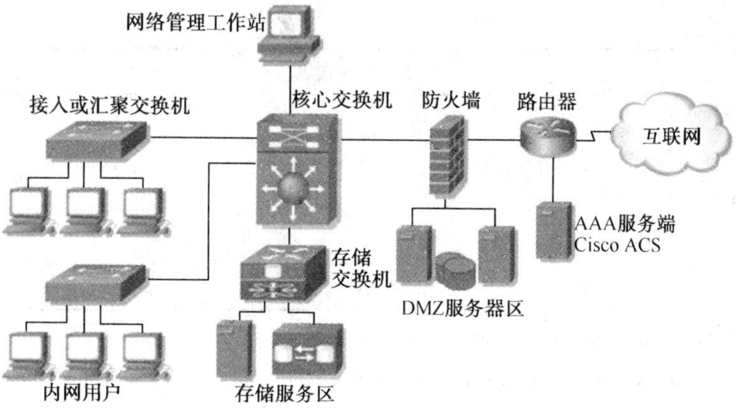

图 6.0　保护网络安全可靠运行的综合技术整体网络场景

6.1　工作任务 1——数据备份与恢复

6.1.1　工作任务描述

本工作任务是在网络整体安全可靠方案中的数据备份与恢复的技术与实现，通过任务的实施学会数据备份与恢复的相关知识，并能将网络存储技术引入到任务中来，通过任务的学习加强对数据备份与恢复的重视，养成对数据备份习惯，形成规范操作的方法。具体工作任务描述与实施流程如表 6.1 所示。

表 6.1　任务描述与实施流程表

学习情境 6——保护网络安全可靠运行的综合技术
任务名称：数据备份与恢复
企业工作情境描述
随着企业对网络的依赖性越来越强，相关的数据便成了企业最重要的资产，数据的丢失或毁坏可能会给企业带来不可估量的损失。病毒入侵、硬件故障、软件崩溃等难以预测的意外问题或者是误操作等人为因素都时刻威胁着企业数据的安全，如何保证数据的完整性和安全性是每个企业都必须考虑的问题
工作任务分析
通过对工作情境的描述分析，利用工具软件，实现数据丢失或毁坏前的数据备份及数据丢失或毁坏后的数据恢复等
任务目标
1．保护企业的重要数据，能在局域网内部部署与实施数据备份与恢复方案； 2．利用 Oceanbackup for Server 对数据进行备份与恢复； 3．利用 EasyRecovery 对误删除的数据进行恢复； 4．学习网络存储技术及产品的相关知识
学习场景简化
通过对典型企业局域网进行简化，简化后的工作任务如图 6.3 所示，通过局域网互联完成。实训时可 1 人一组，选择合适的技术及工具软件模拟完成工作任务中的需求

续表

工具及软件选用
1. Windows 2003 操作系统； 2. Oceanbackup for Server 软件； 3. EasyRecovery 软件； 4. 网络存储设备
任务实施流程
1. 知识准备：阅读引导文本或查找数据备份与恢复技术相关资料； 2. 工具及软件选用：安装 FinalData、EasyRecovery、Recoverall 等软件，并进行设置； 3. 规划设计数据备份与恢复； 4. 实施数据备份与恢复； 5. 数据备份与恢复效果检测
参考资料手册
1. 利用互联网搜索相关知识； 2. 教材中的引导文本； 3. 相关视频教程

6.1.2 引导文本

1. 数据备份的目的

对于一个企业来说数据的丢失给其带来的损失可能是致命的，或许远远比部分资金的损失更严重。最典型的例子就是在美国 9·11 事件中，只有不到 30%左右的公司在灾难后依然可以重新建立，很多企业破产，原因不是大的资金损失，而是因为企业内重要数据没有作备份而全部丢失造成的。可以重建的企业正是由于他们使用了远程数据备份机制。就目前来看多数企业已经开始重视对数据的备份，特别是对一些数据库的备份工作，多采用了异地备份的方式。

数据遭受破坏的原因有很多，例如，水灾、火灾、雷击、地震等自然灾害以及战争等造成计算机系统的破坏，导致存储数据被破坏或完全丢失；由于网络中的主机或设备故障，如存储介质的电气和机械故障、介质的老化和失效等；数据受到病毒感染造成的破坏；来自内部网或外部的攻击破坏；或由于使用人员的错误操作造成的。数据备份的根本目的是重新利用，也就是说备份工作的核心是恢复。

2. 数据备份与恢复技术介绍

目前针对数据备份出现了较先进和智能的网络存储产品及相关的技术。早期的数据备份是通过备份软件把数据备份到磁带上，在原始数据丢失或遭到破坏的情况下，利用备份数据把原始数据恢复出来，使系统能够正常工作。备份与恢复是一种数据安全防护策略，理想的备份系统是全方位、多层次的。数据备份与恢复技术通常会涉及以下几个方面：在存储设备上有磁带、光盘、磁盘阵列、SAN 设备等；在对存储的技术及优化上有 DAS、NAS、SAN 等；存储保护措施可以是磁盘阵列、双机容错、集群、备份与恢复；存储管理与备份方式上有复制、文件与卷管理、SAN 管理等。

3. 主要存储设备

存储设备经历了不同的发展，主要有以下几类：磁带机、磁带库、磁盘阵列、光盘库、SAN 网络存储、NAS 网络存储、IP SAN 网络存储等。下面对其中的几种进行简单介绍，关于详细信息可进行网上查询。

磁带库：基于磁带的备份系统能够进行自动加载磁带，提供自动备份和数据恢复功能。存储容量可达到数百 PB（1PB=1000000GB），可以实现连续备份、自动搜索磁带，也可以在驱动管理软件控制下实现智能恢复、实时监控和统计，整个数据存储备份过程完全摆脱了人工干涉。在网络系统中，磁带库通过 SAN 系统可形成网络存储系统，很容易完成远程数据访问、数据存储备份，或通过磁带镜像技术实现多磁带库备份，是数据仓库、ERP 等大型网络应用的存储设备。

磁盘阵列：磁盘阵列把多个磁盘（多为 SCSI 接口）组合成在一起，通过 RAID 和虚拟化等技术手段，将这些磁盘作为一个单一的存储设备来使用。磁盘阵列多用于企业级存储系统中。通过把数据分散在不同的物理磁盘中，磁盘阵列可以减低数据的访问时间、提高访问速度（如条带化）；通过 RAID 等容错机制，它可以提高数据的安全性（如 RAID 5 等）。在下一个工作任务中将对 RAID 技术进行深入学习与实践。

SAN（Storage Area Network）网络存储：存储区域网络允许存储设备和服务器建立直接的比 LAN 高速的网络连接，SAN 是一种通过光纤连接设备将磁盘阵列、磁带等存储设备与相关服务器连接起来的高速专用子网。通过这种连接实现只受光纤线路长度限制的集中式存储。SAN 可以被看作是存储总线概念的一个扩展，它使用局域网和广域网中类似的单元，实现存储设备和服务器之间的互联。

NAS（Network Attached Storage）网络存储：网络附加存储是目前成熟的网络存储技术。NAS 是一种专业的网络文件存储及文件备份设备，NAS 基于局域网，使用 TCP/IP 协议进行通信，以文件的读写方式进行数据传输，同时由于 NAS 设备将传统的文件服务的读写操作与应用程序的读写操作分离开来，因此不会占用大量 CPU 的资源。在局域网环境下，NAS 已经完全可以实现异构平台之间的数据级共享，如 Windows、Linux 等平台的共享。NAS 服务器提供 FTP、HTTP、Windows 共享以及 NFS 方式的网络存储方式。用户得到一个存储空间以后，可以通过 Windows 文件共享的访问方式访问服务器上的存储空间，该空间可以通过 Windows 网络映射成一个驱动器进行使用，也可以通过 FTP 方式上传或下载，以 NFS 模式挂载到 Linux 或 UNIX 主机或服务器上。

IP SAN 网络存储：IP SAN 把 SCSI 协议完全封装在 IP 协议之中，使用标准的 TCP/IP 协议，能在以太网中进行传输，配置的技术简单、成本低。而且普通计算机即可共享和使用大容量的存储空间。从实现原理上可以说，IP SAN 就是把 FC SAN 中光纤通道解决的问题通过以太网实现了，从逻辑上 IP SAN 是 SAN 架构。用户不需要专门的光纤通道网络在服务器和存储设备之间传送数据就可以在任何需要的地方创建实际的 SAN 网络。不受光纤通道对传输距离的限制。IP SAN 网络适用于低流量应用场合和资金受限的用户。

DAS（Direct Attached Storage）：直连方式存储或称直接附加存储。DAS 也可称为服务器附加存储。在 DAS 方式中，存储设备是通过电缆直接连接到服务器，通常使用 SCSI 接口电缆。服务器将读写请求直接发送到存储设备。DAS 不使用任何存储操作系统，而是借助于服务器进行管理，是硬件的堆叠。DAS 适用于服务器在地理分布上很分散及一些软件或系统要求存储系统必须被直接连接到应用服务器的情况下。

4．备份方式与种类

备份的方式有硬件备份、软件备份和手工备份，硬件备份是得用冗余的硬件来保证系统的连续运行，如磁盘镜像、磁盘阵列、双机容错等方式。软件备份是指将系统数据保存到其他介质上，当出现错误时可以将系统恢复到备份时的状态。由于这种备份是由软件来完成的，所以称为软件备份。手工备份最为原始，也最简单和有效，但用手工方式从头恢复所有数据，耗费的时间过长。

备份分类有完全备份和增量备份。完全备份是对系统的全部内容进行备份；增量备份，是对系统做过完全备份以后，只做上次备份后变化的部分。一般采用完全备份和增量备份相结合。按备份周期分类有日备份、周备份和月备份等。

5．备份术语

在进行备份时要考虑何时备份、备份什么及备份到哪里，错误的操作可能带来巨大的损失，下面介绍 5 个概念。

（1）归档：是指完整的离线备份；

（2）映像备份：是指对磁盘或分区的整个（逐字的）备份；

（3）完全备份：是指按文件的整个目录进行的备份；

（4）增量备份：是指从上一次完全或增量备份后对又变化的文件的备份；

（5）转储级别（0～9）：是指从上一次在同一级别或更低转储级别的备份后又改变的文件的备份，如级别 0 的转储就是一个完全备份。

6．数据备份软件介绍

实现数据备份的方式有硬件备份、软件备份和手工备份等，这里介绍软件备份的实现，软件备份的选择较多，如可以利用 Windows XP 系统自带的系统还原、瑞星的数据备份等方式，也可以借助专业的备份软件，如 Veritas（存储管理软件方面处于领先地位的软件提供商，可通过互联网进行深入了解）、Commvault 等，这里以 Oceanbackup 为例进行介绍。根据软件商的介绍，Oceanbackup 一款专门用于企业数据安全存储的备份软件。支持 SQL Server 数据库备份功能，Oracle 数据库备份功能，FTP 服务器备份功能，磁带备份功能，这些全新功能的加入增强了软件的适用性。如图 6.1 所示，为安装 Oceanbackup for Server 后的运行界面，操作简单易用。

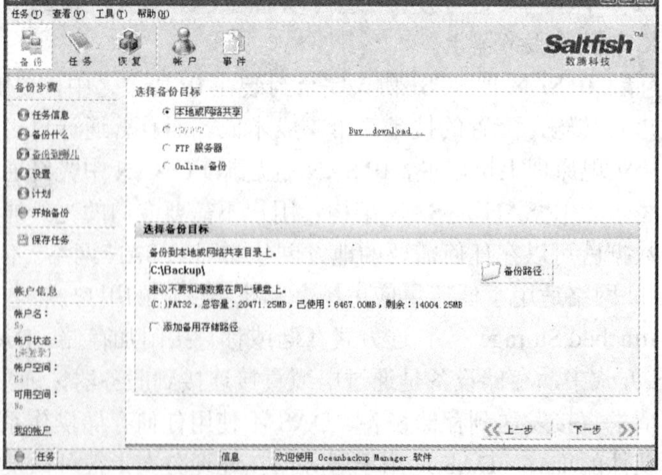

图 6.1　Oceanbackup 运行界面

7. 硬盘数据文档修复软件

与前面的数据备份与恢复软件不同，这里介绍的软件是在没有备份的基础上对各种原因引起的数据丢失的恢复，如对误删除的文件进行恢复、对硬盘分区数据恢复、对U盘数据丢失的恢复等，因此称为数据修复更好。这类软件有FinalData、EasyRecovery、Recoverall等，这些软件可以进行文件级的恢复，当然也有很多专业的数据修复软件及工具。数据修复及保护必须清楚以下概念。

（1）磁盘文件删除及快速格式化（即使分区遭到一定的破坏）是可以恢复的。

（2）在发现数据文件丢失后，在恢复前不要向磁盘写入新的数据。

（3）平时的文档尽量不要存放在桌面，也不要存放在系统盘（操作系统安装的光盘，通常为C分区）下，因为系统盘所在的分区数据交换读写较频繁，系统的虚拟内存默认情况下是使用此分区的剩余空间，这给数据的恢复带来了麻烦，因为要修复的数据文件可能被后续的写入数据覆盖。另外，系统无法正常启动使得系统重做而带来麻烦（因为这些文件存放在所要安装系统的分区下）。

（4）对于硬盘分区表损坏的情况，可以巧妙地运行Ghost软件进行硬盘数据克隆（先把损坏的硬盘做一下备份），以免修复失败而造成数据二次损坏，然后进行硬盘分区表修复，修复启动系统后可首先对系统进行杀毒处理，再对硬盘数据进行备份。

（5）U盘是易损设备，经常由于病毒破坏或物理损坏造成分区无法识别，对于物理损坏的原因是晶振摔坏或接口松动，可以考虑更换晶振或重新焊接接口，再对数据进行修复。

（6）操作系统由于病毒或系统文件丢失，可以考虑使用系统修复光盘启动系统进行修复。

（7）可以借助WinHex这样的十六进制文件编辑与磁盘编辑软件为文件恢复提供帮助。

（8）在不同的情况下的数据修复要进行反复的尝试。

EasyRecovery是非常强大的硬盘数据恢复工具，如图6.2所示，是世界著名数据恢复公司Ontrack的产品。能够恢复丢失的数据以及重建文件系统。EasyRecovery不会向原始驱动器写入任何数据，它主要是在内存中重建文件分区表使数据能够安全地传输到其他驱动器中，可以从被病毒破坏或是已经格式化的硬盘中恢复数据。该软件可以恢复大于8.4GB的硬盘，支持长文件名，被破坏的硬盘中如丢失的引导记录、BIOS参数数据块、分区表、FAT表、引导区都可以由它来进行恢复，并且能够对ZIP文件以及微软的Office系列文档进行修复。专业版具有磁盘诊断、数据恢复、文件修复、E-mail修复等全部4大类19个项目的各种数据文件修复和磁盘诊断方案。

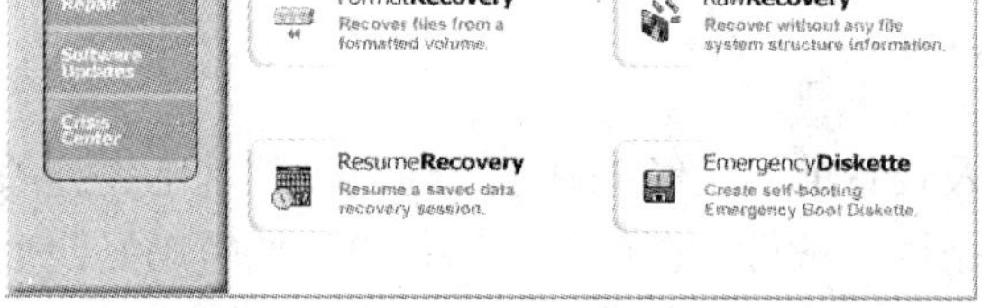

图6.2　EasyRecovery运行界面

6.1.3 规划设计数据备份与恢复

对于一个企事业单位来说主要有两方面的数据需要备份：一类是系统桌面数据备份，主要包括办公文档、设计文档、商业数据文件、邮件、通信记录等；另一类是数据库的备份，主要包括 SQL Server、Oracle 数据库等。

伴随着企业信息化的加强，企业对信息的依赖也越来越强，信息或数据的可靠性与可用性成为企业生存关键。严重的数据损失对企业可能是致命性的，数据丢失后的恢复往往需要花费 10 倍于用于存储所需要的设备投资的投入。如果要恢复价值 1000 万的数据，可能要花费 20 万的数据恢复费用，而如果事先投入了 2 万元的数据备份与恢复设备，则这些损失都可以避免了。

1. 企业网络数据备份与恢复方案

某企业的网络及数据存储的方案，如图 6.3 所示，各部门局域网络通过光纤连接到核心交换机，数据存储服务器及存储设备通过光纤通道交换机连接到核心交换机上。通过存储服务区提供对内部用户及 DMZ 服务器区数据的备份。

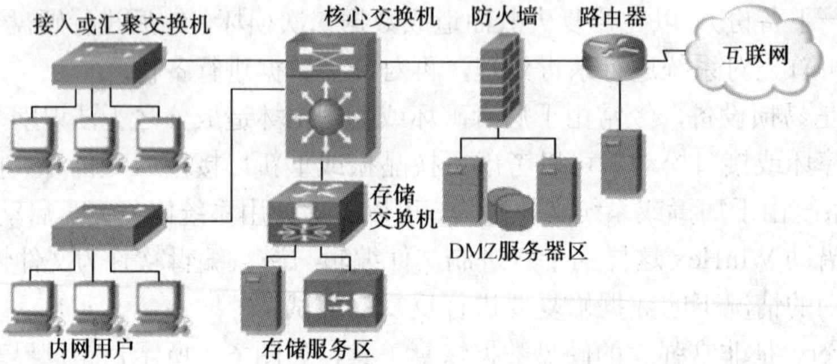

图 6.3 企业的网络及数据存储的分析场景

2. 基于桌面系统的企业网络数据备份与恢复设计

如图 6.4 所示，在实验室环境下设计简单的局域网存储方案，基本部署是由存储管理服务器负责对存储设备的管理与维护工作。在服务器上或在存储设备上配置 FTP 服务器，通过对网络存储的管理配置来完成磁盘配置，以实现用户通过磁盘映射、FTP 等方式进行数据备份。

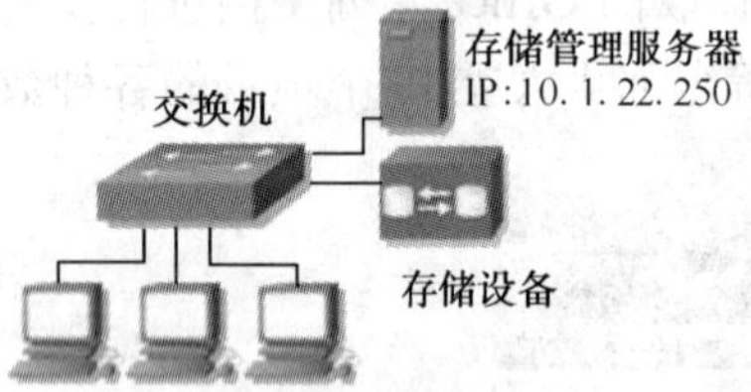

图 6.4 局域网数据备份与恢复的场景设计

用户端通过安装数据备份与恢复软件对用户端的桌面数据进行备份。如可以利用前面提到的软件 Oceanbackup for Server 来完成。当然这也可以对服务器进行同样的配置，一般用于数据库服务的备份，如此软件提供的 SQL、Oracle 数据库的备份等。

6.1.4 实施数据备份与恢复

关于网络存储技术及设备前面已经提到了，通过硬件基础设施的部署和数据备份与恢复的合理配置即可以对数据进行备份。在进行数据备份前要考虑好四个问题：要备份什么、什么时间备份、备份到哪里以及采用何种方式备份等。

数据备份与恢复的操作步骤如下。

第 1 步：安装网络存储设备及存储管理服务器；
第 2 步：在存储管理服务器上安装网络存储设备的管理软件；
第 3 步：利用网络存储设备管理软件对网络存储进行配置，如磁盘划分与规划等；
第 4 步：配置用户端与网络存储设备之间的连接方式，如 FTP、共享等；
第 5 步：在用户端安装数据备份与恢复软件；
第 6 步：配置用户端软件，选择备份类型；
第 7 步：配置用户端软件，选择备份什么；
第 8 步：配置用户端软件，选择备份到哪里；
第 9 步：配置用户端软件，选择备份方式；
第 10 步：配置用户端软件，选择备份时间。

启动 Oceanbackup for Server 备份软件后，选择要备份的数据或文件，这里可选择的有本地文件即本机文件、镜像复制本地数据、备份操作系统和备份 SQL 数据库，当然根据不同备份软件也可以完成其他数据源的备份，如 Oracle、FTP 的备份等。下面以本地文件为例，对 D 分区下的文件进行备份，如图 6.5 所示。

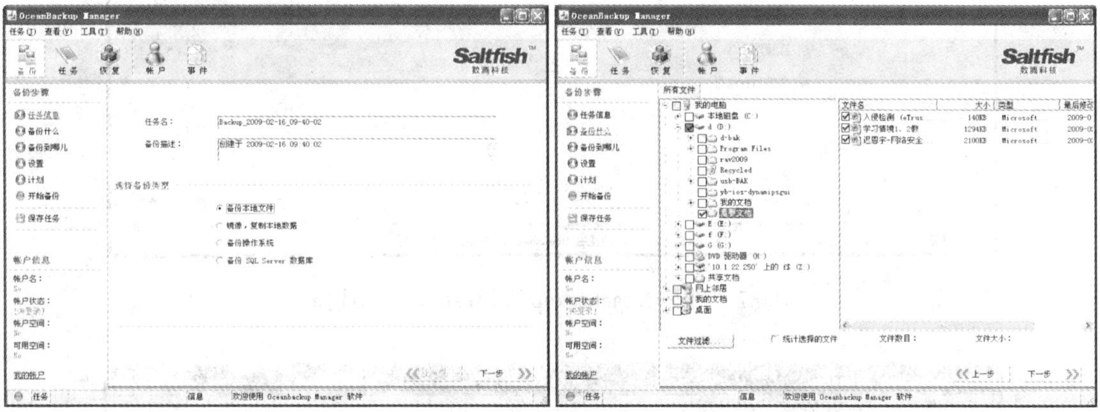

图 6.5　利用 Oceanbackup 选择要备份的文件

选择好要备份的数据目录后，选择备份的目标。这里可以是本地或网络共享（如磁盘映射）、CD/DVD 记录设备、FTP 服务器和 Online 备份目标，即备份到哪里。下一步后选择备份方式，完全备份、增量备份和差异备份，如图 6.6 所示。

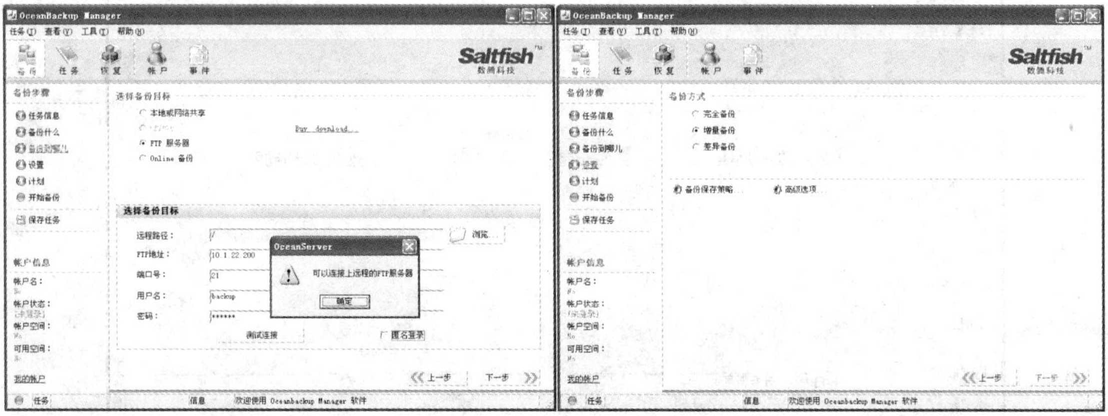

图 6.6　利用 Oceanbackup 进行文件备份

选择好要备份方式后，可以设置自动备份的时间，建议选择一个空闲时段来完成数据的备份工作，如午休时间，即所说的什么时间备份，如图 6.7 所示。选择保存任务后可以在任务列表中看到定义的备份任务。右键单击此任务选择立即执行可以进行一次手动备份，如图 6.8 所示。

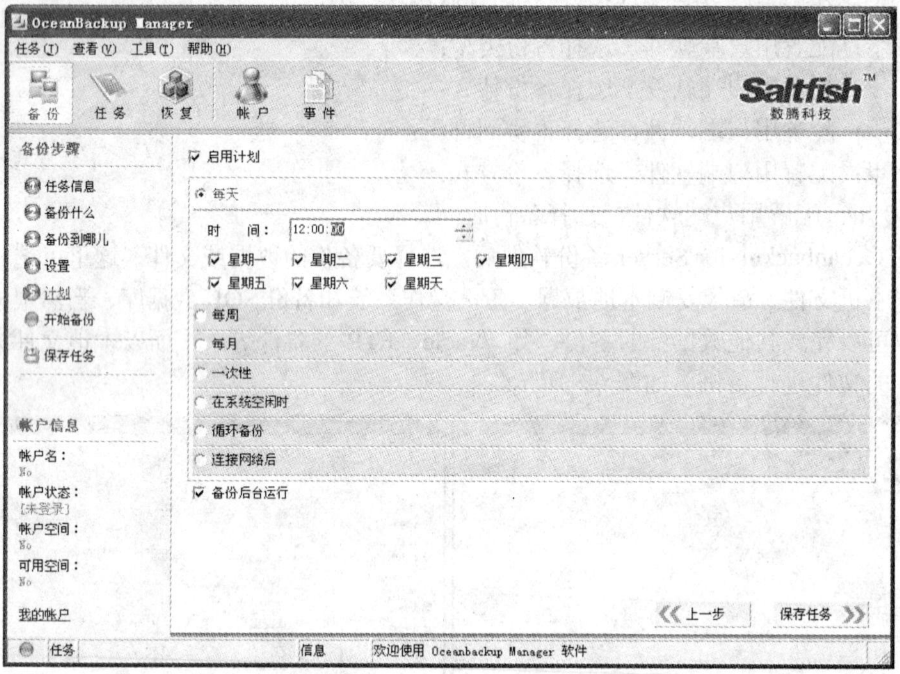

图 6.7 利用 Oceanbackup 进行备份时间的选择

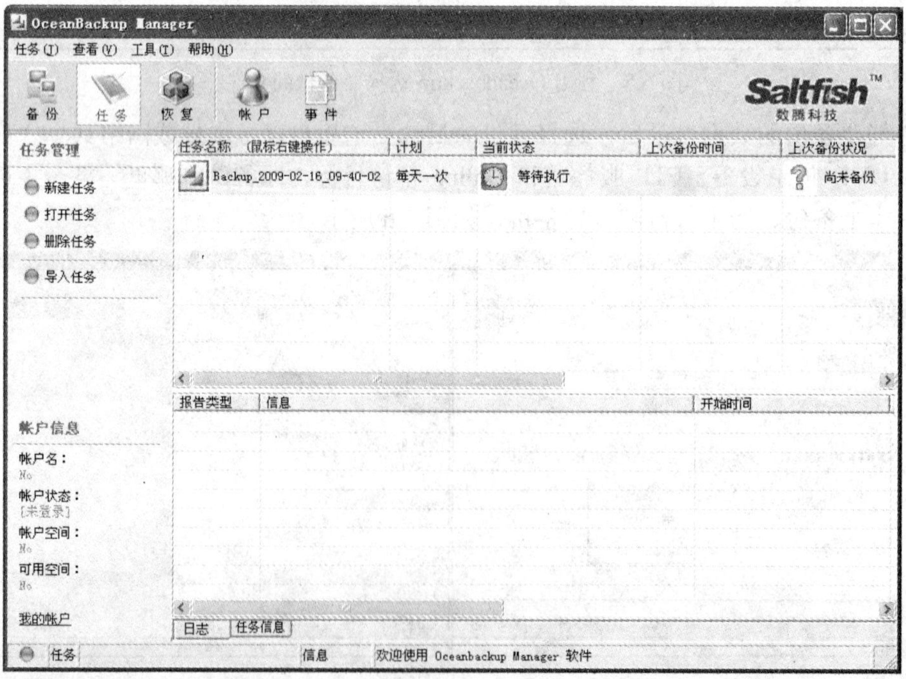

图 6.8 利用 Oceanbackup 对备份任务的查看

6.1.5 数据备份与恢复效果检测

到备份目标 FTP://10.1.22.200 上去检查备份文件，如图 6.9 所示。为了测试备份效果，在备份源目录中删除一个文件，对备份与恢复进行检测。

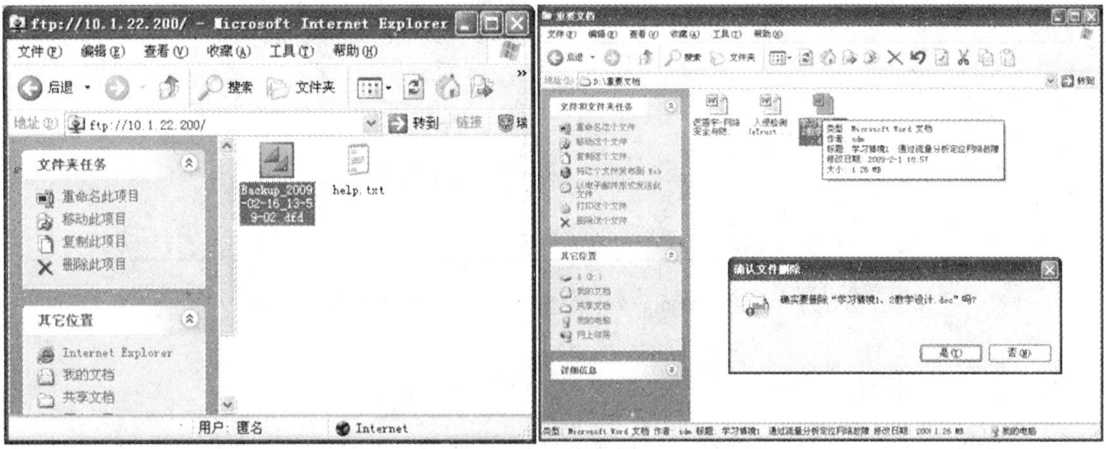

图 6.9 删除原文件

删除文件后再利用此软件进行恢复，右键单击如图 6.10 所示备份任务，选择数据恢复，按照提示选择下一步。

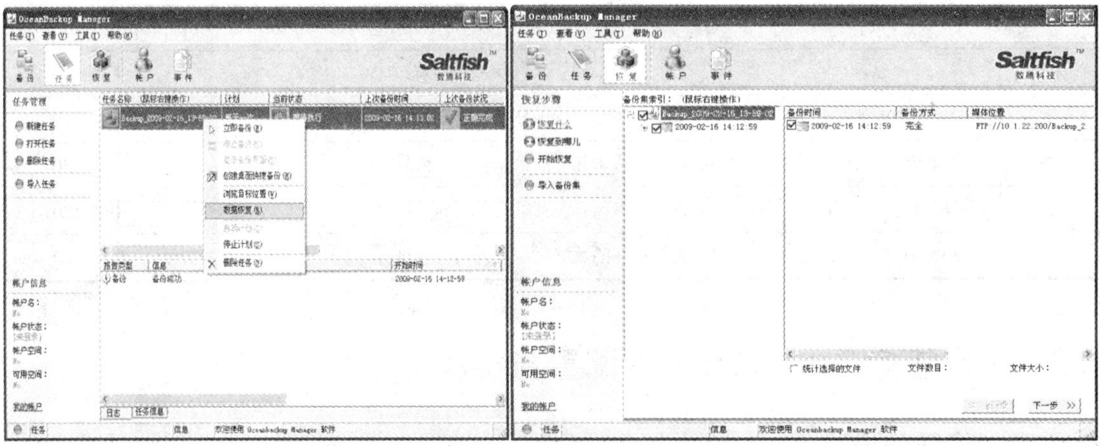

图 6.10 利用 Oceanbackup 对 FTP 删除备份文件的恢复操作

选择开始恢复，并选择同名文件处理方式和恢复位置。到备份的源文件目录下进行检查，已经删除的文件又恢复了，如图 6.11 所示。

图 6.11　利用 Oceanbackup 对 FTP 删除备份文件的恢复查看

6.1.6　知识技能要点测评

理解数据备份与恢复的重要性，知道备份方式与种类、能够实施企业网络数据备份与恢复方案。要求达到的目标是：能够利用 Oceanbackup for Server 对数据进行备份与恢复，利用 EasyRecovery 对误删除的数据进行恢复。具体要求如表 6.2 所示。

表 6.2　知识技能要点测评表

学习情境 6——知识技能要点测评表			
序号	测评要点	具体目标	测评权重
1	知识理解	知道数据备份与恢复的常用技术	20
2	工具及软件使用	能利用虚拟机完成本任务的数据备份与恢复实验	30
3	操作标准与规范	对数据备份能够参照有关标准要求实施	20
4	检验方法与措施	能够对丢失和损坏的数据采用正确的方法进行恢复，并能给出解决方法	30

6.2　工作任务 2——磁盘冗余配置与实现

6.2.1　工作任务描述

本工作任务是对磁盘冗余技术的具体实现。数据的冗余技术有不同的级别，如基于数据、磁盘、服务器及网络冗余等级别，本工作任务通过学习 RAID 技术并利用虚拟机或真实的冗余磁盘来实现 RAID 技术，清楚基于磁盘的冗余技术可以解决由于单个磁盘故障导致的数据丢失。具体工作任务描述与实施流程如表 6.3 所示。

表 6.3 任务描述与实施流程表

学习情境 6——保护网络安全可靠运行的综合技术
任务名称：磁盘冗余配置与实现
企业工作情境描述
随着企业对网络的依赖性越来越强，相关的数据便成了企业最重要的资产，频繁的数据读写操作可能对关键主机（如 Web 服务器和数据库等）中的物理磁盘造成物理上的损坏，另外磁盘也可能因为电接口等电器故障而损坏。这就可能导致磁盘中的数据丢失，如果对服务器中的磁盘设计了冗余，如 RAID 5，则可以用余下磁盘中的数据和奇偶校验重新创建损坏磁盘上失败或丢失的那一部分数据。如何创建和重新生成磁盘上的冗余信息，是每个企业首先要考虑的问题
工作任务分析
通过对工作情境的分析，RAID 5 卷是一种很好的解决方案。可使用基于硬件或基于软件的解决方案来创建 RAID 5 卷。利用虚拟机配置多个 SCSI 硬盘完成 RAID 5 的配置，实现磁盘的冗余
任务目标
1．学习冗余磁盘阵列技术的原理、常见的级别类型； 2．会创建动态磁盘； 3．利用虚拟机配置多个 SCSI 硬盘完成 RAID 0、RAID 1 和 RAID 5 的实验，并进行相应的测试
学习场景简化
通过对典型企业局域网进行简化，简化后的工作任务如图 6.12 所示，实训计算机通过局域网互联完成。实训时可分为 1 人一组独立完成，选择合适的技术及工具软件模拟完成工作任务中的需求
工具及软件选用
1．VMware Workstation 软件； 2．Windows 2003 操作系统 ISO 镜像文件
任务实施流程
1．知识准备：阅读引导文本或查找磁盘阵列相关资料； 2．规划设计磁盘冗余； 3．实施磁盘冗余； 4．磁盘冗余效果检测
参考资料手册
1．利用互联网搜索相关知识； 2．教材中的引导文本； 3．相关视频教程

本工作任务重点是对磁盘冗余 RAID 5 技术在 Windows 2003 服务器中的实现，此技术特别适用于为网络提供信息服务，需要频繁读写磁盘的关键服务器，以确保存储在其磁盘中的数据的可靠性。具体工作任务实施如图 6.12 所示，要配置防火墙 DMZ 接口所连接服务器区中的关键服务使用磁盘阵列，如 RAID 5 技术。

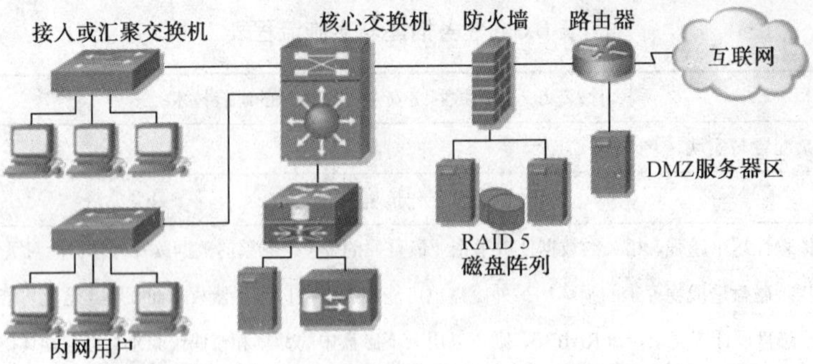

图 6.12　配置服务器使用磁盘阵列-RAID5

6.2.2　引导文本

1. RAID 简介

RAID 是 Redundant Array of Inexpensive Disks 的缩写，中文名为廉价冗余磁盘阵列。在 1987 年由美国柏克莱大学提出。开发之初的设想是基于硬盘的故障和硬盘的容量两方面的考虑。如果系统中的任何一块硬盘出现问题的时候，能使系统仍然继续工作；如果单块硬盘的容量达不到用户的需求时，可以采用多块硬盘捆绑来提供更高容量的存储系统。实质上，可以把 RAID 理解成一种使用磁盘驱动器的方法，它将一组磁盘驱动器用某种逻辑方式联系起来，作为逻辑上的一个磁盘驱动器来使用，以实现用户的需求。

RAID 是通过对多个硬盘进行条带化处理，有效数据和校验数据被均匀地分布在多个硬盘中，当有硬盘损坏时，通过校验数据恢复损坏硬盘中的数据。在恢复过程中，不影响系统的服务。同时，RAID 系统可以大幅度提高磁盘数据 I/O（Input/Output 输入/输出）的性能。通过配置并使用 RAID 系统，可以最大限度地减少由于硬件损坏造成的系统故障和数据丢失。RAID 与 Windows 2003 系统下的动态磁盘技术类似，其实现原理是相同的。

在这一组硬盘中，数据按照不同的算法分别存储于每块硬盘上从而实现不同的效果，这样就形成了不同的 RAID 级别。根据组建磁盘阵列的用途及模式可以把磁盘阵列分为 RAID 0、RAID 1、RAID 2、RAID 3、RAID 4、RAID 5，其他还有 6、7、10、30、50 等。不同级别的磁盘阵列所能达到的性能与容量都是不相同的，用户可以根据自己的需求选择合适的阵列类型，常用的等级有 0、1、5 级等类型。

2. RAID 种类

（1）RAID 0。

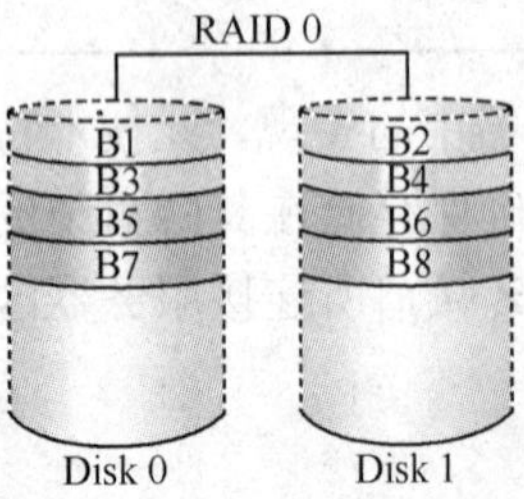

图 6.13　RAID 0 示意图

RAID 0 是将多个磁盘并列成为一块大磁盘。在存放数据时，将其数据按磁盘的个数来进行分成若干相等大小的数据块，并把它们均匀地写到阵列不同的硬盘上，这种技术又称“Stripping”（即将数据条带化），读写时多块硬盘同时进行读写，从而提高数据的读写速度。在所有的级别中，RAID 0 的速度是最快的。其原理如图 6.13 所示。在该图中一个圆柱就是一块磁盘（以下均是），它们并联在一起。

不过 RAID 0 还不算是真正的 RAID 0，因为它没有数据冗余能力。数据都是分布存储的，由于没有备份或校验恢复设计，在 RAID 0 阵列中任何一个硬盘出错就可导致所有阵列内的数据损失。

（2）RAID 1。

RAID 1 也称为镜像（Mirroring）方式，由至少两块以上的硬盘组成。这种工作方式完全是基于数据安全考虑的。在用户每次写入硬盘数据同时会自动复制到另一块硬盘上（镜像盘），其原理如图 6.14 所示。读数据时先从 RAID 1 的源盘读出，如果读取数据失效，系统可以自动地读取镜像磁盘上的数据，而不需要重组失效的数据。

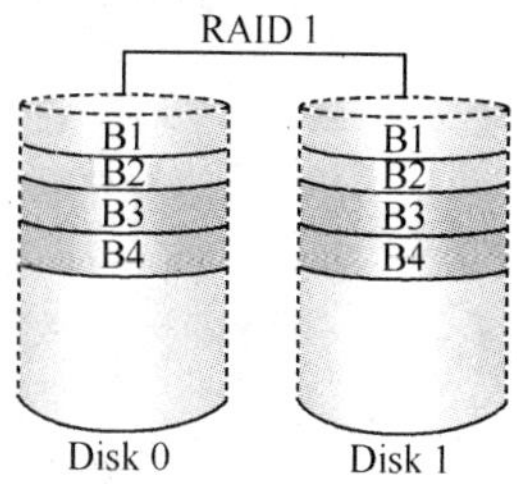

图 6.14　RAID 1 示意图

在所有 RAID 级别中，RAID 1 的数据安全性是最高的。同样，由于数据的百分之百备份，备份数据占了总存储空间的一半，因而 RAID 1 的磁盘利用率是最低的。RAID 1 适合性能要求较高而又需要容错功能的阵列，如数据库服务器和文件服务器。

（3）RAID 0+1。

RAID 0+1 条带和镜像，结合了 RAID 0 和 RAID 1 技术，在并行读写多块磁盘的同时使用镜像操作。可以说 RAID 0+1 同时拥用 RAID 0 的“高性能”和 RAID 1 的“安全性”，但是 CPU 占用率同样也更高，而且磁盘的利用率比较低。

（4）RAID 2。

是 RAID 0 的改良版，以汉明码（Hamming Code）的方式将数据进行编码后分割为独立的位元，采用按位元存取。由于在数据中加入了错误修正码（ECC，Error Correction Code），导致冗余信息开销太大，现已被淘汰。

（5）RAID 3。

采用数据交错存储技术，至少由三块以上硬盘组成，以其中一块特定的硬盘来存放数据的奇偶校验位，数据则分段存储于其余硬盘中。当一块硬盘发生故障，除故障盘外，写操作将继续对数据盘和校验盘进行操作。而读操作是通过对剩余数据盘和校验盘的异或计算重构故障盘上应有的数据来进行的。因此就算要读取一小段数据资料都可能需要所有的硬盘进行工作，所以这种规格比较适于读取大量数据时使用，其原理如图 6.15 所示。

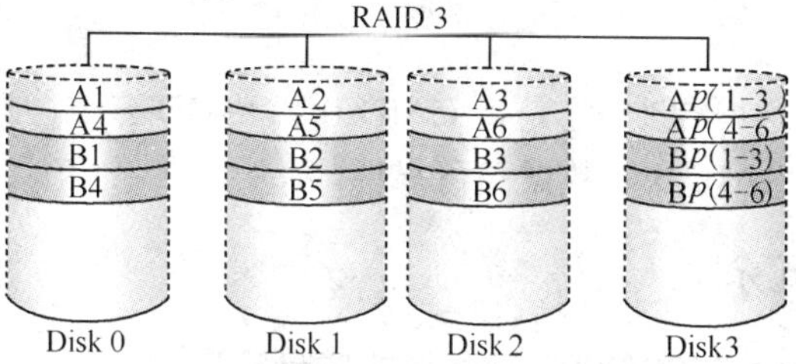

图 6.15　RAID 3 示意图

（6）RAID 4。

与 RAID 3 相似，不同的是 RAID 4 按块（扇区）存取，也就是按磁盘进行的，每次是一块盘。RAID 3 是横向存储，而 RAID 4 是竖向存储。所以 RAID 3 常需访问阵列中所有的硬盘驱动器，而 RAID 4 只需访问有用的硬盘驱动器。这样读取数据的速度大大提高了，但在写数据方面，需将从数据硬盘驱动器和校验硬盘驱动器中恢复出的旧数据与新数据通过异或运算，然后再将更新后的数据和检验位写入硬盘驱动器，所以处理时间较 RAID 3 长，其原理如图 6.16 所示。

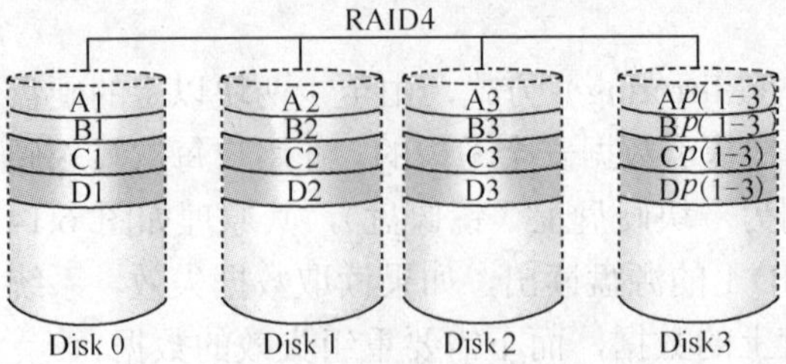

图 6.16　RAID 4 示意图

（7）RAID 5（最常用）。

RAID 5 是一种高性能、高安全和低成本的存储解决方案，也是目前应用最为广泛的 RAID 技术。它使用的是 Disk Striping（硬盘分割）技术。各块独立硬盘进行条带化分割，它与 RAID 3、RAID 4 不同的是没有固定的校验盘，而是按某种规则把奇偶校验信息平均分布在阵列的每块硬盘上，所以在每块硬盘上，既有数据信息也有校验信息。以 *n* 块硬盘构建的 RAID 5 阵列可以有 *n*-1 块硬盘的容量，存取空间利用率非常高。所以 RAID 5 可以理解为是 RAID 0 和 RAID 1 的折中方案。RAID 5 具有和 RAID 0 相近似的数据读取速度，RAID 5 的磁盘空间利用率要比 RAID 1 高，存储成本相对较低。其不足之处是如果 1 块硬盘出现故障以后，整个系统的性能将大大降低。其原理如图 6.17 所示。

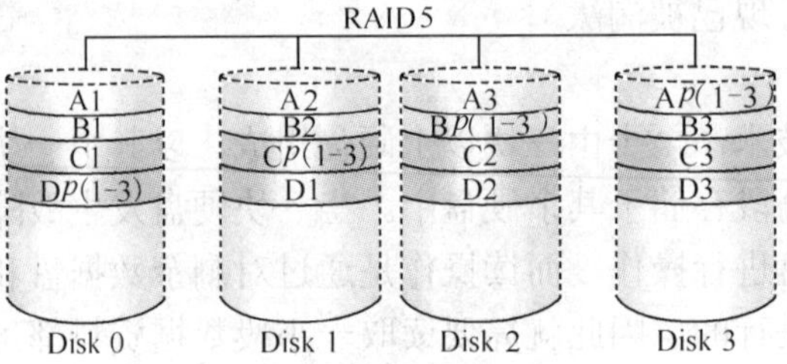

图 6.17　RAID 5 示意图

（8）RAID 0+5。

RAID 0+5 与 RAID 0+1 类似，它是将 RAID 0 和 RAID 5 结合起来，它的优点是同时拥有 RAID 0 的超凡速度和 RAID 5 的数据高可靠性。

6.2.3　规划设计磁盘冗余

1. 设计基于 Windows 2000/2003 服务器的磁盘冗余

以上 RAID 技术可以在 Windows 2000/2003 服务器版操作系统下实现，如果没有多块硬盘或 RAID 控制器。利用 Windows 2000/2003 提供的内嵌的软件 RAID 功能，就可以实现 RAID 0、RAID 1、RAID 5。

在 Windows 2000/2003 中，物理硬盘分为两种类型：一种是基本磁盘，另一种是动态磁盘。基本磁盘是包含主分区、扩展分区和逻辑驱动器的物理硬盘，可以被其他操作系统访问；动态磁盘可通过 Windows 2000/2003 中的“磁盘管理”升级得到，只包含由“磁盘管理”创建的动态卷，并由“磁盘管理”程序管理，所以不能被其他操作系统访问。

软件 RAID 被 Windows 2000/2003 称为卷。要在 Windows 2003 上使用软件 RAID，必须把基本磁盘升级到动态磁盘，才能在动态磁盘上实现 RAID 技术。

2．利用虚拟机实现基于 Windows 2000/2003 的磁盘冗余

多数据情况下由于实验设备配置及数量的限制无法完成磁盘冗余的实验，但是可以利用虚拟机软件，在当前的系统下安装 VMware 虚拟机软件，在其中装好 Windows 2000/2003 服务器版操作系统，并在 VMware 虚拟机上添加多块 SCSI 硬盘。

打开已经安装有 Windows 2003 操作系统的虚拟机，选择编辑虚拟机设置（Edit Virtual Machine Settings）后，选择添加 3 块 SCSI 硬盘，如图 6.18 所示。

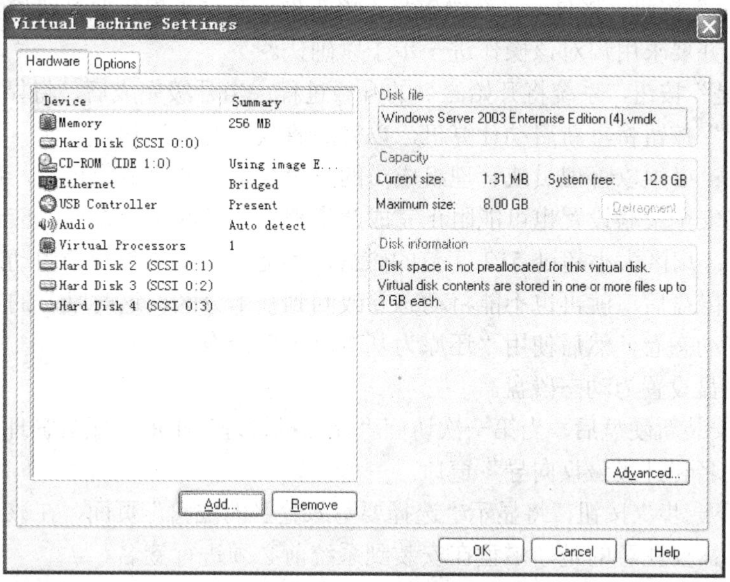

图 6.18　VMware 虚拟机添加 SCSI 硬盘

6.2.4　实施磁盘冗余

1．创建动态磁盘

在 Windows 2003 Server 安装完成后，可使用升级向导将它们转换为动态磁盘。在将一个磁盘从基本磁盘转换为动态磁盘后，磁盘上包含的将是卷，而不再是磁盘分区。其中的每个卷是硬盘驱动器上的一个逻辑部分，还可以为每个卷指定一个驱动器字母或者挂接点。但是要注意的是只能在动态磁盘上创建卷。动态磁盘有以下优于基本磁盘的特点。

◆ 卷可以扩展到包含非邻接的空间，这些空间可以在任何可用的磁盘上；
◆ 对每个磁盘上可以创建的卷的数目没有任何限制；
◆ Windows 2003 将动态磁盘配置信息存储在磁盘上，而不是存储在注册表中或者其他位置。同时，这些信息不能被准确地更新。Windows 2003 将这些磁盘配置信息复制到所有其他动态磁盘中。因此，单个磁盘的损坏将不会影响到访问其他磁盘上的数据。

（1）从基本磁盘升级到动态磁盘。

① 依次单击“开始”→“所有程序”→“管理工具”→“计算机管理”选项，显示“计算机管理”窗口。

② 在左侧控制台中依次展开“存储”→“磁盘管理”选项，以显示计算机中安装的所有磁盘。

③ 右键单击要设置为动态磁盘的硬盘，并在弹出的快捷菜单中选择“升级到动态磁盘”

选项，将显示“升级到动态磁盘”对话框。

④ 选中要升级的磁盘，然后单击“确定” 按钮，将显示“要升级的磁盘”对话框，在这里要求用户对要升级为动态磁盘的硬盘进行确认。这样做的原因很简单，因为这一升级操作是不可逆的。也就是说，基本磁盘可以升级为动态磁盘，但动态磁盘却不能恢复为基本磁盘。

⑤ 单击“升级”按钮，将显示“磁盘管理”提示框，系统再次要求用户对磁盘升级予以确认。

⑥ 单击“是”按钮，将显示“升级磁盘”警告框。在这里提示要升级磁盘上的文件系统将被强制卸下，并要求用户对该操作进一步予以确认。

⑦ 单击“是”按钮，系统将开始磁盘的升级过程。当升级完成后，将显示“确认”警告框，单击“确定”按钮将重新启动计算机，以完成磁盘的升级过程。

注意：必须以管理员或管理组成员的身份登录才能完成该过程。如果计算机与网络连接，则网络安全策略设置也可能阻止完成此步骤；在升级磁盘之前，应该关闭在那些磁盘上运行的程序；扇区大小超过 512 字节的磁盘，不能从基本磁盘升级为动态磁盘；将基本磁盘升级到动态磁盘后，就再也不能将动态卷改回到基本分区。这时唯一的方法就是必须删除磁盘上的所有动态卷，然后使用“还原为基本磁盘”命令。

（2）将新磁盘设置为动态磁盘。

① 计算机安装新硬盘后，当第一次访问“计算机管理”中的“磁盘管理”工具时，将自动运行“写入签名和升级磁盘向导”窗口。

② 单击“下一步”按钮，将显示“选择要写入签名的磁盘”页面，在该列表中选择要写入签名的磁盘。需要注意的是，磁盘在安装到系统前必须进行签名。

③ 单击“下一步”按钮，将显示“选择要升级的磁盘”页面，选择要升级为动态磁盘的磁盘。

④ 单击“下一步”按钮，将显示“完成写入签名和升级磁盘向导”页面，在这里要求确认签名并升级的磁盘。如果有任何不妥，可单击“上一步”按钮返回并重新进行设置。

⑤ 单击“完成”按钮，动态磁盘升级过程完成。

2．Windows 2000/2003 系统中卷的类型

（1）简单卷。简单卷构成单个物理磁盘空间的卷。它可以由磁盘上的单个区域或同一磁盘上连接在一起的多个区域组成，可以在同一磁盘内扩展简单卷。安装操作系统的简单卷成为引导卷。

（2）跨区卷。简单卷也可以扩展到其他的物理磁盘，这样由多个物理磁盘的空间组成的卷就称为跨区卷。简单卷和跨区卷都不属于 RAID 范畴。

（3）带区卷。以带区形式在两个或多个物理磁盘上存储数据的卷称为带区卷。带区卷上的数据被交替、平均（以带区形式）地分配给这些磁盘，带区卷是所有 Windows 2000/2003 可用的卷中性能最佳的，但它不提供容错。如果带区卷上的任何一个磁盘数据损坏或磁盘故障，则整个卷上的数据都将丢失。带区卷可以看作 RAID 0。

（4）镜像卷。利用镜像卷即 RAID1 卷，可以将用户的相同数据同时复制到两个物理磁盘中。如果其中的一个物理磁盘出现故障，虽然该磁盘上的数据将无法使用，但系统能够继续使用尚未损坏而仍继续正常运转的磁盘进行数据的读写操作，从而通过另一磁盘上保留完全冗余的副本，保护磁盘上的数据免受介质故障的影响。动态磁盘中现有的任何卷（甚至是系统卷和引导卷），都可以使用相同的或不同的控制器镜像到其他磁盘上获得大小相同或更大的

另一个卷。最好使用大小、型号和制造厂家都相同的磁盘作镜像卷，以避免可能产生的兼容性错误。

（5）RAID 5 卷。在 RAID 5 卷中，Windows 2003 通过给该卷的每个硬盘分区中添加奇偶校验信息带区来实现容错。如果某个硬盘出现故障，Windows 2003 便可以用其余硬盘上的数据和奇偶校验信息重建发生故障的硬盘上的数据。与镜像卷相比 RAID 5 卷的性价比较高，而且 RAID 5 卷中的硬盘数量越多，冗余数据带区的成本越低。

3．Windows 2000/2003 系统中配置 RAID 5

在虚拟机上安装 3 块硬盘（实现 RAID 5 至少需要 3 块硬盘，其有效数据利用率为 2/3，如果是 4 块硬盘则为 3/4，RAID 5 的特点是硬盘数据越多利用率越高，利用率为（N−1）/N，启动虚拟机，按前面的讲解依次选择“开始→所有程序→管理工具→计算机管理→存储→磁盘管理”，以显示计算机中安装的所有磁盘。由于新安装了 SCSI 磁盘，系统提示磁盘创建向导，选择新安装的磁盘为动态磁盘，升级完成后在管理窗口中可以看到磁盘的类型改为动态，如图 6.19 所示。鼠标右键单击一块未指派的空间（3 块硬盘之一），在弹出菜单中选择“创建卷”。在弹出的“欢迎使用创建卷向导”对话框中，选择要创建的卷的类型为 RAID 5，单击“下一步”按钮，如图 6.20 所示。

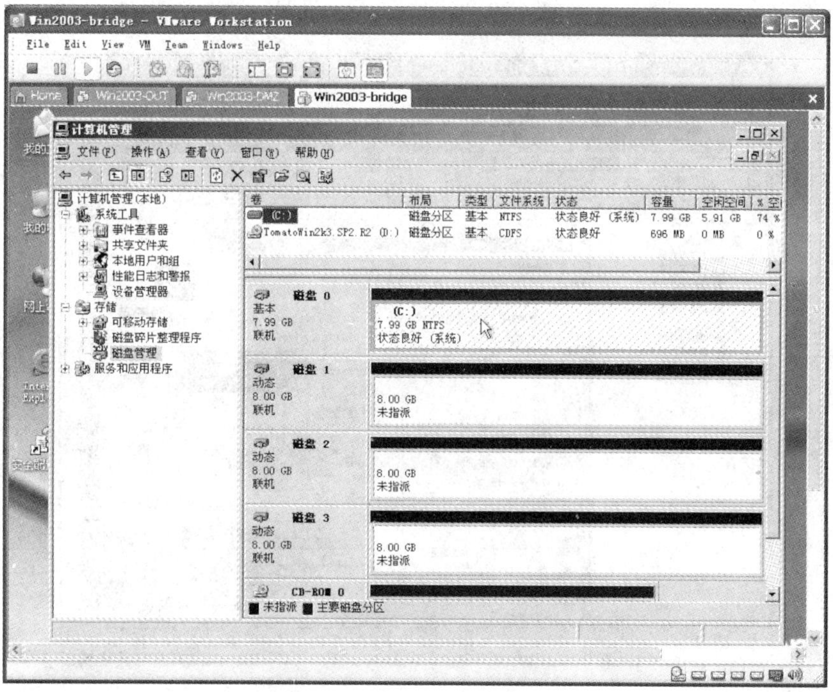

图 6.19　动态磁盘的设置

在出现的选择磁盘的向导中，可以看到可用的磁盘为刚才新加入的 3 个动态磁盘，全部选中后选择空间大小为 600MB，对 3 个磁盘的占用实际容量达到 1800MB，但创建后的卷大小总量只能达到 1200MB，这是因为有 1/3 用作存储校验信息，如图 6.21 所示。单击“下一步”按钮后提示为新卷指派驱动器号，如图 6.22 所示。最后选择文件系统格式并选择快速格式化，选择完成，系统开始创建并进行格式化。

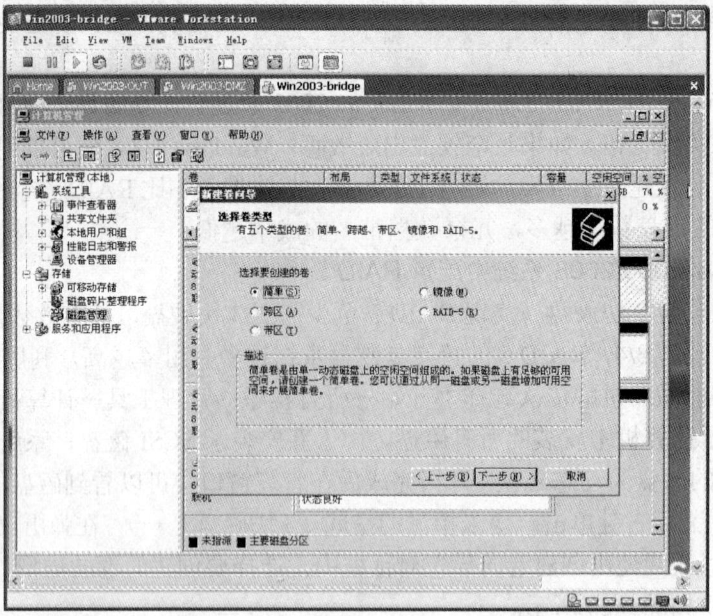

图 6.20　新建卷向导的设置

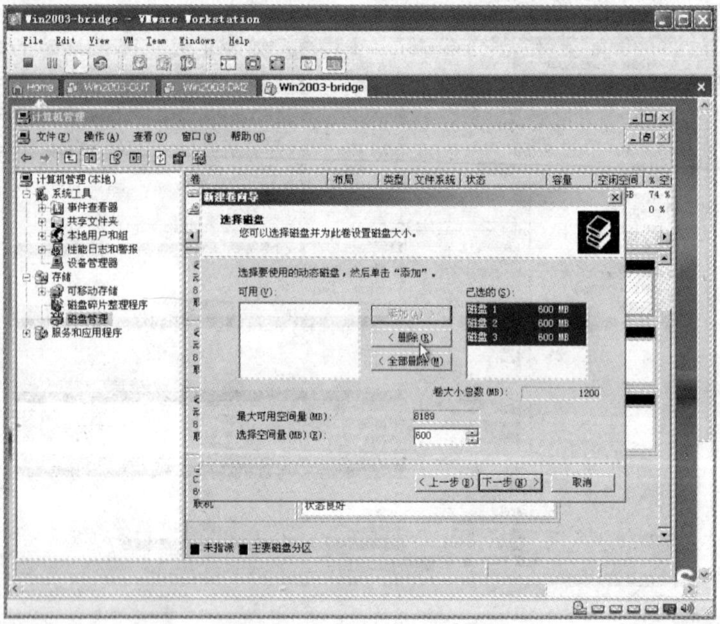

图 6.21　动态磁盘的设置

6.2.5　磁盘冗余效果检测

配置完成磁盘冗余后，可以对镜像卷和 RAID 5 进行检测，特别是对冗余的效果的检测，可以分别向 E 盘和 G 盘写入数据文件，如 50MB 大小的一个文件，也向跨区卷和带区卷 F 盘和 H 盘写入数据。

注意查看所创建的镜像卷和 RAID 5 卷所占用的物理空间和实际可写入数据空间大小的对比。

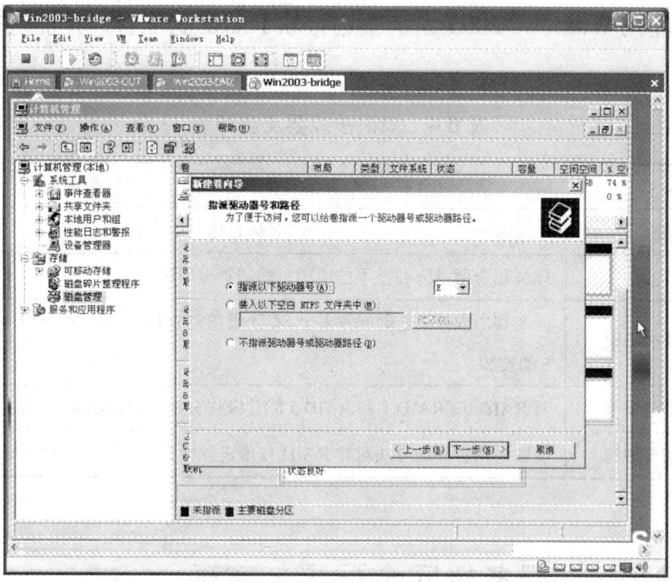

图 6.22　驱动器号的设置

关闭服务器计算机或虚拟机，将其中的磁盘 2 取下或从虚拟设置中删除后，重新启动服务器或虚拟机。检查系统中 E 盘和 G 盘中的文件是否可正常读取。如图 6.23 所示，其中的跨区卷和带区卷 F 和卷 H 写入数据状态变为失败，已经无法读取其中的数据。但是镜像卷和 RAID 5 的 E 盘和 G 盘虽然状态为失败的重复，但里边的数据还在，而且可以读取。此时关机再安装一个新的磁盘即可恢复镜像卷和 RAID 5 的冗余功能。

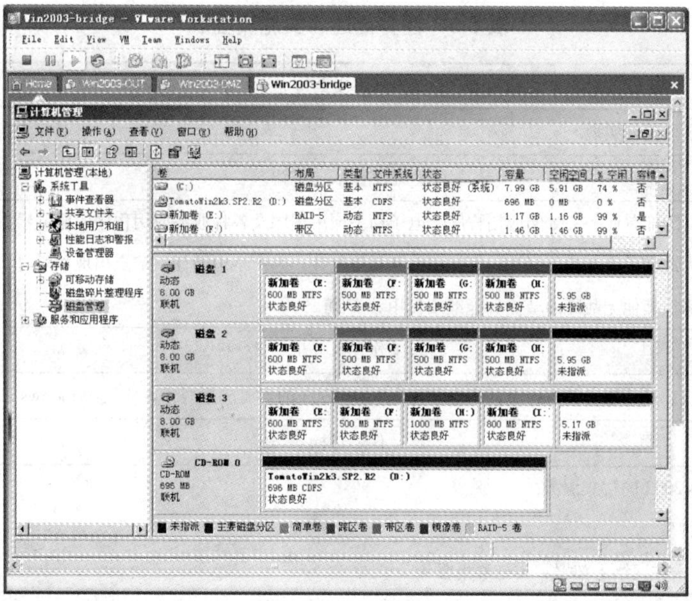

图 6.23　磁盘冗余效果检测

6.2.6　知识技能要点测评

理解冗余磁盘阵列技术、能够区分 RAID 技术的类别。要求达到的目标是：能够理解冗余磁盘阵列技术，能在 Windows 2003 系统中进行软 RAID 的配置，并能进行正确的检查。具体如表 6.4 所示。

表 6.4　知识技能要点测评表

学习情境 6——知识技能要点测评表			
序号	测评要点	具体目标	测评权重
1	知识理解	理解冗余磁盘阵列技术的原理、知道常见的级别类型	40
2	工具及软件使用	能利用虚拟机正确配置多个 SCSI 硬盘完成 RAID 0、RAID 1 和 RAID 5 的实验	20
3	操作标准与规范	对 RAID 0、RAID 1 和 RAID 5 配置操作有效并符合标准与规范	20
4	检验方法与措施	能够采用正确的方法对软 RAID 技术进行检查，并能说明检查结果	20

6.3　工作任务 3——服务器冗余配置与实现

6.3.1　工作任务描述

本工作任务是对服务器冗余的实现。作为网络中关键业务点，服务器往往起着重要的作用，单一服务器故障可能导致正常业务的无法进行，所以有效的冗余技术可以提供高可用性保障，同时也能提供负载均衡。本工作任务将通过群集技术来实现服务器级别的冗余，以确保网络服务可靠地运行和业务得以持续开展。具体工作任务描述与实施流程如表 6.5 所示。

表 6.5　任务描述与实施流程表

学习情境 6——保护网络安全可靠运行的综合技术
任务名称：服务器冗余配置与实现
企业工作情境描述
在一个企业网络中，对于部署业务关键的应用程序、电子商务应用程序及各种业务应用程序的服务器而言，群集服务是必不可少的，因为这些服务大大改进了企业的可用性、可伸缩性和易管理性。当网络中的任一节点出现故障时，当前运行在该节点上的应用会由群集服务功能移往其他无故障的节点并能继续使用该资源
工作任务分析
通过对工作情境的分析，基于服务器设计上的考虑和 Windows 2003 的群集配置要求，实现 Windows 2003 的群集配置
任务目标
1．配置基于 Windows 2003 的群集服务； 2．理解群集技术及原理； 3．能够根据用户的需求在网络上部署和实施群集服务
学习场景简化
通过对典型企业局域网进行简化，简化后的工作任务如图 6.24 所示，通过局域网互联完成。实训时可分为 3 人一组，或者 1 人一组利用软件模拟完成工作任务

续表

工具及软件选用
1. Windows 2003 操作系统；
2. VMware Workstation 软件；
3. Windows 2003 操作系统安装源文件
任务实施流程
1. 知识准备：阅读引导文本或查找服务器集群相关资料；
2. 规划设计服务器冗余（可以利用虚拟机在一台计算机中模拟实现）；
3. 实施服务器冗余（开启三台虚拟机分别模拟 AD、集群节点 1 和 2）；
4. 服务器冗余效果检测
参考资料手册
1. 利用互联网搜索相关知识查询；
2. 教材中的引导文本；
3. Windows Server 2003 服务器群集创建和配置指南；
4. 相关视频教程

6.3.2 引导文本

在某些特殊环境需求下，往往需要将多台计算机组织起来进行协同工作来模拟一台功能更强大的计算机，这种技术称为集群（Cluster）技术。目前应用最为广泛的集群技术可以分为三大类：高可用性集群技术、高性能计算集群技术和高可扩展性集群技术。集群也被称为群集、群机等，只是对 Cluster 翻译上的区别。下面讨论基于 Microsoft 系统下的群集服务。

1. 服务器群集

服务器群集是一组各自独立的服务器，它们协同工作并运行 Microsoft 群集服务（MSCS，Microsoft Cluster Service）。它为资源（群集内由群集服务管理的硬件和软件）提供高可用性、可伸缩性和可管理性。如果服务器群集中的任何资源发生了故障，允许客户端使用群集中其他服务器上的资源来继续向用户提供服务。

2. 服务器群集相关术语

（1）节点：构建群集的物理计算机。

（2）群集服务：指执行群集操作的各个节点上的组件所构成的集合。

（3）群集资源：群集内由群集服务管理的硬件和软件所构成的集合。包括磁盘驱动器和网卡等物理硬件设备以及 Internet 协议（IP）地址、应用程序和数据库等逻辑实体。

（4）仲裁资源：指共用的群集磁盘阵列中对群集运行有着关键性作用的物理磁盘。用来仲裁信息。包括当前的服务状态、各个节点的状态和群集转移时的一些日志。

（5）资源组：指群集服务作为一个逻辑单元进行管理的资源集合。包括应用程序及其关联的外围设备和数据。

（6）心跳：群集的各个节点在相互间会定期使用专用的群集网络交换数据报消息。

3. 群集的形成和操作

一旦在服务器上安装并运行了群集服务，该服务器即可加入群集。群集化操作可以减少单点故障数量，并且实现了群集化资源的高可用性。下述各节简要介绍了群集创建和群集操作中的节点行为。

4. 创建群集

需要在选择作为群集的第一个成员的计算机上安装群集软件和创建新群集的群集安装实用工具。

第 1 步：确定群集名称并创建群集数据库和初始的群集成员列表。Windows Server 2003 可以利用群集管理设置向导或者使用 cluster.exe 命令行界面创建群集。

第 2 步：添加可供所有群集成员使用的共用数据存储设备。

第 3 步：在其他将要成为群集成员的每一台计算机上运行安装实用工具。每当将新节点添加到群集中时，新节点都会自动从群集的原始成员获得现有群集数据库的副本。当节点加入或形成群集时，群集服务会更新该节点私有的配置数据库副本。

5. 形成群集

如果服务器运行了群集服务并且无法找到群集中的其他节点，它自己可以形成一个群集。要形成群集，节点必须能够获得对仲裁资源的独占权。

6.3.3 规划设计服务器冗余

1. 服务器设计上的考虑

对于网络用户是不需要知道他所访问的服务器是如何工作的，也不用知道是由一个还是多个或是哪个服务器在为其提供服务。用户主要以是否能访问为依据，也就是服务的可用性的要求。

（1）对于大的网络或服务器新的需求主要是如下 4 点。

① 可用性（Availability）。即要求每天 24 小时不间断提供服务。在一些服务器节点发生故障后，其他服务器节点能够自动分担故障节点的工作。可用性=网络服务可用时间/网络运行时间这个比率超大超好，当然这个网络运行时间要取得长一点才可以更准确。

② 可扩展性（Scalability）。又称可伸缩性，当网络服务的负载增长时，系统能在不中断服务情况下被扩展来满足需求，且不降低服务质量。如原来的网络服务是两个节点在提供服务，在购买了新的服务器后，新的服务器节点可以在不中断原来服务的情况下加入到网络服务的结构中。

③ 可管理性（Manageability）。不同的网络服务其规模不一样，有的网络服务可能会由上百个服务器节点构成，有的仅有数个节点，但管理起来应该都十分简单和方便，同时要求能够尽可能地减少管理员的工作负担，能够集中监控和管理服务器。

④ 经济性（Cost-effectiveness）。整个网络的服务系统应该是经济的。尽可能提供高性价比。也就是可以买多个一般的服务器来替代一个价格昂贵的大型服务器或超级计算机。

（2）针对以上的需求，有一些主要的研究方向。

① 提高处理器的处理能力。这种方式可以增强服务器的处理能力，但是不能彻底解决问题，一是伸缩性差、二是高端服务器价格昂贵、三是单一故障点。这种技术最典型的就是 SMP（Symmetric Multi-Processsor，对称多处理）解决方案，是由多个对称的处理器通过总线共享的内存和 I/O 部件所组成的紧耦合计算机系统。它的优点是单一系统映像，有共享的内存和 I/O，易编程。

② 减少网络流量。采用某些技术减少网络流量，目前主要的技术是缓存技术，如 IE、DNS 等。

③ 增加网络带宽。在面对大量用户的情况下，增加网络带宽也可以改进响应时间。

2. 基于 Windows 2003 的群集配置要求

（1）软件要求。

群集中的所有计算机均安装了 Microsoft Windows Server 2003 Enterprise Edition 或 Datacenter Edition；一个名称解析法，如 DNS 等；一个现有的域模型；所有的节点必须是同一个域的成员；一个域级账户，必须是每个节点上的本地管理员组的成员，建议采用专用账户。

（2）硬件要求。

群集硬件必须属于群集服务硬件兼容性列表 HCL。整个解决方案必须得到 HCL 认证，而不仅仅是个别组件。注意：如果正在存储区域网络（SAN）上安装群集，并计划让多个设备和群集与之共享 SAN，那么该解决方案也必须服从“群级/多群集设备（Cluster/Multi-Cluster Device）”硬件兼容性列表。

两个超大存储设备控制器——小型计算机系统接口 SCSI 或光纤通道；一个用于在其中一个域控制器上安装操作系统（OS）的本地系统磁盘；一个面向共享磁盘的独立的外围组件互联（PCI）存储控制器。群集中的每个节点拥有两个 PCI 网络适配器。将共享存储设备附加到所有计算机的存储电缆。

（3）网络要求。

一个唯一的 NetBIOS 名称；每个节点上的所有网络界面均拥有静态 IP 地址，服务器群集不支持使用由动态主机配置协议 DHCP 服务器分配的地址；接入一个域控制器。如果群集服务无法验证用于启动服务的用户账户，可能导致群集发生故障。建议在群集所在的相同的局域网上拥有一个域控制器，以便确保其可用性；每个节点至少必须拥有两个网络适配器，一个用于连接客户端公用网络，另一个用于连接节点对节点专用群集网络；所有节点都必须拥有两个面向公用和专用通信的物理独立的局域网或虚拟局域网。

（4）共享磁盘要求。

一个经 HCL 认可的连接到所有计算机的外部磁盘存储单元。其将用作群集共享磁盘。建议采用某种类型的硬件独立磁盘冗余阵列（RAID）；所有共享磁盘，包括仲裁磁盘，必须在物理上附加到一个共享总线。共享磁盘必须位于系统驱动器所用的控制器以外的另一个控制器上。建议在 RAID 配置中创建多个硬件级别的磁盘驱动器，而不是使用一个单一的磁盘，然后将其分成多个操作系统级别的分区。这不同于独立服务器通常所采用的配置。但是，它可以在群集中拥有多个磁盘资源，并跨节点执行“活动/活动（Active/Active）”配置和手动负载平衡。最小 50 兆字节（MB）的专用磁盘用作仲裁设备。为了得到最佳的 NTFS 文件系统性能，建议采用最小 500 MB 的磁盘分区。确认可以从所有的节点看到附加到共享总线的磁盘。这可以在主适配器安装中进行查看。请参考制造商的文档，了解适配器指定的指导说明。必须根据制造商的指导说明，对 SCSI 设备分配唯一的 SCSI 标识号，并正确地将其端接。所有共享磁盘必须配置为基本磁盘。群集共享磁盘不支持软件容错。群集磁盘上的所有分区必须格式化为 NTFS。建议所有磁盘均采用硬件容错 RAID 配置。建议最少采用两个逻辑共享驱动器。

3. 基于 Windows 2003 的群集配置设计

如图 6.24 所示，为所设计的两个节点的群集网络拓扑环境，要求每个节点至少要有两块网络接口卡，一个用于公共的连接到本地或外部，另一个用于群集节点之间进行状态等信息交换的心跳连接。

另外还要配置两个 SCSI 磁盘，一个用于共享存储数据，另一个用于仲裁磁盘。并且所用群集的磁盘都格式化为 NTFS 格式。实际应用中建议使用独立的存储设备来做。如果没有独立的专用存储设备，可在 Windows 2003 系统下创建提供给群集成员。

把 DC 配置为域控制器及 DNS 服务器，并添加各主机域名 IP 地址对应的主机记录。

把 Cluster 1 和 Cluster 2 加入到域中来，并配置各网络接口卡的 IP 地址。在 Cluster 1 和 Cluster 2 上，输入群集管理地址为 192.168.1.253。

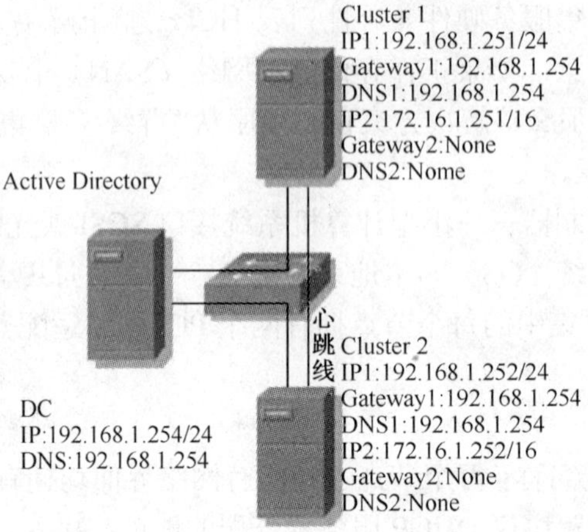

图 6.24　基于 Windows 2003 的服务器群集配置设计

6.3.4　实施服务器群集的配置

基于虚拟机实现前面设计的群集服务器，要求安装三个虚拟机：系统域控制器 AD、群集节点 1（Cluster 1）和群集节点 2（Cluster 2）。操作系统采用 Microsoft Windows Server 2003 Enterprise Edition，并分别配置两块网卡、两块 SCSI 硬盘，并根据前面的网络拓扑进行网络设置。利用虚拟机要创建共享盘和仲裁盘。详细步骤如下。

1. DC 的配置

（1）TCP/IP 参数的设置如同 Cluster 1。

（2）安装 Active Directory，配置域名为 cvit.edu.cn，如图 6.25 所示。

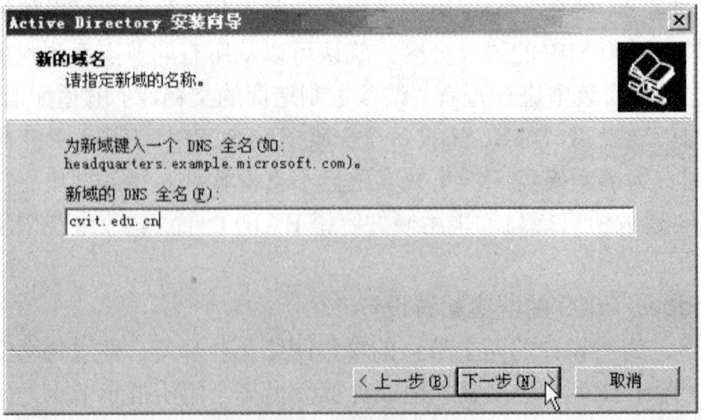

图 6.25　新域的 DNS 设置

（3）单击“下一步”按钮，按照提示完成安装，会出现如图 6.26 所示对话框。

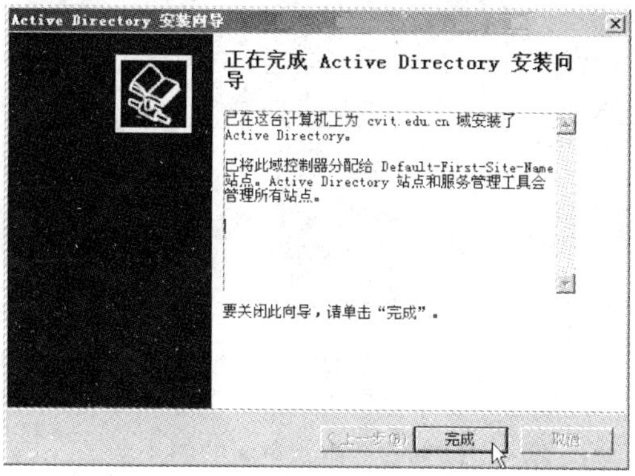

图 6.26　Active Directory 安装向导

（4）配置 DNS 服务器，如图 6.27 所示。

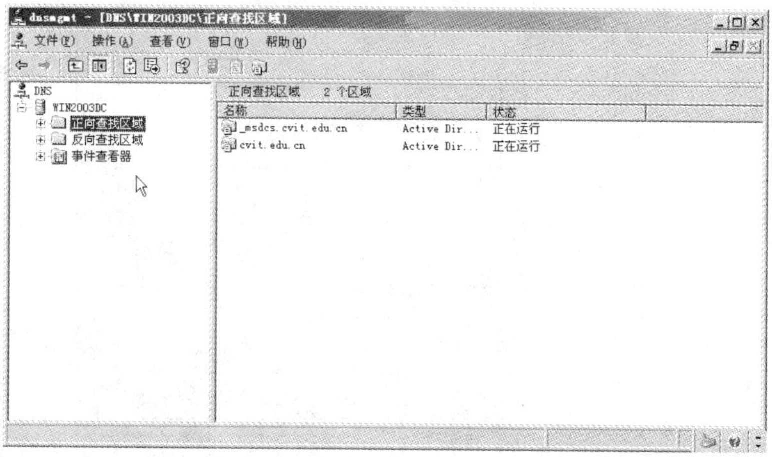

图 6.27　DNS 区域的配置

（5）添加主机 Cluster 1、Cluster 2 和 Clusterserver，如图 6.28 所示。

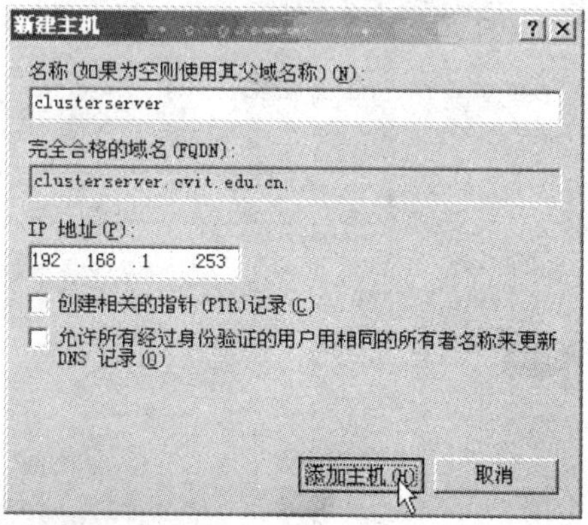

图 6.28　添加虚拟群集管理地址

（6）添加组织单元 Clusterserver，如图 6.29 所示。

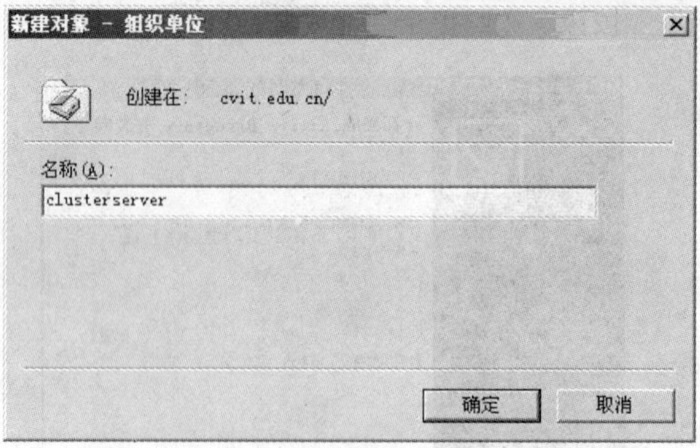

图 6.29　组织单元的创建

（7）添加用户名 Clusteruser，如图 6.30 所示。

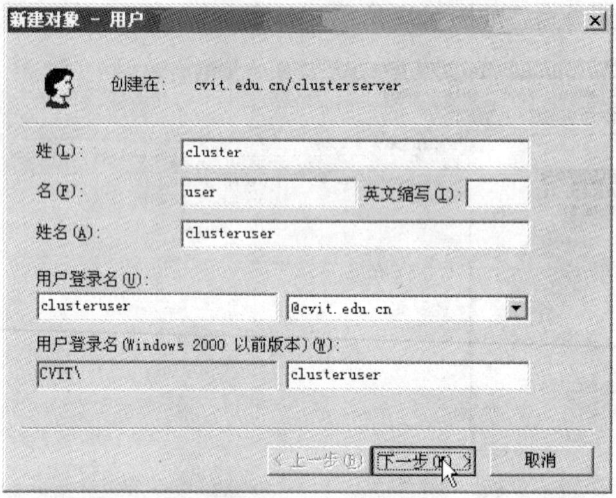

图 6.30　用户名的创建

（8）为用户名 Clusteruser 设置密码，如图 6.31 所示。

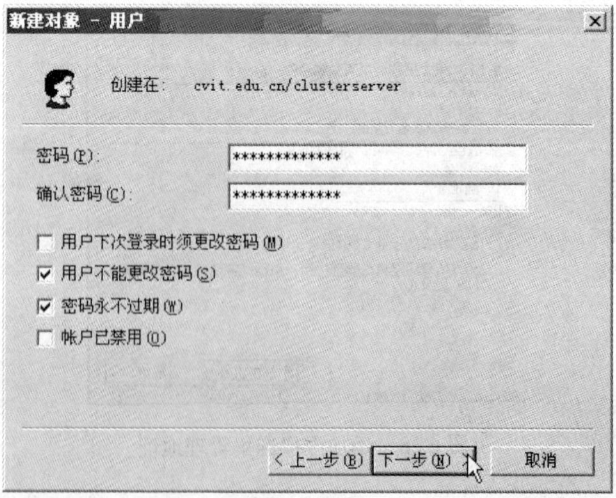

图 6.31　用户名密码的设置

2. Cluster 1 的配置

（1）按照图 6.32 所示，设置“本地连接 1”和“本地连接 2”的 TCP/IP 参数如图 6.32 和图 6.33 所示。

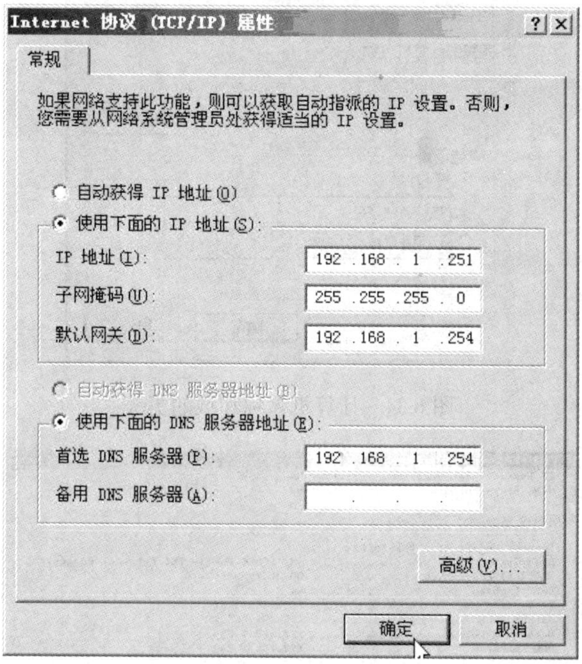

图 6.32　本地连接 1 的 TCP/IP 参数设置

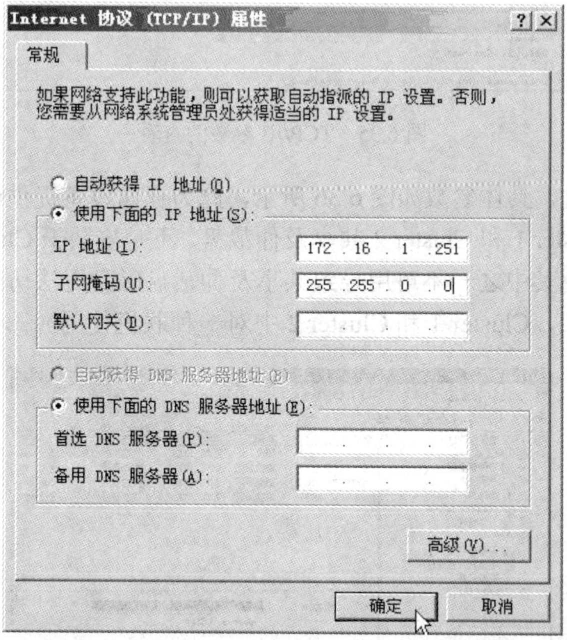

图 6.33　本地连接 2 的 TCP/IP 参数设置

（2）更改计算机名称为 Cluster 1，如图 6.34 所示。

（3）用 ipconfig /all 命令来查看 TCP/IP 参数设置的正确性，如图 6.35 所示。

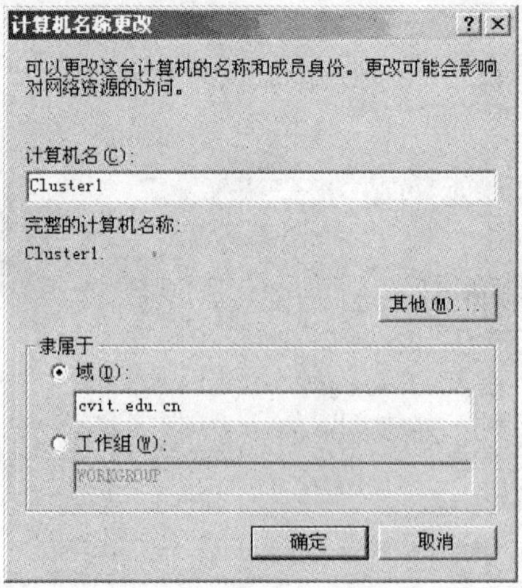

图 6.34　计算机名称和域的更改

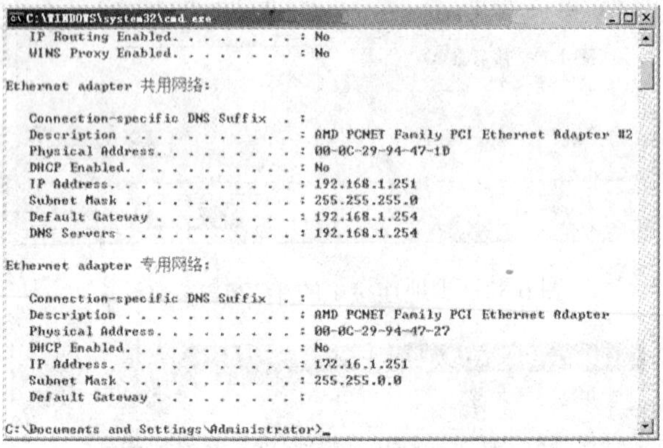

图 6.35　TCP/IP 参数的查看

（4）添加两块磁盘，具体参数如图 6.36 所示，此为存储设备提供或利用虚拟机创建的虚拟共享磁盘，用于 Cluster 1 和 Cluster 2 共享及仲裁盘，不是安装于 Cluster 1 和 Cluster 2 某一个上的磁盘设备，以免其中之一不可用导致共享及仲裁盘磁盘无法访问（共享及仲裁盘独立于 Cluster 1 和 Cluster 2，Cluster 1 和 Cluster 2 中对一种联机使用）。

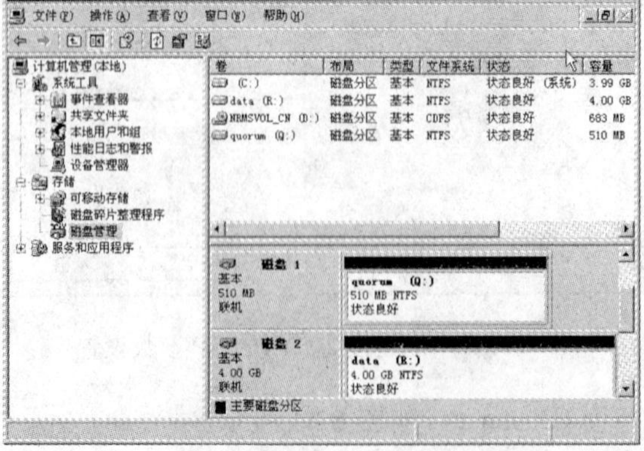

图 6.36　动态磁盘的创建

（5）打开“开始→程序→管理工具”选择“群集管理器”，如图 6.37 所示。

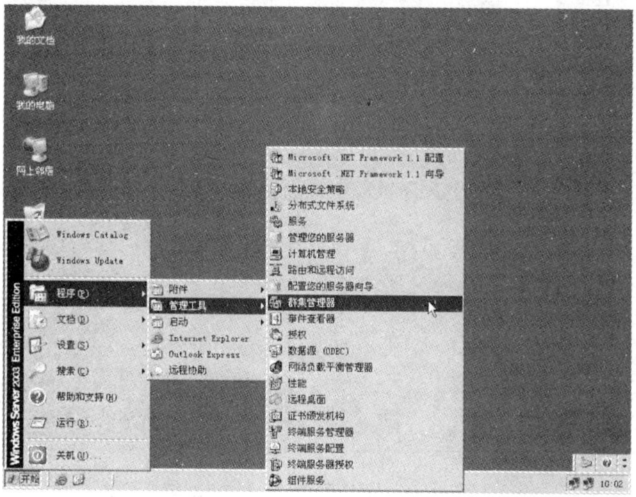

图 6.37　运行群集管理器

（6）在“新建服务器群集向导”中，配置如图 6.38 所示。

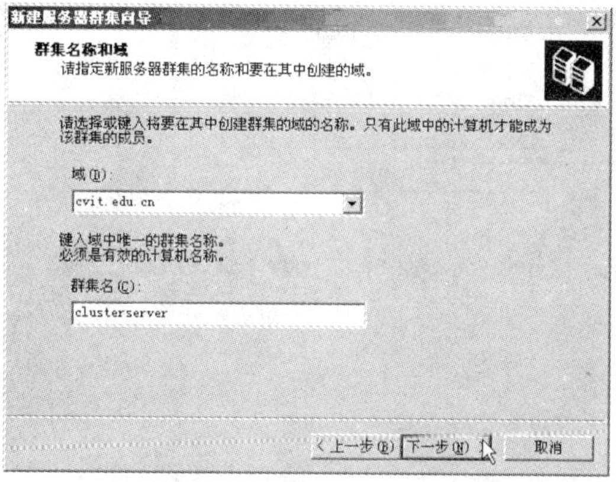

图 6.38　服务器群集向导配置

（7）单击“下一步”按钮出现如图 6.39 所示的安装过程。

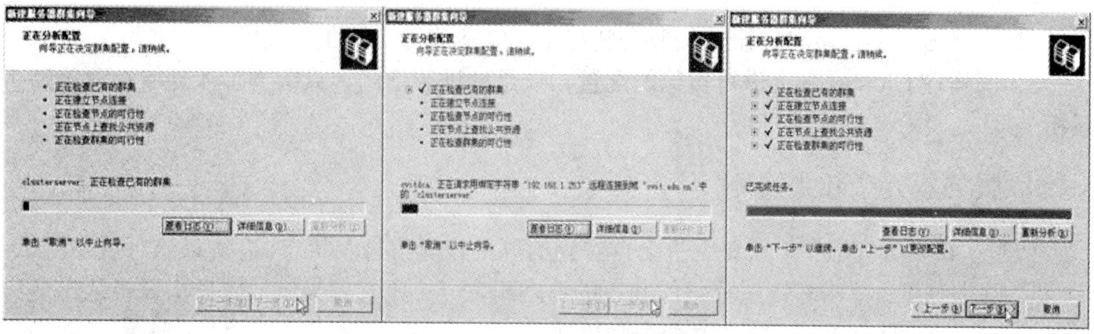

图 6.39　服务器群集安装向导

（8）设置群集管理 IP 地址为 192.168.1.253，如图 6.40 所示。

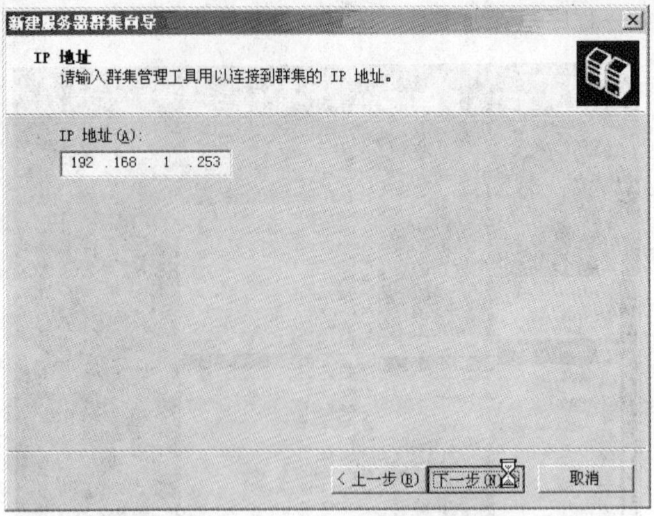

图 6.40　群集管理 IP 地址设置

（9）群集服务账户的设置，如图 6.41 所示。

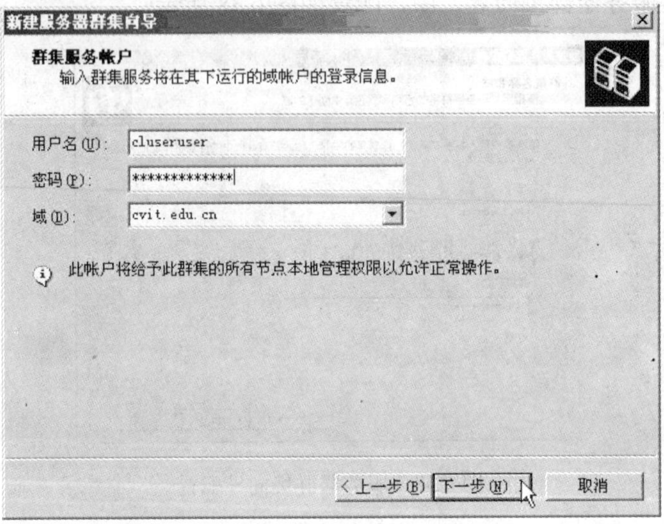

图 6.41　群集服务账户设置

（10）单击“下一步”按钮，按照安装提示，完成服务器群集的安装。

3. 同样在 Cluster 2 上进行类似的配置，只是地址等不同，只需要加入现有的群集即可联机

6.3.5　服务器冗余效果检测

如图 6.42 所示，是在 1 和 2 主机上查看到的群集管理信息及状态，并可以进行故障测试。

1. 基本测试：单击右键选择组织 0 下的移动组，可见所有者为 1 的磁盘由联机状态变为脱机，在所有者变为 2 后，状态又变为联机状态。

2. 高级测试：可以手工模拟故障或断电（通过关闭虚拟机 2）。

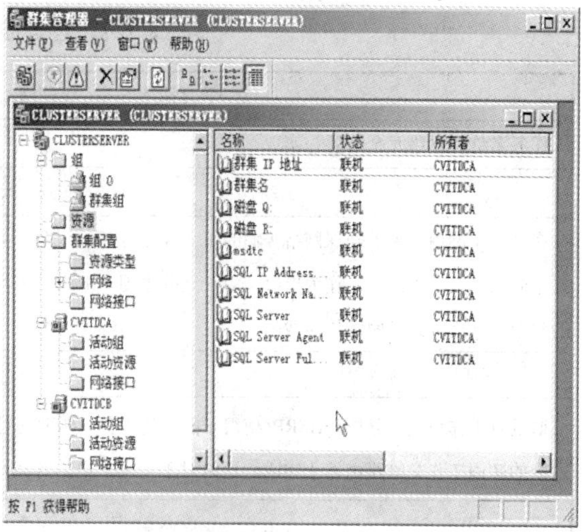

图 6.42　1 和 2 主机上查看到的群集管理信息及状态

6.3.6　知识技能要点测评

理解群集技术、理解在 Windows 2003 下群集配置的要求及配置流程。要求达到的目标是：能够理解群集技术及原理，能在 Windows 2003 下进行配置，并能进行正确的检查。具体如表 6.6 所示。

表 6.6　知识技能要点测评表

学习情境 6——知识技能要点测评表			
序号	测评要点	具体目标	测评权重
1	知识理解	理解群集技术及原理、知道常见的群集类型	20
2	工具及软件使用	能利用虚拟机正确配置群集	30
3	操作标准与规范	对群集配置操作有效并符合标准与规范	30
4	检验方法与措施	能够采用正确的方法对群集配置进行检查，并能说明检查结果	20

6.4　工作任务 4——网络冗余配置与实现

6.4.1　工作任务描述

本工作任务是对网络冗余的设计与实现。对于一个企业局域网来说高可用性是对其一项重要衡量指标，使用相同的网络设备，进行合理的设计与配置可以实现更高的可用性。本任务是对网络中的联网设备（路由器和交换机等）进行配置以实现网络的冗余设计，确保当一台交换机或路由器之间链路故障时仍能保证内外网络的访问。具体工作任务描述与实施流程如表 6.7 所示。

表 6.7　任务描述与实施流程表

学习情境 6——保护网络安全可靠运行的综合技术
任务名称：网络冗余配置与实现
企业工作情境描述
在某一子网内，为了确保网络传输的可靠性，可通过两个以上的路由器与外界网络相连，这时作为子网内的主机来说，可以选择不同的网关（路由器）作为出口。由于某些原因，造成了在本来有其他出口的情况下，主机却在一段时间内找不到适当的出口的问题，从而导致了网络连接故障
工作任务分析
通过对工作情境的分析，HSRP 使得子网内的主机只需要通过某一特定的网关（一台虚拟的路由器）出去，而把担当该虚拟路由器的磋商工作交给路由器去完成。这时对于主机来说，网关始终是固定的，从而简化了用户端的配置，实现了网络冗余
任务目标
1．对共享多存取访问介质（如以太网）上终端 IP 设备的默认网关（Default Gateway）进行冗余备份； 2．通过 PVST 设置实现链路冗余备份； 3．HSRP、PVST 的配置管理与维护
学习场景简化
通过对典型企业局域网进行简化，简化后的工作任务如图 6.43 所示，实训计算机通过交换机连接在一起构成局域网，同时两台路由器将这个局域网连接到外部网络
工具及软件选用
1．Windows 2003 操作系统； 2．超级终端或终端配置软件； 3．交换机、路由器或模拟软件
任务实施流程
1．知识准备：阅读引导文本或利用网络查找虚拟路由冗余协议、热备份路由器协议、生成树协议及 VLAN 中继协议相关资料； 2．规划设计网络冗余； 3．基于 HSRP 实施网络冗余； 4．网络冗余效果检测
参考资料手册
1．利用互联网搜索相关知识查询； 2．教材中的引导文本； 3．相关视频教程

本工作任务是实现网络冗余的配置。具体工作任务实施如图 6.43 企业内部网络冗余分析场景。通过设计与配置可以保证当图中所示的一条链路故障时网络仍然畅通，如交换机之间、交换机与路由器之间、路由器与互联网之间的一条链路失效。

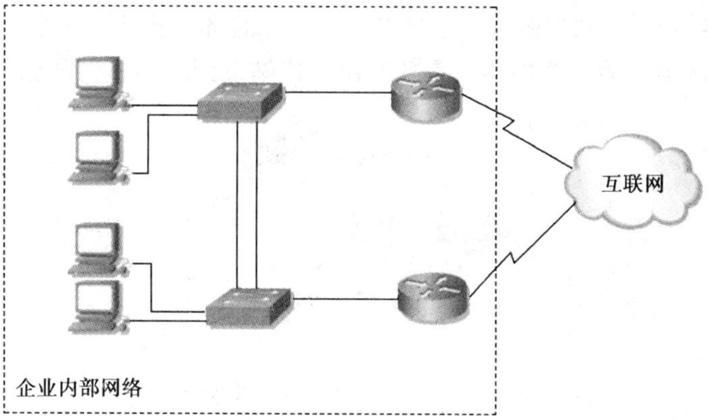

图 6.43　企业内部网络冗余分析场景

6.4.2　引导文本

1．虚拟路由冗余协议

路由器是整个网络的核心，如果路由器发生故障，将导致“信息孤岛”，造成的损失难以估计。因此，对路由器采用热备份是提高网络可靠性的必然选择。在一个路由器完全不能工作的情况下，它的作用被系统中的另一个备份路由器完全接管，直至出现问题的路由器恢复正常。

虚拟路由冗余协议（VRRP）就是一种很好的解决方案。VRRP 路由器是指运行 VRRP 虚拟路由器协议的路由器，一组 VRRP 路由器协同工作，共同构成一台虚拟路由器。虚拟路由器是指 VRRP 协议创建的，对外表现为一个具有唯一固定 IP 地址和 MAC 地址的逻辑路由器。处于同一个 VRRP 组中的路由器具有两种互斥的角色：主控路由器和备份路由器，一个 VRRP 组中有且只有一台处于主控角色的路由器，可以有一个或者多个处于备份角色的路由器。VRRP 协议使用选择策略从路由器组中选出一台作为主控，负责 ARP 相应和转发 IP 数据包，组中的其他路由器作为备份的角色处于待命状态。当由于某种原因主控路由器发生故障时，备份路由器能在几秒钟的时延后升级为主路由器。由于此切换非常迅速而且不用改变 IP 地址和 MAC 地址，对终端使用者系统来说是透明的。

2．热备份路由器协议

热备份路由协议（HSRP，Hot Standby Router Protocol）与 VRRP 功能类似，也是一种路由冗余解决方案。

HSRP 支持 IP 传输失败情况下的不中断服务。在源主机无法动态地学习到首跳路由器 IP 地址的情况下，防止首跳路由的失败。HSRP 能解决路由器由于自身的故障、局端端口的故障、所连接内网设备的端口或线路的故障而导致的网络瘫痪的问题。主要用于多点接入，多播和广播式局域网。HSRP 是基于 UDP 协议的，使用 1985 号端口，多播地址为 224.0.0.2，TTL 为 1。

一组运行 HSRP 协议的路由器就称为一个 HSRP 组，或备份组。所有参与 HSRP 组的路由器共用一个虚拟的 MAC 地址及虚拟 IP 地址，网络中的主机将默认网关指向该虚地址。这个组中将选出一个路由器来负责转发由主机发给虚拟路由器的数据包。这个路由器就称为活动路由器。另一台路由器将被选为待机路由器。在活动路由器失效的情况下，待机路由器将承担活动路由器的包的转发功能。活动路由器回应客户端对虚拟路由器的 ARP 查询，转发需要通过虚拟路由器转发的数据包，发送 Hello 包；待机路由器是活动路由器的一个候选者，侦听 Hello 包。被选出的活动路由器负责转发由工作站发到虚地址的数据包，如图 6.44 所示。

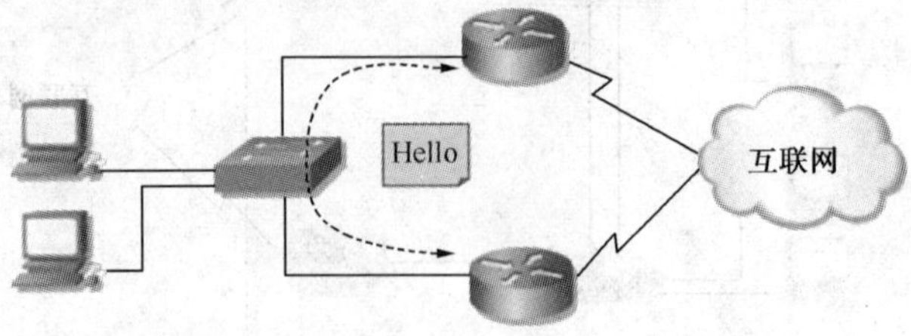

图 6.44 使用 HSRP 实现负载均衡和故障转移

HSRP 协议首选根据优先级来判断 HSRP 组中的哪台路由器是活动路由器。HSRP 组中具有最高优先级的路由器会成为活动路由器，路由器的默认 HSRP 优先级是 100。在一个 HSRP 组中只设置一台路由器的优先级高于 100，其他均使用默认值，则该路由器将会成为活动路由器。如果优先级相同，则比较 IP 地址，具有最小 IP 地址的路由器会成为活动路由器。

HSRP 组中的路由器交换三种多点广播消息：Hello 消息通知其他路由器发送路由器的 HSRP 优先级和状态信息；当一个备用路由器变为一个主动路由器时发送一个 Coup 消息；当主动路由器要宕机或者当有优先级更高的路由器发送 Hello 消息时，主动路由器发送一个 Resign 消息。

HSRP 组中的路由器将会周期性地广播 Hello 消息包，并利用 Hello 消息包来选择活动路由器和待机路由器。HSRP 组的路由器之间广播 HSRP 优先级，选出当前的活动路由器。当在预先设定的一段时间内 HSRP 检测不到活动路由器的 Hello 消息时，将认为活动路由器有故障，这时 HSRP 会选择一个优先级最高的待机路由器变为活动路由器，同时再选择一台路由器作为新的待机路由器。Hello time 是指一个给定路由器成功地发出两个 Hello 包之间的时间间隔。Hold time 是指假定发送路由器失败的情况下，收到两个 Hello 消息包之间的间隔。

在同一个子网中，可以使用多组 HSRP 实现负载均衡和故障转移。

HSRP 组中的路由器共有六种状态。

Initial：HSRP 启动时的状态，HSRP 还没有运行，一般是在改变配置或端口刚刚启动时进入该状态。

Learn：路由器已经得到了虚拟 IP 地址，但是它既不是活动路由器也不是等待路由器。它一直监听从活动路由器和等待路由器发来的 Hello 报文。

Listen：路由器正在监听 Hello 消息。

Speak：在该状态下，路由器定期发送 Hello 报文，并且积极参加活动路由器或等待路由器的竞选。

Standby：当主动路由器失效时路由器准备接管包传输功能。

Active：路由器执行包传输功能。

其他技术细节可参考 RFC 2281。

3. 生成树协议

生成树协议（STP，Spanning-Tree Protocol）是二层管理协议。它提供了多链路冗余，通过交换机构建无环路网络的方法来实现。

在一个扩展的局域网中参与 STP 的所有交换机之间通过交换桥协议数据单元 BPDU

（Bridge Protocol Data Unit）来实现；为稳定的生成树拓扑结构选择一个根桥，根桥是整个交换网络的参考点，来维护整个网络的拓扑结构；每个交换网段选择一台指定交换机；将冗余路径上的交换机置为 Blocking，来消除网络中的环路。

IEEE 802.1d 是最早关于 STP 的标准，它提供了网络的动态冗余切换机制。STP 能在网络设计中部署备份线路，并且保证：在主线路正常工作时，备份线路是关闭的；当主线路出现故障时自动使能备份线路，切换数据流。

PVST（Per-VLAN Spanning Tree）是解决在虚拟局域网上处理生成树的 Cisco 特有解决方案。PVST 为每个虚拟局域网运行单独的生成树实例，一般情况下要求在交换机之间的中继链路上运行 Cisco 的 ISL。Cisco 又推出了经过改进的 PVST+协议，并成为了交换机产品的默认生成树协议。经过改进的 PVST+协议在 VLAN 1 上运行的是普通 STP 协议，在其他 VLAN 上运行 PVST 协议。

4．思科 VLAN 中继协议

VLAN 中继协议（VTP）是思科公司私有的二层协议，主要控制网络范围内 VLAN 的添加、删除和重命名。VTP 在特定的交换机上实现 VLAN 的集中管理，减少了交换网络中的管理事务。当用户为 VTP 服务器配置新 VLAN 时，可以通过域内所有交换机分配 VLAN，在管理域中维护 VLAN 配置的同步，避免在其他交换机上配置相同的 VLAN。

通过 VTP，其域内的所有交换机都清楚所有的 VLAN 情况，但当 VTP 可以建立多余流量时情况例外。VTP Pruning 技术正可以消除该多余流量。VTP 只通过 TRUNK 端口发送管理信息。

默认方式下，所有 Cisco Catalyst 交换机都被配置为 VTP 服务器。这种情形适用于 VLAN 信息量小且易存储于任意交换机（NVRAM）上的小型网络。

6.4.3 规划设计网络冗余

1．任务需求

一些通信质量要求高的部门和单位，要求的是不间断的高质量通信。作为网络管理人员应能充分利用宽带，又能在线路出现故障的时候，保证通信的正常。

某单位由于业务需要，划分了两个 VLAN。为保证线路的可靠性，在交换机上做双链路连接，并达到负载均衡；在路由器上采用备份技术，保证在路由器出现故障的情况下，继续发往该路由器的数据包不会丢失，能够自动由其他路由器发送出去。基于以上需求，需要在网络设备上做如下配置。

交换机：配置 VTP 域，减轻管理 VLAN 的负担；配置 VLAN 虚拟端口 IP 地址；在双链路上做 TRUNK；启用 STP，并控制链路开销值，使数据通信达到负载均衡。

路由器：配置接口的 IP 地址；在接口下启用 HSRP，使一台路由器成为活动路由器，另一台成为待机路由器；在路由器上做 NAT 转换；配置静态路由，实现到广域网的通信。

网络内的主机以 HSRP 虚拟路由器作为默认网关并向其发送数据，两个启动了 HSRP 的路由器通过竞争来担当该虚拟路由器的角色并负责这些数据的转发。

2．任务构成

在本工作任务中，需要配置 PC、交换机、路由器 3 类设备。

◆ PC：配置 IP 地址和网关；

◆ 交换机：配置 PVST、VTP；

◆ 路由器：配置 HSRP、静态路由、NAT。

3．任务布置

根据任务的需要，可每 3 人为一组，实训计算机通过局域网互联模拟完成工作任务的内容，如图 6.45 所示。具体要求为：VLAN2 和 VLAN3 能互相通信；RA 和 RC 是企业边界路由器，启用 HSRP 实现冗余，企业用户上网首选 RA 作为网关，次选为 RC；交换网络里将 S1 设置为 VLAN2 的根桥，将 S2 设置为 VLAN3 的根桥；使用 PVST 配置 VLAN 负载均衡，在 S1 与 S2 之间的两条链路中，VLAN2 从图中左边的链路进行通信， VLAN3 从图 6.45 中右边的链路进行通信。

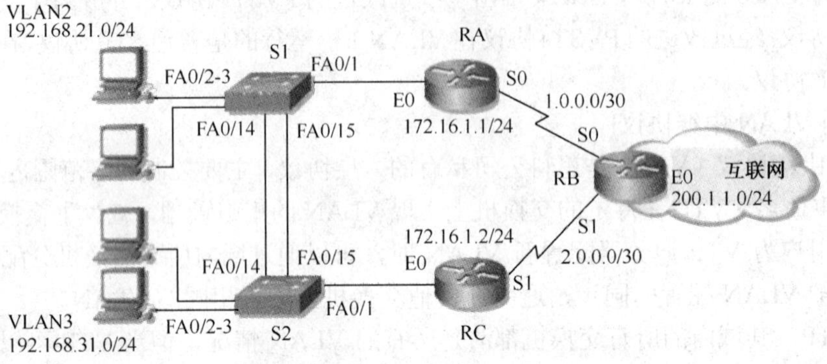

图 6.45　工作任务 1 网络冗余实现场景

6.4.4　基于 HSRP 实施网络冗余

基于 HSRP 实施网络冗余，可按照如图 6.45 所示的网络冗余实现场景进行配置。

1．主机配置

VLAN2 内的主机 PC-A 配置 IP 为 192.168.21.1/24，网关为 172.16.1.254（HSRP 组的虚拟 IP 地址）；VLAN3 内的主机 PC-B 配置 IP 为 192.168.31.1/24，网关为 172.16.1.254（HSRP 组的虚拟 IP 地址）。

2．交换机 S1 配置

设置 VTP Server 并创建 VLAN：

```
SW1# vlan database
SW1(vlan)# vtp server
SW1(vlan)# vtp domain cvit
SW1(vlan)# vtp password cvit
SW1(vlan)# vlan 2 name sales
SW1(vlan)# vlan 3 name supports
```

为交换机 S1 配置 VLAN 虚拟端口配置 IP 地址：

```
SW1(config)# interface vlan 2
SW1(config-if)# ip add 192.168.21.1 255.255.255.0
SW1(config)# interface vlan 3
SW1(config-if)# ip add 192.168.31.1 255.255.255.0
SW1(config)# interface vlan 1
SW1(config-if)# ip add 172.16.1.100 255.255.255.0
```

将 fa0/14 和 fa0/15 配置为 TRUNK，并控制 fa0/15 成为 vlan 3 生成树的根端口：

```
SW1(config)# interface fa0/14
SW1(config-if)# switchport trunk encapsulation dot1q
SW1(config-if)# switchport mode trunk
SW1(config)# interface fa0/15
SW1(config-if)# switchport trunk encapsulation dot1q
SW1(config-if)# switchport mode trunk
SW1(config-if)# spanning-tree vlan 3 cost 18
SW1(config)# spanning-tree vlan 2 root primary
```

将 fa0/2 口加入 vlan 2：

```
SW1(config)# interface fa0/2
SW1(config-if)# switchport mode access
SW1(config-if)# switchport access vlan 2
```

配置默认路由：

```
SW1(config)# ip route 0.0.0.0 0.0.0.0 172.16.1.254
```

3．交换机 S2 配置

设置 VTP Client：

```
SW2# vlan database
SW2(vlan)# vtp client
SW2(vlan)# vtp domain cvit
SW2(vlan)# vtp password cvit
```

将 fa0/14 和 fa0/15 配置为 TRUNK：

```
SW2(config)# interface fa0/14
SW2(config-if)# switchport trunk encapsulation dot1q
SW2(config-if)# switchport mode trunk
SW2(config)# interface fa0/15
SW2(config-if)# switchport trunk encapsulation dot1q
SW2(config-if)# switchport mode trunk
```

将 fa0/2 口加入 vlan 3：

```
SW2(config)# interface fa0/2
SW2(config-if)# switchport mode access
SW2(config-if)# switchport access vlan 3
```

将交换机 S2 配置成 vlan 3 所在生成树的根桥：

```
SW2(config)# spanning-tree vlan 3 root primary
```

4．路由器 RA 配置

配置接口：

```
RA(config)# interface s0
RA (config-if)# ip add 1.0.0.1 255.255.255.252
```

```
RA (config-if)# no shutdown
RA (config-if)# ip nat outside
RA (config-if)# interface e0
RA (config-if)# ip add 172.16.1.1 255.255.255.0
RA (config-if)# no shutdown
RA (config-if)# standby 1 ip 172.16.1.254
RA (config-if)# standby 1 priority 200
RA (config-if)# standby 1 preempt
RA (config-if)# standby 1 track s0 110
RA (config-if)# ip nat inside
```

配置路由：

```
RA(config)# ip route 192.168.21.0 255.255.255.0 172.16.1.100
RA(config)# ip route 192.168.31.0 255.255.255.0 172.16.1.100
RA(config)# ip route 0.0.0.0 0.0.0.0 1.0.0.2
```

配置 NAT：

```
RA(config)# access-list 1 permit 192.168.2.0 0.0.0.255
RA(config)# access-list 1 permit 192.168.3.0 0.0.0.255
RA(config)# access-list 1 deny any
RA(config)# ip nat inside source list 1 interface Serial0 overload
```

5. 路由器 RC 配置

配置接口：

```
RC(config)# interface s1
RC (config-if)# ip add 2.0.0.1 255.255.255.252
RC (config-if)# no shutdown
RC (config-if)# ip nat outside
RC (config-if)# interface e0
RC (config-if)# ip add 172.16.1.1 255.255.255.0
RC (config-if)# no shutdown
RC (config-if)# standby 1 ip 172.16.1.254
RC (config-if)# standby 1 priority 100
RC (config-if)# standby 1 preempt
RC (config-if)# ip nat inside
```

配置路由：

```
RC (config)# ip route 192.168.21.0 255.255.255.0 172.16.1.100
RC (config)# ip route 192.168.31.0 255.255.255.0 172.16.1.100
RC (config)# ip route 0.0.0.0 0.0.0.0 2.0.0.2
```

配置 NAT：

```
RC(config)# access-list 1 permit 192.168.2.0 0.0.0.255
RC(config)# access-list 1 permit 192.168.3.0 0.0.0.255
RC(config)# access-list 1 deny     any
RC(config)# ip nat inside source list 1 interface Serial0 overload
```

6. 路由器 RB 配置

配置接口：

```
RB(config)# interface s0
RB (config-if)# ip add 1.0.0.21 255.255.255.252
RB (config-if)# no shutdown
RB (config-if)# clock rate 64000
RB (config-if)# interface s1
RB (config-if)# ip add 2.0.0.2 255.255.255.252
RB (config-if)# no shutdown
RB (config-if)# clock rate 64000
RB (config-if)# interface e0
RB (config-if)# ip add 200.1.1.1 255.255.255.0
RB (config-if)# no shutdown
```

6.4.5 网络冗余效果检测

1. 在特权模式下用“show standby”命令查看两个路由器，看看哪个路由器状态属 Active。

2. 以 tracert 200.1.1.1 命令查看机器通过哪个路由器出去访问互联网，该命令记录了数据报所通过的路由器的各端口 IP。

3. 这时在主机上同时地持续 ping 172.16.1.254 和 200.1.1.1，然后将属于 Active 的路由器 S0 口拔下，观察主机上的 ping 信息是否有变化。

4. 此时再以 tracert 200.1.1.1 观察，看看路径是否有变化。

5. 观察路由器的状态变化：在各路由器上用 debug standby 命令启动 debug，然后在 Active 状态的路由器上将 S0 口 shutdown，观察其 debug 输出。然后再 no shutdown 该端口，观察其状态变化的输出。

6. 改变 standby 优先级：在处于 standby 状态的路由器上，用命令改变其优先级，设置为 210，并设置为抢占模式，然后观察其状态是否出现改变。

6.4.6 知识技能要点测评

本部分内容是在应用的基础上的又一个实际应用的实例。要求达到的目标是：能够配置基于交换机与路由器的冗余技术，理解 HSRP 与 PVST 协议原理。具体如表 6.8 所示。

表 6.8 知识技能要点测评表

学习情境 6——知识技能要点测评表			
序号	测评要点	具体目标	测评权重
1	知识理解	理解 HSRP、PVST 的工作原理	20
2	工具及软件使用	能正确配置 HSRP 备份组的参数，为网络用户提供网关冗余	40
3	操作标准与规范	对 HSRP、PVST 的技术使用符合相关标准与规范	20
4	检验方法与措施	能够采用正确的方法对实施过程中的故障进行检查，并能说明各步骤理论依据	20

6.5 工作任务5——AAA实现认证、授权与审计配置与实现

6.5.1 工作任务描述

本工作任务是对 AAA 实现认证、授权与审计的介绍与配置实施，以实现对穿越及登录路由器的远程访问用户的身份认证、授权与审计功能。这特别适用于对远程连接用户有认证等需求的环境，如 ADSL 拨号和 VPN 连接等。具体工作任务描述与实施流程如表 6.9 所示。

表 6.9 任务描述与实施流程表

学习情境 6——保护网络安全可靠运行的综合技术
任务名称：AAA 实现认证、授权与审计配置与实现
企业工作情境描述
随着各企业的业务网发展，其内部用户数量持续增加，网络规模迅速扩大，安全问题不断出现。需要在每个业务网系统维护一套用户信息数据，管理本系统内的账号和口令，并以日志形式审计操作者在系统内的操作行为。以满足自身业务发展需求，以及与国际业务接轨的需求
工作任务分析
通过对工作情境的分析，利用 Cisco 的 AAA 软件 ACS，实现 AAA 客户端与 ACS 服务器的连接
任务目标
1. 理解 AAA 客户端如何与 AAA 服务器之间通过 TACACS+ 或 RADIUS 协议进行认证； 2. 能配置 Cisco 路由器的 AAA 服务； 3. 会在 Windows 2003 下安装与配置 Cisco 的 ACS 软件
学习场景简化
通过对典型企业局域网进行简化，简化后的工作任务如图 6.46 所示，通过局域网完成。实训时可 3 人一组，或者 1 人一组利用软件模拟完成工作任务
工具及软件选用
1. Windows 2003 操作系统； 2. VMware 软件； 3. Cisco AAA 软件 ACS
任务实施流程
1. 知识准备：阅读引导文本或查找 AAA 技术相关资料； 2. 规划设计 AAA 服务； 3. AAA 实现认证、授权与审计； 4. AAA 服务效果检测
参考资料手册
1. 利用互联网搜索相关知识查询； 2. 思科技术网“AAA 服务器需求分析和选择策略简介”的一篇文章； 3. 教材中的引导文本； 4. 相关视频教程

利用 AAA 技术可以对访问用户进行认证、授权和计费，可以有效实现对外部接入的用户进行控制与管理，任务网络场景如图 6.46 所示。

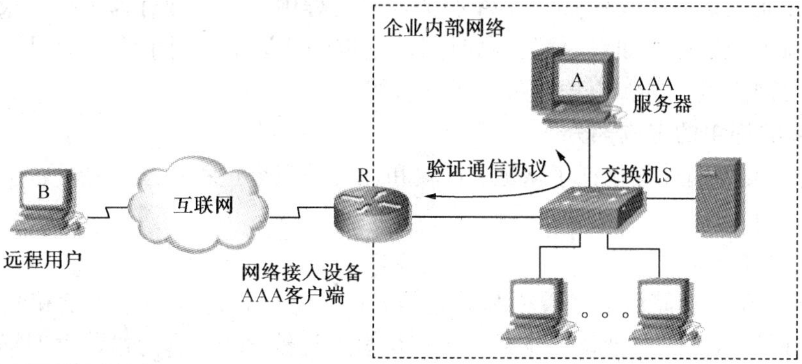

1.远程用户B向网络接入设备R（AAA客户端）发起访问请求；
2.R要求B提供用户名和口令信息，B提供信息给R；
3.R利用验证协议（TACACS+或RADIUS）把B的用户信息发送到A，即AAA服务器；
4.AAA服务器查询后利用验证协议将验证结果发送到R，R把连接结果送给B；
5.如果认证通过，A将对B进行授权；
6.A对B的访问行为和开始结束连接等进行记录，即计费审计功能。

图 6.46　AAA 任务组成与工作过程描述

6.5.2　引导文本

1. AAA 技术介绍

AAA（Authentication 认证/Authorization 授权/Accounting 计费）是网络安全的一种管理机制，提供了认证、授权、计费（也称为审计）三种安全功能。AAA 服务器是网络运营商对数据、用户进行控制和管理的重要设施。随着网络技术的发展和网络应用种类的增加，对 AAA 服务器的功能需求越来越多。

AAA 由认证 Authentication、授权 Authorization、计费 Accounting 三个组件组成，它也对应了身份管理技术的三个过程：

（1）认证 Authentication——辨别用户。

通俗说，认证的过程是请求方证明自己身份，认证服务器验证其真实性的过程。服务器可以向请求方提出类似这样的问询：你是谁、你有什么或你知道什么？

当一个用户登录主机或网络设备内部进行配置，或经过网络设备的穿越访问时，都可以对用户进行认证。例如，登录路由器对路由器进行配置时，路由器要求输入用户名和密码的过程就是认证的过程。用户也可以提供自己的令牌卡，指纹、虹膜等生物特征给认证服务器来获取对网络和资源访问的身份证明。因此认证是用户在使用网络系统中的资源时对用户身份的确认。

认证服务器对请求方身份信息与存储在数据库里的用户信息进行核对判断，然后根据处理结果确认用户身份。认证的强度跟元素有关。

（2）授权（Authorization）——控制访问、提供业务。

授权一般是指在完成正确的认证之后进行的工作。如授权用户能够使用的命令、用户能够访问的资源、用户获得的信息等。通过授权可以指定通过认证的用户在接入网络后能够使用的业务和拥有的权限，如授权使用的 IP 地址等。例如，当远程用户登录到路由器进行远程配置时，可以定义用户、查看路由器配置信息，但不能修改等。授权功能决定用户需要何种业务，包括连接种类和 QoS 参数等。可根据时间段、地点、会话数目等参数对连接进行控制等。

（3）计费（Accounting）——跟踪用户所使用网络资源，提供计费记录。

计费是在通过认证和授权后，AAA 服务器对远程用户的访问行为进行记录、登录时间和结束时间记录等的过程。如对用户上网时间、流量进行记录，用于收取费用。计费可以根据时长计费、根据流量计费、根据业务种类计费等。

2．AAA 实施中的组成部分

AAA 功能实施的过程包括了认证、授权和计费的三个过程的三种功能，这其中涉及了以下组成部分。

（1）AAA 服务器。

AAA 服务器是存储认证、授权和计费信息的数据库，进行信息查询和验证等功能。为 AAA 客户端提供服务，并把认证结果、授权信息发送给 AAA 客户端，并对通过 AAA 客户端进行远程连接的用户进行记录日志和审计等功能。单独设置 AAA 服务器的用途是减少 AAA 客户端资源占用，同时提供对大量远程连接用户的验证数据库。如网通和电信的 ADSL 连接账号和口令及上网记录等功能。

（2）AAA 客户端。

一般为网络访问控制服务器，可以是路由器等网络设备，是指远程连接用户穿越连接或登入的设备。AAA 客户端也可以在本地提供 AAA 服务器功能，如在路由器本地内建立用户数据库。

（3）远程请求连接用户。

有访问需要，要通过 AAA 服务器认证和授权后，经过 AAA 客户端访问内部资源，或登入 AAA 客户端内，对 AAA 客户端进行配置的远程用户。

（4）验证协议。

用于在 AAA 服务器和 AAA 客户端交换用户认证、授权和计费信息及结果的一种通信协议。如常用的验证协议有 TACACS+或 RADIUS 等。

网络的 AAA 是在窄带接入服务成功的基础上发展起来，如大多数宽带接入服务和 PDSN/GGSN 都采用和 RADIUS 服务器接口。利用 AAA 技术实现了网络系统对用户网络资源使用情况的准确记录。这样既在一定程度上有效地保障了合法用户的权益，又能有效地保障网络系统安全可靠地运行。随着用户对业务要求越来越细致，如 VPN、按流量计费等方式的加入，AAA 也需要综合考虑业务类型，做到更科学的控制和管理。AAA 的实现在宽带接入服务情况下，可以不使用接入服务器，也没有必要使用 RADIUS 服务器（也可以使用改造后的 DHCP 服务器），只是对交换机路由器等网络的设备有一定要求，如 Cisco 路由器的 Netflow 功能。

3．AAA 客户端与 AAA 服务器之间的通信协议 TACACS+和 RADIUS

（1）TACACS+验证协议。

TACACS+是思科专有协议，其他厂商设备及软件一般不支持此协议。TACACS+基于 TCP 进行传输，采用 TCP 传输的优点是面向连接更可靠。TACACS+加密信息包，TACACS+使用 AAA 体系结构，验证、授权和计费可分开使用。TACACS+基于 TCP 协议的 49 端口通信。

TACACS+协议数据流示例：下面的例子进行了登录认证，授权，使用 TACACS+对用户 Telnet 到路由器的命令开始和停止计费，最后退出路由器，如图 6.47 所示。以下是具体流程，用 C 代表 AAA 客户端 Client，S 代表 AAA 服务器。

① 认证阶段 C→S：开始认证连接请求；

② 认证阶段 S→C：应答请求并询问用户名；

③ 认证阶段 C→S：送出用户名给服务器；

④ 认证阶段 S→C：服务器应答认证是否通过，可能是 Pass 通过或 Fail 失败；

⑤ 授权阶段 C→S：请求授权，获取 Shell；

⑥ 授权阶段 S→C：服务器应答授权是否通过，可能是 Pass 通过或 Fail 失败；

⑦ 计费阶段 C→S：请求计费，开始执行命令操作；

⑧ 计费阶段 S→C：服务器回应计费请求，记录被接收；

⑨ 授权阶段 C→S：请求执行授权的命令；

⑩ 授权阶段 S→C：回应对命令的授权结果，可能是 Pass 通过或 Fail 失败；

⑪ 计费阶段 C→S：请求对执行的命令进行计费；

⑫ 计费阶段 S→C：服务器回应计费请求，记录被接收；

⑬ 计费阶段 C→S：请求对退出计费；

⑭ 计费阶段 S→C：服务器回应计费请求，记录被接收。

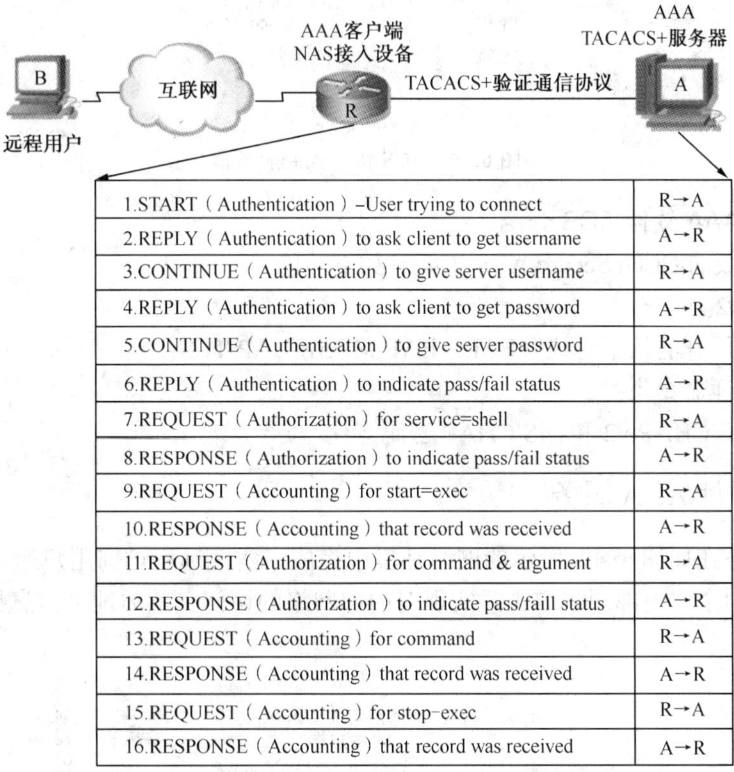

1.START（Authentication）–User trying to connect	R→A
2.REPLY（Authentication）to ask client to get username	A→R
3.CONTINUE（Authentication）to give server username	R→A
4.REPLY（Authentication）to ask client to get password	A→R
5.CONTINUE（Authentication）to give server password	R→A
6.REPLY（Authentication）to indicate pass/fail status	A→R
7.REQUEST（Authorization）for service=shell	R→A
8.RESPONSE（Authorization）to indicate pass/fail status	A→R
9.REQUEST（Accounting）for start=exec	R→A
10.RESPONSE（Accounting）that record was received	A→R
11.REQUEST（Authorization）for command & argument	R→A
12.RESPONSE（Authorization）to indicate pass/faill status	A→R
13.REQUEST（Accounting）for command	R→A
14.RESPONSE（Accounting）that record was received	A→R
15.REQUEST（Accounting）for stop-exec	R→A
16.RESPONSE（Accounting）that record was received	A→R

图 6.47　TACACS+协议数据

（2）RADIUS 验证协议。

RADIUS 是标准协议协议，在 RFC 2865 中描述，RADIUS 已经得到众多厂商设备及软件的支持。RADIUS 使用 UDP。UDP 传输的优点是效率高。RADIUS 在访问请求信息包加密时，从客户端到服务器只对密码进行加密，其他信息未加密，存在信息被窃取的可能。RADIUS 认证和授权结合，难分离认证和授权。RADIUS 基于 UDP 协议的 1812 端口进行认证与授权，基于 UDP 协议的 1813 端口进行计费审计。

4．Cisco AAA 安全技术

Cisco Secure ACS for Windows 提供 AAA 服务器的功能，如图 6.48 所示。思科有三个种类的 ACS 访问控制服务器，即基于 Windows、UNIX 和专用的 ACS 硬件平台。这些服务器为 AAA 客户端的网络设备如路由器、网络访问服务器 NAS、PIX 防火墙或 VPN 3000 集中器等提供 AAA 服务功能。这有助于集中访问控制和记账以及路由器和交换机的访问管理；允许网络管理员快速管理账号和全局改变整个用户组的服务级别；尽管一个外部的用户数据库是可选的，Windows 的 Cisco Secure ACS 支持许多用户存储机制使用 TACACS+和 RADIUS 协议来支持 AAA 服务器来确保一个安全的环境；能通过普通的令牌服务器进行认证。

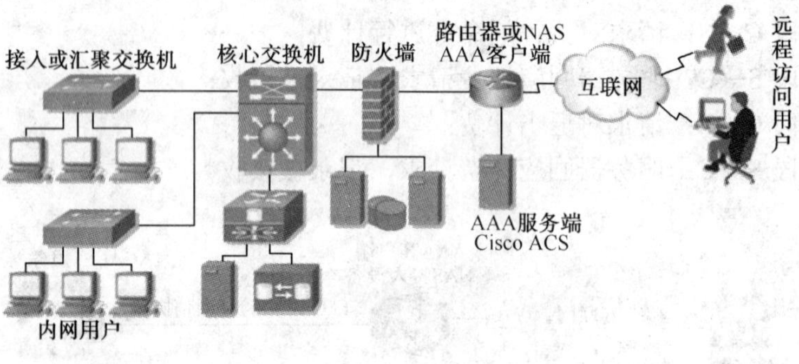

图 6.48　ACS 访问控制服务器

5．Cisco AAA 软件 ACS 介绍

Windows 版的 Cisco Secure ACS 主要有如下功能：

◆ 支持 802.1x；
◆ 支持可展开的认证协议（EAP）EAP-MD5，EAP-TLS；
◆ 支持认证命令集；
◆ 支持 MS CHAP v2 和 MS CHAP 密码老化。

6.5.3　规划设计 AAA 服务

本工作任务在如图 6.49 所示的网络环境中完成，实现远程访问用户通过路由器（AAA 客户端）连接到企业内部网络中去，实现对内部网络的访问。具体地址信息按图所示进行配置与实施。

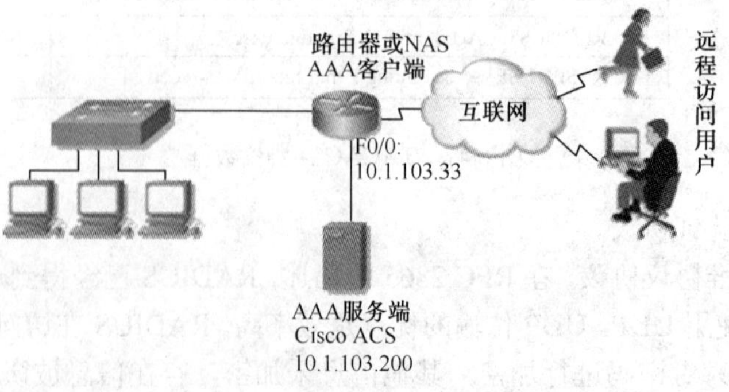

图 6.49　ACS 访问控制服务器

6.5.4 AAA 实现认证、授权与审计

1．配置 Cisco 路由器启用 AAA 安全配置

AAA 安全服务器在路由器中进行配置：采用本地安全数据库的 AAA，采用远程安全数据库的 AAA。

（1）采用本地安全数据库的 AAA。

```
Router（config）# aaa new-model
Router（config）# aaa authentication login default enable
Router（config）# aaa authenticatin login local
Router（config）# username cey password cisco
```

（2）采用远程安全数据库的 AAA。

```
Router（config）# aaa new-model
Router（config）# aaa authentication login default tacacs+
Router（config）# aaa authentication ppp default tacacs+
Router（config）# aaa accounting network start-stop tacacs+
Router（config）# tacacs-server host 10.1.103.200
Router（config）# tacacs-server key ciscosecure
```

2．在 Windows 2003 下安装与配置 Cisco 的 ACS 软件

下面是 Cisco 的 ACS3.2 软件的安装过程，如图 6.50 所示。ACS3.2 软件要安装在 Windows NT 内核的系统下，不支持 Windows XP 系统下的安装，安装过程中会提示输入访问服务器的 IP 地址和 TACASC+或 RADIUS 的连接密码 Key，接下来会要求确认 IE 的版本等信息，在高级选项中设置 ACS 的用户界面。安装过程中可以对访问服务器进行配置，这里选择不进行配置。在结束安装向导中提示，配置 ACS 服务器的方式可以通过 IE 浏览器访问 http://127.0.0.1:2002 或 http://ACS 服务器 IP 地址:2002 来进行连接配置任务。

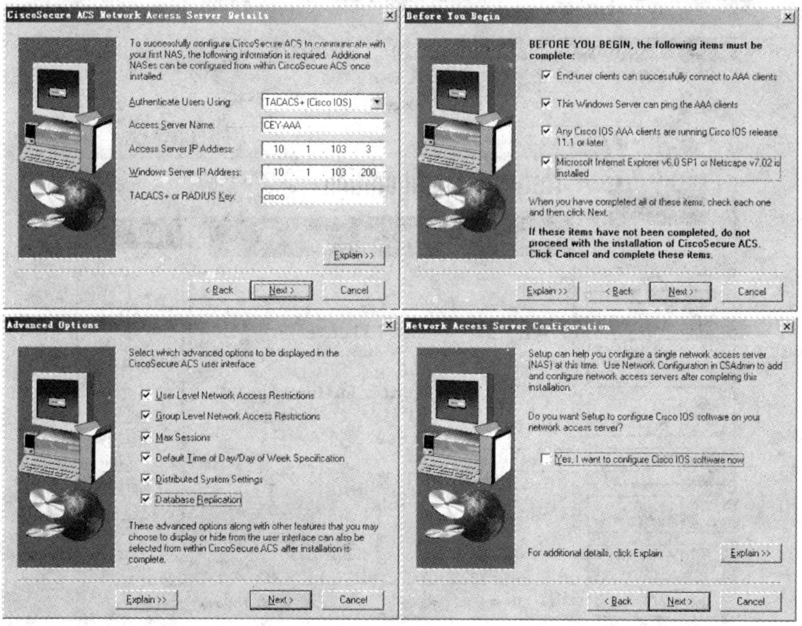

图 6.50 ACS3.2 软件的安装过程

在ACS服务器上通过浏览器输入http://127.0.0.1:2002(或双击桌面的ACS管理链接图标）连接到ACS配置页面（连接完成后，端口号是随机变化的），如图6.51所示。可以在其中加入用户名和密码，用于对网络中的访问用户进行身份认证、授权和审计。通过用户设置（User Setup）来添加认证用户名和密码。

注意：使用ACS时，需要在配置计算机中安装Java2运行环境。

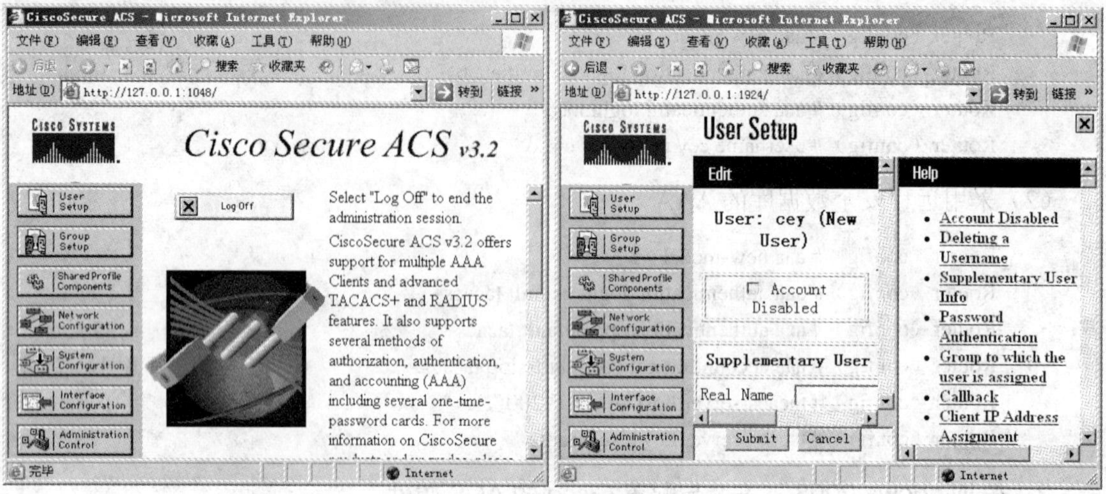

图6.51　ACS服务器配置

通过网络配置（Network Configuration）项目可以修改或添加AAA的客户端（多是NAS或路由器），在客户端中要配置AAA服务器的IP为10.1.103.200，这样用户对AAA客户端的访问或穿越流量都可以通过AAA服务器进行认证授权与审计，如图6.52所示。在接口配置（Interface Configuration）项目中可以配置AAA协议，如TACACS+协议的服务配置，可以设置对哪些流量进行认证等，ACS接口配置如图6.53所示。

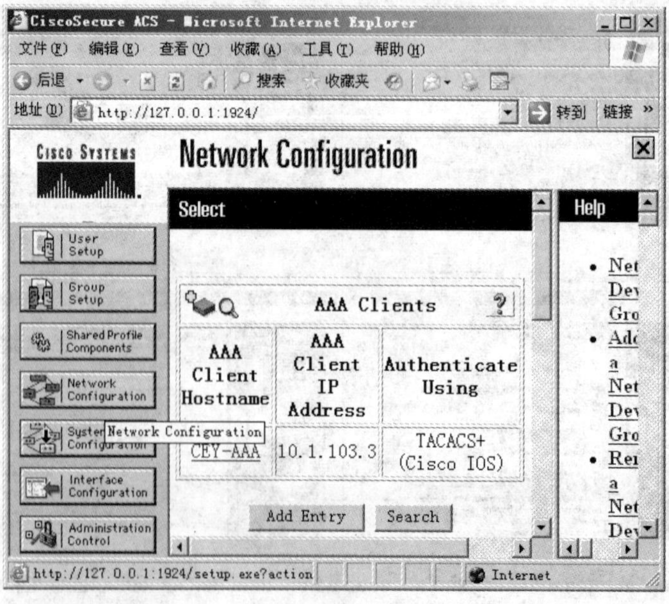

图6.52　ACS服务器网络配置窗口

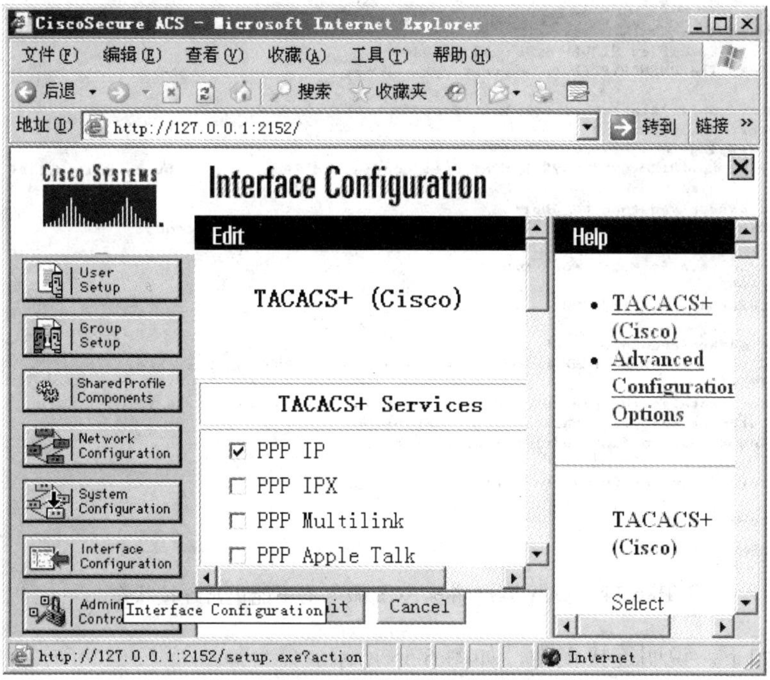

图 6.53 ACS 接口配置窗口

3. 配置 AAA 客户端与 ACS 服务器的连接

（1）AAA 客户端路由器的配置。

在路由器全局配置模式下指定 AAA 服务器的配置信息（路由器与 AAA 服务器连接的 IP 是 10.1.103.33）：

```
Router（config）#aaa new-model
Router（config）#aaa authentication login default tacacs+
Router（config）#tacacs-server host 10.1.103.200
Router（config）#tacacs-server key cisco
```

（2）配置 ACS 服务器。

在 ACS 服务器配置页面的网络配置（Network Configuration）项目下添加 AAA 的客户端 10.1.103.33 及连接 Key 为 cisco；在 ACS 服务器配置页面的用户设置（User Setup）来添加认证用户名 cey 和密码 cisco。

6.5.5 AAA 服务效果检测

测试 AAA 客户端与 ACS 服务器的连接，在路由器的特权模式下输入如下测试命令：

```
Router#test aaa group tacacs+ cey cisco new-code
```

如图 6.54 所示，无法连通会提示“AAA server is not reachable”，这可能是路由器中配置的 AAA 服务器地址、Key 或 AAA 协议配置不正确；也可能是 AAA 服务器中没有添加用户名 cey 和密码 cisco 或客户端地址配置不正确。

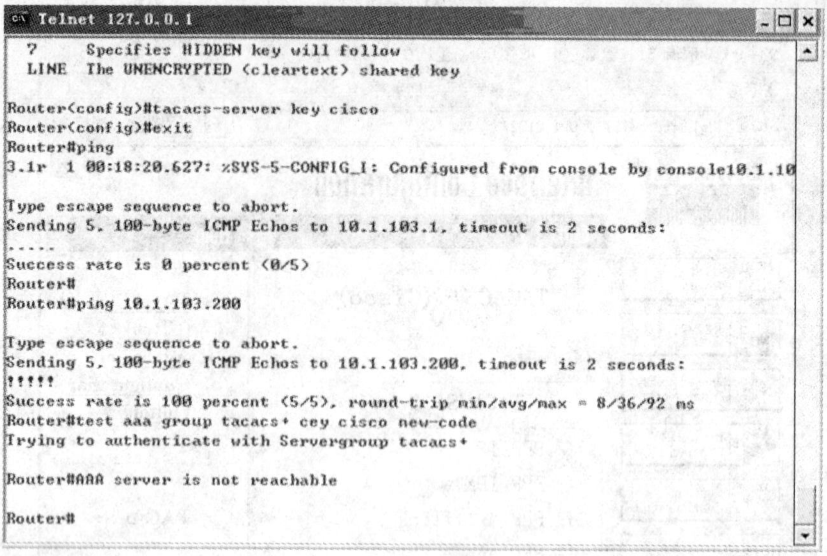

图 6.54 AAA 客户端与 ACS 服务器不能正常连接状态

如果提示如下，说明连接正常，如图 6.55 所示。

```
Trying to authenticate with Servergroup tacacs+
Sending password
User successfully authenticated
```

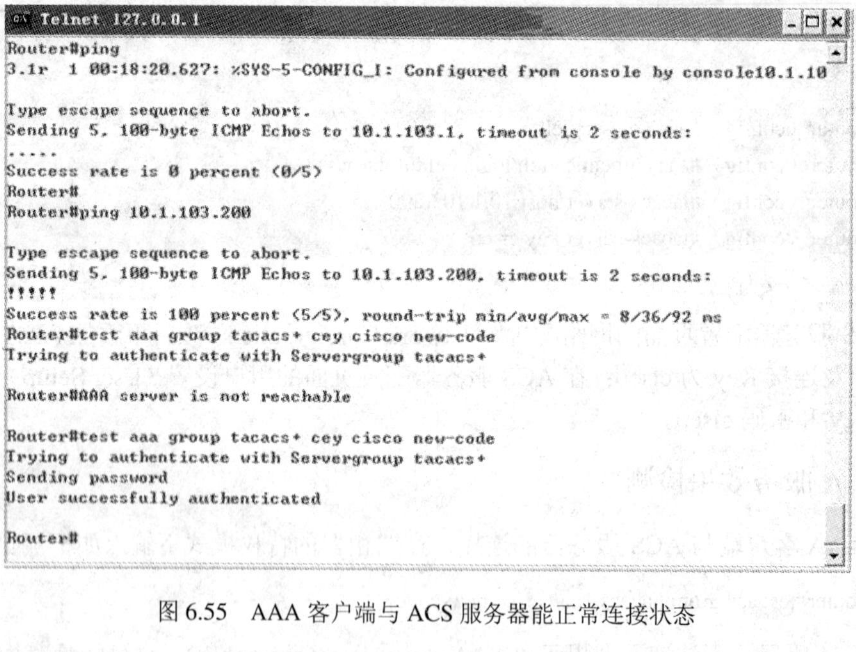

图 6.55 AAA 客户端与 ACS 服务器能正常连接状态

6.5.6 知识技能要点测评

理解 AAA 技术及常见的应用方式，能够使 AAA 客户端与 AAA 服务器之间通过 TACACS+或 RADIUS 协议进行认证。要求达到的目标是：理解 AAA 技术的应用，能在实际网络环境中部署和实现认证、授权和审计功能，并运行测试。具体要点如表 6.10 所示。

表 6.10　知识技能要点测评表

学习情境 6——知识技能要点测评表			
序号	测评要点	具体目标	测评权重
1	知识理解	理解 Cisco AAA 安全技术	20
2	工具及软件使用	能利用 Cisco AAA 软件 ACS 进行配置	30
3	操作标准与规范	对网络行为的认证、授权和审计功能符合国家标准规范	20
4	检验方法与措施	能够采用正确的方法进行测试和验证	30

6.6　工作任务 6——基于 SNMP 协议实现网络管理

6.6.1　工作任务描述

本工作任务是基于 SNMP 协议实现网络管理。网络管理技术可以提供对网络中设备的全面监视与性能管理等功能，以确保及时有效地发现网络中存在的故障。具体工作任务描述与实施流程如表 6.11 所示。

表 6.11　任务描述与实施流程表

学习情境 6——保护网络安全可靠运行的综合技术
任务名称：基于 SNMP 协议实现网络管理
企业工作情境描述
网络管理技术为企业网络中设备的配置管理、故障管理、性能管理、安全管理以及计费等提供了支持。网络规模不断增长应用也不断增加，有效地对网络进行管理上的设计可以减轻网络管理人员的负担
工作任务分析
通过对工作情境的分析，由于 SNMP 体系与 OSI 的网络管理体系相比具有简单实用、易于实现等优点，得到众多厂商的支持和广泛的应用，已成为网络管理领域事实上的工业标准。利用网络管理软件配置网络管理工作站，以实现对网络的管理
任务目标
1．了解 SNMP 协议工作原理，能根据用户需求决定采取的技术； 2．会在网络设备和服务器上启用 SNMP 协议； 3．能够通过网络管理的方式获取网络中被管理设备的信息
学习场景简化
通过对典型企业局域网进行简化，简化后的工作任务如图 6.40 所示，实训用计算机通过局域网互联完成，实训时可分为 3 人一组，或者 1 人一组，利用软件模拟完成工作任务
工具及软件选用
1．Windows 2003 操作系统； 2．网络管理软件 SolarWinds； 3．HP OpenView

任务实施流程
1. 知识准备：阅读引导文本或查找网络管理 SNMP 技术的相关资料；
2. 规划设计对网络的管理；
3. 基于 SNMP 的网络管理技术实现；
4. 网络管理技术的 SNMP 实现效果检测
参考资料手册
1. 利用互联网搜索相关知识查询；
2. 教材中的引导文本；
3. 相关视频教程

6.6.2 引导文本

1. 网络管理协议简介

伴随着基于 TCP/IP 协议的互联网络应用的普及，出现了各种管理上的需求，如对网络性能管理、配置管理、计费管理、故障管理、安全管理等多方面的需求。有效的管理手段可以简化大量的网络管理与维护的工作量。1969 年世界上第一个计算机网络——ARPANET 的产生之初，并没有考虑网络管理这项任务，更没有开发出专门的网络管理协议，只是利用了 ICMP 协议的 echo/echo-reply 消息对来对网络进行测试的功能。网络应用的快速增长，使得这方面的需求逐渐增加。1988 年，Internet 体系结构委员会提出了简单网络管理协议的第一个版本，即 SNMPvl（Simple Network Management Protocol），并由 RFC1157 对其进行了定义。1993 年正式发表的 SNMP 第二版-SNMPv2。但是这两个协议在应用中都明显存在着安全问题以及功能上的不足。2002 年 3 月 SNMPv3 经 IESG 互联网工程指导小组核准，在互联网上应用，在 SNMPv3 中主要对前面的版本添加了安全与远程配置的功能。这就是目前基于 TCP/IP 协议的管理协议。

国际标准化组织也积极组织网络管理模型的开发，推出了基于 OSI 七层体系的网络管理协议，CMIP（Common Management Information Protocol）通用管理信息协议，是与 CMIS（Common Management Information Service）通用管理信息服务同时使用的一种用于监控不同网络的 ISO 协议。CMIS 定义了一个网络管理信息服务系统。CMIP 的提出目标是代替简单网络管理协议 SNMP，但由于其复杂性目前只在大型网络中有所应用。因此提出了在 TCP/IP 上的 CMIP，即 CMOT（CMIS/CMIP over TCP/IP），CMOT 是一种使用 CMIP 来管理 IP 网络的网络管理协议。CMOT 定义了一种网络管理架构，用以支持 CMIS/CMIP。

网络管理是指监督、组织和控制网络通信服务和信息处理所必需的各种活动的总称，也指利用多种应用程序、工具和设备来监控和维护网络运行的一种技术。

下面主要对网络管理功能定义、网络管理系统的各个组成部分、主要的网络管理协议、SNMP 管理模型的组成和功能、SNMP 的实现机制和过程、SNMP 安全性的实现、通过 RMON 进行网络远程监视等进行介绍，以加深对网络管理协议及实施的理解。

2. 网络管理的目的

网络应用的普及使得网络管理复杂性增加，手工进行网络管理有其局限性和不足。因此有必要开发基于协议的网络管理系统。网络管理系统可以使管理人员避免大量的重复性劳动；

可以在网络发生故障时及时提醒，以提高设备的响应速度；还可以通过一些设置对网络进行远程控制。利用网络管理系统，可以实现对网络的实时监控，提高网络安全性。可以通过定义的阈值来及时发现超出指定阈值的网络活动，如设置对 Web 服务器的 80 端口设置一个时间阈值，在此时间内如果 80 端口没有响应则认为服务已经不可用，从而及时发现故障，并进行报警通知网络管理人员进行故障排除，以提高网络的可用性。

网络管理范围包括了硬件管理、软件管理、网络配置、网络维护、网络服务等。因此也要求网络管理人员具备软件方面与硬件方面的知识与技能。同时要求网络管理员应当具备自学能力、英文阅读能力、专业技能、创造和应变能力、观察能力、分析判断能力、毅力、精力、体力和沟通能力等。

3. 国际标准化组织对网络管理功能域的定义

国际标准化组织 ISO 对网络管理功能域定义了五方面功能：配置管理、性能管理、故障管理、安全管理、计费管理。

（1）配置管理。

配置管理（Configuration Management）是最基本的网络管理功能，主要负责监测和控制网络的配置状态，就是在网络建立、扩充、改造和运行的过程中，对网络的拓扑结构、资源配备、使用状态等配置信息进行定义、监测和修改。配置管理应包括以下几部分功能：定义配置信息、设置并修改属性值、定义和修改关系、初始化和关闭网络、软件分发、网络规划和资源管理等功能。

（2）性能管理。

性能管理（Performance Management）涉及网络通信信息（包括网络流量、用户、访问的资源等）的收集、加工和处理等一系列活动。其目的是保证有效运营网络和提供连续可靠通信能力，在保证各种业务的服务质量的同时，尽量提高网络资源的利用率，并使网络资源的使用达到最优化的程度。性能管理主要包括性能测量、性能分析和性能管理控制。性能指标分为面向服务指标和面向效率指标，面向服务的指标包括可用性、响应时间和精确度，面向效率的指标包括吞吐量和利用率。

（3）故障管理。

故障管理（Fault Management）的作用是迅速发现、定位和排除网络故障，动态维护网络的有效性。故障管理的主要功能有检测和报告故障、故障的诊断和定位、故障的隔离和故障的修复。通常进行的故障诊断测试主要有连接性测试、数据完整性测试、协议完整性测试、数据饱和性测试、连接饱和性测试、响应时间测试和功能测试。

（4）安全管理。

安全管理（Security Management）的作用是提供信息的保密、认证和完整性保护机制，使网络中的服务数据和系统免受侵扰和破坏。计算机和网络安全的要求：保密性(Secrecy)、整体性（Integrity）、可用性（Availability）。计算机和网络安全威胁的类型：中断(Interruption)、侦听(Interception)、修改(Modification)、伪造（Fabrication）。对计算机系统资源的威胁：对硬件的威胁、对软件的威胁、对数据的威胁、对通信线路和网络的威胁（被动威胁：泄露消息内容、流量分析；主动威胁：消息流修改、拒绝服务、欺骗）、对网络管理系统的威胁（用户欺骗、网络管理站欺骗、管理站－代理交换干扰）。安全管理功能包括：信息安全维护、服务与资源访问控制、加密过程控制。

信息安全维护包括：事件日志、监视安全审核记录、监视安全相关资源的用户和使用情况、报告安全破坏、接收安全破坏报告、维护并检查安全日志、维护安全相关文件的所有或部分备份、维护一般网络用户配置文件和特定资源的使用配置文件，作为指定安全配置文件限制的参考。

服务与资源访问控制包括：代码安全、源路由和路由记录信息、警告极限级别。计费表加密过程控制包括：管理站和代理之间的信息交换进行加密、通过其他网络实体来实现加密、指定加密算法并提供密钥分发等。

（5）计费管理。

计费管理（Accounting Management）的作用是正确地计算和收取用户使用网络服务的费用，进行网络资源利用率的统计：计费管理是商业化计算机网络的重要管理功能、在非商业化的网络上，计费管理可以通过测量不同网络资源的利用率，适当调整网络资源的利用。计费管理可以分为以下三个子过程：计费数据收集过程、计费处理过程、账单管理过程。

4. 网络管理系统组成

网络管理系统主要组成要素：

◆ 被管理设备（Managed Devices）；
◆ 网络管理器（Network Manager）或网络管理工作站（Network Management Station）；
◆ 管理代理（Managed Agents）；
◆ 网络管理协议（Network Management Protocol）；
◆ 管理信息库（MIB，Management Information Base）。

其中各部分网络管理组成要素的功能如下：

被管理设备：是指所管理的网络中所要被管理的设备，可能是主机服务器、路由器、交换机等运行网络管理代理程序和网络管理协议的全部网络设备，管理端设备本身也可以是被管理设备。因此下面的被管理设备是指全部管理端与被管理设备。

网络管理工作站：一般是指安装有网络管理软件，管理软件通过管理协议与网络中管理代理进行通信，负责对管理信息的收集，根据管理指令读取被管理设备上由管理代理提供的信息，或设定相关的设备参数等。

管理代理：管理代理是运行于被管理设备上的一个进程或程序。一般由设备或系统的生产商提供，用来跟踪被管理设备状态的特殊软件或固件，可能是软件程序也可以是在芯片中的代码。在被管理设备上开启此代理后，由此代理通过管理协议向网络管理工作站进行信息交换。如向管理工作站报告设备的当前状态等。

网络管理协议：用于在网络管理工作站上的管理程序和管理代理之间进行信息交换的协议。通过在被管理设备上开启管理协议，实现管理端与被管理端的通信。如 SNMP 就是网络管理协议的一种。

管理信息库：MIB 是被管网络设备的信息和变量集合的数据库，MIB 位于管理和被管理设备中。代理程序就是通过读取这些信息并发送给管理工作站，使管理端可以实现对信息的收集。

5. SNMP 网络管理组成

基于 SNMP 协议的网络管理同样是由五部分组成的，如图 6.56 所示。即由被管理设备、网络管理工作站、管理代理、网络管理协议、管理信息库组成。也可以进行分类，即一类是网络中物理设备如网络管理工作站和被管理设备，另一类是进行管理信息存储、维护和交换的实体，即管理信息库、管理代理和网络管理协议。

网络管理工作站一般安装有网络管理软件，管理员可以利用管理软件进行信息的获取与控制，如管理员可以发出读取设备状态的信息，管理软件进行协议封装，封装成SNMP协议数据单元，发送给被管理设备，由被管理设备中运行的代理进程读取 MIB 中的相应信息后进行响应。也可以是被管理设备中的管理代理根据设定的阈值主动发送Trap（也称自陷）消息给管理工作站，若设备断电重启后，管理代理要主动向管理工作站发一个Trap消息，这也是管理代理主动向管理工作站发送信息的唯一的方式。

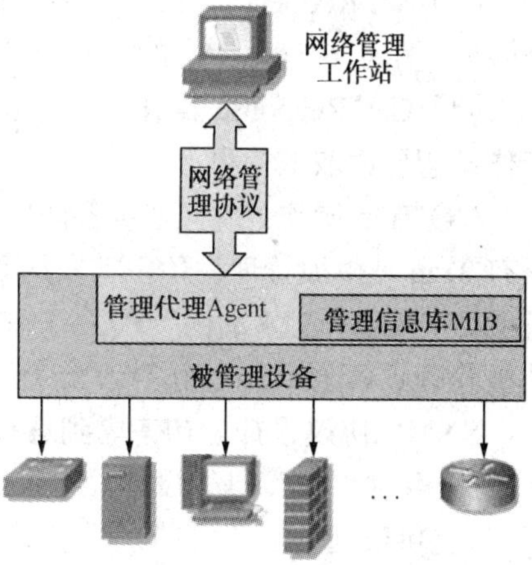

图 6.56　SNMP 网络管理模型

6. SNMP 网络管理要素的作用

管理工作站具有网络管理应用软件，它的作用是能够进行数据分析、故障发现功能，并能提供网络管理员监视和控制网络界面，还能够将网络管理员的命令转换成对本地网络或远程网络元素的监视和控制、能通过网络管理协议和管理代理进程从所有被管实体的MIB中提取出信息数据库。

网络管理代理作用是对来自管理站对被管理设备的信息查询请求（Get Request）和设置请求（Set Request）动作做出响应。网络管理代理也可以异步地向管理工作站提供一些重要的非请求信息，即Trap自陷消息，用于主动报告被管理设备的运行状态等信息。

网络管理协议的作用是在管理工作站和管理代理之间交换信息、提供了管理工作站收集网络管理信息的方法、也为设备向网络管理工作站报告问题和错误提供了一种方法，它规定了进行信息交换的协议格式。

网络管理信息库的作用是用于存储被管理设备内部对象、属性和对应值。通过SNMP访问的管理信息保存在每个管理站和代理节点的MIB中。管理信息包含有简单层次的对象结构，每一个对象都代表一个被管理资源的一些属性。

7. SNMP 协议工作原理与协议结构

在网络管理过程中，网络管理工作站与被管理设备之间通过SNMP协议进行信息的交互。如图6.57所示，为SNMP协议数据的几种操作类型，也是管理工作站与被管理设备相互间的协议数据操作方式。

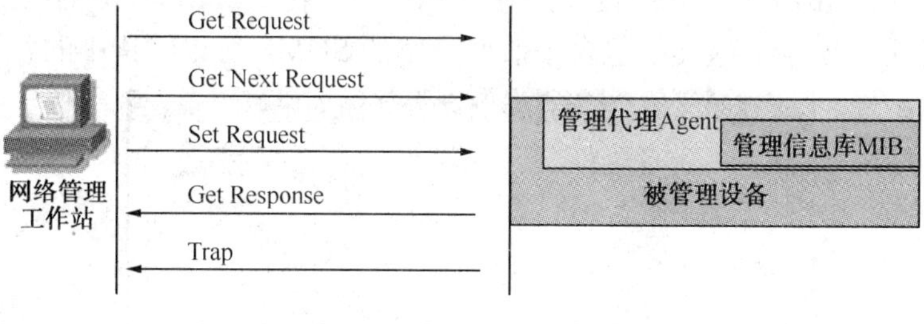

图 6.57　SNMP 协议结构

（1）Get Request 操作：网络管理工作站向被管理设备发出读取请求。可以是读取被管理设备的接口状态，Up或Down等。

（2）Get Next Request 操作：网络管理工作站向被管理设备发出读取多个（遍历操作）请求，用于连续读取被管理设备内的全部可管理信息等。

（3）Set Request 操作：网络管理工作站向被管理设备发出修改请求。用于设置一个或多个阈值，用于对紧急状态的报告等。

（4）Get Response 操作：被管理设备对网络管理工作站的请求的回应。用于返回给管理工作站想要读取的信息。

（5）Trap 操作：被管理设备向网络管理工作站主动发出的通知，表明已经达到某个阈值。只有 Trap 是由被管理设备主动发给管理工作站的，用于当被管理设备发生问题或达到某个设置的值（阈值）时主动向管理工作站报告。可以设置当被管理设备的网络利用率达到 60%时，让被管理设备主动发一个 Trap 给管理设备。

SNMP 协议设计之初考虑到这种管理上的附加不能给正常的通信带来负载，因此采用基于 UDP 传输层协议进行设计，在进行管理通信中所用到的端口号是 161 和 162。管理代理端（类似提供数据的服务器端）开启 UDP 的 161 端口号响应查询，管理端（类似于管理端）开启 162 用于接收来自被管理设备中代理主动发来的自陷消息。

SNMP 协议报文基于 UDP 协议封装，并通过 IP 数据报在网络中传输，如图 6.58 所示。其中 SNMP 协议报文主要包括公共 SNMP，首部包括 SNMP 协议的版本、共同体名、PDU（协议数据单元）类型（0–3），PDU 类型 4 主要是用于 Trap 信息，Get/Set 标识与 PDU0–3 包括请求标识符、差错状态和差错索引，变量及其值域包含属性和值。

IP头部	UDP头部	SNMP版本	共同体名	PDU类型（0–3）	请求标识符	差错状态（0–5）	差错索引	属性	值	属性	值	属性	值	…

公共SNMP协议头部　　↑Get或Set标识　↓Trap标识　　变量及其值

IP头部	UDP头部	SNMP版本	共同体名	PDU类型（4）	实体	被管代理IP地址	Trap类型（0–6）	特定代码	差错索引	属性	值	属性	值	属性	值	…

图 6.58　SNMP 协议报文格式

8．利用协议分析软件捕获 SNMP 协议数据

为了更好地对协议的工作原理进行深入的理解，可以利用协议分析软件，如 Sniffer Pro 等捕获 SNMP 协议，如图 6.59 所示。可以在高级设置里设置，仅捕获 SNMP 协议数据，然后分析管理工站站发出的查询、被管理设备的回应以及自陷消息等协议数据。结合前面的 SNMP 协议工作原理与协议结构部分内容对捕获的协议数据进行分析。设置 Sniffer Pro 的高级过滤，定义捕获 SNMP 协议数据，开始捕获。之后开启 SolarWinds 软件中的 IP Network Browser 扫描本地网关 10.1.22.254 的设备，如图 6.60 所示。利用 Sniffer Pro 捕获到的一个 SNMP 协议数据，如图 6.61 所示，这其中包含了前面介绍的 SNMP 协议结构中的各要素。

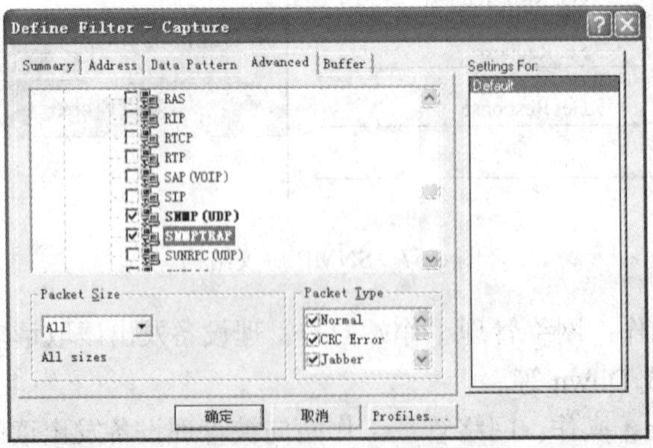

图 6.59　在 Sniffer Pro 中选择 SNMP 协议

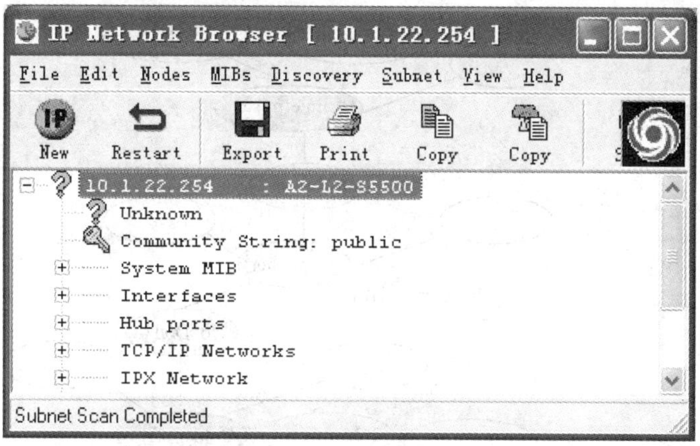

图 6.60　IP.Network Browser 设置

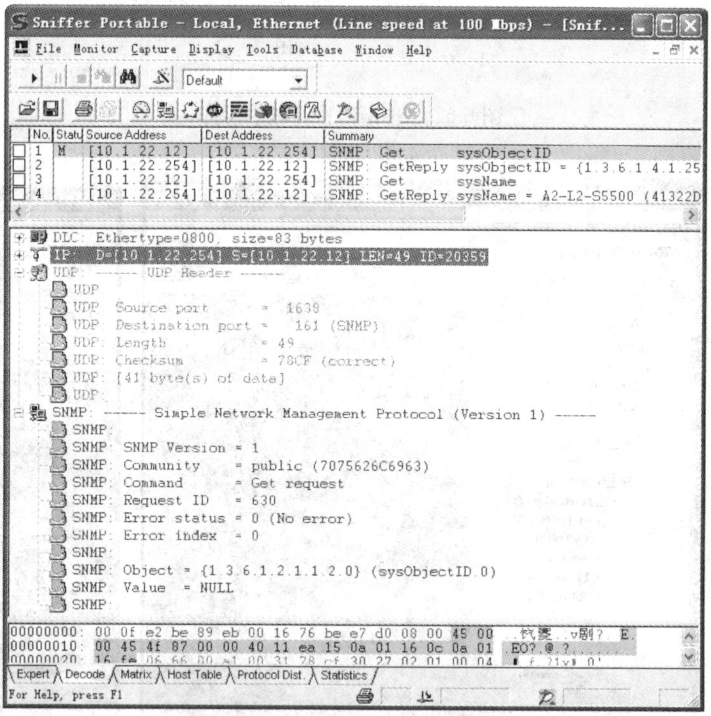

图 6.61　利用 Sniffer Pro 捕获到的 SNMP 协议数据

9. 网络管理信息库 MIB

网络管理信息库 MIB 提供了对被管理设备内部不同对象的描述，定义了通信中的标准表述结构。管理信息包含有简单层次的对象结构，每一个对象都代表一个被管理资源的一些属性。通过 SNMP 访问的管理信息保存在每个管理站和代理节点的 MIB 中。MIB 的两个版本：MIB-Ⅰ，提供 114 标准对象、对象被认为是进行故障和配置管理；MIB-Ⅱ，对 MIB-Ⅰ进行了扩展、定义了 185 个对象，同时与 RMON 共同实现远程监控功能。SNMP 的管理信息库采用树型结构对不同的对象进行定义，如图 6.62 所示。如果要读取基于 ISO 网络管理体系下的被管理设备的厂商信息，则可以表示为：1.3.6.1.4.1…以此来表示具体对象。如图 6.63 所示，是利用 SolarWinds 读取 Cisco 设备的 MIB 标识为 1.3.6.1.4.1.9 等。

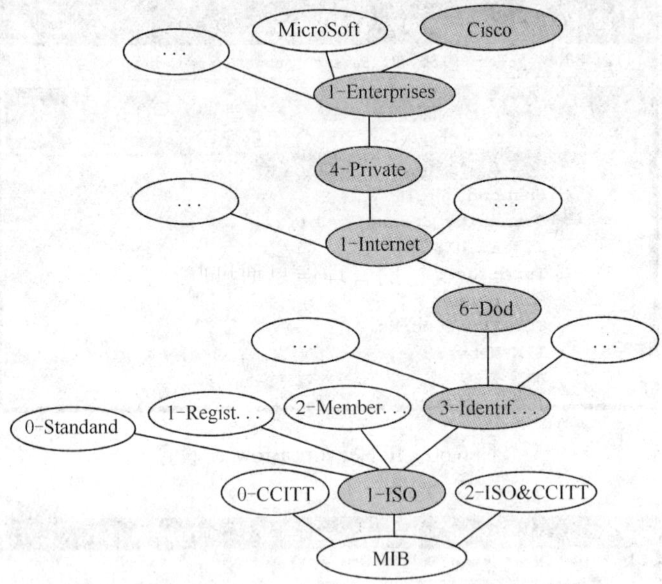

图 6.62　SNMP 的管理信息库

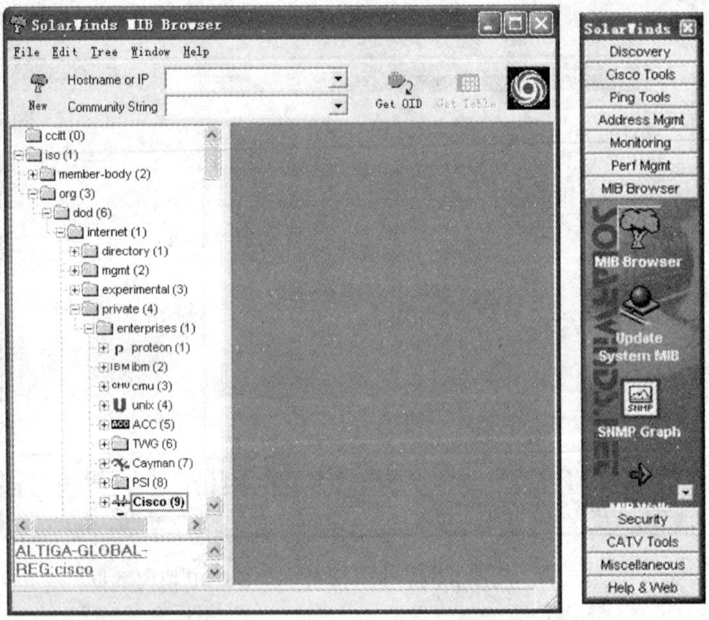

图 6.63　SolarWinds 读取 Cisco 设备的 MIB 标识

10. SNMP 网络管理工作站收集数据的方法

SNMP 网络管理工作站收集数据的方法有：轮询的方法、中断的方法、面向自陷的轮询方法。

（1）轮询（Polling）的方法收集数据。

单纯的轮询方法是通过管理工作站依次对网络中的被管理设备进行查询来收集管理数据。如图 6.64 所示，这种方式下是由管理工作站进行控制对数据的收集，如果网络规模很大，管理工作站轮询一遍所有的设备可能要花费较长时间，如果在此期间内有设备发生故障，如重新启动，并且重新启动时间很短的话，管理工作站可能收集不到这种事件。即这种方式的缺点是无法提供实时的数据收集。

（2）中断（Interrupt）的方法收集数据。

基于中断方式的数据收集适合用于对短时间内的异常事件。当出现异常事件时，由被管理代理主动通知网络管理工作站，多是通过错误报告或自陷方式向网络管理工作站发出trap消息，这种方式实时性很高。但所有的管理信息通过此方式收集，会由于产生错误或自陷需要占用被管理设备的系统资源，如图6.65所示。

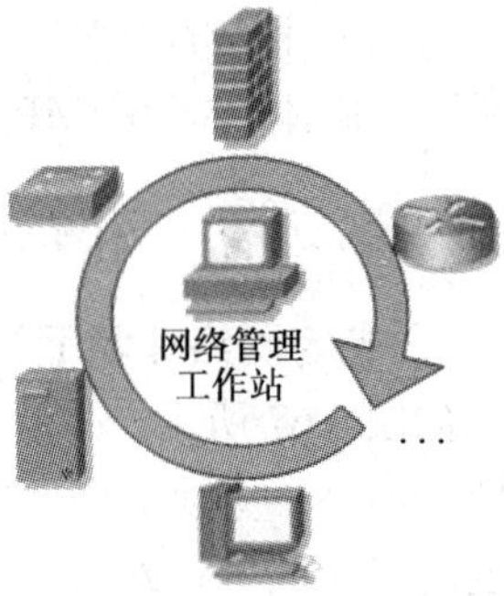

图6.64　SNMP单纯的轮询方法

（3）面向自陷的轮询方法（Trap-directed Polling）的方法收集数据。

面向自陷的轮询方法结合了轮询与中断两种方式，在轮询的同时由被管理设备主动发出事件的自陷，如图6.66所示。

网络管理工作站轮询在被管理设备中的代理来收集数据，并且在控制台上用数字或图形的表示方式来显示这些数据。

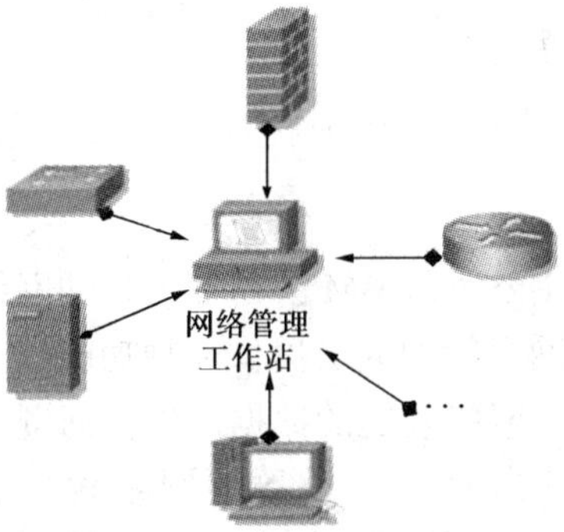

图6.65　SNMP中断方法

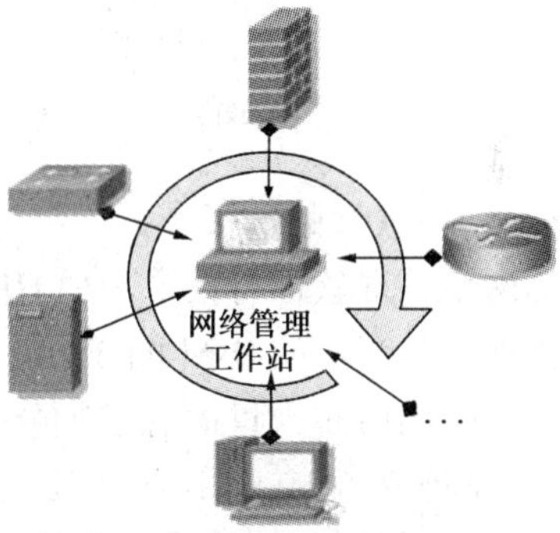

图6.66　SNMP面向自陷的轮询方法

11．SNMP网络管理的安全性

在利用SNMP协议对网络设备进行管理和信息收集时，由于管理工作站与被管理工作站之间是通过共同体名来进行权限验证的。但SNMPv1和SNMPv2的共同体名在设备生产时默认是Public和Private，其中Public是只读权限，Private是读写权限，由于很多设备都已经默认开启SNMP并采用这Public作为权限和身份认证，如果是攻击者也利用管理软件对网络中的被管理设备进行信息获取，则网络设备的配置信息可能会被攻击者获取。

思科的路由器就可以利用管理软件通过Public这个共同体名来读取或下载路由器的配置文件，从而获取路由器的访问口令等。当然可以通过修改路由器中SNMP默认共同体名或关闭SNMP网络管理功能来避免攻击者获取路由器的访问口令。但是这也说明了SNMP前两个版本协议的安全性较差，也是SNMPv3出现的主要原因。SNMPv3提供了设备安全访问机制，是由认证和网络传输中数据包加密的组合方式实现的。在加密上采用了DES来提供机密性保护，特别是SNMPv3协议报头的安全防护。在完整性保护上采用了散列算法与安全散列功能，即MD5或SHA-1，通过这种方式提供了对数据是否被修改的验证方法。SNMPv3的USM（用户安全模式）还允许基于用户的认证和接入控制。前两个版本的SNMP协议采用读写两级权限的共同体名（community string）。但SNMPv3允许管理员为每一个SNMP用户建立特别账号，并根据这些用户账号授予权限。

当前应用中的很多网络设备还不支持 SNMPv3，可以对支持 SNMPv3 的软件或固件进行升级。在版本之间 SNMPv3 通过对前两个版本的封装，可以提供保护措施。

6.6.3 规划设计对网络的管理

1. 特定网络环境下的网络管理技术

如图 6.67 所示，在企业园区网络环境中利用网络管理技术，设计基于 SNMP 协议的网络管理。在核心交换机处连接网络管理工作站，在关键网络设备及服务器中开启 SNMP 协议。通过网络管理工作站来监视网络运行状态，并能对出现的网络故障进行报告。

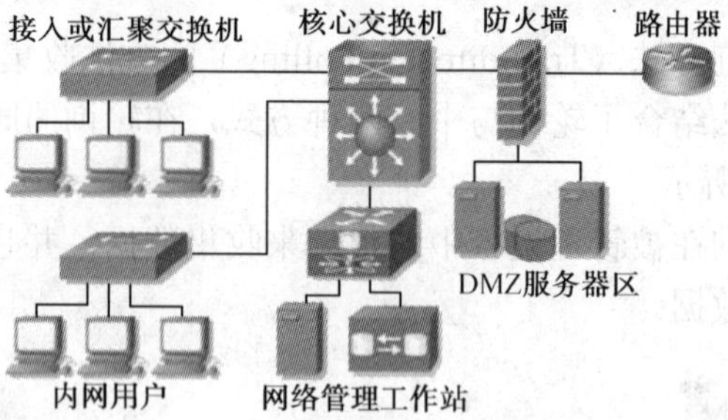

图 6.67 工作任务企业园区网络环境分析场景

2. 网络管理软件的选择

专业的网络管理软件有很多，如 HP 公司、SUN 公司、IBM 公司等大型的网络管理系统或称网络管理平台等。如 IBM 的 Tivoli NetView 为网络管理人员提供一种功能强大的解决方案。它可在短时间内对大量信息进行分类，捕获解决网络问题的数据，确保问题迅速解决，并保证关键业务系统的可用性。还有思科针对其自有网络设备的网络管理软件 Cisco Works2000，它可以对思科的网络设备进行管理与配置，特别是基于 GUI 的配置功能。

一般的网络管理平台具有如下特性：运行在一个开放的系统环境下、提供一个 GUI 图形用户界面、能够管理来自不同厂商的网络资源和设备、不局限于某一个特定功能域的管理、具有一种模块化的结构、大多基于面向对象的数据模型、提供基于国际标准定义良好的接口、应用程序可以通过这些接口访问资源等特点。

从应用角度来说网络管理具有如下功能：网络资源状态监视、阈值监测、事件管理、配置应用、拓扑管理、性能监视。网络管理平台的体系结构一般分为：集中式体系结构、分层式体系结构、分布式体系结构。

3. HP OpenView 的特点

HP OpenView 支持标准网络传输和网管协议，如 TCP/IP，SNA，SNMP，RPC，CMIP 等。采用开放的、模块化体系结构，扩充性能好，异种网络管理能力强；提供丰富的图形操作界面，能动态反映网络的拓扑结构，包括网络各种资源变化的自动监测，方便操作人员的网络运行状况监控；提供用户灵活的设置功能，如阈值设定，以监测网络故障的发生；提供丰富的应用程序接口，方便用户开发自己的网络管理程序；具有分发软件和数据的功能，数据能分发至各种机器上。

OpenView Network Node Manager（NNM），NNM 是网络和系统管理的基础和平台，NNM 具有如下特征：自动发现和监控网络节点；分布式和可伸缩性结构；NNM 支持分层管理，并且没有层次的限制；可以集成数百个 HP OpenView 解决方案合作伙伴开发的应用程序，以满足用户特定的网络、系统、应用及数据库管理之需求；灵活的数据库选项可以使用 NNM 普通文件数据库或相关的 SQL 数据库；NNM 的发现过滤、拓扑过滤、图像过滤功能使用户可以根据自己的需要，选择要发现监控的对象，定制 MAP，按一定的共同特征将被管对象进行分组；易于使用的 GUI 图形化用户界面。

HP OpenView NNM 是在国内有很高市场份额的网络管理软件，它凭借强大的功能，良好的开放性，分级管理的概念和众多基于此的第三方应用软件，在中国的金融、移动等行业得到广泛应用。

4．网络管理软件 SolarWinds

SolarWinds 网管工具主要基于 SNMP 协议进行网络管理，对于学习 SNMP 网络管理协议是很有帮助的一款软件，一个专业的网络管理软件工具集，可以监控，发现网络设备。它提供了如带宽测量(Bandwidth Gauges)、路由 CPU 负荷(Router CPU Load)、带宽监控(Bandwidth Monitor)、CPU 测量（CPU Gauge）、网络性能监控器（Network Performance Monitor）、SNMP 图像和高级 CPU 上传（Advanced CPU Load）等网络性能监控功能。利用 SolarWinds 的网络发现（Network Discovery）功能可以实现 IP 网络浏览器（IP Network Browser）、ping Sweep、子网列表（Subnet List）、SNMP Sweep、网络定位（Network Sonar）、DNS 核查（DNS Audit）和 MAC 地址发现（MAC Address Discovery）等。同时也提供了 MIB 的浏览功能、地址管理、安全管理及相应的网络管理工具集如 TFTP、SYSLOG 等。

如图 6.68 所示，是 SolarWinds 2002 CATV Engineers Edition 软件的安装界面与安装后的工具栏（Toolbar）。

图 6.68　SolarWinds 2002 安装、运行界面

6.6.4　基于 SNMP 的网络管理技术实现

1．在网络设备上启用 SNMP

目前，大多数网络设备厂商的的可网管设备都支持基于 SNMP 的网络管理，这里以思科路由器为例介绍 SNMP 的网络管理。在启用 SNMP 协议对网络进行管理之前一定要清楚 SNMP 协议的前两个版本是不安全的。思科的网络设备早期的 SNMP 协议默认是开启的，也正是这一功能为其带来了安全隐患，所以后期的网络设备在 IOS 系统中默认关闭了此项功能。

所以这项功能要慎重使用，并建议不要使用默认的共同体名 Public 和 Private。（注：为了实验方便，下面的路由器可以利用模拟软件 DynamipsGUI 来实现）

在思科路由器中开启 SNMP 协议并设置共同体名为 cey，权限为只读的命令如下：

```
Router(config)#snmp community cey ro        //路由器内网接口 IP 地址为 10.2.2.1
```

2. 在 Windows 2003 服务器上启用 SNMP

在 Windows 2003 服务器操作系统中，选择“控制面板\添加或删除程序\添加或删除 Windows 组件”，在 Windows 组件向导中选择管理和监视工具，并双击打开，选择简单网络管理协议（SNMP），确定后，在光驱内放入 Windows 2003 安装光盘，即可以完成 SNMP 协议的添加任务，如图 6.69 所示。设置“管理工具\服务\SNMP Service”中的安全选项卡，添加共同体名 cey，并添加管理工作站的 IP 地址 10.2.2.2，如图 6.70 所示。（注：为了实验方便，此处的 Windows 2003 服务器操作系统安装于虚拟机中）

图 6.69　在 Windows 2003 虚拟机中安装 SNMP

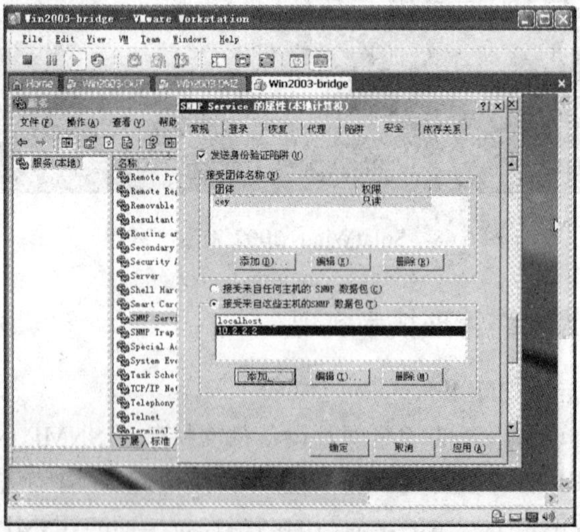

图 6.70　SNMP Service 中的安全选项卡设置

3. 网络管理工作站的软件配置

网络管理工作站的 IP 地址为 10.2.2.2。安装完 SolarWinds 2002 CATV Engineers Edition 软件后，在 SolarWinds Network Toolbar 工具栏中选择 IP 网络浏览器（IP Network Browser），在 File 菜单下选择 IP Network Browser Settings…，在出现的对话框中添加新的共同体（New Community String）名 cey，如图 6.71 所示。在扫描单个设备下输入要扫描的设备的 IP 地址。即可以开始通过 SNMP 协议读取目标的管理信息，如图 6.72 所示。

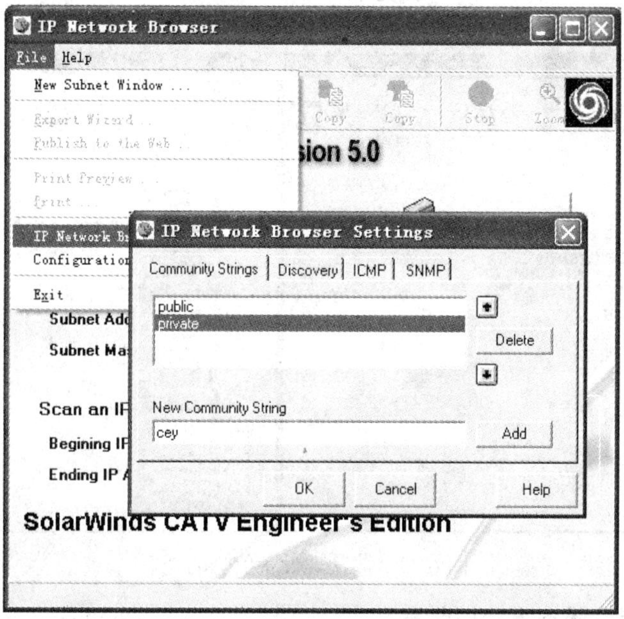

图 6.71　网络管理工作站共同体的添加

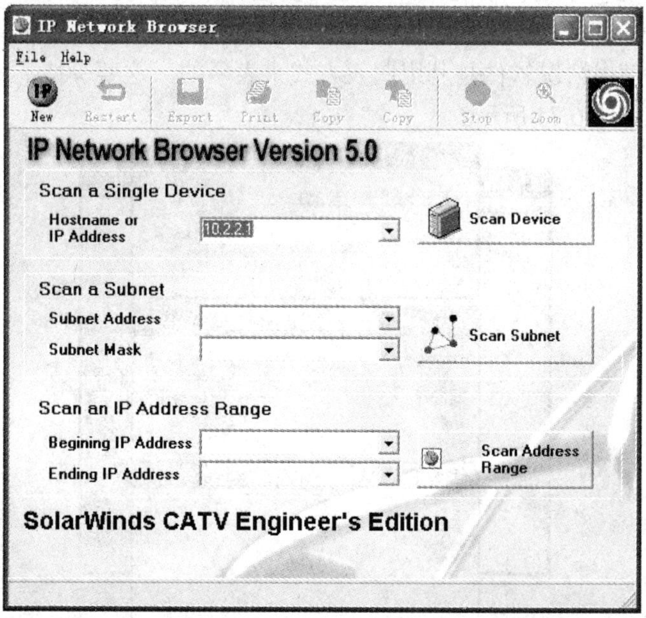

图 6.72　网络管理工作站所要管理浏览目标设备的 IP

6.6.5 网络管理技术的 SNMP 实现效果检测

1．获取网络中被管理设备的信息

在完成管理软件的设置后，分别对路由器 10.2.2.1 和 Windows 2003 服务器 10.2.2.4 进行管理信息的读取，如图 6.73 所示，分别对思科路由器和微软操作系统 Windows 2003 的浏览信息，其中可以看到 MIB 管理对象的 ID 号。SolarWinds 管理软件就是通过向被管理端读取 sysObjectID 信息获取到被管理对象的 ID 号为 1.3.6.1.4.1.9.1.122（思科的路由器）和 1.3.6.1.4.1.311.1.1.3.1.2（微软 Windows NT Server 服务器操作系统）。

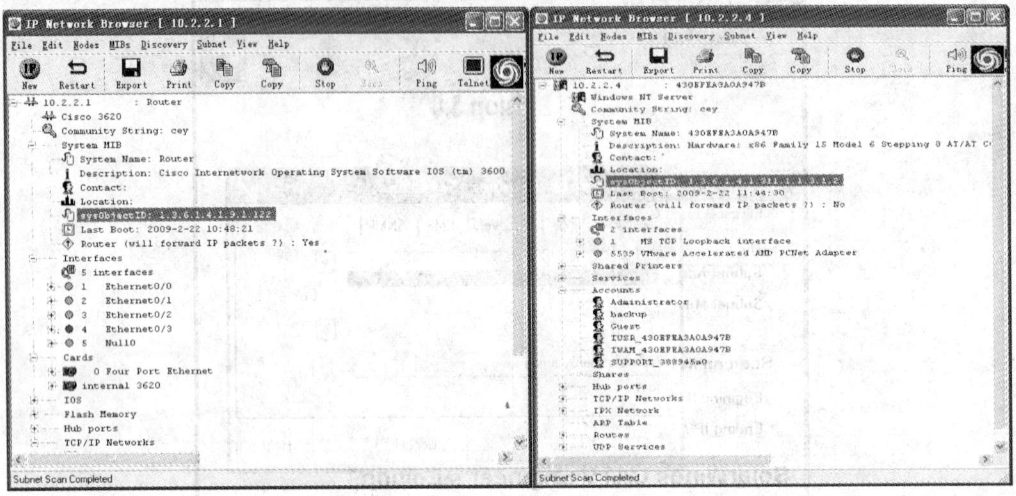

图 6.73　被管理设备信息的查看

2．监视路由器及服务器接口带宽利用

在 SolarWinds Network Toolbar 工具栏中选择监视 Monitoring 栏下的带宽监视 Bandwidth Monitor，在出现的窗口中选择新建 New，输入要进行带宽监视的被管理设备的 IP 和共同体名。这里监视对象为路由器和服务器，配置的共同体名 cey，并选择要监视的接口，如图 6.74 所示。对于带宽的使用情况软件是利用图表方式来表示的，这要等待一段时间后才能看到图形及相应的曲线，如图 6.75 所示。

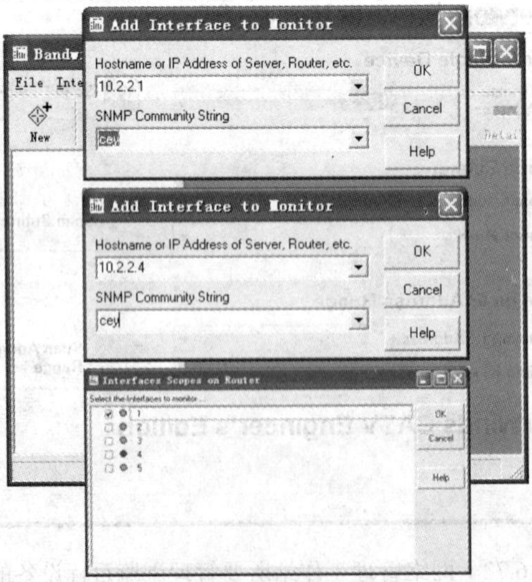

图 6.74　监视对象带宽的设置

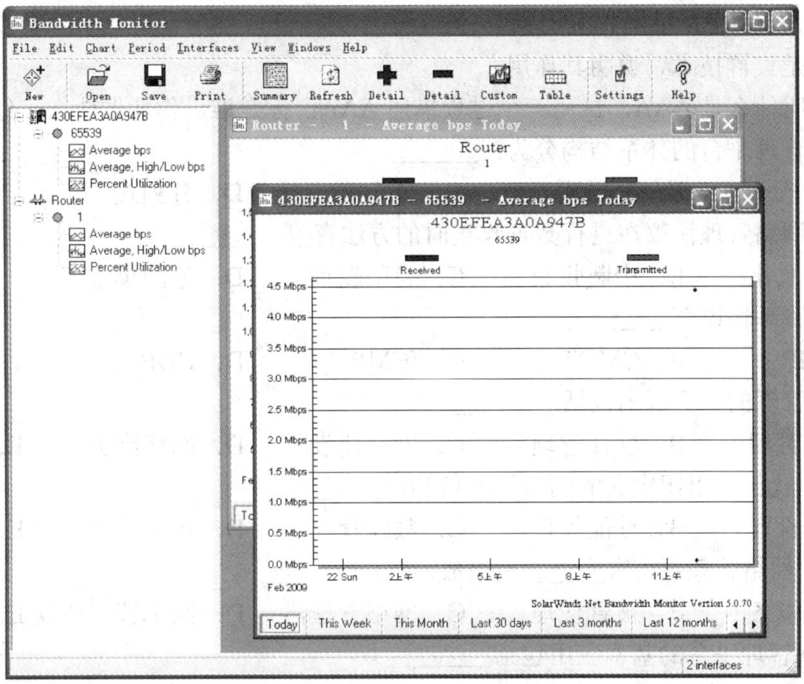

图 6.75 监视对象带宽的查看

6.6.6 知识技能要点测评

理解网络管理技术及网络管理的五大功能，能够清楚基于 SNMP 协议的网络管理模型-管理代理模式，参与网络管理的各组成部分及实现方法。要求达到的目标是：理解基于 SNMP 的网络管理技术的应用，知道其存在的安全问题，能在实际网络环境中部署和实现网络管理功能，并进行测试。具体要点如表 6.12 所示。

表 6.12 知识技能要点测评表

学习情境 6——知识技能要点测评表			
序号	测评要点	具体目标	测评权重
1	知识理解	理解网络管理技术及其实现方法	20
2	工具及软件使用	能利用网络管理软件配置网络管理工作站，以实现对网络的管理	30
3	操作标准与规范	配置的网络管理方案要求相对安全可行，符合国家标准规范	20
4	检验方法与措施	能够采用正确的方法进行测试和验证	30

6.7 习题与实训

6.7.1 习题

1. 说明数据备份的意义。
2. 什么是 RAID 技术？列举常用的几种 RAID 技术。

3．什么是 HSRP？举例其应用。

4．什么是集群技术？说明其作用。

5．试说明什么是 AAA，试用三个过程描述 AAA：你是谁、你能做什么、你做了什么。

6．网络管理平台的体系结构分为：________。

A．集中式　B．分层式　C．分布式　D．分列式

7．简单网络管理协议在进行数据收集时的方法有________。

A．轮询收集　B．中断收集　C．自陷轮询　D．返回集收

8．网络管理协议有________。

A．SNMP　B．CMOT　C．ICMP　D．UDP

9．网络管理的业务范围包括________。

A．硬件管理　B．软件管理　C．网络建设　D．网络维护　E．网络服务

10．国际化标准组织定义的网络管理包括________。

A．配置管理　B．性能管理　C．故障管理　D．计费管理　E．安全管理

11．现代网络管理系统有________组成。

A．被管设备　B．被管代理　C．网络管理器　D．网络管理协议　E．MIB

12．网络管理平台的基本应用包括________。

A．网络资源监测　B．事件管理　C．配置应用　D．拓扑管理

6.7.2 实训

1．利用 Oceanbackup 进行备份和恢复实验。

2．在 VMware 中安装 Windows 2003 Server 并安装多个磁盘，进行 RAID 0、RAID 1 和 RAID 5 的实验。

3．在 Windows 2003 操作系统中实现群集实验。

4．在服务器和网络设备上安装网络管理协议 SNMP。

5．用 Sniffer Pro 捕获 SNMP 的协议数据并进行分析。

6．安装一个网络管理软件，并进行设置与使用。

《网络安全与防护》读者意见反馈表

尊敬的读者：

感谢您购买本书。为了能为您提供更优秀的教材，请您抽出宝贵的时间，将您的意见以下表的方式（可从 http://www.huaxin.edu.cn 下载本调查表）及时告知我们，以改进我们的服务。对采用您的意见进行修订的教材，我们将在该书的前言中进行说明并赠送您样书。

姓名：＿＿＿＿＿＿＿＿ 电话：＿＿＿＿＿＿＿＿＿＿＿＿

职业：＿＿＿＿＿＿＿＿ E-mail：＿＿＿＿＿＿＿＿＿＿＿＿

邮编：＿＿＿＿＿＿＿＿ 通信地址：＿＿＿＿＿＿＿＿＿＿

1．您对本书的总体看法是：

□很满意　□比较满意　□尚可　□不太满意　□不满意

2．您对本书的结构（章节）：□满意　□不满意　改进意见＿＿＿＿＿＿＿＿

3. 您对本书的例题：　□满意　□不满意　改进意见＿＿＿＿＿＿＿＿

4．您对本书的习题：　□满意　□不满意　改进意见＿＿＿＿＿＿＿＿

5．您对本书的实训：　□满意　□不满意　改进意见＿＿＿＿＿＿＿＿

6．您对本书其他的改进意见：

7．您感兴趣或希望增加的教材选题是：

请寄：100036　北京市海淀区万寿路 173 信箱高等职业教育分社　收

电话：010-88254565　　**E-mail：**gaozhi@phei.com.cn

反侵权盗版声明

电子工业出版社依法对本作品享有专有出版权。任何未经权利人书面许可，复制、销售或通过信息网络传播本作品的行为，歪曲、篡改、剽窃本作品的行为，均违反《中华人民共和国著作权法》，其行为人应承担相应的民事责任和行政责任，构成犯罪的，将被依法追究刑事责任。

为了维护市场秩序，保护权利人的合法权益，我社将依法查处和打击侵权盗版的单位和个人。欢迎社会各界人士积极举报侵权盗版行为，本社将奖励举报有功人员，并保证举报人的信息不被泄露。

举报电话：（010）88254396；（010）88258888
传　　真：（010）88254397
E-mail:　　dbqq@phei.com.cn
通信地址：北京市海淀区万寿路 173 信箱
　　　　　电子工业出版社总编办公室
邮　　编：100036